Les mutations constitutionnelles en Afrique noire francophone

à partir des exemples du Congo, du Bénin et du Sénégal

Aimé Ange Wilfrid BININGA

Les mutations constitutionnelles en Afrique noire francophone

à partir des exemples du Congo, du Bénin et du Sénégal

Préface du professeur Frédéric Joël Aïvo

Avant-propos du professeur Babacar Gueye

L'Harmattan
Congo-Brazzaville

5-7, rue de l'Ecole-Polytechnique, 75005 Paris
http://www.editions-harmattan.fr
ISBN : 978-2-343-18410-4
EAN : 9782343184104

À mon père ...

ABREVIATIONS

CE : Conseil d'État
CERDRADI : Centre d'études et de recherches sur les droits africains et sur le Développement institutionnel des pays en développement
CPI : Cour pénale internationale
CPJI : Cour permanente de justice internationale
Dir : Sous la direction de
EDJA : Editions juridiques africaines
LGDJ **:** Librairie générale de droit et de jurisprudence
p. : Page
pp. : Pages
PUAM : Presses universitaires d'Aix-Marseille
PUF : Presses universitaires de France
Revue de Droit public **:** Revue de Droit public
RFDA : Revue française de Droit administratif
RFDC : Revue française de Droit constitutionnel
RFSP : Revue Française de science politique
RGDIP : Revue générale de Droit international public
RIDC : Revue internationale de Droit comparé
RUDH : Revue universelle des droits de l'Homme
s. : Suivant (e) s
Vol. : Volume

PREFACE

L'Afrique est-elle sortie de la zone de turbulence dans laquelle le passage à la démocratie l'a projetée depuis bientôt trois (3) décennies ? Les perspectives politiques du continent, notamment de son bloc situé au sud du Sahara, seraient bonnes malgré l'effervescence constitutionnelle et la tension politique qui éprouvent la stabilité de bon nombre d'États. Il semble donc, selon cette thèse plus réaliste que pessimiste, que les États d'Afrique noire francophone, au cœur de la réflexion d'Aimé Ange Wilfrid Bininga, soient encore au creux de la vague, installés pour certains dans une zone de turbulences, permanentes ou cycliques et pour d'autres en phase de stabilisation précaire.

Ainsi, l'analyse de Maurice Ahanhanzo-Glèle au sujet de la *« fièvre constitutionnelle »* qui induisait l'instabilité de ces jeunes États paraît retrouver, plus de trente ans plus tard et malgré le changement de courant et de cadre constitutionnels, une nouvelle jeunesse. *« Si l'Afrique adopte, remet en cause, suspend, abroge puis renouvelle la constitution, ... c'est simplement parce qu'elle cherche sa voie »*, écrivait Maurice Ahanhanzo-Glèlè en 1982. Depuis lors, le continent noir a-t-il fini par trouver sa voie ? A-t-il levé ses principales options constitutionnelles et adhéré au courant de pensée philosophique, culturel, idéologique devant commander l'architecture constitutionnelle, le système des partis voire irriguer l'organisation économique et sociale de ses États ? Voilà présentées quelques-unes des interrogations sous-jacentes à l'étude d'Aimé Ange Wilfrid Bininga et auxquelles il a le mérite d'esquisser deux principales approches.

Pour Aimé Ange Wilfrid Bininga, les mutations en cours dans nombre de nos États sont en pratique un facteur de reflux du constitutionnalisme. L'auteur a raison et il suffirait d'appuyer cette observation par ces cas précis d'érosion de l'autorité théorique de la constitution, d'instrumentalisation des institutions de contre-pouvoirs et de détournement des ressources constitutionnelles à d'autres fins que celles démocratiques assignées par le constituant aux représentants de l'État. Mais ces pratiques stigmatisées dans les rapports sur l'état des pratiques démocratiques dans l'espace francophone ont déjà essuyé et essuient encore des critiques soutenues de la doctrine constitutionnelle. Dès lors, il ne paraît pas nécessaire de faire un rappel, même bref, du catalogue des actes considérés désormais comme relevant clairement de la « fraude à la constitution », de « l'abus de droit » de la « déloyauté institutionnelle », du « détournement des normes », de « l'entrave à l'alternance » ou encore du « changement anticonstitutionnel de gouvernement ». Malgré les efforts faits ces dernières années dans l'ordre juridique interne mais aussi et surtout dans l'ordre international, notamment grâce au volontarisme des organisations internationales, ces pratiques persistent et confirment le diagnostic de l'auteur.

La deuxième branche de son raisonnement soutient que du désordre politique émerge tout de même un certain ordre. Les mutations constitutionnelles en Afrique sont aussi porteuses de progrès et il n'est pas faux d'affirmer que le mouvement constitutionnel en cours sur le continent a essaimé çà et là des techniques et mécanismes institutionnels toujours plus originaux, des procédures parlementaires intégrées, des manuels de procédure électorale qui dévitalisent le mimétisme. En somme, se met progressivement en place un droit tactile et intelligent de consolidation de la démocratie. Ce droit « smart » intègre la capacité des acteurs à manipuler les normes et tente d'anticiper par des dispositions iconoclastes mais parfois efficaces, ce potentiel de nuisance. Ces nouveaux outils que l'on observe soit dans les constitutions 4G comme celles de la République centrafricaine ou du Soudan du Sud, soit dans le code constitutionnel de certains États francophones, sont le produit d'une ingénierie poussée portée elle-même par la dynamique constitutionnelle actuelle. Ce progrès est donc, comme le montre Aimé Ange Wilfrid Bininga, généré par ces mutations. En appui à cette thèse, il faut même souligner que ce mouvement constitutionnel, aussi imparfait qu'il soit, a réussi dans d'autres cas à bonifier le capital humain au service de cet appareil démocratique.

Au total, plus d'un quart de siècle après les proclamations formelles d'adhésion des États africains à la démocratie, la question que remue avec habileté l'auteur de cet ouvrage a été très tôt une préoccupation des observateurs. Ce n'est donc pas une question nouvelle. Et les contributions disponibles sont nombreuses, riches et variées. Elles tournent et retournent la question des finalités du constitutionnalisme, de la pertinence des options constitutionnelles actuelles au cadre socioculturel des États africains, de la pratique des institutions, etc. Ce qui est néanmoins nouveau dans la contribution de Monsieur Bininga, c'est son approche, à la fois réaliste et optimisme. De ce point de vue, cette approche renouvelle la question des *« mutations constitutionnelles en Afrique »*, l'actualise, la confronte aux récents développements du droit constitutionnel des États africains et permet, pour tout dire, de prendre en considération les avancées que beaucoup ont souvent hésité à mettre en exergue. Il s'agit, comme tout lecteur attentif aux analyses de l'auteur le percevra, d'une étude pertinente, d'une réflexion de notre temps qui pose des questions de notre temps, celles qui traversent les frontières des États et sur bien des points qui croisent courageusement et avec une rigueur admirable l'expérience démocratique et la pratique politique d'États supposés soit en crise, soit en bonne santé démocratique, soit encore en phase de rémission.

Cependant, l'originalité de cet ouvrage est d'avoir su tisser la nouvelle corde au bout de l'ancienne et de donner échos d'une certaine façon au « bing bang » politique qui brouille tout, presque partout. En clair, l'étude de Monsieur Bininga succède à une série d'événements qui, eux aussi participent à l'illustration d'un phénomène de restructuration, de reconstruction, de refondation, un phénomène épars, plus large qu'on ne l'imagine. L'évolution des phénomènes politiques dans le monde permet ainsi d'attester que l'ébullition est là, sous nos yeux. Un vent nouveau souffle dans le monde. Sa force inquiète, ses effets préoccupent. Ce n'est pas tant un phénomène inédit que les règles du jeu politique dans nombre de pays changent aussi vite ou dans certains cas se restructurent aussi radicalement au point de brouiller la lisibilité de repères demeurés stables et prévisibles durant des décennies.

Le grand « chamboule-tout » qu'évoque le président du Conseil constitutionnel français ce dimanche 14 mai 2017 dans son discours d'installation du tout jeune et inattendu Président de la République française n'est que la résonnance partielle de ce vent puissant qui reconfigure tout. En effet au plan politique, aux États-Unis, en France, en Autriche, au Sénégal, au Bénin, au Libéria, etc. les effets de l'accélération des mutations politiques ont pris les allures d'un ouragan qui déracine des courants politiques centenaires, fait effondrer des institutions politiques, déplace des rochers, brise des certitudes politiques établies et porte au sommet de l'État y compris au grand étonnement des bénéficiaires eux-mêmes, des idées neuves, des hommes inattendus et des leaders politiques hors gabarit. Et pourtant, on devrait s'y préparer. Cette nouveauté, ce provisoire s'érige devant nous et se construit sur les ruines du vieux monde. Au stade actuel du développement de ces phénomènes politiques et au regard du niveau de connaissance que la science politique et le droit constitutionnel ont généré sur ces éléments, l'on peut risquer et dire que ce présent s'installe durablement et sera probablement l'horizon de demain. Mais rien n'est moins sûr.

On le voit, nous sommes là face à une incertitude. Une incertitude sur l'ampleur et la force des mutations politiques observées ces derniers mois dans le monde. C'est pourquoi, il semble plus prudent d'une part, de rester attentif aux courants d'air venus d'ailleurs et, d'autre part, de resserrer la réflexion ainsi que l'a fait Monsieur Bininga sur les mutations constitutionnelles. Ainsi grâce au dialogue que l'auteur réussit à établir avec les phénomènes en cours et à l'interrogatoire auquel il soumet les questions en cause, il parvient à rendre disponible une œuvre de qualité qui aide à réduire plusieurs zones d'ombre.

Frédéric Joël Aïvo
Professeur agrégé de droit public
Doyen de la Faculté de droit et de science politique
Université d'Abomey-Calavi (Bénin)

AVANT-PROPOS

L'ouvrage intitulé *Les mutations constitutionnelles en Afrique noire francophone*, tiré d'une thèse de doctorat soutenue publiquement à l'Université Cheikh Anta DIOP de Dakar, que nous propose le Docteur Aimé Ange Wilfrid Bininga, est une des plus belles et courageuses aventures intellectuelles qu'il m'a été donné de diriger.

L'auteur allie hardiesse et ténacité. Il fallait être hardi pour s'engager dans une thèse de doctorat sur les problèmes les plus délicats du constitutionnalisme contemporain en Afrique. Il fallait aussi être tenace pour s'attaquer à un champ de recherche aussi complexe, dense, sensible et en gestation inachevée.

L'ampleur et la diversité des lectures de M. Bininga, la finesse de ses analyses, son sens du raisonnement et de l'argumentation bien arrangée et graduée, nous montre qu'il ne s'est pas lancé à la légère dans cette périlleuse aventure. Travailleur acharné, chercheur perspicace et d'une grande neutralité axiologique, profondément attaché à ses convictions, l'auteur ne se laisse pas rebuter par les obstacles. Il avance d'un pas sûr, peut-être parfois avec une relative lenteur, mais sans s'essouffler, sans se laisser contrer par l'autorité de tel ou tel maître confirmé.

Méthodique, comme tout bon juriste, l'auteur aborde le problème des mutations constitutionnelles en Afrique noire francophone dans une démarche à double temps, avec une grande lucidité intellectuelle et un argumentaire rigoureux.

Dans la première partie de cet ouvrage, Aimé Ange Wilfrid Bininga analyse « les mutations constitutionnelles comme facteurs de reflux des acquis du nouveau constitutionnalisme en Afrique noire francophone ». Ici, il observe l'écart entre la théorie et la pratique constitutionnelles en Afrique, analyse, conteste, tamise et distille les écrits des auteurs qui se sont penchés sur la question, pour enfin tracer sa propre perspective en posant deux assertions majeures : « la crise précoce de la démocratie représentative » et « l'altération de l'équilibre institutionnel ».

La deuxième partie consacrée aux « mutations constitutionnelles comme modalité d'approfondissement du nouveau constitutionnalisme en Afrique noire francophone » s'intéresse à la seconde dimension de la problématique et prend le contrepied de la première partie.

Dans cette partie, l'auteur soutient l'idée que si les mutations constitutionnelles s'inscrivent, dans certains cas, dans le sens d'une déconsolidation du patrimoine constitutionnel, il n'en reste pas moins qu'elles constituent, dans d'autres cas, une sorte de renouveau du constitutionnalisme africain. Les exemples du Bénin, du Congo-Brazzaville et du Sénégal servent ici de balises pour mettre en lumière les deux idées principales qui structurent et soutiennent cette partie : « l'encadrement

constitutionnel de la séparation des pouvoirs » et l'enjeu majeur et primordial du nouveau constitutionnalisme : « la promotion et la protection des droits de l'Homme ».
Depuis le refus pathétique d'Antigone aux ordres de Créon, les relations entre pouvoir et droit ont donné lieu à une littérature abondante et diverse. Le problème peut être abordé à de multiples points de vue éthiques, philosophiques, sociologiques, juridiques. M. Bininga l'a opportunément abordé sous l'angle du droit.
L'intérêt de cet ouvrage est, entre autres, d'organiser et de condenser utilement l'essentiel de la production universitaire sur la question des mutations constitutionnelles en Afrique francophone à partir des cas du Bénin, du Congo-Brazzaville et du Sénégal. Ce sont aussi des prises de position fortes et documentées sur certaines problématiques qui partagent les juristes et animent de façon constructive la discipline du droit public. L'auteur fait une radioscopie et jette un regard critique sur l'œuvre des anciens pour percer leur secret et parfois détecter leur faiblesse. Il n'hésite pas à les interpeller lorsqu'il le juge nécessaire, sans fausse modestie.
Cet ouvrage est une remarquable contribution à la compréhension du phénomène des mutations constitutionnelles en Afrique francophone. Il offre aux chercheurs, étudiants et praticiens une analyse actualisée du constitutionnalisme contemporain en Afrique. L'intelligence et le goût de l'effort de l'auteur le promettent à une belle et féconde carrière universitaire.

Babacar GUEYE
Agrégé des facultés de droit
Professeur titulaire de droit public et science politique
Université Cheikh Anta Diop de Dakar / Sénégal

INTRODUCTION

Les États d'Afrique noire francophone se sont signalés, dès leur accession à l'indépendance, par l'adoption de nouvelles constitutions qui paraissaient comme un signe de modernité corrélatif à leur adhésion à l'Organisation des Nations Unies. Plus de cinquante ans après, on peut se demander si, aujourd'hui encore, cette sacralisation de la norme constitutionnelle[1] est à l'honneur lorsqu'on sait que la problématique du devenir constitutionnel de ces États alimente une littérature controversée sous la plume de plusieurs auteurs[2]. De manière générale, cette problématique pose la question de la stabilité de la norme constitutionnelle[3] en relation avec les mutations qu'elle subit.

En effet, les États d'Afrique noire francophone ont connu, comme bien d'autres États africains, une histoire constitutionnelle[4] marquée par diverses tentatives d'organisation. Malheureusement, celles-ci n'ont pas été favorables à l'essor de la stabilité constitutionnelle. La mise en œuvre des différentes constitutions a permis l'expérimentation des formes variées d'organisation politique et institutionnelle alternant entre classification traditionnelle[5] et consécration de régimes *sui generis*[6].

Tant il est vrai, l'évolution constitutionnelle des Etats d'Afrique noire francophone est préoccupante[7] au regard, entre autres, de la nature des

---

[1]M. AHANHANZO GLELE, « La constitution ou loi fondamentale », in *Encyclopédie juridique de l'Afrique*, Abidjan, NEA, 1982, p. 31.

[2]Voir, par exemple, G. CONAC, « Succès et échecs des transitions démocratiques en Afrique subsaharienne », in *Mélanges Jean WALINE*, Paris, Dalloz, 2002 ; Pierre François GONIDEC, « L'Etat de droit en Afrique. Le sens des mots », *RJPIC*, n°1, janvier-avril 1998 ; F. AKINDES, « Les mirages de la démocratie en Afrique subsaharienne francophone », *Série de livres du CODESRIA*, Paris, Karthala, 1996. Nbre de pages

[3] G. BURDEAU, *Droit constitutionnel et institutions politiques*, 14ème édition, Paris, LGDJ, 1969, p. 77 ; J. GUILLAUME, *Du titre XI de la constitution de 1946 dans ses rapports avec la théorie générale de la révision des constitutions*, Thèse en Droit, Paris, 1948, p. 15.

[4] E. H. MBODJ, « La constitution de transition et la résolution des conflits en Afrique. L'exemple de la République démocratique du Congo », *RDP* n°2-2010, p. 442.

[5] Il s'agit des régimes mis en place au sortir de l'indépendance. La démarcation des Etats d'Afrique noire francophone pour le système politique français de la Vème République était particulièrement remarquable.

[6] La référence est, ici, faite aux régimes du monopartisme qui ont fleuri à partir du milieu des années 1960 et qui ne se rattachaient à aucune forme de régime classique, ces régimes n'étant ni présidentiels ni parlementaires.

[7] Certains auteurs, comme P. F. GONIDEC, n'ont d'ailleurs pas eu tort de se demander « A quoi servent les constitutions en Afrique ? », in « A quoi servent les constitutions en Afriques?», Réflexions sur le constitutionnalisme africain », *RJPIC*, octobre-décembre 1988, n°4, p. 849.

options successivement prises depuis 1960[8], de la discontinuité de la dynamique constitutionnelle et de la pratique démocratique.
Après l'échec de la première expérience de la démocratie libérale, au sortir de la colonisation[9], la pratique de plusieurs décennies de monopartisme[10] a favorisé l'émergence d'un présidentialisme de type particulier que la doctrine majoritaire s'est résolue de désigner sous le vocable de «*Présidentialisme négro-africain*».[11]
À partir des années 1990, par un effet de contagion, ces États ont consacré le retour à la démocratie libérale[12] en adoptant de nouvelles constitutions ou en refondant celles qui étaient en vigueur[13], notamment en Guinée en 1990, au Bénin en 1990, au Sénégal en 1991, au Cameroun en 1991, au Gabon en 1991, au Congo-Brazzaville en 1992, au Mali en 1992, au Niger en 1992, au Togo en 1992, en Centrafrique en 1995, au Tchad en 1996. La proclamation des principes de la démocratie libérale a favorisé l'essor d'une nouvelle tendance constitutionnelle[14] qui consacre la rupture avec le système antérieur[15]. D'une part, l'option pour les constitutions écrites est définitivement acquise dans tous ces États. D'autre part, la sacralisation de la normativité constitutionnelle et sa stabilité sont consacrées par la rigidité des procédures de révision constitutionnelle considérée comme un gage de sécurité institutionnelle et politique.
Avec le recul du temps, et eu égard à l'espoir suscité par le tournant constitutionnel des années 1990, on peut se demander, à contresens, si les États d'Afrique noire francophone s'étaient réellement ressaisis au début des années 1990. En réalité, en dépit d'un enthousiasme sans égal, pour la suprématie de la norme constitutionnelle, l'Afrique noire francophone se cherche encore.

---

[8] On se réfère à l'année d'accession à l'indépendance de certains Etats d'Afrique noire francophone.
[9] Ces Etats avaient connu une première expérience de la démocratie libérale au cours de la période allant des indépendances au milieu des années 1960.
[10] A. MAHIOU, *L'avènement du parti unique en Afrique noire, l'expérience des Etats d'expression française*, Thèse de doctorat en droit public, Université de Nancy, 1967.
[11] J. GICQUEL, « Essai sur le présidentialisme négro-africain, l'exemple camerounais », in *Mélanges en l'honneur de Georges BURDEAU*, 1977, p. 107 et s.
[12] Voir M. DJEJDRO, « L'Etat de droit, nouveau nom du constitutionnalisme en Afrique ? Réflexions autour des voyages d'un concept symbolique », *La constitution béninoise du 11 décembre 1990, un modèle pour l'Afrique ? Mélanges AHANHANZO GLELE*, Paris, l'Harmattan, 2014.
[13] Voir J. du BOIS de GAUDUSSON, G. CONAC, C. DESOUCHES, *Les constitutions africaines*, Paris, La documentation française, 1997, tome 2.
[14] AHADZI, K.« Les nouvelles tendances du constitutionnalisme africain : le cas des Etats d'Afrique noire francophone », Afrique juridique et politique, juillet-décembre 2002.
[15] J. du BOIS de GAUDUSSON, « Points d'actualités sur les modalités de production du droit constitutionnel dans les Etats africains francophones », in *Mélanges Gelard*, Paris, Montchrestien, 1999, pp. 347-354.

En rapport avec cette certitude, certains auteurs font observer qu'elle n'a pas su inverser les pronostics pessimistes du début des indépendances suivant lesquels elle était *mal partie*[16]. En effet, si les régimes politiques antérieurs ont inauguré une période d'illusion constitutionnelle, il n'en demeure pas moins vrai que les régimes institués à partir de 1990 continuent à préoccuper, tant la stabilité politique et institutionnelle n'est pas toujours garantie. Pourtant, comme l'indique Émile DURKHEIM, les institutions sont *« des phénomènes sociaux, impersonnels et collectifs, présentant permanence, continuité, stabilité »*[17].

La doctrine reconnaît la pertinence des transformations constitutionnelles dans les États d'Afrique noire francophone. En effet, la majorité des auteurs *« reconnaît le dévoiement du renouveau constitutionnel des années 1990,* [toutefois] *elle ne manque pas de souligner, dans certains cas, son instrumentalisation par le politique »*[18].

De toute évidence, l'appréciation de la portée des mutations constitutionnelles, en Afrique noire francophone, recommande d'interroger les pratiques constitutionnelles de ces États. Mais, il est nécessaire de faire, avant tout, un bref aperçu sur leur évolution constitutionnelle.

I- L'ÉVOLUTION CONSTITUTIONNELLE DES ÉTATS D'AFRIQUE NOIRE FRANCOPHONE

Depuis leur accession à l'indépendance, les Etats d'Afrique noire francophone ont connu une évolution constitutionnelle mouvementée, marquée par la mise en œuvre de la démocratie libérale, héritée de la colonisation, la consécration du monopartisme et l'essor du nouveau constitutionnalisme. Pour la commodité de la présentation, on retiendra deux grandes étapes : les tentatives d'organisations institutionnelles et politiques d'avant 1990 (A) et l'essor du nouveau constitutionnalisme à partir des années 1990 (B).

A- L'organisation institutionnelle et politique d'avant 1990

La période d'avant 1990 est caractéristique de l'instabilité politique et institutionnelle qui a été la marque des régimes politiques africains des indépendances jusqu'à la fin des années 80[19]. En Afrique noire francophone,

---

[16] R. DUMOND cité par Babacar GUEYE et Sémou NDIAYE, in « L'instabilité institutionnelle en Afrique », *Droit sénégalais* n°10, 2011-2012, p. 127.

[17] Cité par Babacar GUEYE et Sémou NDIAYE, op.cit. p. 128.

[18] F. J. AÏVO, « La crise de la normativité de la constitution en Afrique », *RDP*, n°1-2012, p. 143.

[19] Sur les régimes politiques africains de cette période, voir par exemple J. GICQUEL, « Le présidentialisme négro-africain », op. cit. p. 701. Voir aussi, P. F. GONIDEC, *Les systèmes politiques africains*, Paris, LGDJ, 1974.

elle s'est soldée par l'expérimentation des premiers régimes politiques notamment la démocratie libérale (1) et le monopartisme (2).

1-La première expérience de la démocratie libérale

Dès l'accession à la souveraineté, les nouveaux responsables africains ont doté leurs pays *« de textes qui prétendent instaurer un système de démocratie libérale fondé sur le respect du multipartisme »*[20]. Ainsi, tous les États d'Afrique noire francophone ont opté pour ce modèle institutionnel et politique au point où les premières constitutions issues des indépendances donnaient l'allure d'une *«proclamation rituelle et unanimiste des principes fondamentaux du modèle constitutionnel occidental »*[21]. En effet, ces constitutions furent, pour la plupart, marquées par un rapprochement avec la constitution française de 1958[22] en raison, entre autres, de la particularité des liens avec l'ancienne puissance coloniale ; *« la culture politique et juridique des nouveaux dirigeants africains étant avant tout française »*[23].
Cependant, cette *« euphorie constitutionnelle »*[24] a été de courte durée. Très tôt, l'exercice démocratique du pouvoir a été confronté aux réalités des États. Le cadre institutionnel a été jugé inadapté au contexte africain. Le multipartisme a mis à nu les divisions internes : ethnies, clans, croyances, familles, terres, cantons... avec pour corollaire le repli identitaire, alors que la compétition électorale, à cause d'un faible niveau d'organisation, donnait le prétexte à la violence du fait des contestations qui en résultaient.
Le niveau très dérisoire de développement des États, l'inadéquation entre sociologie interne et multipartisme, l'incertitude du contexte économique, accentuée par l'inadaptation du libéralisme économique et la survivance du pacte colonial sont les facteurs les plus cités à la base de cet échec. El Hadj Omar DIOP relève, à juste titre, que *« pour des raisons liées au développement économique, le multipartisme est apparu comme un frein car il constituait un facteur propice à la mise en cause de l'unité nationale. L'opposition politique dispersait les énergies nécessaires à la lutte contre le sous-développement et pouvait être instrumentalisée par les ennemis extérieurs pour mettre en cause la stabilité des jeunes États surtout que les*

[20]A. G. CABANIS et M. L. MARTIN, « Le nouveau cycle constitutionnel ultra-méditerranéen francophone et la constitution d'octobre 1958 », in Y. MENY (dir), *Les politiques du mimétisme institutionnel, la greffe et le rejet*, Paris, l'Harmattan, 1993, p. 139.
[21] « Réflexions sur l'adhésion des pays africains au modèle constitutionnel occidental de type libéral », *Revue béninoise des sciences juridiques et administratives*, n°23, 2010, p. 86.
[22] Ce phénomène a été suffisamment abordé par la doctrine. Voir, par exemple, D. DARBON, « A qui profite la mime ? », op. cit. p. 113 et s.
[23] A. BOURGUI, « L'évolution du constitutionnalisme en Afrique : du formalisme à l'effectivité », *RFDC*, n° 52, 2002, p. 722.
[24] J. du BOIS de GAUDUSSON, « Défense et illustration du constitutionnalisme en Afrique après quinze ans de pratique du pouvoir », *Mélanges en l'honneur de Louis FAVOREU*, Paris, Dalloz, 2007, p. 623.

relations internationales étaient dominées par l'existence de deux blocs, Est-Ouest »[25].
Cet état de fait a précipité l'abandon du multipartisme initial au milieu des années 1960 et favorisé l'institutionnalisation du monopartisme, présenté, en ce temps, comme le modèle idéal pour les jeunes États africains.

2-L'expérimentation du monopartisme

La période du monopartisme[26] est caractéristique de l'ancien constitutionnalisme africain[27]. Elle fait suite à la série d'aspects factuels et aux enjeux spécifiques qui ont émaillé la première expérience du multipartisme. La prise en compte de ces enjeux a favorisé la conceptualisation d'une nouvelle orientation institutionnelle et, partant, d'un constitutionnalisme de type particulier marqué par la confusion des pouvoirs portée par l'idéologie socialiste. L'objectif poursuivi, par ce revirement d'orientation institutionnelle, était de favoriser un système politique suffisamment efficace pour faire reculer les barrières sociologiques consécutives à la mosaïque des divisions intestines au sein des États et de faire face au défi du développement[28]. Cette conception a été défendue par certains auteurs pour lesquels « *les régimes d'un homme et d'un parti sont nécessaires en Afrique, précisément parce que ces nations reposent sur des fondements fragiles et qu'elles sont confrontées à des tâches urgentes et monumentales d'intégration et de développement »*[29]. Dans cette perspective, l'Afrique noire francophone a mis en pratique, pendant plus d'un quart de siècle, l'identité entre le parti unique et l'Etat et consacré l'idéologie socialiste sous-tendue par l'établissement des relations de coopération avec les pays de l'Europe de l'Est.
Dans la pratique, le monopartisme s'est orienté, entre autres, vers une valorisation du rôle des chefs d'État,[30] *« le responsable suprême [étant] en*

---

[25]E. H. O. DIOP, *Partis politiques, démocratie et réalités sociales au Sénégal*, Paris, CREDILA, 2011, p. 407.
[26] A. MAHIOU, *L'avènement du parti unique en Afrique noire. L'expérience des Etats d'expression française*, Paris, LGDJ, 1969, p. 31.
[27] M. KAMTO, *Pouvoir et droit en Afrique ; Essai sur les fondements du constitutionnalisme dans les Etats d'Afrique noire francophone*, Paris, LGDJ, 1987, p. 545.
[28] Pour Marcellin NGUELE ABADA, ces éléments idéologiques, notamment le mythe de l'unité nationale et le postulat développementaliste, ne sont que des « faux alibis qui ont berné l'Etat en Afrique dans des illusions », in « Démocratie sans Etat : Contribution à l'étude des processus démocratiques en Afrique, in *Revue de la commission africaine des droits de l'Homme et des peuples*, Tome 7, n°1, 1998, p. 2.
[29] R. EMERSON, « Parties and national integration in Africa », in J. la Palombara, M. Weimmer (éd), *Political parti and political development*, Princeton, New Jersey, Princeton university press, 1966, pp. 296-297.
[30] J. du BOIS de GAUDUSSON, « Trente ans d'institutions constitutionnelles et politiques. Points de repère et interrogations », in *Afrique contemporaine, numéro spécial « Trente années d'Afrique »*, Paris, 1992, p. 50.

même temps leader du parti dominant »[31], la mise en place de nouveaux mécanismes électoraux compatibles avec l'idéologie qui sous-tend le monopartisme[32], la centralisation du pouvoir d'Etat en vue d'asseoir un système centralisé politiquement et administrativement.[33]
Aussi, en dépit de l'engagement soutenu de certains États qui ont conservé une tradition constitutionnelle[34], les écarts entre le constitutionnalisme libéral et la pratique institutionnelle et politique étaient considérables[35].
Vers la fin des années 1960, le monopartisme a commencé à présenter des signes de faiblesse dans l'atteinte des objectifs de développement et de l'unité nationale. Les présages d'un échec des politiques menées par les dirigeants africains sont patents et propices à l'éclatement de crises internes. Cette situation donne l'occasion aux militaires d'intervenir sur la scène politique[36] et favorise la perpétuation, dans certains Etats, du phénomène de coups d'État militaires devenu alors *« le mode ordinaire de transmission du pouvoir »*[37]. El Hadj MBODJI indique d'ailleurs à ce propos que *« la prise du pouvoir par des moyens extraconstitutionnels se présente comme le procédé de droit commun de succession en Afrique »*[38] au cours de la période du monopartisme. Pendant cette période de référence, certains États d'Afrique noire francophone ont connu une instabilité institutionnelle qui, si elle n'a pas remis en cause le choix du monopartisme et de l'idéologie socialiste, a permis de voir se perpétrer, en cascade, des changements révolutionnaires, civils et militaires,[39] dont les principales motivations se

[31] A. G. CABANIS et M. L. MARTIN, op.cit. p. 139.
[32] P. QUENTIN (dir), *Voter en Afrique : comparaisons et différenciations*, Paris, l'Harmattan, 2004.
[33] Voir, dans ce sens, P. F. GONIDEC, *Les systèmes politiques africains*, Paris, LGDJ, 1971, 1ère partie, p. 263.
[34] C'est le cas, notamment, du Sénégal qui, en dépit de quelques difficultés de mise en œuvre du multipartisme, avait conservé la tradition constitutionnelle héritée du colonisateur français.
[35] P. F. GONIDEC souligne, à juste titre, que, « même si l'Etat continue d'être régi par une constitution, ne serait-ce que pour se donner une bonne image sur la scène internationale, ou par fétichisme, on peut observer que, dans de nombreux cas, la constitution n'est qu'une simple façade derrière laquelle se cache un régime politique peu soucieux du constitutionnalisme en tant que technique de limitation du pouvoir », in, « Introduction générale sur l'étude comparative des systèmes juridiques », *Encyclopédie juridique de l'Afrique*, 1993, p. 25.
[36] J. L. SEURIN, « Les régimes militaires », *Revue française d'études constitutionnelles et politiques, les pouvoirs africains*, n° 25, Paris, PUF, 1983, p. 90 ; F. WODIE, « Régimes militaires et constitutionnalisme en Afrique », Penant, n° 803, juin-septembre 1990, p. 196.
[37] C. DEBBASCH et autres, *Droit constitutionnel et Institutions politiques*, éd. Economica, Paris, 2001, p. 236.
[38] E. MBODJ, *La succession du chef d'Etat en droit constitutionnel africain (analyse juridique et impact politique)*, Thèse de doctorat en droit, Université de Dakar, 1991, p. 18.
[39] En ce qui concerne l'entrée en politique des militaires au Congo-Brazzaville, voir par exemple, J. OLLANDET, *L'expérience congolaise du socialisme de MASSAMBA-DEBAT à Marien NGOUABI*, Paris, l'Harmattan, 2014, p. 145.

fondaient sur l'arbitraire des gouvernants et le respect des droits de l'Homme.

À tout considérer, on peut déduire que le mouvement constitutionnel des indépendances au début des années 1990 était totalement étranger tant par son inspiration que par ses buts et n'a pas réussi à affecter fondamentalement l'évolution constitutionnelle des sociétés africaines[40]. Cet état de fait avait justifié la consécration du nouveau constitutionnalisme africain.

B- L'essor du nouveau constitutionnalisme à partir de 1990

Le nouveau constitutionnalisme africain est compris comme l'édification, à partir des années 1990[41], au sein de chaque État, d'une nouvelle orientation constitutionnelle inspirée par le constitutionnalisme libéral[42] et caractérisée par l'affirmation *« d'un cadre pluraliste exceptionnel en rupture avec le passé, un dispositif institutionnel pour la mise en œuvre effective d'un véritable État de droit démocratique, une dynamique politique, médiatique, associative et religieuse sans précédent »*[43]. Si l'on se réfère au terme « nouveau », il va de soi que la période précédente est constitutive d'un constitutionnalisme ancien[44]. On s'accorde, ainsi, avec Pierre François GONIDEC pour qui *« tout regroupement politique, si rudimentaire que soit son organisation, a une constitution »*[45] et Maurice KAMTO qui conçoit le constitutionnalisme comme « *le phénomène constitutionnel en mouvement dans un environnement constitutionnel »*[46].

L'édification du nouveau constitutionnalisme africain s'est réalisée par une adhésion, quasi unanime, de tous les Etats d'Afrique noire francophone, à la

[40] D. G. LAVROFF, *Dynamiques et finalités des droits africains*, Paris, Economica, 1980, p. 416.

[41] La doctrine situe le nouveau constitutionnalisme africain autour des années 1990. Voir dans ce sens, J. F. GONIDEC, « Constitutionnalisme africain », *RPJIC*, n°1, 1996, p. 25 et suiv.

[42] J. du Bois de GAUDUSSON, « Défense et illustration du constitutionnalisme en Afrique après quinze ans de pratique du pouvoir », op. cit. p. 609.

[43] T. HOLO, *La responsabilité introuvable du chef de l'Etat africain : analyse comparée de la contestation du pouvoir présidentiel en Afrique noire francophone (les exemples camerounais, gabonais, tchadien et togolais)*, Thèse de doctorat en droit public, Université de Reims Champagne-Ardenne, 2005, p. 46.

[44] Pour la doctrine, l'ancien constitutionnalisme est essentiellement « développementaliste » et constitue un frein pour la démocratie alors que le nouveau constitutionnalisme est reconnu comme libéral et démocratique. Voir dans ce sens Jean Louis ATANGANA AMOUGOU, « Révisions constitutionnelles et nouveau constitutionnalisme africain », Politeia, n°7, printemps 2005, p. 585.

[45] P. F. GONIDEC, « Constitutionnalismes africains », in *Revue africaine de Droit international et comparé*, mars 1996, T.8, n°1, p. 12.

[46] M. KAMTO, *Pouvoir et droit en Afrique*, op. cit., p. 545.

démocratie libérale[47] (1) et la consécration, subséquente, des fondements de celle-ci (2).

1-La consécration du nouveau constitutionnalisme

Le regain constitutionnel africain,[48] qui induit désormais un nouveau constitutionnalisme, intervient à la suite de la remise en cause du monopartisme dans la plupart des États africains. Les réformes politiques entreprises dans d'autres continents comme l'Amérique latine, l'éclatement du bloc de l'Est[49], les exhortations de l'ancienne métropole, notamment au sommet de La Baule[50], les revendications de la communauté internationale[51] et *« les exigences, toujours pressantes, des bailleurs de fonds soucieux de la sécurité des investissements »*[52] ont favorisé, un peu partout, la revendication d'un modèle d'organisation libéral et démocratique[53].
Ainsi, le processus de démocratisation[54], qui avait pour ambition *«d'engager ou réengager les Etats [africains] dans la voie du constitutionnalisme démocratique effectif»*[55], s'est effectué soit par l'adoption de nouvelles constitutions[56] soit par la réforme de celles qui étaient en vigueur. Le changement des textes constitutionnels s'est réalisé dans certains États qui ont organisé des conférences nationales. Celles-ci ont été des forums de rénovation institutionnelle et de définition de nouvelles représentations des rapports gouvernants-gouvernés suivant le modèle de la démocratie libérale. Elles se sont tenues au Bénin (19-28 février 1990), au Gabon (27 mars-19

---

[47] J. du BOIS de GAUDUSSON, « Points d'actualité sur les modalités de production du droit constitutionnel dans les Etats africains francophones », op. cit. pp. 347-354.
[48] J. GICQUEL, J. E. GICQUEL, *Droit constitutionnel et institutions politiques*, Paris, Montchrestien, 2009, 23ème édition, p. 395.
[49] C. AUTEXIER, « Mille neuf cent quatre-vingt-dix, la réunification de l'Allemagne sous la loi fondamentale », *RFDC*, n°8, 1991, p. 581 et suiv. ; M. FROMENT, « Les techniques juridiques utilisées pour l'unification de l'Allemagne », *RFDC*, n°8, 1991, p. 581.
[50] Le président français, François MITTERAND, affirmait, entre autres : « J'ai naturellement un schéma tout prêt : système représentatif, élections libres, multipartisme, liberté de la presse, indépendance de la magistrature, refus de censure… », voir « Le discours de F. MITTERAND à la Baule, le 20 juin1990 », in *Politique étrangère de la France*, mai-juin 1990, p. 130.
[51] E. CHOLE et J. IBRAHIM, *Processus de démocratisation en Afrique, problèmes et perspectives*, Dakar, CODESRIA, 1995, p. 61.
[52] A. BOURGUI, « L'évolution du constitutionnalisme en Afrique : du formalisme à l'effectivité », op. cit. p. 723.
[53] J. L. ATANGANA AMOUGOU, « Les révisions constitutionnelles dans le nouveau constitutionnalisme africain », op. cit. p. 2.
[54] Sur les modalités d'accès à la démocratie pluraliste, voir A. BOURGUI, « L'évolution du constitutionnalisme en Afrique : du formalisme à l'effectivité », op. cit. p. 724.
[55] J. du BOIS de GAUDUSSON, « Défense et illustration du constitutionnalisme en Afrique après quinze ans de pratique du pouvoir », op. cit. p. 617.
[56] M. KAMTO, « Révision constitutionnelle ou écriture d'une nouvelle constitution », *Lex Lata*, février-mars 1996, n° 023-024, p. 17.

avril 1990), au Congo-Brazzaville (25 février-10 juin 1991), au Togo (10 juillet-28 août 1991), au Niger (29 juillet -3 novembre 1991), au Mali (29 juillet-6 décembre 1992), au Zaïre (7 août 1991-6 décembre 1992)[57] et au Tchad (15 janvier-7 avril 1993).

La réforme constitutionnelle a consisté en une révision des dispositions constitutionnelles incompatibles avec les nouveaux principes d'organisation sociétale. C'est la démarche entreprise par le Sénégal, le Cameroun, le Burkina Faso et d'autres États.

Malgré la divergence des approches de mise en œuvre des changements, l'objectif était partout d'assurer *« le passage continu d'un système posé ou supposé non démocratique à un système proposé comme devant l'être »*[58]. Il fallait, pour cela, adapter la norme constitutionnelle à la nouvelle donne qu'était la démocratie libérale et consacrer systématiquement les fondements de celle-ci.

2-La valorisation rituelle des principes de la démocratie libérale

La prise en compte de diverses revendications, au sein des Etats d'Afrique noire francophone, a été faite dans le cadre d'une offre visant *« l'organisation de la vie démocratique »*[59] par les nouvelles constitutions[60]. Cette offre s'est cristallisée autour de certains principes fondamentaux dont la suprématie constitutionnelle, la démocratie pluraliste, la protection et la promotion des droits de l'Homme, l'affirmation de la séparation des pouvoirs.

- **La suprématie de la constitution**

Les transitions démocratiques ont été l'occasion de mettre en pratique une véritable ingénierie constitutionnelle africaine fondatrice du renouveau démocratique. Cette ingénierie a permis l'adoption des constitutions écrites ou la réforme de celles qui étaient en vigueur, selon un processus participatif adapté au contexte nouveau. Dans cet élan d'ouverture à la démocratie pluraliste, la suprématie de la constitution est de plus en plus affirmée car

---

[57] Le Zaïre a donné l'exemple de la conférence nationale la plus longue. Plusieurs fois interrompue, elle n'a en définitive pas abouti à la consécration de la démocratie et du multipartisme. Les bonnes intentions des acteurs politiques, exprimées dans les discours, n'ont pas été suivies dans les faits. Cet état de fait est souvent présenté comme facteur justifiant le départ du pouvoir du président MOBUTU en 1997 à la suite d'une rébellion organisée par Laurent Désiré KABILA.

[58] F. WODIE, « Problématique de la transition démocratique en Afrique », *Document présenté à la VIIème Assemblée générale du CODESRIA à Dakar (Sénégal)*, février 1992.

[59] B. GUEYE, « La démocratie en Afrique, succès et résistances », *Pouvoirs* n°129, 2009, p. 6.

[60] S. BOLLE, *Le nouveau régime constitutionnel du Bénin, Essai sur la construction d'une démocratie africaine par la constitution*, Thèse de doctorat en Droit, Université de Montpellier, 1997, p. 807.

elle « *devrait permettre d'assurer le respect des libertés fondamentales et le bon fonctionnement du pluralisme retrouvé* »[61]. Dans les États qui ont connu les conférences nationales, ce furent ces assises qui s'étaient érigées en pouvoir constituant originaire, le peuple ayant voté le texte, en définitive, par référendum.

Ensuite, l'un des moyens utilisés par les constituants pour assurer la sécurité des dispositions constitutionnelles a été de faire de la révision de la constitution une procédure qui reflète l'esprit des régimes institués[62] et leur stabilité[63]. Cette procédure se singularise à la fois par sa solennité [64] et sa complexité. L'objectif poursuivi par cette rigidité[65] de la procédure de révision étant de réaliser *« un équilibre entre la nécessaire réunion d'un certain consensus et le refus de reconnaître à un homme ou une institution le pouvoir de blocage absolu »*[66]. Dans cette perspective, certains États d'Afrique noire francophone ont prévu un recours facultatif et d'autres un recours obligatoire au référendum[67].

Enfin, la suprématie de la constitution est garantie par un contrôle de constitutionnalité des lois pour prévenir toute éventualité d'adoption des lois oppressives et assurer une *« stabilité certaine de la constitution »*[68]. Ainsi comprise, la suprématie de la constitution permet à celle-ci d'être, en même

---

[61] A. BOURGUI, « L'évolution du constitutionnalisme en Afrique : du formalisme à l'effectivité », op. cit. p. 721.

[62] Il s'agit, dans la plupart des cas, des régimes qui marquaient une rupture avec les pratiques arbitraires du monopartisme. L'objectif des constitutions était, notamment, d'éviter des manipulations ou des violations de celles-ci.

[63] Les procédures de révision de la constitution reflètent intrinsèquement l'esprit d'un régime et sa stabilité comme le souligne G. LIET-VEAUX, in « La fraude à la constitution, Essai d'une analyse juridique des révolutions communautaires récentes : Italie, Allemagne, France », *RDP*, 1943, pp. 142-147.

[64] A. EISMEIN, *Eléments de droit constitutionnel français et comparé*, Paris, Sirey, 1906, 4ème éd., p.469.

[65] Sur la notion de rigidité constitutionnelle voir, par exemple, A. DICEY, *Introduction à l'étude du droit constitutionnel*, éd. française, 1902, p. 82., A. ESMEIN, *Eléments de droit constitutionnel*, Paris, Librairie de la société du Recueil général des lois et des arrêts, 1896, pp. 405 et s.

[66] A. CABANIS et M. L. MARTIN, *Les constitutions d'Afrique francophone, évolutions récentes*, Paris, Karthala, 1999, p. 185.

[67]Le référendum est facultatif en cas d'adoption du texte définitif, portant révision de la constitution, par une majorité parlementaire confortée. Cette majorité est de 4/5ème au Bénin, 3/5ème au Sénégal, 3/4 au Burkina Faso, 4/5ème en Côte d'Ivoire, 4/5ème au Niger, 3/4 en Centrafrique, 2/3 au Togo. Le Mali et le Tchad ont opté pour un recours obligatoire au pouvoir constituant originaire pour toute révision. Le Congo-Brazzaville avait opté pour le recours obligatoire au référendum sous les constitutions du 15 mars 1992 et du 20 janvier 2002. La constitution congolaise du 25 octobre 2015 consacre un recours facultatif au référendum et une exigence d'une majorité de 3/4 en cas d'adoption du texte définitif de la révision par les deux chambres du parlement.

[68] Selon l'expression de Hans KELSEN cité par J. GUILLAUME, « Du titre XI de la constitution de 1946 dans ses rapports avec la théorie générale de la révision des constitutions », op. cit. p. 15.

temps, un instrument de *« renouvellement du pacte social »*[69], un moyen de garantir la liberté des citoyens contre l'arbitraire des gouvernants et de les protéger contre les autres règles de droit par sa supériorité qui exige que les dispositions légales et réglementaires inférieures se conforment à elle[70].

- **La démocratie pluraliste**

La démocratie pluraliste est l'une des victoires précieuses du nouveau constitutionnalisme africain. Sa consécration a marqué une réelle rupture avec les systèmes politiques antérieurs. Les nouvelles règles constitutionnelles postulent le rejet de la violence comme mode d'accession et de gestion du pouvoir d'État. Elles reconnaissent le multipartisme et fixent les mécanismes démocratiques de dévolution et d'exercice du pouvoir politique[71].

On y a consacré notamment l'organisation d'élections régulières, libres et transparentes garanties par la mise en place de commissions indépendantes et supervisées par l'ensemble des acteurs et des observateurs de la communauté internationale, la limitation des mandats électifs dans le temps et le plafonnement du nombre des mandats du Président de la République. Dans certaines constitutions, le plafonnement du nombre des mandats présidentiels est intangible et intègre l'ordre constitutionnel fondamental[72] au même titre que la forme républicaine de l'État, l'intégrité territoriale, les droits fondamentaux et le principe du multipartisme[73]. Le pluralisme politique est reconnu par tous les États d'Afrique noire francophone. Il consacre le postulat de « *l'exercice de la libre expression de différentes idées politiques, en particulier la reconnaissance des partis politiques concurrentiels »*[74]. La reconnaissance du pluralisme s'est accompagnée de l'émergence de contre-pouvoirs démocratiques comme la société civile, les syndicats professionnels, les partis politiques dont ceux de l'opposition qui deviennent *« un gage de préservation des acquis démocratiques »*[75].

- **La protection et la promotion des droits de l'Homme**

Les constitutions adoptées à partir de 1990 se particularisent par l'importance accordée à la protection et à la promotion des droits de l'Homme[76]. Elles proclament un nombre important des droits et libertés

---

[69] G. BURDEAU, *Droit constitutionnel et institutions politiques*, 14ème édition, op. cit. p. 57.

[70] Voir dans ce sens, G. VEDEL, *Manuel élémentaire de droit constitutionnel*, réédition présentée par Guy CARCASSONNE et Olivier DUHAMEL, Paris, Dalloz, 2002, p. 230.

[71] P. PACTET, F. MELIN-SOUCRAMANIEN, *Institutions politiques et droit constitutionnel*, Paris, Armand Colin, 2009, 27ème éd., p. 63.

[72] L. FAVOREU, *Droit constitutionnel*, Paris, Dalloz, 1999, p. 131.

[73] C'était le cas de la constitution du Congo-Brazzaville du 20 janvier 2002.

[74] M. WALZER, *Pluralisme et Démocratie*, Editions Esprit, 1997, p. 60.

[75] B. GUEYE, « La démocratie en Afrique, succès et résistances », *Pouvoirs*, n°129, 2009, p. 8.

[76] B. GUEYE, « La démocratie en Afrique, succès et résistances », op. cit. p. 9.

reconnus au plan universel, notamment, les droits de la première génération (droits civils et politiques), de la deuxième génération (droits économiques, sociaux et culturels) et de la troisième génération (droits de la femme, de l'enfant...). À l'évidence, toutes les constitutions de ces États *«s'ouvrent par une déclaration des droits »*[77] dont la garantie est assurée par le pouvoir judiciaire reconnu comme gardien des droits et libertés fondamentaux. De même, l'ouverture du contrôle de constitutionnalité[78], aussi bien aux autorités publiques qu'aux citoyens, est un moyen efficace de protection des droits et libertés fondamentaux. Ce contrôle peut désormais s'exercer à tout moment, par voie d'action ou d'exception, a priori ou a posteriori[79].

- **La séparation des pouvoirs**

On peut remarquer qu'à la faveur du renouveau démocratique *« l'organisation des pouvoirs renoue avec l'orthodoxie constitutionnelle »*[80]. Le principe de la séparation des pouvoirs a été affirmé par toutes les constitutions comme un signe de modernité de la vie institutionnelle. Les pouvoirs exécutif, législatif et judiciaire ont fait l'objet d'une spécialisation fonctionnelle quoiqu'avec des variantes d'un État à un autre[81]. Les rapports entre les trois pouvoirs ont été aménagés. L'indépendance de la justice a été affirmée. Elle est assurée par le Conseil supérieur de la magistrature.

L'essor des autorités administratives indépendantes a permis de confier à certaines personnes morales de droit public un nombre important d'activités sensibles qui relevaient directement de l'administration. La décentralisation territoriale, conçue comme mécanisme de participation des citoyens à la gestion des affaires locales et de prise en compte des particularités de chaque compartiment territorial, a été instituée comme une nouvelle méthode de mise en œuvre des politiques publiques.

Tout compte fait, *«le constitutionnalisme devient un élément important de la vie politique en Afrique qu'on ne peut plus négliger »*[82]. Le mérite de son instauration est d'avoir placé dans le marbre des constitutions des États d'Afrique noire francophone *« les principes et règles qui fondent toute démocratie »*[83].

---

[77] A. G. CABANIS et M.L. MARTIN, « Le nouveau cycle constitutionnel ultra-méditerranéen francophone et la constitution d'octobre 1958 », in Y. MENY (dir), *Les politiques du mimétisme institutionnel, la greffe et le rejet*, Paris, l'Harmattan, 1993, p. 139.

[78] Sur le contrôle de constitutionnalité des lois, voir par exemple, T. HOLO, « Emergence de la justice constitutionnelle », *Pouvoirs*, 2009/2, n°129, p. 102 et s.

[79] Voir nos commentaires sur le contrôle de constitutionnalité des lois.

[80] J. du BOIS de GAUDUSSON, « Trente ans d'institutions constitutionnelles : points de repère et interrogations », op. cit. p. 56.

[81] J. du BOIS de GAUDUSSON, ibid.

[82] J. du BOIS de GAUDUSSON, « Les solutions constitutionnelles des conflits politiques », in *Afrique contemporaine*, n° spécial, 4ème trimestre, 1997, p. 252.

[83] B. GUEYE, « La démocratie en Afrique, succès et résistances », op. cit. p. 7.

II- DÉFINITION DES CONCEPTS

Il est indispensable, pour une meilleure compréhension du sujet, de définir la notion de « mutations constitutionnelles ». Mais, il est important de clarifier, au préalable, les concepts de « mutation » et de « constitution ».

- **La mutation**

Le mot mutation vient du latin *« mutare »* qui veut dire *« changer »*. Le dictionnaire français *Larousse* définit la mutation de la manière suivante : *changement radical, conversion, évolution profonde.* Suivant cette définition, la mutation peut être comprise comme un changement de la nature, voire de l'essence initiale d'une norme.

- **La constitution**

Considérée comme loi suprême[84], la constitution est traditionnellement définie aux sens matériel et formel. Au sens matériel, la constitution est l'ensemble *«des règles ayant un objet constitutionnel, quelles que soient les formes qu'elles revêtent »*[85]. L'accent n'est pas mis, ici, sur la forme de ces règles. Il peut s'agir des règles écrites ou coutumières, voire de la pratique des gouvernants.

Au sens formel, la constitution désigne des *« règles revêtant une forme spéciale, consistant en un document écrit, solennellement adopté, d'une autorité, généralement supérieure à celle des lois ordinaires »*[86].

Au-delà de ces définitions, fondées sur la forme des règles constitutionnelles, la constitution renvoie, également, à plusieurs autres conceptions. On peut retenir celle qu'annonce la Déclaration des droits de l'Homme et du citoyen à son article 16 : *« Tout Etat dans lequel la séparation des pouvoirs n'est pas assurée ni la garantie des droits déterminée n'a point de constitution »*[87].

Dans le droit fil de cette conception, Maurice HAURIOU avance l'idée de l'existence de deux constitutions, *« l'une relative à l'organisation et au fonctionnement de l'État, l'autre sociale, exprimant par la reconnaissance des droits et libertés aux citoyens, la philosophie de la société »*[88]. Le Général de Gaulle, pour sa part, estimait qu'*« une constitution c'est un*

---

[84] J. BARTHELEMY et P. DUEZ, *Traité de droit constitutionnel*, Paris, Panthéon Assas, 2004, p. 183.

[85] G. CORNU, *Vocabulaire juridique*, Paris, PUF, 2012, p. 248.

[86] G. CORNU, ibid.

[87] D. ROUSSEAU, « Constitution », in O. DUHAMEL, Y. MENY, (dir), *Dictionnaire constitutionnel*, Paris, PUF, 1992, p. 208.

[88] M. HAURIOU, *Droit constitutionnel*, Paris, Sirey, 1929, p. 624.

esprit, des institutions et une pratique »[89]. François Mitterrand, dans le même ordre d'idées, définissait la constitution comme *« une pratique des choses, le tempérament des hommes, les habitudes de penser et d'agir d'un peuple »*[90].
De ces définitions, il semble que la définition formelle est celle qui coïncide le mieux avec la réalité des États africains, particulièrement ceux de l'Afrique noire francophone. Dans ces États, les constitutions, du fait des précautions prises pour leur rédaction et les mécanismes prévus pour leur révision, sont des textes élaborés par *« l'organe constituant et qui, par la suite, ne peuvent être modifiés que par une opération de puissance constituante et au moyen d'une procédure spéciale de révision »*[91]. D'ailleurs, comme le concède Georges VEDEL, *« ce qui est essentiel du point de vue de la technique juridique dans la théorie générale de la constitution, c'est le point de vue formel »*[92]. C'est la raison pour laquelle, nombre d'États d'Afrique noire francophone, en manifestant leur intérêt à la construction démocratique par la constitution[93], ont opté pour la rigidité de celle-ci en lui assurant une *« certaine immutabilité du fait des procédures particulières dont l'observation est requise pour sa modification »*[94].
On peut, dans ce sens, après Dominique ROUSSEAU, se demander si « l*es vraies constitutions ne sont pas les constitutions rigides ».*[95]

- **Le concept de mutations constitutionnelles**

Logiquement, *« la notion de mutations constitutionnelles heurte le juriste pour qui la constitution évoque la permanence plus que le changement »*[96]. Pourtant, dans la pratique, il est difficile d'envisager une évolution constitutionnelle sans mutations, la constitution n'étant pas, par nature, *« une tente dressée pour le sommeil »*[97]. Les mutations constitutionnelles sont

---

[89] D. ROUSSEAU, ibid.
[90] D. ROUSSEAU, ibid.
[91] C. de MALBERG, *Contribution à la théorie générale de l'Etat*, Paris, Sirey, 1922, tome 2, pp. 571 et s.
[92] G. VEDEL, *Manuel élémentaire de droit constitutionnel*, réédition présentée par Guy CARCASSONNE et Olivier DUHAMEL, Paris, Dalloz, 2002, p. 113.
[93] S. BOLLE, « Le nouveau régime constitutionnel du Bénin. Essai sur la construction d'une démocratie africaine par la constitution », op. cit. p. 807.
[94] G. BURDEAU, « Droit constitutionnel et Institutions politiques », op. cit. p. 75.
[95] D. ROUSSEAU, « Une résurrection : la notion de constitution », *RDP*, 1990, n°1, p. 15.
Selon G. BURDEAU, la constitution est rigide lorsqu'elle est dotée d'une « certaine immutabilité du fait des procédures particulières dont l'observation est requise pour sa modification ». Elle est, au contraire, souple lorsqu' « aucune forme spéciale n'est prévue pour sa révision », in *Droit constitutionnel et Institutions politiques*, op. cit. p. 75.
[96] J. M. SAUVE, « Introduction à la journée d'études du 5 avril », in *Les mutations constitutionnelles, Collection colloques, volume 20*, 2013, p. 8.
[97] Suivant l'expression de Royer-Collard, cité par Jean WALINE, « Les révisions de la constitution de 1958 », in *Droit et politique à la croisée des cultures, Mélanges Philippe ARDANT*, Paris, LGDJ, 1999, pp. 235-249.

permanentes et peuvent se faire dans tous les contextes. En effet, il se passe, régulièrement, dans la vie institutionnelle et politique des États, des manifestations qui se rapportent aux mutations constitutionnelles[98]. On peut, ainsi, distinguer plusieurs types de mutations constitutionnelles.

Le premier type est celui de la révision de la constitution entendue comme *« la technique juridique par laquelle les pouvoirs publics modifient expressément le texte de la constitution après avoir suivi une procédure spéciale qu'on appelle la procédure de révision »*[99].

Le deuxième type de mutations constitutionnelles est celui qui résulte du changement de la constitution en dehors de la procédure de révision. Ce changement peut prendre plusieurs formes. JELLINEK avance par exemple l'hypothèse d'une *« modification de la constitution qui laisse inchangé formellement le texte de la constitution et qui résulte des faits qui ne sont pas nécessairement issus de l'intention de modifier la constitution ou de la conscience de le faire »*[100]. Certains auteurs comme Andreas VOSSKUHLE, Armel Le DIVELLEC, Manon ALTWEGG-BOUSSAC abordent cette question avec beaucoup de similitudes. Ainsi, pour Andreas VOSSKUHLE, la mutation constitutionnelle est *« une modification du sens initial d'une norme constitutionnelle ou des parties de la constitution sans modification du texte constitutionnel »*. Cette conception est partagée par Armel Le DIVELLEC pour qui *« la mutation constitutionnelle est une révision informelle, donc non formalisée de la constitution ; une modification de cette constitution sans modification de son texte lui-même »*. De même, pour Manon ALTWEGG-BOUSSAC, par mutation constitutionnelle, il convient d'entendre *« des phénomènes d'attribution par voie interprétative d'une ou de plusieurs significations normatives de la matière constitutionnelle, distincte de celle que contient le cadre de la constitution écrite »*.

Comme on peut le constater, à partir de ces définitions, les mutations constitutionnelles ne peuvent être envisagées que dans le cadre d'une constitution écrite. C'est le cas des constitutions des États d'Afrique noire francophone. Par conséquent, dans ces États, les mutations constitutionnelles peuvent être comprises comme des changements, des modifications ou des transformations de constitutions du moment qu'un écart peut être constaté entre les données de départ et les données d'arrivée[101]. Elles peuvent être justifiées par la volonté des acteurs de la vie politique et institutionnelle, par

---

[98] J. M. SAUVE, op. cit, p. 7.

[99] O. BEAUD, « Les mutations de la Vème République ou comment se modifie une constitution écrite », disponible sur http://www. revue- pouvoirs.fr/les-mutations-de-la-Ve-République. p. 21.

[100] Cité par Guillaume DRAGO, « Les mutations constitutionnelles : notions, types, causes, essai de classification », in *Les mutations constitutionnelles*, op. cit. p. 49.

[101] M. ALTWEGG-BOUSSAC, « Le constitutionnalisme écrit face au changement : approches doctrinales », in *Les mutations constitutionnelles*, op. cit. p. 47.

le contexte économique, socioculturel et politique, par la volonté d'améliorer l'exercice du pouvoir ou d'adapter les institutions au contexte temporel. Elles peuvent se faire de manière formelle (par la révision constitutionnelle) ou informelle (en dehors de la procédure de révision)[102]. Ainsi conçues, les mutations constitutionnelles résultent, en Afrique noire francophone, entre autres, de la révision de la constitution, du droit infra-constitutionnel[103], de l'interprétation des dispositions constitutionnelles, de l'abrogation de la constitution et de la pratique des acteurs de la vie institutionnelle et politique. Nous aborderons succinctement la révision constitutionnelle, les normes infra-constitutionnelles, l'interprétation et la pratique constitutionnelles qui sont les formes les plus courantes des mutations constitutionnelles en Afrique noire francophone.

- **La révision constitutionnelle**

La constitution est par essence *« l'instrument de la transparence du pouvoir, le point d'ancrage fixe, public et stable de la vie politique et juridique d'un pays »*[104]. Il est, donc, essentiel que sa stabilité soit garantie. Mais, cette stabilité n'est pas incompatible avec *« le droit imprescriptible de changer sa constitution »*[105] que détient le peuple et qui est le corollaire de sa souveraineté inaliénable. Ainsi, le principe de la révision de la constitution, qui est une forme d'expression de cette souveraineté, se justifie par la nécessité de l'améliorer sans la transformer[106]. La révision constitutionnelle est comprise, de la sorte, comme *« l'acte qui consiste à procéder à une modification d'une constitution selon le régime que cette constitution a elle-même prévu »*[107]. Elle exprime, de ce fait, des *« changements réguliers dans le respect des formes légales »*[108] et *« une sorte de renouvellement du pacte*

[102] M. ALTWEGG-BOUSSAC, ibid.

[103] Expression empruntée à Armel le DIVELLEC pour qui, « la constitution formelle peut être affectée par le droit écrit formellement infra-constitutionnel : lois formelles, actes réglementaires, règlements intérieurs d'organes constitutionnels tels que les assemblées représentatives, les cours constitutionnelles... », in *A la recherche du concept de mutation constitutionnelle ou le mystère de la notion de constitution*, Les mutations constitutionnelles, op. cit. p. 35.

[104] D. ROUSSEAU, « Une résurrection : la notion de constitution », op. cit. p. 5.

[105] En France, ce principe avait été énoncé par l'article 1er du titre VII intitulé « De la révision des décrets constitutionnels » de la constitution du 3 septembre 1791 et la Déclaration des droits de l'Homme et du citoyen qui affirmaient qu'un peuple a toujours le droit de revoir, de reformer et de changer sa constitution et une génération ne peut assujettir à ses lois les générations futures.

[106] P. M. SY, *Le développement de la justice constitutionnelle en Afrique noire francophone : les exemples du Bénin, du Gabon et du Sénégal*, Thèse de doctorat en droit, 1998.

[107] P. ARDANT, « La révision constitutionnelle en France : problématique générale », in *La révision de la constitution, journées d'études des 20 mars et 16 décembre 1992, Association française des constitutionnalistes*, Economica, 1993, p. 80.

[108] B. GUEYE et S. NDIAYE, « L'instabilité institutionnelle en Afrique », op. cit. p. 129.

social »[109] étant entendu que la constitution exprime ce pacte social. Elle favorise l'évolution de la règle juridique[110] et son adaptation[111] au temps qui passe ou mieux à l'état de la société[112]. On peut constater, par exemple, que les multiples révisions constitutionnelles [113] entreprises en France sous la Vème République et aux États-Unis[114] ont eu pour finalité de faire évoluer les constitutions de ces deux États.

Pour J.F. AÏVO, en effet, *« les vingt-quatre modifications apportées à la constitution française de 1958 n'en font pas moins une norme fondamentale qui, selon la doctrine française, remplit sa fonction. De même, malgré ses vingt-sept amendements, la constitution américaine de 1787 traverse les siècles avec sa légende »*[115].

Ce qui, par contre, suscite moult interrogations en Afrique noire francophone c'est *« le paradoxe de la cohabitation entre une rigidité constitutionnelle formelle et une instabilité constitutionnelle réelle »*[116] attribuée à une manipulation de la norme constitutionnelle dans les dispositions qui font partie des principes fondamentaux du nouveau constitutionnalisme. Cette réalité justifie *« la nécessité de s'interroger sur le phénomène des révisions dans le paysage constitutionnel africain »*[117] qui induit un désenchantement de la rigidité constitutionnelle[118] et place le nouveau constitutionnalisme dans une dynamique ambigüe[119].

---

[109] G. BURDEAU, « Droit constitutionnel et Institutions politiques », op.cit. p.75.

[110] J. WALINE, « Les révisions de la constitution de 1958 », op. cit. p. 235.

[111] F. D. MELEDJE, « Les révisions des constitutions dans les Etats africains francophones, esquisse de bilan », *RDP*, 1992, n°1, p. 113.

[112] D.G. LAVROFF, « La constitution et le temps », in Droit et politique à la croisée des cultures », *Mélanges Philippe ARDANT*, Paris, LGDJ, 1999, p. 210.

[113] En 2012, la constitution française de 1958 avait déjà fait l'objet de 24 révisions alors que celle des Etats-Unis de 1787 en comptait déjà 27.

[114]Armel LE DIVELLEC souligne, à ce propos, que la constitution des USA se prête plus aisément au thème des mutations car l'ancienneté et la continuité de son droit constitutionnel rendent inévitable une interrogation sur ce phénomène, in *A la recherche du concept de mutation constitutionnelle ou le mystère de la notion de constitution*, op. cit. p. 21.

[115] J. F. AÏVO, in « La crise de la normativité de la constitution en Afrique », op. cit. p. 151.

[116] J.L. ATANGANA AMOUGOU, « Les révisions constitutionnelles dans le nouveau constitutionnalisme africain », op. cit. p. 3.

[117] Idem.

[118] Pour Henri ROUSSILLON, « La multiplication des révisions constitutionnelles ne constitue qu'une atteinte à la stabilité constitutionnelle », in « Rigidité constitutionnelle et justice constitutionnelle : réflexions sur un paradoxe », in *Mélanges P. ARDANT, Droit et politique à la croisée des cultures*, Paris, LGDJ, 1999, p. 251. Voir, dans le même sens, M. ALTWEGG-BOUSSAC, *Le constitutionnalisme écrit face au changement : approches doctrinales*, op. cit. p. 54.

[119] F.D. MELEDGE DJEDJRO, *La révision des constitutions dans les Etats africains francophones, esquisse de bilan*, op. cit. p. 112.

- **Les normes infra-constitutionnelles**

Suivant le principe de la hiérarchie des normes, la constitution est complétée par des normes inférieures qui permettent de rendre exécutoires certaines de ses dispositions, de les préciser et parfois de les compléter. Il peut s'agir des lois directement prévues par la constitution elle-même. C'est le cas, notamment, des lois organiques qui fixent l'organisation et le fonctionnement de certains organes constitutionnels[120]. Il peut s'agir, également, des lois et actes réglementaires qui créent certains organes institutionnels[121]. Il peut, en outre, être question des dispositions légales et réglementaires qui permettent la mise en œuvre des règles qui, de manière générale, ont un objet se rattachant aux relations entre les gouvernants et les gouvernés[122]. Enfin, ces mesures déterminent parfois la procédure à suivre devant tel ou tel autre organe. Le droit infra-constitutionnel influence, de façon déterminante, la manière dont sont mis en œuvre les principes constitutionnels et participe à l'appréhension de la norme constitutionnelle au-delà de sa nature formelle.

- **L'interprétation**

L'interprétation est une opération régulière qui vise la précision des termes d'une norme, parce qu'elle donne un sens précis au contenu de la norme pour la compréhension de tout le monde. Elle est, de ce fait, *«une opération par laquelle une signification est attribuée à quelque chose »*[123]. Dans leur analyse, F. H. HAMON et M. TROPER affirment que l'interprétation est *« l'opération par laquelle on attribue une signification à un texte »*[124]. Elle est, avant tout, l'œuvre des structures juridictionnelles qui, suivant l'esprit de la séparation des pouvoirs, ont la responsabilité d'appliquer les textes juridiques. Avec l'essor de la justice constitutionnelle, l'interprétation des textes constitutionnels par un juge spécifique permet à celui-ci de donner un sens précis aux dispositions de la constitution. L'interprétation peut aussi être l'œuvre des organes institutionnels chargés d'appliquer la constitution. Il en va ainsi de la mise en œuvre de leurs attributions ou des rapports qui existent entre eux.

---

[120] La plupart des constitutions renvoient au législateur la compétence de prendre les dispositions relatives à l'organisation et au fonctionnement des organes comme le Médiateur de la République, le Conseil économique et social. De même, les règlements intérieurs de certains organes constitutionnels comme les assemblées parlementaires font l'objet de lois spécifiques.

[121] On retrouve dans cette catégorie les lois organiques qui portent création des Commissions électorales.

[122] Les constitutions des Etats africains renvoient, par exemple, au domaine de la loi pour la prise de mesures de mise en œuvre de certains droits fondamentaux.

[123] D. ALLAND et S. RIALS (dir), *Dictionnaire de la culture juridique*, Paris, PUF, 2007, p. 843.

[124] F.H. HAMON et M. TROPER, *Droit constitutionnel*, Paris, LGDJ, 2011, p. 64.

Quelle que soit la nature de l'organe, l'objectif de l'interprétation n'est pas de modifier l'énoncé d'une règle mais d'aboutir, inéluctablement, à donner au texte une signification qui importera pour l'avenir.

- **La pratique**

La pratique constitutionnelle traduit le comportement des acteurs institutionnels et politiques devant la règle de droit, notamment lors de son application. Elle peut aussi aboutir à un changement de l'essence de la norme constitutionnelle. Ainsi, comme le relève JELLINEK, la pratique peut assurer une modification qui *« laisse inchangé formellement le texte de la constitution et qui résulte des faits qui ne sont pas nécessairement issus de l'intention de modifier la constitution ou de la conscience de le faire »*[125]. Pour LOEWENSTEIN, elle peut déboucher sur le *« déplacement de la réalité de la situation politique, de la structure sociale ou de l'équilibre des intérêts sans pour autant que ce changement soit authentifié dans la lettre de la constitution »*[126]. MIRKINE-GUETZEVITCH appréhende la pratique sous le vocable de *« transfigurations des constitutions »*[127].

La pratique constitutionnelle peut résulter de : (1) une agrégation des principes constitutionnels, comme l'indique Guillaume DRAGO, de sorte que *« des principes sont peu à peu inscrits dans le texte constitutionnel, des expérimentations viennent ainsi s'agréger peu à peu au texte, selon un processus progressif »*[128]*;* (2) l'abstention des acteurs de la vie politique et institutionnelle dans le cadre de la mise en application d'une norme ou d'un mécanisme ;[129] (3) un usage abusif d'une prérogative[130] et (4) un comportement des acteurs politiques qui affecte l'équilibre institutionnel d'un régime politique[131].

---

125 Cité par Olivier BEAUX, in « Les mutations de la Vème République ou comment se modifie une constitution écrite », op. cit. p. 19.

126 Cité par Olivier BEAUX, op.cit. p. 22.

127 B. MIRKINE-GUETZEVITCH, *Les constitutions de l'Europe nouvelle*, Paris, Librairie Delagrave, 1928, tome 1, p. 11.

128 G. DRAGO, Les mutations constitutionnelles : notion, types, causes, essai de classification, op. cit. p. 203.

129 Lorsque, par exemple, un organe constitutionnel refuse d'exercer une compétence. Il peut s'agir du cas de l'Assemblée nationale qui se refuse d'user de la motion de censure ou de la question de confiance ou qui n'utilise presque pas son droit d'initiative législative.

130 C'est l'exemple du Président de la République qui use, régulièrement, des ordonnances pour contourner la procédure législative en matière budgétaire par exemple.

131 C'est le cas, notamment, de l'introduction d'une institution constitutionnelle nouvelle, comme le Premier ministre, sans que la constitution l'ait prévue.

III- DÉLIMITATION DU CHAMP D'ÉTUDE

L'analyse des *« mutations constitutionnelles en Afrique noire francophone »* peut paraître complexe en fonction de l'étendue de l'espace francophone, d'une part et, d'autre part, de l'imprécision de la période. Tenant compte de ces deux facteurs, il est nécessaire de délimiter le sujet dans l'espace et le temps.

- **Délimitation spatiale**

L'Afrique noire francophone présente un intérêt pour le chercheur en raison des caractères communs et l'homogénéité de la dynamique historique, économique et socioculturelle que présentent les Etats de cette région[132]. Le choix des trois Etats qui font l'objet de la présente recherche est, en effet, dicté par des considérations diverses. Le Bénin, le Sénégal et le Congo-Brazzaville sont des anciennes colonies françaises devenues indépendantes autour des années 1960. Ils ont donc en partage un héritage colonial qui justifie le fait qu'ils ont les mêmes préoccupations politiques, économiques et culturelles.

Sur le plan politique, la référence à la France est restée forte au sein des trois États au cours des premières années de leur indépendance. Au milieu des années 1960, le Sénégal, le Bénin et le Congo-Brazzaville ont connu l'expérience du socialisme avec l'objectif d'adapter les régimes politiques aux spécificités propres aux États[133]. À partir de la fin des années 1960, ces États ont développé une coopération étroite avec les pays de l'Europe de l'Est. Toutes les constitutions adoptées par ces États, depuis l'indépendance, ont une dose d'inspiration française, en dépit de certaines particularités qui rapprochent, actuellement, le Bénin (constitution du 11 décembre 1990) et bien d'autres États[134] du modèle présidentiel américain.

Sur le plan économique, ces Etats font partie des pays sous-développés et sont, depuis l'indépendance, à la recherche d'un modèle économique idéal suivant un même entrain. Dans ces trois États, la recherche du développement et l'amélioration des conditions de vie des populations demeurent une quête permanente des politiques publiques.

Ces États sont confrontés au problème de la complexité sociolinguistique qui est un autre trait qui les caractérise. Cette complexité est marquée par la diversité ethnique, linguistique et religieuse.

---

[132] Sur la convergence des modèles d'organisation des Etats d'Afrique noire francophone, voir S. BALDE, *La convergence des modèles constitutionnels, études de cas en Afrique subsaharienne*, édition publibook, 2011.

[133] M. KAMTO, « Pouvoir et droit en Afrique noire », op. cit. p. 313. P. F. GONIDEC, *A quoi servent les constitutions africaines ? Réflexions sur le constitutionnalisme africain*, op. cit. pp. 849-866.

[134] Ce fut le cas du régime congolais institué par la constitution du 20 janvier 2002.

De plus, le français est la langue officielle dans lesdits États. L'enseignement, hérité du colon, est dispensé en français et, jusqu'à une époque relativement récente, les cadres en fonction au sein de l'administration publique étaient, pour la plupart, formés dans les écoles françaises.
Enfin, sur les plans régional et international, les trois Etats sont membres de l'Union africaine, de l'Organisation internationale de la francophonie et de l'Organisation des Nations Unies.
En dehors de ces considérations d'ordre général, ces trois États présentent des particularités qui justifient leur choix par cette étude.

- **Le Bénin**

Le Bénin est marqué par une instabilité institutionnelle dès son accession à l'indépendance. Ce pays a connu un vide constitutionnel entre le 22 décembre 1965 et le 31 mars 1968 et entre le 26 octobre 1972 et le 26 août 1977. Il a vécu une relative stabilité à partir de 1972 avec l'arrivée du Général Mathieu KEREKOU. Ce pays a vécu sous le règne des militaires sous-tendu par le marxisme-léninisme, introduit officiellement en 1974. Au total, le Bénin a expérimenté six constitutions avant celle du 11 décembre 1990, actuellement en vigueur. Le Bénin est, aujourd'hui, connu, d'une part, pour la réussite de sa transition démocratique qui en a fait *« l'exemple d'une mutation complète acquise de manière consensuelle »*[135] et, d'autre part, par sa stabilité depuis l'ouverture à la démocratie en 1990. En effet, la Conférence nationale du Bénin a offert l'exemple d'une rupture avec le régime antérieur et jeté les bases d'un édifice institutionnel nouveau par la nature des choix opérés. Il a connu une mise en œuvre sans heurts des différents mécanismes prévus par la constitution du 11 décembre 1990. Les élections sont organisées à des échéances régulières. Le pays a réalisé des alternances à la tête de l'État en 1991, en 1996 et en 2006. Depuis 1990, le Bénin présente une stabilité institutionnelle et politique qui exprime la vitalité du système démocratique.

- **Le Congo-Brazzaville**

Comme le Bénin, le Congo-Brazzaville a connu une évolution politique qui a vu se succéder cinq présidents de l'indépendance à 1990. Si au cours des premières années qui ont suivi l'indépendance le pays a connu le multipartisme, cette expérience a été éphémère puisque, à partir de 1964, il a expérimenté deux partis uniques d'idéologie socialiste[136]. Le marxisme-léninisme a été institué à partir de 1970. Le Congo-Brazzaville a opéré une

---

[135] G. CONAC, « Le processus de démocratisation en Afrique », in *Parlements et Francophonie* n°83-84, 4ème trimestre 1991, p. 91.
[136] Voir J. OLLANDET, *L'expérience congolaise du socialisme de MASSAMBA-DEBAT à Marien NGOUABI*, Paris, L'Harmattan, 2014.

transition du monopartisme au multipartisme par la Conférence nationale et a connu sa première alternance démocratique en 1992. Mais, son évolution institutionnelle a été aussitôt bouleversée par une série de crises qui ont remis en cause l'édifice constitutionnel érigé par les assises de la Conférence nationale souveraine et favorisé la mise en veilleuse de la constitution, par l'adoption des accords politiques ayant valeur supérieure à la constitution, avant son abrogation par la guerre civile du 5 juin 1997 au 15 octobre 1997. Une nouvelle constitution a été adoptée par référendum le 20 janvier 2002. Celle-ci a été abrogée par la constitution du25 octobre 2015.

- **Le Sénégal**

Le Sénégal est apprécié en Afrique noire francophone par son histoire démocratique, sa stabilité politique et la transmission pacifique du pouvoir[137] par la réalisation des alternances politiques régulières depuis 2000[138]. Ce pays connaît le multipartisme depuis l'indépendance et a longtemps été considéré comme une *« vitrine démocratique »*[139] en Afrique. La consécration du multipartisme a été l'aboutissement d'une évolution faite de concessions politiques progressives. Ce qui est marquant, aussi, dans l'histoire de ce pays, c'est la reconnaissance de l'opposition avant 1990. Ce pays a expérimenté trois constitutions depuis l'indépendance qui ont fait l'objet, elles-mêmes, de multiples modifications par des révisions constitutionnelles. En dépit de l'inflation des textes et des changements des régimes politiques, la continuité demeure le trait marquant de la dynamique de formation du système politique sénégalais. A cet égard, Ismaïla Madior FALL note qu'*« à chaque séquence historique, des principes constitutionnels sont inventés, cristallisés, consolidés, parfois réformés, mais toujours maintenus de telle sorte que dans la ligne d'ensemble, au bout de quelques années, rien ne s'est plus vraiment inventé »*[140].

Cette étude, menée à partir des trois États, tient compte de l'intérêt que suscite chacun d'eux dans l'appréciation de l'évolution constitutionnelle des États d'Afrique noire francophone. Depuis 1990, le Bénin et le Sénégal sont des modèles de démocraties appréciables en Afrique. Le Bénin fait preuve d'une stabilité politique qui suscite l'admiration. Le Sénégal connaît une inflation révisionniste mais le principe démocratique n'a jamais été remis en cause au point où B. KANTE ne se réserve pas de titrer : *« Le Sénégal, un*

---

[137] Le Sénégal est l'un des rares Etats africains qui, depuis l'indépendance, n'a pas connu de coup d'Etat ni de crise de succession. Voir Moussa SARR, « L'effectivité de l'Etat de droit au Sénégal », *Librairie d'études juridiques africaines*, Vol. 12, p. 24.

[138] E.H.O. DIOP, « Partis politiques, démocratie et réalités sociales au Sénégal », op. cit. p. 406.

[139] OUSMANE KHOMA, « L'enjeu de l'élection présidentielle en Afrique », *Droit sénégalais*, n°10/ 2011-2012.

[140] I. M. FALL, *Evolution constitutionnelle du Sénégal de la veille de l'indépendance aux élections de 2007*, Paris, CREDILA-KARTHALA-CREPOS, 2012, p. 11.

exemple de continuité politique et d'instabilité constitutionnelle »[141]. Le Congo-Brazzaville a connu une expérience démocratique particulière avec un processus de *construction (avec la conférence nationale), déconstruction (par la guerre civile et les crises répétitives de la période de 1992 à 1997) et reconstruction (depuis 1997)* du régime politique.
Pour les raisons de l'analyse, nous ferons des parallèles avec d'autres États africains et certains États occidentaux qui servent de modèles aux États africains comme la France et les États-Unis.

- **Délimitation temporelle**

Le juriste est, en toute circonstance, amené à observer le devenir du droit dans le temps, [142]d'autant plus que le facteur temps, comme le souligne Guillaume DRAGO, *« révèle l'histoire constitutionnelle des Etats, la continuité ou la discontinuité »*[143]. La présente étude s'inscrit dans cette optique. Toutefois, le cadre de la présente recherche sera circonscrit sur la période du nouveau constitutionnalisme africain inhérent au renouveau démocratique du début des années 1990.
Le choix de cette période ne nous empêche pas, cependant, de nous référer à la période précédente. C'est, d'ailleurs, à l'aune de la comparaison des données actuelles avec ce qui s'était passé au cours de la période précédente que nous allons évaluer l'importance des transformations constitutionnelles sur l'évolution du nouveau constitutionnalisme africain.

IV- PROBLÉMATIQUE

Évoquer la question des mutations constitutionnelles en Afrique noire francophone inspire à apprécier l'impact de celles-ci sur l'évolution du nouveau constitutionnalisme africain. Ainsi, la problématique de la présente recherche s'articule autour de la question suivante: **quelles sont les conséquences des mutations constitutionnelles sur l'évolution constitutionnelle des États d'Afrique noire francophone?** Autrement dit, **les mutations constitutionnelles ont-elles contribué à l'affermissement des principes constitutionnels consacrés par les États d'Afrique noire francophone au début des années 1990 ?**
À ces questions, notre recherche s'emploiera à démontrer que les mutations constitutionnelles sont caractéristiques d'une ambigüité sur la cristallisation

---

[141] B. KANTE, « Le Sénégal, un exemple de continuité politique et d'instabilité constitutionnelle », in *RJEPM* n°22, 1989, pp. 145-160.
[142] A. Le DIVELLEC, « A la recherche du concept de mutation constitutionnelle ou le mystère de la notion de constitution », in *Les mutations constitutionnelles*, op. cit. p. 17.
[143] G. DRAGO, *Les mutations constitutionnelles : notion, types, causes, essai de classification*, op. cit. p. 203.

des acquis du nouveau constitutionnalisme en Afrique noire francophone : elles traduisent un recul par rapport à certaines revendications démocratiques des années 1990 d'une part (A) et, d'autre part, elles contribuent à la réalisation irréversible de la démocratie et de l'État de droit (B).

A- La relativité de la mise en œuvre des principes démocratiques

Depuis le début des années 1990, l'ensemble des États d'Afrique noire francophone s'affiche sous le label de la démocratie libérale. Mais, la fortune des uns et des autres dans la mise en œuvre de celle-ci diverge de sorte que, en pratique, l'évolution constitutionnelle de ces États n'obéit pas à la même dynamique. Certains États ont vu s'approfondir les principes annoncés au début des années 1990, alors que dans d'autres États, par contre, on relève un reflux de certains de ces principes.[144]

Cette situation est la conséquence de plusieurs facteurs dont, entre autres, la crise de l'offre démocratique[145], la neutralisation[146] des dispositions constitutionnelles, la fréquence des accords politiques de partage du pouvoir pour conjurer des crises politiques[147] et le déséquilibre institutionnel que la doctrine qualifie de *« néo-présidentialisme africain »*[148].

En définitive, les mutations constitutionnelles s'inscrivent, dans certains États d'Afrique noire francophone, dans une logique de crises constitutionnelles qui ne sont, ni plus ni moins, que *« l'expression d'un*

---

[144] J. MOUANGUE KOBILA, « Peut-on parler d'un reflux du constitutionnalisme au Cameroun ? », *Recht in Afrika*, 2010, pp. 33-82.

[145] A. MBEMBE. « Entre coups d'État, élections reportées et mouvements sociaux : esquisse d'une démocratie à l'africaine », *Le monde diplomatique*, octobre 2000, pp. 20-21.

[146] F. J. AÏVO, *La crise de la normativité de la constitution en Afrique*, op. cit. p. 147.

[147] F. BANKOUNDA-MPELE, « Repenser le président africain », présentation au VIIème congrès français de droit constitutionnel, septembre 2008. Le Congo-Brazzaville a connu, dans cette optique, une guerre civile du fait du refus du Président démocratiquement élu d'organiser les élections à la fin de son mandat. Le processus démocratique a été interrompu dans plusieurs Etats à la suite de coups d'Etat. C'est le cas, notamment, au Niger en 1996, en Côte d'Ivoire en 1999, en Sierra Léone en 1999, en Guinée Bissau en 1999, en Mauritanie en 2008. On peut noter, également, dans ce sens, l'imperfection des élections qui suscitent moult contestations et des appels au boycott des partis d'opposition.

[148] J. du Bois de GAUDUSSON, « Quel statut constitutionnel pour le chef d'Etat en Afrique », *Mélanges G. CONAC*, Paris, Economica, 2001, p. 334. Le déséquilibre institutionnel constaté après chaque révision constitutionnelle, en Afrique noire francophone est organisé en faveur du Président de la République. Cette situation justifie le fait que « l'hégémonie de l'exécutif, notamment du Président de la République, est une donnée constante du constitutionnalisme africain quelle que soit, par ailleurs, l'inspiration parlementaire ou présidentielle du régime ». Cf., Babacar GUEYE et Sémou NDIAYE, *L'instabilité institutionnelle en Afrique*, op. cit. p. 127. Dans la plupart des cas, le Président de la République est chargé du fonctionnement régulier des institutions, il est la clé de voûte du système institutionnel, il a des pouvoirs exorbitants de nomination qui lui permettent de maitriser l'appareil administratif, il est chef de parti et président de la majorité au pouvoir…

grand recul au regard des avancées des années 90 »[149]. Mais, cette évidence ne conduit pas à une note de pessimisme sur l'évolution du nouveau constitutionnalisme africain. On peut, en effet, voir à contresens de ce mouvement qui affecte certains États, *« la manifestation de systèmes constitutionnels en pleine mutation, voire en maturation, le prélude à des changements annonciateurs d'une grande stabilité »*[150].

B- L 'irréversibilité des acquis du nouveau constitutionnalisme

En dépit de la remise en cause de certains acquis du nouveau constitutionnalisme africain dans certains États, il semble évident que le processus de démocratisation et de l'édification des États de droit en Afrique noire francophone soit irréversible. L'enthousiasme qu'affichaient les États africains au début des années 1990 ne pouvait pas manquer d'attirer la conviction des observateurs de la scène politique africaine. Ainsi, Babacar GUEYE avance que *« la remarquable convergence de tous les systèmes de gouvernement du début des années 1990 en faveur de la démocratie libérale et sa généralisation avaient en effet fini par faire penser que le continent africain était entré irréversiblement dans la galaxie des pays démocratiques »*[151]. Actuellement, encore, on peut se rendre à l'évidence que les principes annoncés, avec faste, au début des années 1990 sont d'actualité et font, dans tous les États d'Afrique noire francophone, l'objet d'une protection au-delà même du cadre normatif. Le soutien populaire à la démocratie est devenu une caractéristique de la société africaine. Albert BOURGUI relève, d'ailleurs, qu'il *« n'est plus rare que les questions constitutionnelles figurent parmi les principaux sujets de contestation et qu'elles provoquent des manifestations populaires ou des marches de protestation »*[152]. Aussi, lorsque les dirigeants procèdent aux réformes constitutionnelles, ils sont toujours contraints de donner à celles-ci une approche légale et un fondement conforme à l'orthodoxie constitutionnelle. De même, lorsque des crises profondes aboutissent à la mise en veilleuse des constitutions ou à leur abrogation, les nouveaux dirigeants se donnent toujours une bonne conscience en rétablissant la légalité constitutionnelle ; car, en réalité, ils savent que leur honorabilité au niveau interne et international tient en grande partie à leur capacité à mettre en œuvre la démocratie et l'État de droit. Ainsi, par respect pour la démocratie, certaines

---

[149] A. M'BAYE, « Les alternatives constitutionnelles et institutionnelles en Afrique de l'Ouest », Principales conclusions de l'atelier de Lomé du 28 au 30 mai 2008, disponible sur le site : htpp://base.afrique-gouvernance.net.

[150] A. M'BAYE, ibid.

[151] B. GUEYE, *La démocratie en Afrique, succès et résistances*, op. cit. p. 6.

[152] A. BOURGUI, *L'évolution du constitutionnalisme en Afrique : du formalisme à l'effectivité*, op. cit. p. 727.

juntes militaires ont consenti à rétablir la légalité constitutionnelle après des coups d'État[153].

À tout considérer, on peut convenir avec El Hadj Omar DIOP qu'en Afrique noire francophone, *« le modèle démocratique est un processus jamais achevé. Il est en progression avec des étapes, des hauts et des bas »*[154].

V- INTÉRÊT DU SUJET

La recherche sur la question des *« mutations constitutionnelles en Afrique noire francophone »* présente un intérêt théorique et pratique.

A- Intérêt théorique

Sur le plan théorique, l'étude des *« mutations constitutionnelles en Afrique noire francophone »* permet de renseigner sur l'impact d'un phénomène qui est susceptible de relativiser l'atteinte des objectifs du nouveau constitutionnalisme dans les États d'Afrique noire francophone. Cette question n'a pas encore fait l'objet d'une étude spécifique. Toutefois, les doctrines américaine et allemande y ont consacré quelques travaux.

En effet, James BRYCE a réalisé l'une des premières études sur le phénomène de mutations constitutionnelles, notamment, dans son ouvrage intitulé *« The american commonwealth »* paru en 1893. Dans cet ouvrage, après avoir évoqué la distinction entre la constitution souple et la constitution rigide, l'auteur relève que la constitution des États-Unis, bien que rigide, a changé et *« s'est développée de trois manières : par amendement, par interprétation, par l'usage »*[155].

La doctrine constitutionnelle allemande a fait une part assez intéressante à la question des mutations constitutionnelles avec, notamment, les travaux d'Albert HÄNEL qui fut le premier à signaler l'écart entre le texte formel de la constitution et les développements de l'ordre constitutionnel dans le cadre de la constitution bismarckienne de 1871. On peut, également, évoquer les travaux de Georg JELLINEK qui a abondamment abordé la question dans sa brochure *« Révisions et mutations constitutionnelles »,* parue en 1906. D'autres auteurs allemands comme Julius HATSCHEK, Conrad

---

[153]C'est le cas, notamment, après le coup d'Etat du Colonel WANKE au Niger en 1997, de celui du Général Amadou TOUMANI TOURE au Mali en 1991 et de celui du Général Aboubacar au Nigéria en 1999.

[154] E.H. O. DIOP, « Partis politiques, démocratie et réalités sociales au Sénégal », op. cit. p. 407.

[155] J. BRYCE, *The American Commonwealth, New York-Londres, Macmillan*, 3ème éd. 1893, p. 362.

BORNHAK, Heinrich TRIEPEL et Rudolf SMEND ont consacré des travaux y afférents[156].

La doctrine constitutionnelle française n'a pas consacré de travaux au phénomène de mutations constitutionnelles. Comme le relève Armel Le DIVELLEC, *« le thème des mutations constitutionnelles ne vient pas, dans la doctrine française, s'insérer, sur un plan théorique, au problème de l'analyse du devenir des constitutions ».* On peut, toutefois, évoquer les travaux de Raymond SALEILLES[157] qui évoquait la façon dont la constitution est appliquée par ceux à qui en incombe le soin : corps politique, assemblées et gouvernements. Cette pratique, selon l'auteur, fait partie de la description et de l'étude de la constitution elle-même. On peut, également, souligner les travaux de Maurice HAURIOU qui abordaient la question des déformations que la pratique apporte au fonctionnement des institutions gouvernementales et aux rapports entre les pouvoirs publics[158].

Dans le cas spécifique de l'Afrique noire francophone, de nombreux auteurs ont effleuré la question des mutations constitutionnelles à partir des travaux impressionnants portant sur des sujets connexes comme : *« L'évolution du constitutionnalisme en Afrique », « Quelques réflexions sur le nouveau constitutionnalisme africain »*[159], *« Les révisions constitutionnelles dans le nouveau constitutionnalisme africain »*[160], *« L'évolution du régime représentatif dans les États d'Afrique noire francophone »*[161], *« Les pratiques constitutionnelles dans les pays d'Afrique noire francophone »*[162], *« La construction des régimes politiques en Afrique: insuccès et succès »*[163], *« L'instabilité institutionnelle en Afrique »*[164].

Ces travaux, quoiqu'abordant la problématique du devenir du nouveau constitutionnalisme africain, en visant distinctement les aspects qui s'y

---

156 Ces quatre auteurs abordent la question des mutations constitutionnelles distinctement suivant ses sources. Ainsi, Julius HATSCHEK l'évoque à partir des conventions de la constitution, Conrad BORNHAK s'appesantit sur l'influence de la coutume constitutionnelle, enfin, Heinrich TRIEPEL et Rudolf SMEND traitent de l'apport du droit constitutionnel non écrit et la dynamique du système constitutionnel.

157 Cité par Armel Le DIVELLEC, in *A la recherche du concept de mutation constitutionnelle ou le mystère de la notion de constitution*, op. cit. p. 17.

158 M. HAURIOU, *Précis de droit constitutionnel*, Paris, Sirey, 1929, 2ème édition, p. 218.

159 G. CONAC, « Quelques réflexions sur le nouveau constitutionnalisme africain », *Symposium international de Bamako*, novembre 2000, p. 22-32, disponible sur http://democratie.francophonie.org/IMG/pdf/bamako.297.pdf

160 J. L. ATANGANA, *Les révisions constitutionnelles dans le nouveau constitutionnalisme africain,* op. cit.

161 A. AKA LAMARCHE, « L'évolution du régime représentatif dans les Etats d'Afrique noire francophone », *Jurisdoctoria*, n° 9, 2013, pp. 119-153.

162 K. DOSSO, « Les pratiques constitutionnelles dans les pays d'Afrique noire francophone : cohérences et incohérences », *RFDC*, n°90, 2/2012, pp. 57-85.

163 I. M. FALL, « La construction des régimes politiques en Afrique : insuccès et succès », *Revue électronique Afrilex*, 2014.

164 B. GUEYE et S. NDIAYE, « L'instabilité institutionnelle en Afrique », op. cit.

rapportent, permettent d'appréhender les mutations constitutionnelles comme un phénomène réel, voire comme la cause de l'instabilité constitutionnelle à laquelle certains États font face. En faisant la synthèse des différentes conclusions auxquelles ces auteurs ont abouti, on peut retenir que certains y ont vu les signes d'un reflux des acquis du nouveau constitutionnalisme. D'autres, par contre, concluent à l'approfondissement progressif de la démocratie et de l'État de droit. Dans ce dernier groupe d'auteurs, qui soutient que *« le bilan des expériences de transitions démocratiques en Afrique est loin d'être négatif »*[165], les plus enthousiastes décrivent le bannissement des pratiques du monopartisme. Ils se fondent, notamment, sur la démocratisation des procédés d'accès au pouvoir, la garantie des droits fondamentaux avec l'essor du contrôle de constitutionnalité des lois, le succès réalisé par certains États dans la mise en place d'institutions stables.

B- Intérêt pratique

Sur le plan pratique, l'étude des *« mutations constitutionnelles en Afrique noire francophone »* contribue, tant soit peu, à l'évaluation de l'ancrage des principes de la démocratie libérale. Il s'agit de mesurer les changements subis par les États africains dans le processus de transition depuis 1990.
Cette étude implique d'abord une analyse, à mi-parcours, d'un phénomène en pleine évolution, entendu que les régimes étudiés sont en perpétuelle transformation. Par conséquent, l'intérêt de la recherche recommande que l'on envisage les constitutions dans leur dynamique. Il n'est pas question de constater seulement la tendance actuelle du constitutionnalisme africain. Il importe, également, de noter la nature des changements entrepris et les conséquences qu'ils ont eues sur les différents régimes politiques depuis 1990.
Ensuite, en envisageant la question des *« mutations constitutionnelles en Afrique noire francophone »* dans leur vocation à influencer le nouveau constitutionnalisme africain, il est fondamental de préciser que cette étude s'inscrit dans une logique d'appréhension prospective des conséquences que ce phénomène peut avoir sur l'avenir de la démocratie et de l'État de droit en Afrique noire francophone.
Enfin, il est tout à fait indiqué que les observations évoquées par la présente recherche se heurtent à l'incertitude de l'évolution des États africains et ne peuvent en aucun cas être généralisées à tous les États. L'histoire du nouveau constitutionnalisme africain renseigne, en effet, qu'en dépit d'un fonds commun de principes, la cristallisation des fondements constitutionnels dans les Etats d'Afrique noire francophone a connu diverses

[165] G. CONAC, *Quelques réflexions sur le nouveau constitutionnalisme africain*, op. cit. p. 32.

fortunes. De même, les régimes actuels n'ont pas fini de produire leurs transformations et l'on sait que les mutations constitutionnelles sont permanentes.

VI- APPROCHE MÉTHODOLOGIQUE

Dans le cadre de la présente recherche, nous avons utilisé la méthode juridique couplée à l'approche comparatiste et à la démarche des sciences politiques.

A- La méthode juridique

Le recours à la méthode juridique ou normative nous semble être la démarche la mieux indiquée en raison de l'objet de l'étude qui est essentiellement constitutionnel. La question des *« mutations constitutionnelles en Afrique noire francophone »* est, avant tout, une question qui se fonde sur l'application des normes prévues par la constitution. Il s'agit pour le chercheur, avant toute autre démarche, de consulter la règle et d'établir sa correspondance à la réalité. Il est, donc, essentiel de faire l'exégèse afin de dégager ce qui, conformément aux prescriptions constitutionnelles, a été réalisé. Quel est le comportement que les acteurs politiques, les gouvernants, les gouvernés ont eu ? Quelle est la forme que les institutions ont prise ? Quels rapports ont eu les gouvernants devant les droits et libertés fondamentaux ? Pour parvenir à réunir toutes ces informations, et bien d'autres encore, il est indispensable d'étudier les prescriptions normatives. Il s'agit, en réalité, de savoir ce qui doit se faire, conformément au droit positif.
Toutefois, il faut reconnaître que la méthode juridique ou exégétique, malgré son importance, est insuffisante pour cerner la question des *« mutations constitutionnelles en Afrique noire francophone »* dans sa complexité. Aussi, le recours au droit comparé a semblé indispensable. Cette démarche est peu surprenante pour une recherche sur une question de droit parce que, comme le souligne Roland DRAGO, *« tout juriste est et doit être un comparatiste »*[166]. Cette approche lui permet, en effet, de disposer d'*« une faculté d'approfondissement des notions fondamentales »*[167] et aussi, comme le concède Ismaïla Madior FALL, *« d'une meilleure connaissance des diverses expériences juridiques et politiques »*[168]. En confrontant les données de base à d'autres formes d'organisation développées par d'autres États, la

[166] R. DRAGO « Droit comparé », in D. ALLAND, S. RIALS, *Dictionnaire de la culture juridique*, PUF, 2003, p. 456.
[167] R. DRAGO, ibid.
[168] I. M. FALL, « Le pouvoir exécutif dans le constitutionnalisme des Etats d'Afrique », op. cit. p. 30.

méthode comparative permet de découvrir des aspects nouveaux. Par les rapprochements qu'elle provoque, comme par les oppositions qu'elle souligne, la comparaison permet d'obtenir des informations auxquelles des analyses isolées ne peuvent aboutir.[169] Elle implique la confrontation des règles de droit entre elles et d'un État à un autre. De même, elle permet de dégager les particularités propres à chaque Etat sur la mise en œuvre des principes consacrés. Plus exactement, la méthode comparative permet de mettre en exergue le processus suivi par chaque État dans le choix des principes proclamés au début des années 1990, de confronter les expériences qui ont été développées et de ressortir l'incidence du phénomène de mutations constitutionnelles sur l'évolution du nouveau constitutionnalisme africain.

B- L'approche des sciences politiques

L'appréhension de l'évolution du nouveau constitutionnalisme des États d'Afrique noire francophone, essentiellement sous l'angle normatif, apparaît comme une démarche incomplète au regard de plusieurs facteurs qui limiteraient l'efficacité de la recherche. D'abord, le cadre constitutionnel africain présente des spécificités qui ne peuvent s'apprécier totalement sous la classification traditionnelle des régimes politiques. En dépit d'une affirmation de principe des grandes articulations des régimes politiques classiques, les régimes politiques africains font une sorte de synthèse entre plusieurs mécanismes constitutionnels, particulièrement entre les régimes français et américains. Il n'est pas, non plus, rare de voir émerger en Afrique noire francophone des mécanismes *sui generis* ne se rapportant à aucune classification institutionnelle. Ensuite, des altérations de régimes politiques sont fréquentes en Afrique noire francophone et *« il en résulte un fonctionnement institutionnel sensiblement différent de ce qu'une lecture stricte des textes et des procédures pourrait laisser supposer»*[170]. Pareils événements s'apprécient mieux dans le comportement des acteurs que dans l'énoncé des dispositions constitutionnelles.

Au regard de ce qui précède, il est raisonnable que la méthode normative et l'approche des sciences politiques soient combinées parce qu'elles se situent dans une complémentarité méthodologique propice à une analyse complète de la portée des *« mutations constitutionnelles dans les États d'Afrique noire francophone »*.

---

[169] P. M. GAUDEMET, *Le pouvoir exécutif dans les pays occidentaux*, Paris, Montchrestien, 1966, p. 20.

[170] D. BOURMAND, et P. QUANTIN, « Le modèle et ses doubles : les conférences nationales en Afrique noire (1990-1991) », in Y. MENY (dir), *Les politiques du mimétisme institutionnel, la greffe et le rejet*, Paris, l'Harmattan, 1993, p. 165.

Tout compte fait, la question des *« mutations constitutionnelles en Afrique noire francophone »* renvoie à une problématique fondamentale sur l'évolution des régimes politiques africains institués à partir de la révolution démocratique de la fin des années 1980. Avec le recul du temps, on peut réaliser que les constitutions des États d'Afrique noire francophone ont évolué suivant une dynamique entretenue par deux réalités totalement opposées et variables, d'un État à un autre, en dehors d'un fonds commun de principes solidairement affirmés[171]. Il y a, d'une part, un reflux[172] de certains acquis du nouveau constitutionnalisme africain (Première partie) et, d'autre part, une dynamique irréversible en faveur de l'ancrage des principes de ce nouveau constitutionnalisme (Deuxième partie).

[171] A titre illustratif, dans l'ensemble, les Etats d'Afrique noire francophone ont reconnu les principes universels et régionaux de protection et de promotion des droits de l'Homme ; les conventions y relatives étant ratifiées par ceux-ci. Sur le plan régional, ils ont adhéré au principe de la condamnation de l'utilisation des moyens anticonstitutionnels pour accéder au pouvoir ou le conserver…

[172] J. MOUANGUE KOBILA, « Peut-on parler d'un reflux du constitutionnalisme au Cameroun ? » op. cit. pp. 33-82.

PREMIÈRE PARTIE

LES MUTATIONS CONSTITUTIONNELLES COMME FACTEUR DE REFLUX DES ACQUIS DU NOUVEAU CONSTITUTIONNALISME EN AFRIQUE NOIRE FRANCOPHONE

Le cycle constitutionnel introduit en Afrique noire francophone, à partir de 1990, se focalise sur les fondements de la démocratie libérale. Les revendications exprimées dans chaque État, au cours de cette période, ont contribué à la formulation d'une espérance commune par l'affirmation des valeurs de la démocratie et de l'État de droit[173] considérées désormais comme modèles de référence[174] et *« socle des valeurs communes »*[175] du patrimoine constitutionnel des sociétés politiques[176]. Un peu partout, l'affirmation de ce nouveau constitutionnalisme a contribué à la remise en cause des régimes antérieurs dont « *le fonctionnement feignait d'ignorer les grands principes du constitutionnalisme, en dépit des convictions affichées dans les textes constitutionnels* »[177]. Cependant, près d'un quart de siècle après, il semble que « *le processus de démocratisation est en phase de reflux* »[178] dans certains États d'Afrique noire francophone. Dans ces États, l'effectivité de la démocratie et de l'État de droit connaît des limites importantes. Celles-ci induisent la relativité de l'enracinement des fondements constitutionnels[179] sur la base desquels les nouveaux régimes africains ont été conçus. D'une part, la démocratie représentative, qui est le postulat des relations entre les gouvernés et les gouvernants, connaît une crise précoce et a du mal à s'enraciner (Titre I) et, d'autre part, l'équilibre institutionnel, fondement de l'encadrement juridique des pouvoirs, est confronté à une instabilité récurrente (Titre II).

---

173 L. DONFACK SOKENG, « L'Etat de droit en Afrique , Afrique juridique et politique », juillet-décembre 2002, pp. 87-125.

174 J. CHEVALLIER, « La mondialisation de l'Etat de droit », in Mélanges Philippe ARDANT. *Droit et politique à la croisée des cultures*, LGDJ, 1999, p. 326.

175 J. CHEVALLIER, op. cit. p. 327.

176 L. SINDJOUN, *La formation du patrimoine constitutionnel commun des sociétés politiques, Eléments pour une théorie de la civilisation politique internationale, Série monographies 2/97*, Dakar, CODESRIA, 1997.

177 A. T. LY, « Les changements anticonstitutionnels de gouvernements en Afrique », *Droit sénégalais*, n°9-2010, p.295.

178 B. GUEYE, « L'instabilité institutionnelle en Afrique », *Droit sénégalais*, n°10, 2011-2012, p. 138. Placide MOUDOUDOU affirme dans le même sens que « l'optimisme du début des années 1990 a reflué », in *La Constitution en Afrique*, Brazzaville, HEMAR, 2014, p. 97.

179 A. CABANIS et M. MARTIN, « Les constitutions d'Afrique francophone, évolution récente », op. cit. 1999.

TITRE I : La crise précoce de la démocratie représentative

La démocratie, de manière générale, repose sur le respect de la souveraineté du peuple qui s'exprime par l'habilitation de celui-ci à déterminer les règles d'organisation et de fonctionnement de l'État, d'une part, et par le choix de ses représentants, d'autre part. Elle est le principe de base de la démocratie dont le système représentatif est la modalité pratique de mise en œuvre dans les États modernes. Suivant ce postulat, l'engagement des États d'Afrique noire francophone dans une nouvelle phase de démocratisation est marqué par la consécration du principe de la démocratie représentative. Ce fondement conceptuel a été promu par une *similitude des processus et des réformes*[180] dans la plupart des États en des termes, presque identiques, empruntés vraisemblablement à la constitution française de 1958 qui dispose, à son article 3, que *« le principe de toute souveraineté appartient au peuple qui l'exerce par ses représentants élus ou au moyen du referendum »*[181]. La mise en œuvre de ce principe, couplée à d'autres prémices, est l'une des causes de la crise précoce du nouveau constitutionnalisme africain.[182] Cette crise se révèle, actuellement, par la désacralisation de la norme constitutionnelle, célébrée au début des années 1990 comme fondement de l'organisation et du fonctionnement des pouvoirs publics[183] (Chapitre 1) et la compromission de la légitimité démocratique,[184] présentée, au cours de la même période, comme source de légitimité des gouvernants[185] (Chapitre 2).

---

[180] Y. MENY (dir), « Les politiques du mimétisme institutionnel, la greffe et le rejet », op. cit. p. 10.

[181] Article 3 de la constitution française de 1958.

[182] F. M. DJEDJRO, « Principe majoritaire et démocratie en Afrique », *RID*, n°9, 2008, p. 12. Il existe d'autres causes de cette crise comme la faiblesse des contre-pouvoirs (partis d'opposition, société civile, justice constitutionnelle…), les irrégularités électorales, les changements anticonstitutionnels de régime.

[183] J. C. ZARKA. *Introduction au droit constitutionnel*. Paris, ellipses, 2011, 4e éd., p. 36.

[184] A. AKA LAMARCHE, « L'évolution du régime représentatif dans les Etats d'Afrique noire francophone », op. cit. p. 120.

[185] A. KPODAR, « Bilan sur un demi-siècle de constitutionnalisme en Afrique noire francophone », *Revue électronique Afrilex*, 2013, p. 18.

Chapitre I: La désacralisation de la norme constitutionnelle

Comme l'affirme Pierre PACTET, la constitution est la charte fondamentale de la République « *destinée à organiser de manière rationnelle et durable les rapports entre gouvernants et gouvernés, à prévoir la solution des conflits possibles et à affirmer solennellement les libertés et droits des citoyens* »[186]. Les normes qu'elle édicte constituent les fondements du constitutionnalisme dont les valeurs sont exprimées par la plupart des constitutions modernes, notamment *la limitation du pouvoir et la soumission de l'État au droit.*[187] Depuis la fin des années 1980, les constitutions des États d'Afrique noire francophone s'inscrivent dans cette tendance caractéristique du renouveau démocratique. Toutefois, elles sont soumises, en pratique, à divers facteurs dont la faible légitimité des processus constituants[188] (Section 1) et l'irrégularité des cycles propice à une crise de la normativité constitutionnelle[189] (Section 2).

Section 1 : La faible légitimité du processus constituant

Le pouvoir constituant est par essence le pouvoir d'édiction de la constitution qui est la norme la plus élevée[190] d'un État. Il est, de ce fait, le « *lieu juridique où la souveraineté s'exerce sans partage* »[191]. Cependant, en Afrique noire francophone, les pratiques constitutionnelles font observer que le processus d'élaboration et d'adoption des constitutions (Paragraphe 1) ainsi que les modalités de leur révision (Paragraphe 2) assurent, depuis le début des années 1990, une intervention variable du peuple, détenteur exclusif de la souveraineté.

---

[186] P. PACTET, « La désacralisation progressive de la constitution de 1958 », in *Mélanges en l'honneur de Pierre AVRIL, la République*, Paris, Montchrestien, 2001, p. 389.
[187] P. LAUVAUX, *Les grandes démocraties contemporaines*, Paris, PUF, 1990, p. 106.
[188] Voir, dans ce sens, les conclusions de la recherche sur « Le constitutionnalisme et les révisions constitutionnelles et électorales en Afrique de l'ouest francophone : les cas du Bénin, du Burkina Faso et du Sénégal », avec l'appui de "open society in west africa" (OSIWA), centre pour la gouvernance démocratique, Burkina Faso, 2009, http:// cdcBénin.org
[189] F. J. AIVO, « La crise de normativité de la constitution en Afrique », op. cit.
[190] C. KLEIN, *Théorie et pratique du pouvoir constituant*. Paris, PUF, 1996, p. 2.
[191] G. VEDEL, *Manuel élémentaire de droit constitutionnel*, réédition présentée par Guy CARCASSONNE et Olivier DUHAMEL, Paris, Dalloz, 2012, p. 317.

Paragraphe 1: La relativité du pouvoir constituant originaire

Le pouvoir constituant originaire ou absolu est l'organe chargé de l'élaboration de la constitution. Il se présente sous des formes variables, essentiellement déterminées par les circonstances qui président à l'instauration d'un régime constitutionnel plus ou moins nouveau[192]. Traditionnellement, ce pouvoir est mis en place à la faveur de la fondation d'un État. Dans d'autres circonstances, ce pouvoir intervient à la suite d'un changement de régime politique et consacre une nouvelle République en remplacement de la précédente.[193] L'exercice du pouvoir constituant originaire, dans les États d'Afrique noire francophone, met en exergue une dépendance de celui-ci vis-à-vis des acteurs politiques de sorte que les procédures d'élaboration des constitutions illustrent un paradoxe entre l'exigence démocratique et la volonté politique (A). De même, le référendum constitutionnel consacré pour l'adoption du texte définitif de la constitution, dans la plupart des États, se transforme inéluctablement en plébiscite des gouvernants (B).

A- Le paradoxe des procédures d'élaboration des constitutions

En Afrique noire francophone, l'ouverture à la démocratie pluraliste, au début des années 1990, a permis d'expérimenter les procédés démocratiques d'élaboration des constitutions. Un peu partout, les procédures d'élaboration de nouvelles constitutions mises en place ont été soit l'œuvre des conférences nationales (1) soit celle des organes désignés, en fonction du contexte politique, aménageant l'implication du souverain primaire à la fin du processus (2).

1- L'apport des conférences nationales

De nombreux États d'Afrique noire francophone se sont appuyés sur le processus lancé par les conférences nationales pour élaborer de nouvelles constitutions adaptées au contexte des années 1990. Les conférences nationales ont été ainsi, d'une part, des forums qui ont permis le passage du monopartisme à des régimes politiques pluralistes[194] et, d'autre part, des moules de modélisation des formes d'organisation des États. Elles ont défini de nouveaux pactes sociaux par l'élaboration et l'adoption de nouveaux

---

[192] P. LAUVAUX, « Les grandes démocraties contemporaines », op. cit. p. 107.

[193] Pour P. PACTET, « Le pouvoir constituant est un pur fait mettant fin à la légalité constitutionnelle en vigueur pour donner naissance à un nouvel ordre constitutionnel positif. », in *Institutions politiques et droit constitutionnel*, Paris, Armand Colin, 2000, 19ème édition, p. 72.

[194] J. P. MANKOTAN, « Une nouvelle voie d'accès au pluralisme : la Conférence nationale souveraine », in *Afrique 2007*, octobre-décembre 1991, pp. 41-45.

types de constitutions. Dans cette perspective, le Bénin et le Congo-Brazzaville ont eu une démarche similaire. Les constitutions de ces deux États étaient issues des processus mis en place par les conférences nationales.

Dans ces deux Etats, et dans bien d'autres, d'ailleurs, les conférences nationales avaient mis en place un processus en trois étapes : la première étape faisait intervenir la commission de rédaction qui a mis en forme le texte de l'avant-projet. La deuxième étape a permis au Parlement de transition de délibérer et d'arrêter le projet définitif. Aux termes de la troisième étape, le peuple a d'abord été consulté lors de la popularisation du projet et a, ensuite, approuvé la constitution par referendum.[195] Au Bénin, la Conférence des forces vives de la nation avait, par décret n° 90-44 du 1er mars 1990, mis en place une commission constitutionnelle de quinze (15) membres chargée de rédiger la nouvelle constitution. Au Congo-Brazzaville, la constitution du 15 mars 1992 a été rédigée par une commission technique mise en place par le Premier ministre de la transition, par décret n° 91-690 du 18 juillet 1991, portant création d'une commission constitutionnelle. Les membres de cette commission, au nombre de trente (30), furent désignés par le décret n° 91-691 du 18 juillet 1991 portant composition de la commission constitutionnelle.

D'une manière générale, dans les États qui ont connu les conférences nationales, les orientations fondamentales nouvelles étaient fixées par ces rencontres citoyennes.[196] Ainsi, au Congo-Brazzaville et au Bénin, les commissions mises en place pour élaborer les constitutions du 11 décembre 1990 (Bénin) et du 15 mars 1992 (Congo-Brazzaville) devaient intégrer les orientations fondamentales des conférences nationales notamment, le multipartisme, la séparation des pouvoirs, les droits et libertés fondamentaux, l'encadrement de la fonction présidentielle allant jusqu'à la limitation du nombre de mandats...[197]

La rédaction des constitutions dans les deux (2) États a obéi à une logique plutôt politique que démocratique. Ces Assemblées ne doivent, en réalité, leur légitimité qu'à leur succès politique. Les commissions constitutionnelles ont été l'émanation de ces Assemblées dont la légitimité et la souveraineté proclamées ont fait l'objet de plusieurs controverses.[198] C'était, d'ailleurs, le

---

[195] S. BOLLE, op. cit. p. 4.

[196] Reprenant les termes d'une lettre pastorale, Alfred OPUBOR et P. HADO considèrent la conférence nationale du Bénin comme « l'acte fondateur du renouveau démocratique de notre pays, le sanctuaire de ses valeurs sacrées, le berceau de notre Etat de droit... », in BONI YAYI, *Société civile et dynamique du changement au Bénin*, Paris, l'Harmattan, 2007, p. 206.

[197] G. CONAC, C. DESOUCHES et J. du Bois.de GAUDUSSON, *Les constitutions africaines publiées en langue française*, Paris, Collection retour aux sources, p. 156.

[198] Pour Michel BANOCK, « en dépit de toutes les allusions sur le caractère populaire et démocratique des conférences nationales, rien n'indique concrètement une véritable participation populaire... En l'absence donc d'élections en bonne et due forme, les promoteurs des conférences africaines se réfèrent à une notion (aux contours mal définis

point capital des débats qui ont suivi le lancement des travaux de ces assises et sur lequel le consensus a été le plus difficile à réaliser.

Aussi, en dépit du fait que pour une partie de la doctrine, les conférences nationales soient « *l'une des plus importantes découvertes politiques de l'Afrique postcoloniale et un phénomène inédit* »[199], la transformation de ces assises en pouvoir constituant originaire n'a pas manqué de soulever des opinions variées sur le caractère démocratique des procédures y relatives. Un peu partout, où elles se sont tenues, les conférences nationales s'étaient déclarées souveraines et « *s'arrogeaient le droit de décider au nom du peuple sans en être formellement les représentants* »[200]. Le problème de fond résidait, dès lors, dans la légitimité des conférences nationales et, partant, la portée des décisions qui y étaient prises. L'adoption de la déclaration de souveraineté de la conférence nationale dans les deux États a été, en effet, perçue comme un *coup d'État civil*[201] par une partie des délégués[202]. À l'évidence, la souveraineté de la conférence nationale ne pouvait se justifier que dans le cas où les délégués étaient l'émanation du peuple qui les aurait choisis par une consultation électorale libre. À défaut de cette formalité, «*l'attribution d'un pouvoir souverain à la conférence nationale relève de l'usurpation* »[203] du pouvoir constituant originaire qui est une forme d'expression de la souveraineté du peuple. Dans cette même optique, lors de sa communication au VIIe congrès français de droit constitutionnel, Magalie BESSE affirmait que le pouvoir constituant originaire a été instrumentalisé par les acteurs des conférences nationales dans les Etats d'Afrique noire francophone car, en effet, « *s'arroger la souveraineté et la compétence constitutionnelle était aussi un moyen de prendre le pouvoir par le biais d'un procédé dont la légalité est très contestable. Les délégués ne pouvaient en effet pas être considérés comme les représentants du peuple dans la mesure où la quasi-totalité d'entre eux n'a pas été élue. En outre, ils*

également) de "forces vives", faute d'une définition précise et communément acceptée en se référant, faute de mieux, à la pratique observée dans les pays où ces assises ont eu lieu. Il paraît ainsi que cette notion désignerait quiconque aurait acquis une certaine notoriété dans l'administration, la religion, les affaires et surtout le milieu politique. En particulier, il semblerait que le fait d'avoir fait enregistrer un parti politique constituerait un critère privilégié... », in : *Le processus de démocratisation en Afrique, le cas camerounais*, Paris, l'Harmattan, 1993, p. 143.

[199] B. GUEYE, « Crise de légitimité du pouvoir politique en Afrique subsaharienne », *Civita europa*, n°6, mars 2001, p. 87.

[200] D. SASSOU NGUESSO, *Le manguier, le fleuve et la souris*. Paris, JC Lattès, 1997, p. 72.

[201] Pour Gérard CONAC, « la confiscation du pouvoir constituant par la Conférence nationale du Bénin était un acte de caractère révolutionnaire. Certains purent même le qualifier de coup d'Etat civil », in « *Succès* et échecs des transitions démocratiques en Afrique subsaharienne », *Mélanges Jean WALINE*, Paris, Dalloz, 2002, pp. 29, 33 et 47.

[202] Israël MENSAH, Isidore de SOUZA, *Figure fondatrice d'une démocratie en Afrique, la transition politique au Bénin (1989-1993)*, Paris, KARTHALA, 2011, p. 145.

[203] A. ATANGANA, « Réflexions sur les tendances récentes de la démocratie constitutionnelle en Afrique noire », *Afrique 2000*, 1996, p. 64.

n'étaient pas représentatifs de la population. Les partis politiques étaient très représentés en raison de leur multiplication lors de l'instauration du multipartisme... les jeunes, les femmes, la population rurale et les chefs traditionnels (composantes essentielles de la société) étaient peu ou pas représentés »[204].

Comme il est aisé de le constater, les constitutions issues des conférences nationales ont été élaborées avec une faible implication du peuple quoique le projet de Constitution ait été soumis au referendum, en dernière instance, pour lui donner une légitimité au regard de l'orthodoxie constitutionnelle. Mais, il est évident que le consensus obtenu au cours de ces assises avait supplanté la souveraineté du peuple et les institutions qui y émanaient n'avaient aucune légitimité. Dans ces conditions, le pouvoir constituant a été savamment usurpé par des procédures à caractère exceptionnel. Cette usurpation a été l'œuvre des organisations telles que les partis politiques, les syndicats ou les associations[205]. Dans d'autres États, le processus d'élaboration des constitutions s'est fait en fonction des contingences politiques.

2- La contingence des contextes politiques

En dehors des conférences nationales, nombre d'États africains francophones, depuis le début des années 1990, ont eu recours à des procédés d'élaboration des constitutions dictées par des conjonctures politiques. Le Sénégal et le Congo-Brazzaville s'y sont particulièrement illustrés au cours des processus d'élaboration de leurs constitutions respectives du 22 janvier 2001, pour le Sénégal, du 22 janvier 2002 et du 25 octobre 2015, pour le Congo-Brazzaville.

La rédaction d'une nouvelle constitution sénégalaise est intervenue en 2001 dans un contexte d'alternance démocratique inédite à la tête de l'État. Cette première alternance dans l'histoire institutionnelle de ce pays s'inscrit dans la suite du processus de démocratisation intervenu en Afrique noire francophone. Le Sénégal, en son temps, n'avait pris en compte que quelques aspects de ce processus par une série de réformes constitutionnelles et législatives.[206] Il s'agissait, notamment, de l'aménagement du pouvoir exécutif avec la création d'un poste de Premier ministre, de la limitation du nombre de mandats présidentiels à deux, de l'organisation de l'élection présidentielle à deux tours, de l'institutionnalisation du quart bloquant, de la

---

[204] M. BESSE, communication présentée lors du VIIe congrès français de droit constitutionnel-congrès de paris- les 25, 26 et 27 septembre 2008. www.droitconstitutionnel.org/congresParis/com.

[205] L. SINDJOUN, *Science politique réflexible et savoir sur les pratiques politiques en Afrique*. Dakar, CODESRIA, 1999, p. 29.

[206] En 1991, l'Assemblée nationale du Sénégal avait voté une série de lois pour consacrer l'ouverture du pays à la démocratie pluraliste.

fixation de l'âge de vote à 18 ans, de la création du Conseil constitutionnel.[207]
L'élaboration et l'adoption d'une nouvelle constitution étaient la réponse des gouvernants aux attentes du peuple et une promesse de campagne du Président élu, Abdoulaye WADE. Ainsi, l'alternance intervenue en 2000 se justifiait, entre autres, par la volonté d'expérimenter une autre forme d'organisation institutionnelle, fondée sur l'amenuisement des pouvoirs du Président de la République et des rapports nouveaux entre les pouvoirs dont le régime parlementaire serait porteur des articulations essentielles. Pour formaliser le processus y relatif, le Président WADE, après moult tergiversations entre la révision de la constitution de 1963 et la rédaction d'une nouvelle constitution, a opté pour l'élaboration d'une nouvelle constitution. La procédure mise en œuvre pour la désignation du pouvoir constituant originaire a été, toutefois, exceptionnelle. Le Président WADE s'est résigné à ne pas mettre en place une Assemblée constituante élue et de se référer à l'Assemblée nationale, composée majoritairement des membres de l'opposition. Aussi, la commission de rédaction de ladite constitution, composée de six (6) experts, a été mise en place par le décret présidentiel n°00/372 du 19 mai 2000. Elle a travaillé sous l'étroite supervision du Président de la République quoique le ministre de la Justice en assurât la présidence[208].
Au Congo-Brazzaville, la rédaction de l'Acte fondamental, constitution de la transition entre 1997 et 2002, est intervenue dans un contexte d'après-guerre civile[209]. Cet Acte fondamental a été élaboré et adopté dans l'esprit de pérenniser les acquis du nouveau constitutionnalisme inauguré avec la constitution du 15 mars 1992. En réalité, après plusieurs mois de guerre, le pays ne disposait plus d'institutions. L'Acte fondamental avait donc pour mission de recréer un cadre constitutionnel duquel devait émerger une nouvelle organisation politique et institutionnelle.
Il en va de même de la constitution du 20 janvier 2002, adoptée aux termes des travaux du Forum national[210] qui devait assurer le retour à la démocratie pluraliste.[211] Étant donné que toutes les institutions constitutionnelles avaient été dissoutes après la guerre civile, on se trouvait dans une situation où,

---

[207] Voir, sur ce point, Madani Seydou SY, *Les régimes politiques sénégalais de l'indépendance à l'alternance politique 1960-2008*. Paris, IROKO-KARTHALA-CREPOS, 2011, pp. 141-145.
[208] I. M. FALL, « Evolution constitutionnelle du Sénégal de la veille de l'indépendance aux élections de 2007 », op. cit. p. 96.
[209] Il s'agit de la guerre civile du 5 juin 1997 au 15 octobre 1997.
[210] C. CERDA-GUZMAN relève que dans le cas d'une révolution ou d'une remise en cause des institutions antérieures, « les dirigeants provisoires ou transitoires n'auront de cesse de légitimer leur autorité, en procédant à la rédaction d'une nouvelle constitution. », in *Droit constitutionnel et institutions de la Ve République*, op. cit. p. 82.
[211] Cette constitution est élaborée à la fin de la période de transition de cinq ans après la guerre civile de 1997.

d'une part, le pays ne disposait pas de représentants légitimes du souverain primaire et, d'autre part, le cadre juridique pouvant organiser l'ensemble du processus n'existait pas. Il s'agissait, dans ce cas, d'élaborer et de faire adopter une nouvelle constitution qui fonderait la nouvelle République. Aussi, partant d'un fort engouement pour la démocratie et du consensus obtenu des différents acteurs politiques et de la société civile au cours du Forum, la rédaction de cette constitution avait été l'œuvre d'une commission mise en place par décret n° 98-409 du 18 novembre 1998 portant institution, attribution et composition d'une commission constitutionnelle. Les vingt-sept (27) membres de cette commission avaient été désignés par le décret n° 98-410 du 18 novembre 1998 portant nomination des membres de la commission constitutionnelle. Bien plus, la commission constitutionnelle en vue de la rédaction de la constitution congolaise du 20 janvier 2002 était chargée, conformément à l'article premier du décret 98-409 précité, « *de formaliser, dans un avant-projet de constitution, les grandes orientations du Forum national* »[212].

La constitution congolaise du 25 octobre 2015 a suivi, à peu près, le même cheminement que sa devancière de 2002. Cependant, le recours au processus utilisé pour l'élaboration de la constitution de 2015 se justifie, aisément, par le souci de se conformer à une pratique constitutionnelle qui a été acceptée et par le contexte dans lequel le consensus sur le changement de la constitution antérieure a été obtenu. Ainsi, la commission constitutionnelle chargée de rédiger l'avant-projet de constitution avait été mise en place par un décret du Président de la République. Cette commission était tenue de prendre en compte les recommandations du dialogue national inclusif de Sibiti dont l'introduction d'un poste de Premier ministre, chef de gouvernement, la responsabilité politique du Gouvernement devant l'Assemblée nationale matérialisée par la motion de censure, le droit de dissolution de l'Assemblée nationale par le Président de la République, la parité homme/femme.

Par ailleurs, on ne peut manquer de souligner le rôle, non moins négligeable, en termes d'expertise, des apports extérieurs à la conceptualisation et à la rédaction des constitutions dans certains États africains. Cet apport se traduit par l'implication des experts étrangers, spécialistes du droit constitutionnel, dans le processus d'élaboration des constitutions. Ceux-ci sont, généralement, mis à la disposition des États par les institutions internationales ou conviés par les gouvernants eux-mêmes. En effet, comme le relève Séverin ANDZOKA ATIMOU, on assiste, de plus en plus, à *«l'activation des nouveaux réseaux de l'ingénierie constitutionnelle par les pèlerins constitutionnels qui se substituent au peuple constituant »*[213].

---

[212] A la fin de la guerre civile de 1997, les nouvelles autorités congolaises avaient organisé une rencontre entre les différents acteurs de la vie nationale : partis politiques, société civile, confessions religieuses et individualités.

[213] Séverin ANDZOKA ATSIMOU, op. cit. p.56.

Il arrive ainsi que le pouvoir constituant soit placé sous la coupe de la communauté internationale comme ce fut le cas lors de l'élaboration des constitutions sud-africaine et de la République démocratique du Congo[214]. Dans ce cas, ainsi que l'affirme Nicolas MAZIAU, *«le souverain n'est plus le peuple ou la nation mais une entité du droit international qui dispose du pouvoir constituant »*[215]. De la sorte, comme le souligne, à juste titre, Jean du BOIS de GAUDUSSON désormais, ces Etats *« ne sont plus les seuls propriétaires de leur pouvoir constituant »*[216].

En définitive, le processus d'élaboration des constitutions en Afrique noire francophone s'effectue aux termes des procédures qui dépendent de plusieurs facteurs exogènes réservant au peuple le pouvoir d'adoption du texte de la constitution par référendum.

B- Du référendum constituant au plébiscite des gouvernants

Les procédés d'élaboration et d'adoption des constitutions, en Afrique noire francophone, à partir des années 1990, font intervenir le peuple, en dernier ressort, pour approuver le texte définitif. L'ensemble des États se réfère à cette procédure et organise des référendums constituants (1) qui tournent généralement au plébiscite des gouvernants (2).

1- L'option pour le référendum constituant

Le référendum constituant suppose la consultation du peuple sur une nouvelle constitution établie par un organe constituant[217]. En pratique, l'organisation du référendum intervient aux termes de la rédaction de l'avant-projet de constitution par la commission de rédaction et son adoption

Il s'agit des experts en droit constitutionnel comme les Professeurs Gérard CONAC, Françoise DREYFUS, Didier MAUS, Nicolas MAZIAU (qui ont contribué à la rédaction de la constitution sud-africaine pour le compte de divers organismes et associations); les Professeurs Robert DOSSOU et Maurice GLELE (qui ont contribué aux travaux de la commission de rédaction de la constitution congolaise du 20 janvier 2002), le Professeur Babacar GUEYE (qui a contribué à la rédaction des constitutions du Nigéria et du Sénégal).

[214] C'est ce que Jean du Bois de GAUDUSSON qualifie « d'externalisation du pouvoir constituant des Etats en crise grave ou en conflits », in « Les tabous du constitutionnalisme en Afrique. Introduction thématique », *Afrique contemporaine*, 2012/2 n°242, p. 55.

[215] N. MAZIAU, « L'internationalisation du pouvoir constituant : essai de typologie, le point de vue hétérodoxe du constitutionnalisme », *RGDIP*, n° 3, 2002, p. 550.

[216] J. du Bois de GAUDUSSON, « Défense et illustration du constitutionnalisme en Afrique après quinze ans de pratique du pouvoir », op. cit. p. 123.

[217] G. VEDEL, « Manuel élémentaire de droit constitutionnel », op. cit. p. 317.

par un organe habilité[218]. Le peuple se prononce, en définitive, par « oui » ou par « non » sur le projet ainsi adopté.
Au Bénin, l'avant-projet de constitution, élaboré par la commission mise en place, à cet effet, a d'abord été approuvé par le Haut Conseil,[219] Parlement de transition, puis soumis à la consultation populaire pour des amendements étudiés par le même Haut Conseil et, enfin, adopté le 2 décembre 1990 par un référendum populaire.[220]
Au Congo-Brazzaville, l'avant-projet de la constitution du 15 mars 1992 avait connu le même cheminement : le texte fut, après sa rédaction, soumis au Conseil supérieur de la République[221], Parlement de transition, avant d'être présenté au référendum populaire pour adoption. L'avant-projet de la constitution congolaise du 20 janvier 2002, après sa rédaction, a d'abord été présenté au peuple dans le cadre d'un débat populaire[222], pour amendements; lesquels ont été, ensuite, étudiés au cours du Dialogue national sans exclusive[223] avant l'adoption du texte final par référendum le 20 janvier 2002. L'avant-projet de la constitution congolaise du 25 octobre 2015 a été élaboré par une commission constitutionnelle et soumise à l'adoption du Conseil des ministres avant son adoption par référendum.
La constitution sénégalaise du 22 janvier 2001 fut adoptée à la suite d'une procédure organisée par l'article 46 de la constitution du 7 mars 1963, en lieu et place de l'article 89, expressément prévu par la constitution pour le referendum constitutionnel[224]. L'avant-projet de constitution, initié par la commission de rédaction, a été examiné par le Gouvernement et soumis au référendum pour son adoption définitive.
L'option référendaire choisie par les différents États consacre le recours au peuple dans la dernière phase du processus d'élaboration et d'adoption de la constitution. Très souvent, le référendum constituant tourne,

---

[218] Il peut s'agir du Parlement, du Gouvernant ou d'une assemblée constituante élue pour la circonstance.
[219] Parlement de transition mis en place par les délégués à la Conférence nationale.
[220] I. D. SALAMI, et D. O. M. GANDOUNOU, *Droit constitutionnel et institutions du Bénin. Cotonou*, CeDAT, 2014, p. 84.
[221] Parlement de transition mis en place par les délégués à la Conférence nationale.
[222] Ce débat populaire, appelé « débat décentralisé », a été organisé sur toute l'étendue du territoire national.
[223] Le Dialogue national sans exclusive a réuni les principaux acteurs politiques de l'opposition et de la majorité, la société civile, les confessions religieuses et les représentants des départements.
[224] L'article 46 de la constitution du 7 mars 1963 dispose que : « le Président de la République peut, sur la proposition du Premier ministre et après avoir consulté les présidents des Assemblées et recueilli l'avis du Conseil constitutionnel, soumettre tout projet de loi au referendum ». A ce sujet, Ismaïla Madior FALL soulève l'irrégularité de la procédure pour le référendum constitutionnel dans la mesure où l'article 46 ne traite que des lois et non de la constitution définie comme « document juridique fondateur d'un Etat ou d'un nouveau régime politique », in « Evolution constitutionnelle du Sénégal de la veille de l'indépendance aux élections de 2007 », op. cit. p. 97.

inéluctablement, en question de confiance pour les gouvernants; ce qui leur assure un plébiscite au regard de l'adhésion populaire au projet soumis à la votation.

2- Le plébiscite des gouvernants

L'organisation d'un référendum contribue, sans nul doute, à donner un caractère démocratique à la procédure d'adoption du texte final de la constitution. Elle permet, de ce fait, d'impliquer directement le peuple dans le choix des règles qui organisent la société.
En pratique, appelé à voter ou à rejeter le texte proposé, le peuple est tenu de répondre par « oui » ou par « non ». À l'évidence, les référendums constitutionnels n'ont jamais abouti au rejet des textes soumis au vote. Pour Jean GICQUEL et Jean-Eric GICQUEL, en effet, « *le texte soumis est en fait un prétexte. Il s'agit beaucoup moins pour le peuple de l'approuver que de manifester à cette occasion sa confiance, mieux son allégeance à l'homme qui l'incarne* ». Ainsi, l'organisation du référendum constituant se transforme, généralement, en une occasion pour le Gouvernement *« de demander à l'ensemble des citoyens de lui manifester leur confiance par un vote »*[225] positif. La consultation référendaire tourne, de la sorte, en question de confiance et se solde généralement par un plébiscite des gouvernants.
En Afrique noire francophone, le vote sur le projet de constitution soumis au peuple est perçu, à bien des égards, comme une occasion de choisir entre le statu quo et le changement. Cette réalité témoigne de l'adhésion, presque spectaculaire, des peuples aux projets de constitutions et justifie l'écrasante majorité qui accompagne la victoire des « oui » au référendum.[226] Au Bénin, la constitution du 11 décembre 1990 a été adoptée par référendum à une majorité de 96,9% ; au Sénégal, la constitution du 22 janvier 2001 a été adoptée par référendum à une majorité de 94% et au Congo-Brazzaville la constitution du 20 janvier 2002 a été adoptée par référendum à la majorité de 87,83% et celle du 25 octobre 2015 à la majorité de 94%.

En définitive, le recours au souverain primaire pour l'élaboration et l'adoption des règles fondamentales qui organisent la société est une exigence du principe démocratique[227]. Cette exigence requiert l'implication du peuple ou de ses représentants, au moment de l'élaboration et, directement, par référendum, au moment de l'adoption. Comme on peut le constater, la mise en œuvre de ce principe démocratique met en exergue des faiblesses dans nombre de sociétés démocratiques. Un peu partout, le recours au peuple intervient comme procédé de ratification de l'ordre juridique

---

[225] J. DEBBASCH, et autres, *Lexique de politique*, Paris, Dalloz, 2001, 7ème édition, p. 326.

[227] C. CERDA-GUZMAN, « Droit constitutionnel et institutions politiques », op. cit. p. 86.

naissant[228]. L'exercice du pouvoir constituant dérivé n'échappe pas, quant à lui, aux mêmes faiblesses.

Paragraphe 2 : L'usurpation du pouvoir constituant dérivé

La plupart des constitutions modernes organisent la procédure de révision de la constitution et de nombreux auteurs ont consacré des travaux y afférents.[229] Ainsi, Assane THIAM n'hésite pas à titrer un de ses articles publiés dans la revue « politique africaine n°108, 2007/4 » : *« une constitution, ça se révise ! »*. Ce titre, combien révélateur, traduit en substance une prise de position sur l'opportunité des révisions constitutionnelles en Afrique noire francophone[230]. En général, celles-ci soulèvent la problématique de la nature de la constitution dont l'option pour la forme écrite, autour des années 1990, avait sonné le glas d'une rigidité indéniable.[231] En effet, la recherche d'une meilleure affirmation de la normativité constitutionnelle entreprise par les constituants africains depuis le début des années 1990 visait, entre autres, d'assurer la stabilité constitutionnelle, en vue de mettre un coup d'arrêt au questionnement sur l'évolution des constitutions en Afrique[232] évoqué parfois dans des termes sceptiques par la doctrine[233]. C'est dans cette perspective que, dans la

[228] Voir, sur ce point, E. CARTIER, « Les petites constitutions : contribution à l'analyse du droit constitutionnel transitoire », *RFDC*, 2007, pp. 513-534.

[229] Voir, par exemple, G. BURDEAU, *Essai d'une théorie de la révision des lois constitutionnelles en droit positif français*, Thèse, Macon, J. BUGUET Comptour imprimeur, 1930.

[230] La question des révisions constitutionnelles est parmi les questions les plus abordées en relation avec l'évolution du constitutionnalisme africain. Voir, par exemple, T. HOLO, « Emergence de la justice constitutionnelle », op. cit. pp. 101-114.

[231] A. Diarra, *Démocratie et droit constitutionnel dans les pays francophones d'Afrique noire. Le cas du Mali depuis 1960.* Paris, KARTHALA, 2012, p. 251.

[232] J. L. ATANGANA AMOUGOU, « Les révisions constitutionnelles dans le nouveau constitutionnalisme africain », disponible sur : www.droitconstitutionnel.org/congresmtp/texte7/atagana.pdf. P 8. Évoquant la même situation au Venezuela et parlant de constitution, Ernesto WOLF ironise et désigne le « petit livre jaune que l'on fait tous les ans et que l'on viole tous les jours», in *Tratado de derecho constitucional venezolano*, (é vol.), Caracas, 1945, vol. 1 p. 315.

[233] K. DOSSO, « Les pratiques constitutionnelles dans les pays d'Afrique noire francophone : cohérences et incohérences », op. cit. p. 1. L'auteur reprend les expressions utilisées, à ce propos, par certains auteurs comme M .A. GLELE, « Le déclin du constitutionnalisme », in « La constitution ou loi fondamentale », *Encyclopédie juridique de l'Afrique, Abidjan-Dakar-Lomé*, Les Nouvelles Editions africaines pp. 33-34 ; J. OWONA, « Constitutionnalisme rédhibitoire », in « L'essor du constitutionnalisme rédhibitoire en Afrique noire. Etude de quelques constitutions Janus », in *Mélanges en l'honneur de P.F. GONIDEC. Etat moderne : horizon 2000 : aspects interne et externe*, Paris LGDJ, 1985 p. 235 ; J. M. BRETON : « Constitutionnalisme formel et irrationnel », in « Le sacré et le constitutionnalisme, de la légitimation à la disqualification du pouvoir », Droit et culture, *Revue trimestrielle d'anthropologie et d'histoire*, n°12, 1986, pp. 105 et s) ; I. M. FALL : constitutionnalisme

volonté d'assurer la rigidité du texte constitutionnel, certains États ont mis en place des procédures assez rigides de révision constitutionnelle. Mais, en dépit de cette précaution, *« certaines constitutions apparaissent rigides quant à la forme et aux conditions de révision; la pratique en fait des constitutions souples, allègrement modifiables par des lois constitutionnelles »*[234]. À l'observation, il ressort que la remise en cause de la rigidité constitutionnelle[235] et, partant, de certains fondements du constitutionnalisme des années 1990 est la conséquence du contrôle du pouvoir constituant dérivé par les gouvernants dans certains États (A) alors que d'autres États, ayant fait le choix d'une extrême rigidité des mécanismes de révision, ont simplement enchaîné le pouvoir constituant dérivé (B).

A- Le pouvoir constituant dérivé, un pouvoir contrôlé

Justifiant la nécessité des révisions constitutionnelles, Ismaïla Madior FALL souligne qu'« *en principe, la vocation de toute révision est d'adapter la constitution aux circonstances changeantes, dans le sens de l'approfondissement de la démocratie et de l'État de droit »*[236]. Dans le même sens, Narcisse MOUELLE KOMBI avance que *« le caractère rationnel de l'usage de l'autonomie constitutionnelle, qui se traduit notamment par la conformité des* révisions *constitutionnelles à l'idéal démocratique et à l'État de droit peut être apprécié à l'aune de cinq critères : la normalité des révisions constitutionnelles ; la régularité de la procédure des révisions ; l'inspiration progressiste et moderniste du renouvellement normatif ; le contenu démocratique et libéral de la réforme et, enfin, l'efficacité du droit reformé en rapport avec la suprématie de la norme sur les acteurs ».*[237] Pour Ismaïla Madior FALL, il importe de distinguer les révisions consolidantes des révisions déconsolidantes. Les premières viseraient à renforcer la démocratie, à élargir les libertés des citoyens, à promouvoir le bien commun. Les secondes auraient vocation à affaiblir le néo-constitutionnalisme du début des années 90[238]. En effet,

non démocratique, in *Le pouvoir exécutif dans le constitutionnalisme des Etats d'Afrique*, Paris, l'Harmattan, 2008 p. 22.

234 M. A. GLELE « La constitution ou loi fondamentale », in *Encyclopédie juridique de l'Afrique, Abidjan, Dakar, Lomé*. Nouvelles éditions Africaines, 1982, tome 1, p. 36.

235 F. J.AIVO, *Le Président de la République en Afrique noire francophone : Essai sur les évolutions institutionnelles de la fonction au Bénin, au Cameroun, au Gabon et au Togo*, Thèse de doctorat en droit public, Université Jean-Moulin Lyon III et Université d'Abomey-Calavi, 2006.

236 I. M. FALL, « Evolution constitutionnelle du Sénégal », op. cit. p. 157.

237 N. MOUELE KOMBI, *La démocratie dans la réalité camerounaise*, Paris, Dianoïa 2014, pp. 137-138.

238 Voir dans ce sens I. M. FALL, *Les révisions constitutionnelles au Sénégal, Révisions consolidantes et révisions déconsolidantes de la démocratie sénégalaise*, Dakar, CREDILA, 2012.

comme le reconnaît Jean du Bois de GAUDUSSON, ces révisions déconsolidantes apparaissent comme des coups de semonce qui, par leur répétition, finissent par vider le régime de sa substance démocratique[239].
Il ressort de ces observations que, en dépit de leur utilité, les révisions constitutionnelles peuvent être instrumentalisées. Les détenteurs de l'initiative de révision peuvent, en effet, *« jouer l'apprenti-sorcier et remettre en cause le très subtil équilibre que réalise la constitution»*[240]. S'agissant, particulièrement de l'Afrique noire francophone, la pratique révèle que l'initiative de la révision quoiqu'appartenant à diverses institutions n'est mise en œuvre que par les gouvernants (1). Ces derniers disposent, en plus, du choix des modalités d'adoption du texte définitif de la révision (2).

1- L'initiative de la révision : un processus contrôlé

Dans la plupart des États africains, l'initiative de la révision de la constitution est partagée entre le Président de la République et les parlementaires[241]. Mais à l'observation, le Parlement n'use que rarement ou presque pas de son droit d'initiative. Même dans le cas d'une initiative parlementaire, il est évident, en se fondant sur la nature des régimes, qu'aucune révision ne peut se faire sans la bienveillance du Président de la République. En effet, ce dernier dispose non seulement d'un poids politique, au sein des Assemblées parlementaires, qui lui permet de contrôler toutes les initiatives, mais également des moyens institutionnels importants lui permettant de contrôler tout le processus[242].
En pratique, en Afrique noire francophone, les révisions constitutionnelles intervenues, depuis le début des années 1990, l'ont été du fait des initiatives présidentielles. Il se dégage l'impression que *« seul le chef de l'État peut prendre l'initiative de la révision et qu'aucune procédure ne pourrait aboutir si, dès le départ, elle n'avait pas été souhaitée par lui et obtenu son accord »*[243]. C'est sûrement l'une des raisons pour lesquelles l'opportunité des révisions constitutionnelles demeure un sujet à caution surtout pour

---

[239] J. du Bois de GAUDUSSON,« Constitution sans culture constitutionnelle n'est que ruine du constitutionnalisme », in *Mélanges en l'honneur de Slobodan MILACIC. Démocratie et liberté: tension, dialogue, confrontation*, Bruylant, 2007, p. 333.
[240] J. WALINE, « Les révisions de la constitution de 1958 », op. cit. p. 243.
[241] Articles 103 de la constitution du Sénégal du 22 janvier 2001, 185 de la constitution congolaise du 20 janvier 2002 et 154 de la constitution du Bénin du 11 décembre 1990.
[242] Il s'agit, entre autres, du pouvoir de promulguer les lois votées par le Parlement.
[243] E. L. DONFACK, « La révision des constitutions en Afrique », *RJPIC*, n°1, janvier-mars 1989, p. 54.

l'opposition qui y voit, assez souvent, une forme de *« coup d'État constitutionnel »*[244] voire de *« fraude à la constitution »*[245].
Dans le catalogue de pays à forte tendance révisionniste, le Sénégal est en tête du peloton avec les constitutions du 7 mars 1963 et du 22 janvier 2001. Cette dernière affiche une moyenne d'une révision tous les six mois, depuis son adoption.[246] Dans ce cas précis, il convient de signaler que toutes les initiatives émanent du Président de la République, en dépit du fait que l'article 103 de la constitution ouvre ce même droit aux parlementaires. La particularité des initiatives présidentielles et la fréquence des révisions, au Sénégal, renseignent sur les desseins politiques qui constituent les finalités des réformes entreprises. De manière générale, les initiatives des révisions mises en œuvre, de façon exclusive par les présidents, en Afrique noire francophone, depuis 1990, ont concerné principalement le statut du Président de la République, notamment la suppression des clauses limitatives du nombre et de la durée des mandats, comme au Burkina Faso (le 27 janvier 1997), au Sénégal (le 2 mars 1998), à Madagascar (le 15 mars 1998), au Togo (le 31 décembre 2002), au Gabon (le 30 juillet 2003) et au Tchad (le 26 mars 2004)[247]. Toutefois, des réformes ultérieures ont remis en cause ces révisions dans les États comme le Burkina Faso (le 11 avril 2000) et le Sénégal avec la constitution du 22 janvier 2001[248]. Sans exprimer un retour aux principes de la limitation à deux du nombre de mandats présidentiels, ces nouvelles réformes entreprises ont surtout été destinées à permettre aux présidents en fin de deuxième mandat de reprendre un second cycle de deux nouveaux mandats dans les deux États[249].
Au Sénégal, d'autres matières ont fait l'objet de révisions constitutionnelles dans le cadre notamment du réaménagement des institutions. Il en va ainsi, des lois constitutionnelles n°91-25 du 5 avril 1991 restaurant le poste de Premier ministre, n°2006-11 du 20 juin 2006 prorogeant la durée du mandat des députés, n°2003-15 du 19 juin 2003 créant le Conseil de la République pour les affaires économiques et sociales, n°92-22 du 30 mai 1992 portant création du Conseil constitutionnel, du Conseil d'État, de la Cour de cassation[250], n°99-02 du 29 janvier 1999 portant création de la Cour des

---

[244] B. KANTE, « Les juridictions constitutionnelles et la régulation des systèmes politiques en Afrique », *Mélanges Jean GICQUEL*, Paris, Montchrestien, 2008, p. 269.
[245] G. LIET-VEAUX, « La fraude à la constitution : essai d'une analyse juridique des révolutions communautaires récentes : Italie, Allemagne, France », op. cit., pp. 142-147.
[246] B. GUEYE, « La démocratie en Afrique : succès et résistances », op. cit. p. 18.
[247] A. DIARRA, « Démocratie et droit constitutionnel dans les pays francophones d'Afrique noire : le cas du Mali depuis 1960. », op. cit. p. 253.
[248] I.M. FALL, « Le pouvoir exécutif dans le constitutionnalisme des Etats d'Afrique », op. cit. p. 174,
[249] C'est, à l'évidence, ce qui fut fait. Mais, le Président Blaise COMPAORE a réussi à accomplir ses deux autres mandats, le Président Abdoulaye WADE a été battu aux termes de sa candidature à un troisième mandat consécutif.
[250] Loi constitutionnelle n°92-22 du 30 mai 1992.

comptes et la Cour suprême[251]. S'agissant de l'ensemble de ces lois constitutionnelles, il est certain que la finalité projetée par les initiatives demeure fondamentalement la même : la recherche des meilleures conditions d'exercice et de conservation du pouvoir par les gouvernants. En effet, quel peut être l'objectif poursuivi par la création du Sénat au Sénégal, dont le Président de la République nomme 65 membres sur les 100, si ce n'est d'assurer un soutien parlementaire à la majorité au pouvoir et de contenter certains partisans politiques[252]. De même, pourquoi doit-on réviser la constitution pour proroger le mandat des députés sous prétexte de prendre en compte les dégâts causés par les pluies diluviennes? On peut, en ce qui concerne cette révision, se demander si une situation particulière, spécifique, conjoncturelle, totalement imprévisible et étrangère à l'ordonnancement constitutionnel peut justifier une révision de la constitution[253]. On voit bien que derrière cette initiative se profilent, sans doute, les velléités de choisir la période politiquement propice à l'organisation des élections législatives qui consacreraient une victoire de la majorité au pouvoir.

En définitive, les initiatives de révision de constitutions, en Afrique noire francophone depuis 1990, demeurent l'apanage exclusif du pouvoir exécutif et partant des présidents qui ont par ailleurs le choix des modalités d'adoption des réformes entreprises.

2- Les modalités d'adoption : des opportunités contestables

Dans la quasi-totalité des États, les procédures de révision des constitutions sont identiques. D'un État à un autre, les constituants ont prévu suffisamment de précautions pour assurer une meilleure protection des dispositions constitutionnelles[254]. Ainsi, le projet de révision, une fois initié, est soumis à l'approbation des parlementaires pour examen et adoption[255]. Le texte ainsi adopté ne devient définitif qu'après son approbation par le référendum populaire, considéré comme un recours direct au pouvoir constituant originaire[256].

---

[251] Loi constitutionnelle n°99-02 du 29 janvier 1999.

[252] En Afrique noire francophone, le Sénat apparaît plus comme un instrument entre les mains du Président de la République qu'un contre-pouvoir. Voir dans ce sens, A. CABANIS et M. L. MARTIN, « Un espace d'isomorphisme constitutionnel : l'Afrique francophone », in *Mélanges Dimitri Georges LAVROFF*, Paris, Dalloz, 2005, p.348.

[253] Voir, dans ce sens, Ismaïla Madior FALL, « Evolution constitutionnelle du Sénégal de la veille des indépendances aux élections de 2007 »,op. cit. 2012, p. 162.

[254] Voir « La révision de la constitution », *Journées d'études des 20 mars et 6 décembre 1992*, travaux de l'AFDC, Paris, Economica, PUAM, 1993.

[255] Selon la procédure législative ordinaire au Sénégal ; à la majorité des ¾ des membres composant l'Assemblée nationale au Bénin.

[256] E. LABOULAYE, « Questions constitutionnelles », op. cit. pp. 388-399.

Toutefois, certaines constitutions ouvrent la possibilité d'un vote définitif par le Parlement réuni en congrès à une majorité renforcée. Au Sénégal, cette majorité est de 3/5ème. Elle est de 3/4 des membres composant l'Assemblée nationale au Bénin[257]. Au Congo-Brazzaville, aux termes de la constitution du 15 mars 1992, cette majorité était de 2/3. La constitution du 20 janvier 2002 prescrivait que les projets de révisions qui émanent du Président de la République sont directement soumis au referendum alors que les propositions qui émanent du Parlement doivent être votées à la majorité des 2/3 avant d'être soumises au référendum[258]. Celle du 25 octobre 2015 consacre la même procédure en relevant, toutefois, la majorité requise au parlement à 3/4.

En dépit de toutes ces précautions procédurales, le Bénin et le Congo-Brazzaville n'ont pas connu de révisions constitutionnelles depuis 1990. Au Sénégal, les multiples révisions constitutionnelles, opérées depuis 2001, ont été approuvées par les parlementaires dans une simplicité qui dénote des arrangements politiques du camp majoritaire au Parlement. Le constat est que les gouvernants sont plus rassurés de la procédure parlementaire du fait de l'assise politique que représentent les élus de la majorité. Du coup, les révisions constitutionnelles s'apparentent, aisément, à une instrumentalisation des constitutions à des fins politiques[259], essentiellement par des majorités compactes acquises d'office aux initiatives de leurs groupements politiques[260]. Tel est, aussi, le point de vue d'Assane MBAYE pour qui « *le fait majoritaire et les pratiques politiques qu'il induit [...] affaiblissent les principes et garanties constitutionnels. Il n'est pour s'en convaincre que d'observer la facilité avec laquelle des révisions d'une légitimité douteuse sont adoptées au sein des parlements par la seule volonté du parti au pouvoir et de celui qui l'incarne* »[261].

On peut conclure avec Babacar GUEYE qu' « *il résulte de ces révisions faciles et répétées une instabilité institutionnelle et une désacralisation de la constitution censée être la loi fondamentale, le sommet de la hiérarchie des*

[257] Articles 103 de la constitution sénégalaise du 20 janvier 2001, 154 et 155 de la constitution béninoise du 11 décembre 1990.

[258] Article 186 de la constitution congolaise du 20 janvier 2002.

[259] L'expérience montre que la plupart des révisions visent essentiellement la remise en cause de l'alternance et la modification de l'équilibre institutionnelle. Voir dans ce sens, M. NAHM-TCHOUGLI, « Renouveau constitutionnel et Etat de droit en Afrique de l'Ouest francophone » cité par I. DIALLO, in « Pour un examen minutieux de la question des révisions de la constitution dans les Etats africains francophones », disponible sur le site : http://www.afrilex.u-bordeaux4;fr

[260] Ce point de vue a été exprimé par le rapport de recherche du Centre pour la gouvernance démocratique, Open society initiatives for west africa, in « Constitutionnalisme et révisions constitutionnelles en Afrique : le cas du Bénin, du Burkina Faso et du Sénégal », 2010, p. 8.

[261] A. MBAYE, « Alternatives constitutionnelles et institutionnelles en Afrique de l'Ouest », *Conclusions de l'Atelier de Lomé*, op. cit. p. 6.

normes de tout pays qui se réclame de l'État de droit »[262]. Cette tendance mérite d'être améliorée en rationalisant au mieux les révisions constitutionnelles sans enchaîner complètement le pouvoir constituant dérivé.

B- Le pouvoir constituant dérivé, un pouvoir enchaîné

Le pouvoir constituant dérivé ou institué est le pouvoir de révision de la constitution. Il représente un enjeu important sur la dynamique constitutionnelle au sein d'un État. C'est en effet à lui que revient la possibilité d'adapter la constitution au temps qui passe et prendre en compte certaines situations imprévisibles au moment de l'élaboration et de l'adoption de la constitution. En effet, l'exigence d'une stabilité constitutionnelle ne s'accommode pas forcément avec le refus systématique de toute possibilité de révision de la constitution. Bien au contraire, elle admet, en tout temps, un alliage entre la nécessité d'arrimer la constitution à l'évolution de la société et le souci de préserver la stabilité institutionnelle et politique. Si certains États, comme le Sénégal, se sont particularisés par le nombre et l'importance des révisions effectuées sur leurs constitutions, d'autres États comme le Bénin et le Congo-Brazzaville n'ont pas connu de révisions constitutionnelles pour diverses raisons. Au Congo-Brazzaville, aucune initiative de révision n'a été prise. Au Bénin, toutes les initiatives prises n'ont jamais abouti. Ces trois exemples nous permettent de cerner la pratique du pouvoir constituant institué en mettant en exergue sa dépendance vis-à-vis des détenteurs de l'initiative (1) et l'appréciation du fondement des différentes révisions par le juge constitutionnel (2).

1- Un pouvoir dépendant des détenteurs de l'initiative

Quelle que soit la pertinence des mécanismes prévus par la constitution, il est certain que la mise en œuvre de la procédure de révision dépend, avant tout, de la volonté des détenteurs de l'initiative.
Ainsi, depuis le retour à la démocratie pluraliste en 1990, le Congo-Brazzaville n'a pas fait montre d'une tradition révisionniste comme nous l'avons indiqué. Les constitutions du 15 mars 1992 et du 20 janvier 2002 n'ont jamais été soumises à l'épreuve de leur adaptation. Pourtant, les occasions de révisions n'ont pas manqué. Elles auraient dû être des voies loyales pour sauvegarder le pays de certaines dérives attribuées à la complexité de la mise en œuvre des constitutions. Cette observation tient particulièrement pour la constitution de 1992. En effet, un an après son entrée en vigueur, cette constitution s'est révélée d'application délicate au sujet des rapports entre le Gouvernement et le Parlement. Certains députés

[262] B. GUEYE, « La démocratie en Afrique : succès et résistances », op. cit. p. 18.

ayant quitté la majorité présidentielle pour l'opposition, le Président de la République se trouvait dans l'obligation de nommer un Premier ministre issu de la nouvelle coalition majoritaire à l'Assemblée nationale, conformément à l'article 75 de ladite constitution qui disposait : *« le Président de la République nomme le Premier ministre issu de la majorité parlementaire à l'Assemblée nationale »*. Mais, le Président Pascal LISSOUBA choisit plutôt de dissoudre l'Assemblée nationale conformément à l'article 80 de la même constitution qui prévoyait que *« lorsque l'équilibre des institutions est rompu notamment en cas de crise aiguë et persistante entre le pouvoir exécutif et le Parlement, ou si l'Assemblée nationale renverse à deux reprises le Gouvernement en l'espace d'un an, le Président de la République peut, après consultation du Premier ministre et du président de l'Assemblée nationale, prononcer la dissolution de l'Assemblée nationale »*.

Cette situation, qui augurait déjà la complexité de mise en œuvre du régime prévu par cette constitution, aurait pu susciter une réforme de la constitution dans le sens de la recherche de la stabilité institutionnelle. La réforme pouvait consister à la fixation des conditions de changements de partis ou de groupements politiques en cours de législature comme l'a prévu le constituant congolais de 2002 en proscrivant la transhumance politique[263]. De même, la prorogation du mandat du Président de la République, du fait de certaines difficultés d'organisation des élections aux termes dudit mandat, aurait pu être prise en compte par une initiative de révision constitutionnelle prévoyant le recours au juge constitutionnel en cas de difficultés manifestes d'organiser l'élection présidentielle aux termes prévus plutôt que par une guerre civile[264].

La non-prise en compte des voies constitutionnelles pour prévenir les difficultés liées à l'application de la constitution du 15 mars 1992 a été la principale cause des guerres civiles que le pays a connues respectivement en 1993 et en 1997. Dans les deux exemples précités, l'immobilisme des détenteurs de l'initiative de révision de la constitution n'a pas permis de

---

[263] Ainsi que le définissent Francis AKINDES et Victor TOPANOU, « la transhumance politique est le fait pour un député, et le plus généralement un homme politique, de changer de camp en fonction de ses propres intérêts et des facilités le plus souvent matérielles accordées par tel ou tel autre camp [...] elle fait reculer l'émergence d'une véritable culture civique mais elle entraîne une recomposition permanente du paysage politique national », in « Démocratie, gouvernance et droits de l'Homme », Document du programme des Nations Unies pour le développement social (UNRISD), n°18, octobre 2005, p. 16. En vue de proscrire ce phénomène, l'article 112 al. 2 de la constitution congolaise du 20 janvier 2002 dispose : « Un député ou un sénateur, présenté par un parti politique ou un groupement politique, qui démissionne de son parti ou de son groupement politique, en cours de législature, perd sa qualité de député ou de sénateur ».

[264] La guerre civile, particulièrement meurtrière, du 5 juin au 15 octobre 1997 était provoquée par le report sine die de l'élection à la fin du mandat du Président de la République sortant et la prorogation de celui-ci par le Conseil constitutionnel.

mettre à profit l'ingénierie constitutionnelle pour conjurer les difficultés de mise en œuvre de la constitution de 1992.
Toutefois, quelle que soit l'opportunité des réformes envisagées, celles-ci pour aboutir doivent subir l'épreuve du contrôle de la justice constitutionnelle.

2- Un pouvoir soumis au contrôle du juge constitutionnel

La constitution béninoise du 11 décembre 1990 n'a jamais fait l'objet de révision, un quart de siècle après son entrée en vigueur. Est-ce pour autant dire que les initiateurs de cette constitution avaient, au moment de son élaboration et de son adoption, l'inspiration tellement fertile qu'ils ont trouvé la forme idéale d'organisation et anticipé sur le temps et les événements à venir ?
Quoiqu'on en dise, les initiatives de révisions n'ont pas manqué au Bénin comme l'atteste la florissante moisson des décisions de la Cour constitutionnelle qui ont, toutes, rejeté les initiatives adoptées par le Parlement. L'extrême audace[265] de cette juridiction constitutionnelle a contribué non seulement à dissuader le pouvoir constituant dérivé, mais également à le limiter et à l'enchaîner.[266] Ainsi, par sa décision DCC 06-074 du 8 juillet 2006, la Cour constitutionnelle a affirmé que *« la détermination du peuple béninois à créer un État de droit et de démocratie pluraliste, la sauvegarde de la sécurité juridique et de la cohésion nationale commandent que toute révision de la constitution tienne compte des idéaux qui ont présidé à l'adoption de la constitution du 11 décembre 1990, notamment le consensus national, principe à valeur constitutionnelle »*. Par cette décision, la Cour constitutionnelle élève le consensus national au rang de dispositions à valeur constitutionnelle. Mais quel est le contenu exact de cette notion ? Comment peut-on la matérialiser ? Dans le cas d'espèce, l'initiative de la révision était d'origine parlementaire. Le consensus national signifie-t-il le recours préalable à l'avis de l'exécutif ?[267] Enfin, avec la décision DCC 11-067 du 20 octobre 2011, la Cour constitutionnelle a affirmé : *« ne peuvent faire l'objet de question à soumettre au référendum, les options fondamentales de la Conférence nationale de février 1990, à savoir : la forme républicaine et la laïcité de l'État ; l'atteinte à l'intégrité du territoire national ; le mandat présidentiel de 5 ans, renouvelable une seule fois , la*

---

[265] A. LOADA, « L'audace du juge constitutionnel en question, contribution au colloque de Cotonou des 8, 9 et 10 août 2012 sur la constitution béninoise du 11 décembre 1990 : Un modèle pour l'Afrique ? », en hommage au Professeur Maurice AHANHANZO GLELE.
[266] I. D.SALAMI et D. O. M. GANDONOU, « Droit constitutionnel et institutions du Bénin », op. cit. p. 86.
[267] Cette approche est contraire à l'esprit de la séparation des pouvoirs car la spécialisation fonctionnelle ne s'accommode pas à la subordination d'un pouvoir à un autre encore moins à l'idée d'une hiérarchie entre pouvoirs.

limite d'âge de 40 ans au moins et 70 ans au plus ; le type de régime politique du Bénin ». Comme dans la décision précédente, la volonté de la Cour constitutionnelle de limiter à l'extrême les compétences du pouvoir constituant dérivé est manifeste[268].

Cette attitude ne laisse pas la classe politique sans mot. Dans une lettre ouverte publiée le 18 novembre 2011, le Parti communiste du Bénin (PCB), par exemple, condamne l'attitude de la Cour constitutionnelle au sujet de la conformité de la loi organique n° 2011-27, portant conditions de recours au référendum, votée par l'Assemblée nationale. Pour le PCB, *« la Cour qui est un organe de la constitution se met au-dessus de celle-ci pour la réécrire à sa manière ».* En effet, certains éléments dits d'option fondamentale de la Conférence nationale n'ont jamais été évoqués par la Conférence nationale et n'ont été ajoutés que par le Haut Conseil[269]. En conséquence, en remettant en cause ces restrictions, le PCB s'interroge, en partant des exemples de la France, en ces termes: *« la France qui a adopté un régime parlementaire en 1958 ne l'a-t-elle pas modifié par référendum en régime semi-présidentiel en 1962 ? Et récemment n'a-t-elle pas modifié par révision constitutionnelle la durée du mandat de 7 à 5 ans ? »*[270]

Il est évident que l'attitude de la Cour constitutionnelle du Bénin témoigne d'une rigidité extrême de la procédure de révision de la constitution. Cette position est contraire à l'esprit d'organisation par la constitution d'une société en pleine évolution comme le Bénin.

En effet, pour la doctrine, « *trop peu de rigidité viderait la notion de constitution de sa substance, trop de rigidité risquerait de ruiner l'édifice*»[271]. Dans le même sens, le comité consultatif pour la révision de la constitution française a souligné dans son rapport du 15 février 1993 que « *si une constitution, pacte fondamental, doit être moins facile à modifier que la législation ordinaire, sa rigidité ne doit pas aller jusqu'à permettre un blocage indéfini des institutions. Notre histoire constitutionnelle ne manque pas d'exemples regrettables de constitutions abolies, violées ou tournées avec l'assentiment tacite des citoyens, ou du moins sans émouvoir la majorité parce que leur révision était de fait impossible...* »[272]

En définitive, au Bénin, il y a des points de frictions entre les initiateurs des révisions constitutionnelles et la Cour constitutionnelle béninoise qui traduisent, pour les premiers, la volonté de prendre des initiatives et, pour les seconds, une rigidité extrême de ne pas faire aboutir ces initiatives. La

---

[268] Sur la décision DCC 11-067 du 20 octobre 2011 relative à la loi organique portant conditions de recours au référendum, voir D. KOKOROKO et A. KPODAR, in *Annuaire béninois de justice constitutionnelle I-2003*, Presses universitaires du Bénin, p. 699.

[269] I. SALAMI et D. O. M. GANDONOU, op. cit. p. 86.

[270] Idem.

[271] O. DUHAMEL et G.TUSSEAU, *Droit constitutionnel et institutions politiques*, 2003, 3ème Edition, p. 25.

[272] Cité par O. DUHAMEL et G. TUSSEAU, idem.

conséquence en est la frilosité des détenteurs du pouvoir constituant dérivé face à des initiatives parfois judicieuses mais dont ils sont convaincus qu'ils n'aboutiront jamais.

Au Sénégal, par contre, l'attitude du juge constitutionnel n'est pas de nature à décourager les auteurs des révisions constitutionnelles. En témoigne le nombre impressionnant des révisions entreprises par les gouvernants[273] sur lesquelles, le juge constitutionnel saisi s'est déclaré incompétent. Par exemple, saisi à l'effet d'apprécier la conformité à la constitution d'une loi votée par le Parlement et instituant le Conseil de la République pour les affaires économiques et sociales, le juge constitutionnel a déclaré que *« l'alinéa 1er de l'article 92 de la constitution et l'article 1er de la loi organique donnent compétence au Conseil constitutionnel pour connaître de la constitutionnalité des lois ; que le Conseil ne tient de ces textes ni d'aucune autre disposition de la constitution et de la loi organique, le pouvoir de statuer sur une révision constitutionnelle (...), qu'il ne résulte de ce qui précède que le Conseil constitutionnel n'a pas compétence de statuer sur la demande susvisée par laquelle les députés requérants lui défèrent, aux fins d'appréciation de sa conformité à la constitution, la loi portant révision de la constitution relative à l'institution d'un Conseil de la République pour les affaires économiques et sociales votée à l'Assemblée »*.

Il se dégage une nette impression que là où la justice constitutionnelle est audacieuse, comme au Bénin, les révisions constitutionnelles ne sont pas faciles à aboutir ; là où elle est effacée ou timide, les révisions constitutionnelles ont tendance à se perpétuer[274]. Cette observation réconforte le point de vue selon lequel les révisions constitutionnelles sont dépendantes des pouvoirs politiques et institutionnels.

Le pouvoir constituant, tant originaire que dérivé, en Afrique noire francophone, est confronté à une pratique, propice à la fragilisation de la normativité constitutionnelle. Cette situation entame l'essence de la constitution dont la permanence est davantage compromise, dans certains États, par l'irrégularité du cycle constitutionnel.

Section 2 : L'irrégularité des cycles constitutionnels

Lorsque l'on observe la dynamique politique et institutionnelle des États d'Afrique noire francophone, il apparaît que l'évolution constitutionnelle de certains Etats est fréquemment discontinue. Cette situation est l'une des causes de l'instabilité constitutionnelle qui *« est le mal commun de*

[273] Entre 2001 et 2008, la constitution sénégalaise a été modifiée quatorze fois, soit une moyenne d'une révision tous les six mois, comme le relève Babacar GUEYE, in « La démocratie en Afrique : succès et résistances », op. cit. p. 18.

[274] Contrairement à cette observation, au Congo-Brazzaville la justice constitutionnelle est timide et la constitution n'a jamais été révisée.

nombreux États africains »[275]. Ainsi, la constitution qui devrait exprimer une permanence, dans le fonctionnement des institutions, est parfois contrariée dans sa stabilité. Cette tendance se traduit, entre autres, par la volonté de réinventer l'encadrement du pouvoir par des changements de constitutions (paragraphe 1) ou par la suspension des dispositions constitutionnelles par des accords politiques de sortie de crises (paragraphe 2).

Paragraphe 1 : Une fréquence variable des changements de constitution

La fréquence des changements constitutionnels dans les États d'Afrique noire francophone est un phénomène qui met en exergue la vitalité des constitutions adoptées ou aménagées[276] à l'issue du retour au constitutionnalisme libéral. On peut faire l'économie de ces changements en évoquant ceux qui sont effectués dans la continuité du cycle constitutionnel (A) et ceux qui ont induit une discontinuité de ce cycle (B).

A- Les changements dans la continuité du cycle constitutionnel

On peut ici s'inspirer de l'histoire institutionnelle du Sénégal faite d'une évolution alternant entre le régime parlementaire et le régime présidentiel. C'est l'un des modèles d'expérimentation de la démocratie en Afrique avant l'ouverture à la démocratie pluraliste au cours des années 90. Si les réformes entreprises, dans ce pays, depuis 1990 peuvent être placées sous le paradigme de l'enracinement de la démocratie libérale, l'on ne peut se garder de révéler que le changement de constitution intervenu en 2001[277] a laissé une double impression d'impasse. D'une part, la procédure utilisée pour l'élaboration de la nouvelle constitution correspondait mieux à une révision constitutionnelle (1). D'autre part, la nouvelle constitution ne s'est pas démarquée des articulations de sa devancière (2).

1- Le contraste procédural

La rédaction d'une nouvelle constitution sénégalaise est intervenue en 2001 dans un contexte d'alternance démocratique[278]. Dans ce contexte, la

[275] P. F. GONIDEC, « Les systèmes politiques africains », 2ème partie, op. cit. p. 78.
[276] Le terme « aménagé » correspond à la situation de certains Etats, comme le Sénégal, qui avaient, en ce temps, adapté leurs constitutions au contexte du renouveau démocratique.
[277] Voir D. SY, « L'élaboration de la constitution du 22 janvier 2001 », *Annales africaines* 2007.
[278] S. M. SY, « L'alternance politique au Sénégal », *Mélanges en l'honneur de LAVROFF, Dimitri. La constitution et les valeurs*, Paris, Dalloz, 2005, pp. 593-609.

nécessité de réformer les pouvoirs publics ne prédisposait pas d'office à un changement de constitution. Le Président de la République avait la possibilité de procéder à une simple révision de la constitution de 1963 pour introduire les réformes envisagées. Mais, l'option pour une réforme de la constitution et, partant, des institutions, supposait donc, dans l'hypothèse d'une simple révision de la constitution, qu'il obtînt le soutien de l'opposition représentée principalement par le Parti socialiste.[279] Le Président de la République, Abdoulaye WADE, nouvellement élu, ne disposait pas de majorité au Parlement.

C'est, vraisemblablement, en redoutant l'adhésion de l'opposition à la réforme que le Président de la République choisit de procéder à la rédaction d'une nouvelle constitution.[280] En effet, pour formaliser le processus y afférent, le Président Abdoulaye WADE a opté pour la procédure consacrée par l'article 46 de la constitution de 1963 qui disposait : *« le Président de la République peut, sur la proposition du Premier ministre et après avoir consulté les présidents des Assemblées et recueilli l'avis du Conseil constitutionnel, soumettre tout projet de loi au référendum »*[281].

En procédant de la sorte, le Président s'est rapproché des procédures utilisées par le Général de Gaulle en 1962 et en 1969. Dans son cas, le Général de Gaulle s'était fondé sur les dispositions de l'article 11 de la constitution française de 1958 qui dispose : *« Le Président de la République, sur proposition du Gouvernement pendant les sessions ou sur proposition conjointe des deux Assemblées, peut soumettre à l'approbation du peuple tout projet de loi portant sur l'organisation des pouvoirs publics, sur des réformes relatives à la politique économique ou sociale de la nation (...) ou tendant à autoriser la ratification d'un traité qui, sans être contraire à la constitution, aurait des incidences sur le fonctionnement des institutions ».*

Ces deux révisions, entreprises par le Général de Gaulle, ont alimenté de nombreuses controverses au point d'être taxées *d'inconstitutionnelles par la communauté des juristes.*[282]

La nouvelle constitution sénégalaise fut ainsi élaborée par un pouvoir constituant post-alternance qui a privilégié l'expression d'une nouvelle politique sur le respect des formes.[283] Le pouvoir constituant dérivé a été,

---

279 Ancien parti unique qui est resté au pouvoir pendant quarante ans et qui est le géniteur de la constitution en vigueur.

280 I. M. FALL, « Evolution constitutionnelle du Sénégal de la veille de l'indépendance aux élections de 2007 », op. cit. p. 97.

281 L'article 46 de la constitution sénégalaise de 1963 évoque la procédure d'adoption des projets de loi et non de constitutions.

282 C. CERDA-GUZMAN, « Droit constitutionnel et institutions de la Vème République »,op. cit. p. 99.

283 I. M. FALL, « Evolution constitutionnelle du Sénégal de la veille de l'indépendance aux élections de 2007 », op. cit. p. 98.

dans ce contexte, utilisé pour l'élaboration de la nouvelle constitution qui, à tout point de vue, exprime une continuité par rapport à sa devancière.

2- Une continuité constitutionnelle manifeste

Le changement de la constitution de 1963 par celle de 2001 avait pour finalité d'introduire, au Sénégal, une nouvelle forme de distribution des pouvoirs au sein de l'exécutif et entre l'exécutif et les autres pouvoirs. La promesse électorale qui justifiait ce changement de constitution[284] se ramenait à l'instauration d'un régime parlementaire à la place de celui expérimenté sous la constitution antérieure.[285]
Sur ces aspects, on peut bien être surpris que, en réalité, la réforme envisagée ait débouché sur un régime autre que celui attendu, une sorte de *réincarnation*[286] du régime de la constitution précédente. Ismaïla Madior FALL souligne, à ce propos, qu'« *une lecture comparée de la nouvelle constitution de 2001 et celle qu'elle remplace révèle une continuité matérielle (c'est-à-dire au niveau du contenu, de la substance normative) nettement remarquable tant au niveau des principes constitutionnels consacrés qu'à celui de l'aménagement des institutions de l'État...* »[287]
Certes, en conservant l'essentiel des principes de la démocratie et de l'État de droit, la nouvelle constitution a réalisé des innovations importantes contribuant, ainsi, à faire évoluer les institutions. Il s'agit, notamment, de la création d'un poste de Premier ministre et de l'érection du Gouvernement en institution de la République, de l'institutionnalisation de la déclaration de politique générale et de la restauration de la question de confiance.
Devant une telle évidence, on peut réaliser que le changement de constitution n'a pas, en réalité, affecté la continuité du cycle constitutionnel sénégalais. Il s'est agi, particulièrement, pour les nouveaux gouvernants de rompre symboliquement avec le passé politique et institutionnel du pays dans un contexte d'alternance réussie. Dans ce cas, la continuité était indispensable et se justifiait, par le souci d'enracinement de la démocratie pluraliste, l'objectif étant de préserver les acquis du nouveau constitutionnalisme.

---

[284] Pour Ismaïla Madior FALL, « la classe politique triomphante avait agité l'idée de régime parlementaire sans vraiment y mettre de contenu. Les électeurs y avaient adhéré sans vraiment comprendre de quoi il s'agissait. L'ambiance de réalisation de cette promesse était vague pour ne pas dire confuse », in *Constitution de 1963 et constitution de 2001 : continuité ou rupture. Nouvelles annales africaines*, n°1-2007, p. 312.
[285] I. M. FALL, « Evolution constitutionnelle du Sénégal de la veille de l'indépendance aux élections de 2007 » op cit. p. 90.
[286] I. M. FALL, « Evolution constitutionnelle du Sénégal de la veille de l'indépendance aux élections de 2007 » op. cit. p. 103.
[287] Idem.

En règle générale, même si on n'est pas d'avis qu'une constitution puisse être aussi malléable au point où son changement puisse se faire au gré d'une volonté politique conjoncturelle, on ne peut pas méconnaître la nécessité d'adapter périodiquement la constitution, pour la maintenir en phase avec l'évolution de la société. Ce qui peut conduire à des changements dans une sorte de discontinuité du cycle constitutionnel.

B- Les changements dans la discontinuité constitutionnelle

C'est le cas notamment de l'expérience congolaise au début des années 1990. En effet, à la suite des difficultés de mise en œuvre de la constitution du 15 mars 1992, le processus d'édification du nouveau constitutionnalisme au Congo-Brazzaville a vacillé du fait de la récurrence des crises politiques internes. La constitution a été abrogée au sortir de la guerre civile de 1997[288] (1), le regain d'intérêt pour le nouveau constitutionnalisme africain[289] est intervenu après une période de transition de cinq ans (2).

1- L'abrogation de la constitution congolaise du 15 mars 1992

À la fin de la guerre civile de 1997, la constitution du 15 mars 1992 a été abrogée par un Acte fondamental, constitution de transition, qui a fixé l'organisation et le fonctionnement des institutions de la République pendant la période de transition.[290] Tant il est vrai, l'abrogation d'une constitution «*ne suit pas souvent la même procédure que son élaboration. Elle résulte d'un fait ou d'un acte juridique contraire.* »[291]

En l'espèce, l'hypothèse de restaurer la constitution de 1992 n'était pas, pour le moins, envisageable eu égard aux difficultés de mise en œuvre de cette constitution qui ont d'ailleurs occasionné de nombreuses crises aboutissant à la guerre civile de 1997. Ainsi, rien ne prédisposait à une simple réforme de la constitution de 1992, si besoin en était, pour instituer un régime autre dans le cadre d'une continuité constitutionnelle comme ce fut le cas, en France, lors de l'aménagement du régime qui permit de consacrer l'actuel régime parlementaire.[292] Cette option aurait, certes, eu l'avantage de perpétuer l'intention du constituant originaire de 1992 qui avait consacré les

---

[288] P. YENGO, *La guerre civile du Congo-Brazzaville 1993-2002, chacun aura sa part*, Paris, Karthala, 2006, p. 339.

[289] Évoquant la question du renouveau démocratique africain des années 1990, Jean GICQUEL parle d'un « regain constitutionnel africain », in *Droit constitutionnel et institutions politiques,* Paris, Montchrestien, 19ème édition, 2003, p. 372.

[290] E. F. DIBAS, « L'Acte fondamental du Congo-Brazzaville du 24 octobre 1997 », *RJPIC*, 1998, n°3, pp. 300-308.

[291] I. D. SALAMI et D. O.M. GANDONOU, op cit. p. 92.

[292] Le régime parlementaire adopté initialement en France avec la constitution de 1958 a été modifié par référendum en régime semi-présidentiel en 1962.

fondements du nouveau constitutionnalisme. Mais en réalité, cette volonté avait été exprimée par l'Acte fondamental du 24 octobre 1997 qui n'avait pas remis en cause l'orientation politique définie par la Conférence nationale en faveur d'une démocratie pluraliste.[293]
Toutefois, en dépit de la rupture établie avec le régime institué par la constitution de 1992, le Congo-Brazzaville est resté attaché aux principes démocratiques qui y ont été énoncés avec la constitution de 2002.

2- Le regain d'intérêt pour le nouveau constitutionnalisme

Le retour aux valeurs du renouveau démocratique s'est exprimé par l'adoption de la constitution du 20 janvier 2002, puis celle du 25 octobre 2015. La constitution du 20 janvier 2002, élaborée au sortir de la transition consécutive à la guerre civile de 1997, traduisait la volonté d'assurer la paix et de relancer la démocratie dont la revendication demeurait constante.
La constitution du 20 janvier 2002 avait marqué la consécration des principes du nouveau constitutionnalisme africain dans une logique de cristallisation des acquis de la Conférence nationale souveraine à laquelle elle fait expressément référence.[294] Elle consacrait la poursuite des principes consacrés par le constituant de 1992 et s'était donné la vocation de poursuivre l'expérience de la démocratie en tirant les enseignements des expériences des régimes qui se sont succédé comme l'indique la première phrase de son préambule.[295] Ainsi, elle intégrait la promotion et la protection des droits fondamentaux et la séparation des pouvoirs. Toutefois, elle opérait une rupture avec la constitution de mars 1992 sur plusieurs aspects. Le régime parlementaire, expérimenté de façon tumultueuse avec la constitution précédente, a été remplacé par un régime de type *présidentiel*, même si la constitution consacrait des mécanismes d'information et de contrôle du Parlement sur le Gouvernement à travers les questions orales avec ou sans débats, les questions d'actualité, l'interpellation, l'audition en commission.

---

[293] W. MBILAMPINDO, « Un nouvel Acte fondamental pour une nouvelle transition démocratique au Congo », *RJPIC*, mai-août 1998, pp. 149-165.
[294] Dans son préambule, la constitution congolaise du 20 janvier 2002 déclare que la charte de l'unité nationale et la charte des droits et libertés adoptées par la Conférence nationale souveraine, le 29 mai 1991, font partie intégrante de ses dispositions.
[295] Le préambule de la constitution congolaise du 20 janvier 2002 dispose à son 2ème paragraphe que « les expériences vécues à travers les différents régimes politiques qui se sont succédé, ainsi que celles des autres peuples, ont conduit le peuple congolais à faire le choix de la démocratie pluraliste comme socle des valeurs devant orienter le développement du pays, stimuler son épanouissement moral, culturel et matériel et répondre à la demande collective d'un mieux-être social ».

La constitution du 20 janvier 2002 avait réintroduit le Congo-Brazzaville dans l'ordre démocratique et la stabilité institutionnelle. Elle était à la fois « *rupture avec le passé et projection vers l'avenir* »[296].
La constitution du 25 octobre 2015 a consacré l'abrogation de la constitution du 20 janvier 2002. Elle assure une évolution institutionnelle du pays en aménageant le fonctionnement des institutions par la réorganisation du régime des sessions parlementaires et la mise en œuvre des moyens réciproques entre l'exécutif et le législatif, à savoir le droit de dissolution et la motion de censure. Elle réalise une continuité quant aux principes démocratiques promus par sa devancière que sont la séparation des pouvoirs, la promotion et la protection des droits de l'Homme, la reconnaissance d'un statut de l'opposition.
Depuis 2002, l'option pour la démocratie et l'État de droit est irréversible au Congo-Brazzaville comme l'illustrent les deux constitutions de 2002 et 2015. Ce regain pour le renouveau démocratique est désormais caractéristique des institutions congolaises après la période des crises consécutives à l'application de la constitution de 1992, souvent suspendue par des accords politiques de sortie de crise.

Paragraphe 2 : La suspension des constitutions par les accords politiques

En temps normal, la procédure de suspension d'une constitution est organisée par la constitution elle-même. Il s'agit, dans la plupart des constitutions, de l'hypothèse où le Président de la République ferait usage des pleins pouvoirs en période de crise exceptionnelle ou tout autre phénomène imprévisible. Cette procédure est prévue par les constitutions du Congo-Brazzaville, du Bénin et du Sénégal, respectivement par les articles 93, 68 et 51 qui, dans une écriture proche de celle de l'article 16 de la constitution française de 1958,[297] conditionnent sa mise en œuvre par une menace grave et immédiate contre les institutions de la République, l'indépendance de la nation, l'intégrité du territoire national, l'exécution des engagements internationaux et le fonctionnement régulier des institutions publiques et constitutionnelles. Toutefois, en aucun cas, les droits

[296] P. ARDANT, *Institutions politiques et droit constitutionnel,* Paris, LGDJ, 2005, 17ème édition, p. 47.
[297] Les articles susvisés des constitutions du Congo-Brazzaville, du Bénin et de la France disposent que « lorsque les institutions de la République, l'indépendance de la Nation, l'intégrité territoriale nationale ou l'exécution des engagements internationaux sont menacées de manière grave et immédiate et que le fonctionnement régulier des pouvoirs publics et constitutionnels est menacé ou interrompu, le Président de la République [...] prend les mesures exceptionnelles exigées par les circonstances sans que les droits des citoyens garantis par la constitution soient suspendus ».

fondamentaux garantis par la constitution ne peuvent être suspendus, même dans cette hypothèse.
Malgré la clarté de ces dispositions, certains États d'Afrique noire francophone connaissent, depuis l'expérimentation du nouveau constitutionnalisme, une pratique de suspension des constitutions, par des accords politiques, pour conjurer des crises nées des difficultés de mise en œuvre des règles du jeu démocratique[298]. Cette pratique, contraire à l'orthodoxie constitutionnelle, a l'inconvénient de présenter l'Afrique en général comme *un continent... moins resplendissant, une terre déchirée par de nombreux conflits*[299] qui altèrent son évolution constitutionnelle. La suspension des constitutions en Afrique noire francophone est justifiée, assez souvent, par la nécessité de mettre en place des dispositions de compromis politiques. Ces compromis dont l'objet est de réadapter le fonctionnement des institutions aux intérêts des forces en présence,[300] se matérialisent par l'hypothétique consécration d'une « mini-constitution » (A) à portée limitée dans le temps (B).

A- La consécration d'une « mini-constitution »

Les accords de sortie de crise en Afrique noire francophone aboutissent à l'adoption par les acteurs politiques des dispositions qui bouleversent l'ordonnancement juridique existant et consacrent de fait *« le gel (...) de la constitution et le triomphe du compromis politique dont les dispositions sont substituées à la norme fondamentale »*[301]. En pratique, dans certains cas, la constitution en vigueur est soumise à l'épreuve de sa juxtaposition avec l'accord politique qui modifie littéralement certaines de ses dispositions. Dans d'autres cas, l'accord politique procède, par un énoncé de dispositions à valeur constitutionnelle, à une organisation du pouvoir d'État et, au besoin, à son partage.
Les accords politiques expriment, ainsi, des arrangements qui, sans être formellement constitutionnels, portent sur des objets qui fondent l'essence même de la constitution. Il s'agit, notamment, des mécanismes d'organisation, d'attribution, de gestion et de transmission du pouvoir au sein d'un État. Godefroy MOYEN écrit, à cet effet, que *« les accords de sortie de crise conclus en Afrique portent principalement sur le partage du*

---

[298] J. L. ATANGANA, « Les accords de paix dans l'ordre juridique interne en Afrique », *RRJ*, 2008-3, p. 1723.
[299] SIDI SADY, *La résolution des conflits en Afrique*, Thèse de doctorat d'Etat en sciences politiques, université Cheikh Anta Diop de Dakar, 2003, p. 281.
[300] A. KPODAR, « Bilan sur un demi-siècle de constitutionnalisme en Afrique noire francophone », *Afrilex*, janvier 2013, p. 18.
[301] F. J. AÎVO, « La crise de la normativité constitutionnelle en Afrique »,op. cit., p. 178.

pouvoir et son aménagement »[302]. Il est donc question, avant tout, des *« accords politiques à contenu juridique »*[303] entre les différents acteurs impliqués dans une crise profonde en vue du partage du pouvoir (1). De ce fait, ces accords politiques traduisent une déconstitutionnalisation manifeste (2).

1- Un compromis politique sur le partage du pouvoir

Les accords politiques ont pour finalité l'adoption des mesures consensuelles entre acteurs politiques pour permettre de juguler des crises internes. Ces crises naissent, presque toujours, autour de l'application des dispositions constitutionnelles relatives à l'exercice du pouvoir d'État. L'arrangement politique envisagé par les accords politiques vise essentiellement l'aménagement institutionnel et le partage du pouvoir. Il en découle « *une remise en question des compétences constitutionnalisées et une redistribution de ces dernières »*[304] entre les acteurs de la crise politique.
Au Congo-Brazzaville, la crise postélectorale de 1992 est intervenue à la suite d'une alternance à la tête de l'État entre les présidents Denis SASSOU NGUESSO et Pascal LISSOUBA. Les difficultés nées de la désignation d'un Premier ministre, après un changement de majorité intervenu à l'Assemblée nationale, ont débouché sur la motion de censure et la dissolution de l'Assemblée nationale. Les élections législatives anticipées ont été contestées par les différents acteurs politiques. Il s'en est suivi plusieurs accords mettant en veilleuse la constitution de mars 1992. Un premier accord a permis de procéder au partage du pouvoir entre acteurs politiques. En effet, l'accord URD-PCT-Apparentés et Mouvance présidentielle du 3 décembre 1992 énonce un ensemble de dispositions dérogatoires à la constitution dans la volonté politique de contenter tous les acteurs politiques, voire la société civile. S'agissant du Gouvernement, alors que la constitution dispose à son article 75 que « *le Président de la République nomme le Premier ministre issu de la majorité parlementaire à l'Assemblée nationale... il nomme les autres membres du Gouvernement...* » L'article 2 de l'accord de sortie de crise dispose que *« Monsieur le Président de la République, après consultation des deux parties, nommera un Premier ministre, chef du Gouvernement ».* L'article 4 précise que *« la représentation des deux parties au Gouvernement se fera suivant les proportions suivantes:*

- *60% URD-PCT et apparentés ;*

[302]G. MOYEN, « Les accords de sortie de crises politiques et constitutionnelles en Afrique : les cas de la République du Congo et de la Côte d'Ivoire », *EDJA*, n°89 janvier-février-mars 2011 p. 37.
[303] J. du Bois de GAUDUSSON, « L'accord de Linas Marcoussis entre droit et politique », *Afrique contemporaine*, 2003, p. 42.
[304] J. du Bois de GAUDUSSON, « L'accord Linas Marcoussis, entre droit et politique », op. cit. pp. 43 et s.

- *40% Mouvance présidentielle.*

Les deux parties conviennent d'élargir le Gouvernement aux autres formations politiques et à la société civile »[305].

Dans la sous-région de l'Afrique au sud du Sahara, les exemples de la République démocratique du Congo (RDC) et de la Côte d'Ivoire ont bien marqué les esprits en matière d'accords politiques de sortie de crises.

En RDC, les différents points qui ont constitué le compromis entre les acteurs politiques ont inspiré la rédaction et l'adoption par ceux-ci d'une constitution de transition octroyée par la classe politique le 6 mars 2003 à Pretoria[306]. Le partage du pouvoir issu de cet accord ne se rattache nullement à la typologie classique des régimes politiques[307]. L'originalité a consisté au partage du pouvoir, entre les différents protagonistes, à tous les niveaux de l'appareil d'État.[308] Les institutions prévues par cet accord étaient notamment le Président de la République, les quatre vice-présidents, le Gouvernement, l'Assemblée nationale, le Sénat, les Cours et tribunaux, la Commission électorale indépendante, l'Observatoire national des droits de l'Homme, la Haute autorité des médias, la Commission vérité et réconciliation.[309]

En Côte d'Ivoire, la constitution du 23 juillet 2000 est restée en vigueur, en dépit de la signature des accords de Linas Marcoussis du 24 janvier 2003 et de Ouagadougou du 4 mars 2007. Sa mise en œuvre a été simplement altérée par l'application des accords qui visent la sortie de crise[310]. L'accord de Linas Marcoussis surprend à plus d'un titre. Parmi les questions traitées par cet accord, il y a celle relative à la nationalité qui a été à l'origine de la crise. Cet accord a formulé, sur ce point précis, des recommandations visant à débloquer le processus de naturalisation et d'identification et à donner des garanties aux étrangers. Une autre innovation de l'accord a été le retrait au Président de la République du pouvoir de choisir et de révoquer, de façon discrétionnaire, le Premier ministre. En effet, l'article 3 c de cet accord dispose : *« le Gouvernement de réconciliation nationale sera dirigé par un Premier ministre de consensus qui restera en place jusqu'à la prochaine*

---

[305] Calixte. BANIAFOUNA, *Congo démocratie, les références*, Volume 2, l'Harmattan 1995, p. 189

[306] Sur ces accords, voir Jean du Bois. de GAUDUSSON, « L'argument constitutionnel dans les médiations », in J. P. VETTOVAGLIA, J. du Bois de GAUDUSSON, A. BOURGUI, C.DESOUCHES, J. MAILA, J. H. SADA et A. SALIFOU (dir). *Médiation et facilitation dans l'espace francophone,* Tome II, Bruylant, 2010, p. 691-695.

[307] L'un des points d'originalité concerne la structure du pouvoir exécutif qui consacre une séparation entre le domaine présidentiel composé d'un président et de quatre vice-présidents et un domaine gouvernemental.

[308] Conformément à l'annexe I de l'accord global et inclusif du 6 mars 2003.

[309] Voir sur cet accord, G. MOYEN, op. cit. p. 7 et suiv.

[310] G. MOYEN, « Les accords de sortie de crises politiques et constitutionnelles en Afrique : les cas de la République démocratique du Congo et de la Côte d'Ivoire », article cité, p. 13.

élection présidentielle »[311]. Dans ce cas, contrairement à l'esprit de la constitution du 23 juillet 2000 qui consacre un poste de Premier ministre nommé et révocable par le Président de la République, *« le destin du Premier ministre (...) ne se trouve plus entre les mains du chef de l'État »*[312]. On peut, également, évoquer les cas du Burundi et du Zimbabwe. Au Burundi, les accords d'Arusha pour la paix et la réconciliation avaient permis d'effectuer un partage du pouvoir entre les différents acteurs. Il prévoyait que *« le Gouvernement est ouvert à toutes les composantes ethniques. Il comprend au plus 60% de ministres et vice-ministres Hutu et au plus 40% de ministres et de vice-ministres Tutsi. Il est assuré un minimum de 30% de femmes ».* Ce pays avait déjà connu, en avril 2003, une rotation à la tête de l'État, sans élection, entre Pierre BUYOYA et Domitien NDAYIZEYE, dans le cadre d'un compromis politique. Au Zimbabwe, l'accord politique de septembre 2008 a créé un poste de Premier ministre attribué à M. MORGAN TSVANGIRAI, opposé au Président MUGABE dans la crise postélectorale.
Comme on peut le constater, de par leur force exécutoire *inopinée*, les accords politiques de sortie de crise participent d'une déconstitutionnalisation manifeste.

2- Une déconstitutionnalisation évidente

La portée des accords politiques de sortie de crise introduit en droit constitutionnel aussi bien la question de leur place au sein de la hiérarchie des normes que celle de leur opportunité. Leur vocation à primer sur la constitution[313] s'accommode mal au postulat que la constitution est la norme fondamentale au sein d'un État. En effet, il est apparu, en pratique, que les accords politiques sont exécutoires *illico presto* dès leur adoption et que la constitution en vigueur, si elle n'est pas abrogée, est mise en veilleuse, notamment en ce qui concerne les dispositions supposées être à l'origine des crises[314]. Cette pratique illustre une remise en cause du nouveau constitutionnalisme africain par l'éveil des arrangements politiques *« qui deviennent le véritable fondement de l'État, remplaçant ainsi la constitution*

---

[311] Voir F. WODIE, « L'esprit et la lettre de l'accord de Linas Marcoussis, contribution au colloque international accord de Linas Marcoussis : paix et stabilité en Côte d'Ivoire », p. 5. ; F. MELEDJE DJEDJRO, « Le système politique ivoirien dans la géopolitique ouest-africaine », *RDP*, 2006. M. GALY, « Qui gouverne la Côte d'Ivoire ? Internationalisation d'une crise politico-militaire », *Politique étrangère*, n°4, 2005.

[312] A. CLAISSE, *Le Premier ministre de la Vème République*, Paris, LGDJ, 1972, p. 55.

[313] Voir sur cette question, J. L. ATANGANA AMOUGOU, « Les accords de paix dans l'ordre juridique interne en Afrique », p. cit. pp. 1723 et suiv.

[314] C'est notamment le cas ivoirien où la constitution a survécu aux accords de sortie de crise qui, par contre, ont mis en veilleuse la constitution sur les points qui ont été à l'origine de la crise.

dans le rôle qu'on lui prête traditionnellement... »[315] Encore faut-il reconnaître que « *les accords politiques deviennent, par la même occasion, la véritable source de l'exercice du pouvoir d'État »*[316]. Ils participent de ce point de vue de la déconstitutionnalisation et de la consécration des dispositions de compromis politiques à valeur constitutionnelle.
L'accord de Libreville consécutif à la crise du Congo-Brazzaville de 1992 a mis en place un collège arbitral pour l'examen du contentieux électoral, en lieu et place des institutions constitutionnelles, pourtant toujours en vigueur.
Dans le même sens, l'accord de Linas Marcoussis, relatif à la crise ivoirienne, a consacré des conditions plus souples d'éligibilité à la présidence ivoirienne que celles édictées par l'article 35 de la constitution[317].
On ne peut manquer de relever que cette entreprise de déconstitutionnalisation intrinsèque par le fait politique trouve dans certains cas une caution de la communauté internationale. Cette caution, qui se traduit par l'implication de la communauté internationale au processus de négociation et de signature des accords, confère une dimension multipartite, voire internationale à l'accord ainsi adopté. Elle est de nature à renforcer l'autorité des conventions politiques au détriment du droit.
Au Congo-Brazzaville, les négociations pour le règlement de la crise politique ont été l'œuvre du Président El Hadj Omar BONGO ONDIMBA, Président de la République gabonaise, Médiateur international[318]. L'accord définitif sur cette crise a été signé par les protagonistes eux-mêmes, par le Médiateur international et les représentants des organismes du système des Nations-Unies.[319] Cette tendance exprime une internationalisation des arrangements politiques de nature à amorcer la consécration d'une supra-constitutionnalité sous le paravent de la communauté internationale.
Quoi qu'il en soit, *« la conception normative de la constitution interdit l'existence dans l'État, en dehors de la norme fondamentale de toute autre règle qui viendrait la concurrencer en matière d'organisation des institutions constitutionnelles »*[320]. On peut penser que cette conception normative n'est fondée que dans une représentation théorique. Tant il est vrai, les normes constitutionnelles sont parfois, dans la pratique, mises en veilleuse par les accords politiques dont la portée est limitée dans le temps.

---

[315] P. MAMBO, « Les rapports entre la constitution et les accords politiques dans les Etats africains : réflexions sur la légalité constitutionnelle en période de crise », http:id.erudit.org/1013034ar
[316] Paterne MAMBO, op. cit.
[317] J. du Bois de GAUDUSSON, « L'accord de Linas Marcoussis, entre droit et politique », op. cit. p. 55.
[318] E. MBOKOLO, *Les médiations africaines, Omar BONGO et les défis diplomatiques d'un continent*, L'Archipel, 2009.
[319] C. BANIAFOUNA, *Congo démocratie, les références*, Volume 2, L'Harmattan, 1995, p. 240.
[320] A. KPODAR, « Bilan sur un demi-siècle de constitutionnalisme en Afrique noire francophone », op. cit, p.19.

B- Un compromis politique à portée limitée

L'accord politique de sortie de crise se particularise par la limitation de son objet à la résolution d'une crise ponctuelle ou mieux, pour reprendre l'expression d'Adama KPODAR, « *de réadapter le fonctionnement des institutions aux intérêts des forces en présence* » à l'occasion d'une crise. Il s'ensuit que les accords politiques ne peuvent prétendre à la permanence indéfiniment encore moins à la pérennité. Ils ont une portée limitée dans le temps (2) et sont constitutifs d'une normativité éphémère (1).

1- Une normativité circonstancielle

Avec les accords politiques, on observe *« le gel partiel de la constitution et le triomphe du compromis politique dont les dispositions sont substituées à la norme fondamentale »*[321].

Au Congo-Brazzaville, sous l'empire de la constitution de 1992, l'accord politique n'est pas parvenu à l'abrogation de la constitution. Son dispositif ne renfermait, en réalité, que des mesures provisoires dont le terme de la période exécutoire consacrait le retour à la légalité constitutionnelle. Ainsi, la constitution du 15 mars 1992 a été réactivée au lendemain des élections législatives qui ont permis de constater une majorité parlementaire de laquelle devait être issu le Premier ministre. En effet, la cause de la crise politique étant la contestation des résultats des élections législatives anticipées, la résolution de cette crise par l'organisation de nouvelles élections sous la supervision d'un collège arbitral international, dont les résultats ont été acceptés par toutes les parties prenantes, justifiait la fin de la période d'application de l'accord politique et le retour à la légalité constitutionnelle.

Cette réalité est des plus étonnantes en ce qu'elle introduit dans la pratique une normativité conjoncturelle essentiellement destinée à régir une période précise. Le caractère permanent de la norme constitutionnelle trouve, ici, une limite qui fait que la volonté du souverain primaire se trouve subrogée par un compromis *sui generis*.

Il est pourtant évident que la permanence de la constitution a pour corollaire sa stabilité qui est déduite de la volonté souveraine du peuple à mettre en place des dispositions destinées à s'appliquer de façon non seulement impersonnelle mais également ininterrompue. De ce point de vue, *« les accords politiques ne sauraient prétendre à la pérennité ou à l'éternité. Leur existence est passagère et on comprend que la fin de la crise annonce généralement leur inapplication pour l'avenir... la suprématie constitutionnelle redevient un principe et non une exception »*[322].

---

[321] F.J. AIVO, « La crise de la normativité de la constitution en Afrique », op. cit. p. 178.
[322] P. MAMBO, idem.

En tout état de cause, les accords politiques de sortie de crise représentent une entrave à l'expression de la permanence et de la suprématie de la constitution même s'ils ont une portée limitée et consacrent, à terme, le retour à la légalité constitutionnelle.

2- Des dispositions à portée limitée

L'originalité dans le processus de gestion des crises, par l'adoption des accords politiques, réside essentiellement dans la vocation de la constitution en vigueur à survivre, même si son application est momentanément altérée.[323] Avec les accords politiques, on se trouve, en réalité, devant une situation temporaire : soit la constitution en vigueur cohabite avec les dispositions de l'accord qui, en toute évidence, lui sont contradictoires et sont revêtues d'un caractère supérieur à la norme constitutionnelle, soit il n'y a pas de constitution en vigueur et l'accord politique a vocation à servir de norme fondamentale.

Dans un cas, comme dans un autre, l'accord politique est dénué de tout caractère normatif entendu comme disposition susceptible d'être revendiquée ou citée devant une instance juridictionnelle. Sa portée demeure politique et couvre l'arrangement obtenu entre acteurs politiques.

De même, l'accord politique ne peut pas parvenir à supplanter une disposition constitutionnelle. Bien au contraire, sa prise en compte pour l'avenir ne peut se faire que par son intégration au corpus de la constitution au moyen de la révision constitutionnelle,[324] ce qui réaffirme l'autorité suprême de la constitution.

À l'évidence, la valeur de la norme constitutionnelle tient à la solennité avec laquelle elle est créée d'une part, et à sa stabilité, d'autre part. En effet, les procédés démocratiques par lesquels la norme constitutionnelle est produite sont la condition d'une manifestation effective de son autorité. Il faut, pour cela, l'onction populaire sur le processus qui aboutit à l'adoption de celle-ci, voire à son adaptation régulière. Il faut, également, que la sécurité de la norme constitutionnelle ne soit pas perturbée par une évolution en *dents de scie* qui s'accommode aux périodes de *reflux* ou de *rebours* car le constitutionnalisme se conçoit mieux dans une linéarité du cycle que dans une discontinuité déconcertante. L'expérience des États d'Afrique noire francophone, depuis 1990, met en exergue une faiblesse dans l'affirmation de la suprématie constitutionnelle. Ce qui fait dire à certains auteurs comme

---

[323] G. MOYEN op. cit, p. 11

[324] C'est par ce mécanisme, par exemple, que les dispositions de la convention signée entre les protagonistes de la crise zimbabwéenne de septembre 2008 qui prévoyaient la création d'un poste de Premier ministre, ont pu être intégrées à la constitution.
Il en a été de même pour l'application des dispositions afférentes à la prise en compte des groupes ethniques et des partis politiques minoritaires dans la gestion du pouvoir d'Etat au Burundi.

Théodore HOLO[325], André CABANIS et Michel Louis MARTIN[326] que l'architecture constitutionnelle des années 1990 n'était que de la poudre aux yeux. L'expression est certes forte, mais il n'en demeure pas moins que nombre de principes issus de la théorie constitutionnelle connaissent une pratique relative dans les États d'Afrique noire francophone qui n'a pour équivalent que la remise en cause de la légitimité démocratique.

---

[325] T. HOLO, « Démocratie revitalisée ou démocratie émasculée ? Les constitutions du renouveau démocratique dans les Etats de l'espace francophone africain : régime juridique et système politique », pp. 17-41.

[326] A. CABANIS, et M. L. Martin,« La pérennisation du chef de l'Etat : l'enjeu actuel pour les constitutions d'Afrique francophone », op. cit. pp. 349-380.

Chapitre II : La compromission de la légitimité démocratique

La démocratie représentative repose sur la souveraineté nationale qui habilite le peuple à choisir librement ses dirigeants et à ne pas les maintenir au pouvoir à l'expiration de leur mandat.[327] C'est à cet effet que nombre de constitutions adoptées par les États d'Afrique noire francophone ont, dans une formule empruntée vraisemblablement à l'article 3 de la constitution française de 1958, affirmé que *« la souveraineté nationale appartient au peuple qui l'exerce par ses représentants ou par voie de référendum »*[328] En rapport avec cette disposition, ces Etats ont consacré la légitimité démocratique et fait de l'élection le mode exclusif d'accès au pouvoir. Mais, l'engouement suscité par ce ralliement aux standards démocratiques n'a tenu, en réalité, que le temps du succès des premières élections de l'ère démocratique dans certains États. Avec le recul du temps, il semble que la légitimité démocratique est soumise à l'épreuve de sa consistance. D'une part, le système représentatif connaît une crise qui entame sa crédibilité (section1) et, d'autre part, les contre-pouvoirs ont du mal à s'affirmer (section 2).

Section 1 : Le discrédit du système représentatif

En principe, des élections disputées sont organisées à intervalles réguliers pour asseoir la confiance entre gouvernants et gouvernés[329], de sorte que *« les gouvernants ne se sentent pas trop indépendants des gouvernés et que la représentation des seconds par les premiers soit toujours maintenue »*[330]. Ainsi, la tradition démocratique se caractérise par l'organisation des élections concurrentielles, ouvertes, transparentes, justes et crédibles[331]. Elles sont devenues, en même temps, « *un rite* »[332] et l'un des traits structurels des régimes démocratiques[333]. La crédibilité des élections, qui conditionne la fiabilité du système représentatif, est l'un des défis auxquels les États

327 M. DUVERGER, *Institutions politiques et droit constitutionnel*, PUF, 17ème éd., décembre 1988, p. 81.

328 L'article 3 de la constitution de la République française dispose que « La souveraineté nationale appartient au peuple qui l'exerce par ses représentants ou par la voie du referendum».

329 D. F. MELEDJE, « Le contentieux électoral en Afrique », *Pouvoirs*, n°129, pp. 129-155.

330 L. G. BITJOCA, « L'élection comme mode de (ré)fondation du pouvoir d'Etat en Afrique », *Droit sénégalais*, n°9, pp. 145-146.

331 L. G. AFO SABI, *La transparence des élections en droit public africain, à partir des cas béninois, sénégalais et togolais*, Thèse de doctorat en droit, Université Montesquieu Bordeaux IV, mars 2013.

332 P. ARDANT, « Institutions politiques et droit constitutionnel » op. cit. p. 185.

333 R. ARON, *Les désillusions du progrès*. Calmann-Lévy, Paris, 1966, p. 66.

d'Afrique noire francophone sont confrontés. Pourtant, il importe que « *les élections gagnent en crédibilité et* [demeurent] *des moments propices de jouissance de la souveraineté »*[334]. Pour ce faire, il est essentiel que les règles du jeu électoral, élaborées et adoptées suivant les procédures en vigueur, dans chaque État, soient respectées. En Afrique noire francophone, ces règles ont été édictées depuis l'ouverture des États à la démocratie pluraliste. Elles ont été progressivement améliorées, sous le poids des revendications des acteurs politiques et de la société civile. Mais, l'observation scrupuleuse de celles-ci demeure un sujet à caution. En effet, sans verser dans un pessimisme extrême, on peut constater la relativité de la sincérité du système représentatif du fait des controverses qui sont observées sur le processus électoral (paragraphe1) et la problématique de l'alternance au pouvoir (paragraphe 2).

Paragraphe 1 : Les faiblesses du processus électoral

Le processus de démocratisation engagé autour des années 1990 poursuivait, entre autres, pour objectif, l'institutionnalisation de l'élection comme forme d'expression du pluralisme politique et modalité pratique de mise en œuvre de la démocratie représentative. La consécration des élections concurrentielles a été, ainsi, un gage de cristallisation du nouveau constitutionnalisme africain qui avait aussi pour finalité de placer le peuple au centre du processus de désignation des gouvernants et de détermination des règles du vivre-ensemble. Cependant, si l'affirmation des principes démocratiques a constitué un repère essentiel, du fait de la réussite de la mutation du monopartisme à la démocratie pluraliste, notamment par la tenue des premières élections disputées dans certains États, il s'en est allé autrement dans d'autres. En effet, de manière quasi systématique, les élections sont toujours contestées par les vaincus sous prétexte que le processus électoral présente des insuffisances diverses attribuées le plus souvent à l'imperfection de l'organisation et partant à une faible capitalisation des expériences des commissions électorales[335] mises en place autour des années 1990. Cet état de fait traduit un renoncement saugrenu à la culture électorale dont les pratiques sont universellement partagées et dédramatise les vertus de la compétition électorale qui, comme le souligne Babacar GUEYE, *« fonde la démocratie représentative et légitime à elle seule le pouvoir »*[336]. En effet, les contestations et les appels au boycott sont caractéristiques des élections africaines au point où il est devenu familier de conclure à l'imperfection des élections, en Afrique noire francophone, du

[334] C. G. EWANGUI, *Démocratie et élections en Afrique*, l'Harmattan-Congo, 2014, p. 77.
[335] B. GUEYE, « L'instabilité institutionnelle en Afrique », op. cit. p. 145.
[336] B. GUEYE, « La démocratie en Afrique : succès et résistances », op. cit. p. 14.

fait des doutes qui affectent, notamment, le cadre institutionnel (A) et les conditions de participation (B).

A- Un cadre institutionnel redouté ?

Dans les États d'Afrique noire francophone qui ont connu les conférences nationales, à l'instar du Bénin et du Congo-Brazzaville, l'expérience des premières élections de l'heure du renouveau démocratique a suscité beaucoup d'espoir en considérant le consensus autour des résultats et surtout l'acceptation de ceux-ci par les candidats vaincus en dépit du niveau parfois dérisoire de l'organisation. Mais, ce présage n'a duré que le temps de ces premières élections. Le constat fait, au cours des élections suivantes, permet de poser la question de la neutralité des commissions d'organisation des élections (1) et de l'impartialité de l'administration électorale (2).

1- La problématique de la neutralité des commissions électorales

L'enjeu du cadre institutionnel est déterminant pour l'organisation et la tenue des élections. Sa composition et son indépendance sont autant de critères qui déterminent la crédibilité des élections. En effet, la crédibilité d'une élection tient en grande partie à l'acceptation, dès le départ, du cadre d'organisation de celle-ci par les différents acteurs. Or, en Afrique noire francophone, les commissions électorales font l'objet de vives contestations, par les acteurs politiques, surtout de l'opposition et la société civile. Cette situation a pour conséquence la revendication des organes impartiaux qui assureraient l'organisation des scrutins crédibles, en toute impartialité.
Au Sénégal, par exemple, la création, en 1997, de l'Observatoire national des élections (ONEL) faisait suite à l'incrimination des gouvernants tenus pour responsables des manipulations du processus électoral. Cet organe a organisé l'élection présidentielle qui a permis la réalisation de la première alternance démocratique au Sénégal. Mais, encore faut-il dire que, si l'avènement de l'ONEL a été vivement salué et son indépendance acceptée, sa remise en cause ne s'est pas fait attendre. Les partis politiques d'opposition et la société civile ne se sont pas résignés à exiger plus de transparence.[337]
Au Congo-Brazzaville, le cadre institutionnel d'organisation des élections a connu une évolution encadrée par des consensus réguliers au sein de la classe politique. Diverses concertations à l'initiative du Gouvernement se tiennent régulièrement entre les différents acteurs politiques, incluant également la société civile, pour prendre en compte les revendications et les représentants des uns et des autres par l'organe en charge de l'organisation consensuelle des élections. Mais, toutes ces précautions n'ont jamais été

[337] B. GUEYE, « L'instabilité institutionnelle en Afrique », op. cit. p. 143.

suffisantes pour l'opposition qui, à l'orée de chaque scrutin, réclame sans cesse plus de transparence.
C'est presque devenu un rituel que de réclamer la fiabilité du cadre d'organisation des élections pour une grande partie de l'opposition. Ainsi, en dépit des dispositions arrêtées et mises en œuvre de concert par les acteurs politiques, un collectif des partis politiques d'opposition n'a pas manqué de réaffirmer dans une déclaration que *« les élections locales de 2013 et l'élection présidentielle de 2016, ne peuvent avoir lieu que si et seulement si les conditions de transparence et d'équité sont réunies, ce qui suppose l'abrogation de la loi électorale actuelle et l'adoption d'une nouvelle loi confiant l'organisation des élections à une Commission électorale paritaire et véritablement indépendante, remplaçante de l'actuelle Commission nationale des élections (CONEL) qui obéit au pouvoir »*[338]. Cette revendication de l'opposition est restée constante malgré sa prise en compte dans les évolutions remarquables de la gouvernance électorale.
L'observation faite sur les commissions électorales vaut pour l'administration électorale dont l'impartialité est toujours redoutée par les oppositions politiques.

2- L'impartialité de l'administration électorale

L'administration électorale est assurée de façon pérenne par le Gouvernement, à travers les ministères en charge de l'Administration du territoire.[339] Cette administration joue un rôle très important sur l'ensemble du processus électoral à travers des tâches expressément confiées par les lois et règlements de chaque État. Nombre d'activités pré-électorales sont sous sa direction, notamment l'établissement et la révision des listes électorales, la tenue des fichiers électoraux, l'organisation et le suivi de la distribution des cartes d'électeurs, l'impression des bulletins de vote, le déploiement du personnel électoral. Ces opérations, comme on peut le remarquer, constituent des déterminants essentiels pour les élections. Les conditions de leur réalisation impactent nécessairement le déroulement des scrutins. L'accomplissement de ces activités par le Gouvernement entre dans le cadre de ses missions régaliennes. Mais, les imperfections observées dans le processus d'organisation des élections disputées, dans chaque État, laissent entrevoir un doute sur l'impartialité de l'administration électorale telle que perçue par certains acteurs politiques, particulièrement ceux de l'opposition. Pour ces derniers, en effet, une administration électorale placée sous l'autorité d'une majorité au pouvoir, partie prenante aux différentes

[338] Journal Afrique éducation, n°371-372, www.afriqueeducation.com.
[339] Dans les Etats d'Afrique noire francophone, ces ministères sont familièrement appelés ministère de l'Intérieur. On y ajoute parfois la décentralisation ou l'administration du territoire.

élections, n'exclut pas toute possibilité de fraude. Cet état d'esprit est sûrement suscité par la présence au sein des administrations des cadres qui ne doivent leurs positions administratives qu'au fait politique. D'ailleurs, l'ex-Président congolais, Pascal LISSOUBA ne disait-il pas qu' *« on n'organise pas les élections pour les perdre »*[340]. Pourtant, il arrive qu'une majorité au pouvoir perde des élections qu'elle a organisées comme au Sénégal et au Bénin.

En pratique, la question de la neutralité de l'administration électorale cache mal la mauvaise foi de certains acteurs comme le témoignent les récriminations systématiques qui sont formulées après chaque scrutin contre elle, sans fondement parfois, et dont la prise en compte ne peut modifier l'issue du scrutin. Ces récriminations n'épargnent pas, en règle générale, les conditions de participation aux élections.

B- La discrédibilisation des processus électoraux

Le succès du processus électoral suppose l'effectivité de la participation citoyenne (1) et la mise en œuvre des conditions d'une compétition concurrentielle (2).

1- La difficile maîtrise du corps électoral

La participation citoyenne fonde la démocratie représentative en ce que la légitimité des gouvernants est nécessairement le reflet de la représentation de tout le peuple et non d'une partie du peuple. Aussi la subsistance de certains facteurs susceptibles de limiter l'effectivité de la participation des citoyens au processus électoral est-elle de nature à compromettre l'ancrage de certains acquis du nouveau constitutionnalisme africain. De manière générale, cette remise en cause s'exprime par des irrégularités, parfois observées sur le processus électoral, qui aboutissent à fausser les objectifs du vote qui n'exprime plus, dans ces conditions, le choix de toute la collectivité, mais celui d'une partie de la collectivité. En pratique, certains faits concourent à l'affirmation de cette tendance, notamment le récurrent problème de la maîtrise du corps électoral. En effet, la maîtrise du fichier des personnes habilitées à voter est l'une des préoccupations fondamentales encore évoquées dans la plupart des États et qui affecteraient de bout en bout le processus électoral. Ainsi, dans la plupart des États d'Afrique noire francophone, à aucun scrutin, il n'a été rapporté que le fichier électoral était sincère et que certaines opérations pré-électorales se sont déroulées de façon régulière. Les omissions de noms sur les listes électorales et la mauvaise

[340] Cité par M.R. GALOY et M.E. GRUENAIS, « Errements des démocraties balbutiantes. Des dictateurs sortis des urnes », *Le monde diplomatique, novembre*, 1997, p. 12.

répartition des cartes électorales appartiennent au lot commun des irrégularités signalées à cet effet.

La distribution des cartes d'électeurs qui s'ensuit reflète des dysfonctionnements similaires. Il n'est pas, en effet, rare de constater que certains électeurs inscrits sur les listes électorales ne soient pas en possession de leurs cartes d'électeurs le jour du vote. Cette situation se solde souvent par l'impossibilité, pour un grand nombre d'électeurs, de voter le jour du scrutin. Elle favorise la constitution d'une opinion entretenue par les oppositions politiques sur l'administration électorale qualifiée de partisane ou des commissions électorales nationales supposées être instrumentalisées.[341] Devant de telles manifestations, il est évident que la participation de tous les électeurs potentiels est hypothétique puisque l'accès au bureau de vote, pour certains électeurs, pose problème et les conditions requises pour la participation de l'ensemble des électeurs au vote sont, assez souvent, diversement appliquées d'une circonscription à une autre, voire d'un bureau de vote à un autre. Ici, l'inscription sur la liste électorale et la présentation d'une pièce d'identité suffisent alors que là, en dehors de l'inscription sur la liste électorale, il faut absolument une carte d'électeur et une pièce d'identité. Un peu plus loin encore, l'on peut être autorisé à voter avec un acte de naissance ou le témoignage d'autres électeurs.

Dans les Etats comme le Congo-Brazzaville où les structures qui assurent l'organisation des élections sont paritaires (impliquant la majorité au pouvoir, l'opposition, les partis du centre et la société civile), ce sont les acteurs électoraux, tous sans distinction d'obédience, qui en sont responsables. Ainsi, les omissions sur les listes électorales, la mauvaise répartition des cartes d'électeurs ou encore l'application des conditions de participation au vote ne sont pas forcément orientées vers une catégorie précise d'électeurs ou de circonscriptions électorales choisies d'avance. Généralement, tous attribuent ces manquements aux difficultés matérielles qui affectent l'organisation des élections que tous les acteurs assument collégialement.

2- La fragilisation des conditions de participation

La démocratie pluraliste suppose l'existence des organisations politiques distinctes les unes des autres et des options diversifiées que ces organisations offrent aux électeurs au moment des élections. Pour parvenir à assurer l'effectivité des élections qui mettent en compétition ces organisations et ces options concurrentielles, les États modernes organisent les différentes activités en veillant au respect d'un ensemble de principes contenus dans la constitution, la loi électorale ou d'autres documents connexes.

---

[341] DODZI KOKOROKO. « Les élections disputées : réussites et échecs », op. cit. p. 119.

En ce qui concerne les acteurs, partis et organisations participant aux élections, le principe de l'égalité de tous devant la loi est de mise. De la sorte, les dispositions qui régissent les élections, impersonnelles par principe, devraient être interprétées de la même façon pour tous. Cependant, les prescriptions en la matière laissent à désirer dans certains États. En effet, certaines dispositions sont incluses dans le corps de la constitution ou de la loi électorale à l'effet de dissuader certaines candidatures. Par exemple, la formulation de l'article 49 du code électoral ivoirien sur le concept *« d'ivoirité »* destiné à écarter l'ancien Premier ministre Alassane OUATTARA n'a pas manqué d'inspirer certains constituants africains.[342] Au Gabon, pareille disposition est prévue en ce qui concerne, notamment, la nationalité. Ainsi, nul ne peut être candidat à la magistrature suprême s'il n'est gabonais de naissance. Il ne peut l'être que dans le cas d'une acquisition de nationalité, à partir de la quatrième génération.[343]Au Togo, la constitution de 1992 a été révisée par la loi constitutionnelle du 7 février 2003 pour constitutionnaliser une condition nouvelle de candidature à l'élection présidentielle : l'obligation de résidence sur le territoire national. Cette clause avait pour but de dissuader la candidature de Gil Christ OLYMPIO, en exil depuis des années. Ces manèges représentent des entraves à l'expression de la liberté de candidature et ne favorisent pas une meilleure expression de la diversité politique, fondement du multipartisme.
Il en résulte que la régularité des élections est essentielle pour la vitalité de la démocratie. L'observation de celles-ci constituerait un atout pour la structuration des régimes démocratiques en Afrique comme le souligne Raymond ARON pour qui *« les traits structurels des régimes démocratiques sont bien les élections »*[344].

Paragraphe 2 : La relativité des conditions de dévolution du pouvoir

La dévolution démocratique du pouvoir est une tradition démocratique qui postule le renouvellement des élites politiques par la succession des

---

342 L'article 49 du code électoral ivoirien disposait : « nul ne peut être élu Président de la République s'il n'est ivoirien de naissance, né de père et de mère eux-mêmes ivoiriens de naissance. »

343 L'article 58 de la constitution congolaise du 20 janvier 2002 disposait : « nul ne peut être candidat aux fonctions de Président de la République… s'il n'est âgé de quarante ans, au moins, et de soixante-dix ans, au plus; s'il ne réside de façon interrompue sur le territoire national au moment du dépôt de sa candidature depuis au moins vingt-quatre mois. » Ces deux clauses empêchaient aux anciens candidats à l'élection de 1992 d'être candidats car nombreux étaient âgés de plus de soixante-dix ans et d'autres étaient en exil depuis la fin de la guerre civile de 1997.

344 R. ARON, *Les désillusions du progrès,* Paris Calmann-Lévy, Paris, 1966, cité par Abdoul Aziz SOW, « La contribution du juge des élections dans la construction de l'Etat de droit au Sénégal », *Librairie d'études juridiques africaines*, Vol. 12, p. 6.

majorités au pouvoir à intervalles réguliers. Pour Maurice HAURIOU, cet état de fait est la conséquence qu' *« aucun pouvoir n'est véritablement personnel à son détenteur* [...] *que le pouvoir en lui-même est un et continu et qu'il doit passer d'un dépositaire à l'autre en vertu du mode régulier de transmission »*[345]. Elle est, de la sorte, un moyen de répartition des rôles conduisant les acteurs politiques à exercer tantôt le pouvoir tantôt l'opposition.[346] Mais, au résultat, il semble que ce principe a du mal à s'ancrer dans certains États. Le Sénégal et le Congo-Brazzaville ont connu, dans cette optique, deux expériences illustratives. Le Sénégal a réalisé, depuis la consécration effective de la démocratie pluraliste, deux alternances démocratiques. Mais, ces deux alternances n'ont pas été favorisées par le respect de la clause limitative du nombre de mandats expressément prévue par les constitutions de 1963 et de 2001 à cet effet. Le Congo-Brazzaville a connu une alternance démocratique au début de l'ouverture du pays à la démocratie pluraliste et une deuxième alternance à la fin de ce premier mandat démocratique dans un contexte de guerre civile consécutive au non-respect de la durée du mandat présidentiel. Ces deux exemples nous permettent d'examiner successivement la relativité de la clause limitative du nombre de mandats (A) et le déni de la clause limitative de la durée des mandats électifs (B).

A- La relativité de la clause limitative du nombre de mandats présidentiels

En Afrique noire francophone, toutes les constitutions procèdent à la limitation de la durée et du nombre de mandats présidentiels.
Cependant, il est observé une nette relativité dans le respect de la clause limitative du nombre de mandats présidentiels[347]. On peut, en effet, constater que certains États, à l'instar du Gabon, du Cameroun et du Togo ont opté pour des constitutions ouvertes sur le nombre de mandats présidentiels[348]. D'autres, par contre, jetant l'anathème sur la circonscription du décompte du nombre de mandats et articulant des interprétations nuancées de la constitution, sont parvenus à gagner la bienveillance du juge constitutionnel pour briguer des mandats en sus de la limite constitutionnellement fixée.[349]

---

[345] M. HAURIOU, *Droit constitutionnel.* 2ème édition, réimp de l'édition de 1929, Paris, Dalloz, 2014, p. 21.

[346] J. L. QUERMONNE, *Les régimes politiques occidentaux*, Paris, Seuil, 1986, p.16.

[347] Voir sur cette question, A. LOADA, « La limitation du nombre de mandats présidentiels en Afrique francophone », *Revue électronique Afrilex*, 2003, n°3, pp. 139-174.

[348] Ces trois pays n'ont pas connu des alternances au pouvoir. A l'orée de la fin du cycle des deux premiers mandats consécutifs de la période démocratique, la clause limitative du nombre de mandats avait été retirée des constitutions.

[349] Au Sénégal, le Conseil constitutionnel a, par la décision n° E/2012, validé la candidature du président WADE qui avait, pourtant, déjà effectué deux mandats consécutifs.

Dans cet environnement, le Sénégal se particularise par l'indécision de son cadre juridique oscillant entre limitation et non-limitation du nombre de mandats présidentiels. En effet, consacrée par la révision constitutionnelle de 1991[350], la clause relative à la limitation du nombre de mandats présidentiels a été supprimée par la révision constitutionnelle de 1998[351] sous le président Abdou DIOUF avant d'être réintroduite par la constitution du 22 janvier 2001, adoptée après l'alternance intervenue en faveur du président Abdoulaye WADE. L'instabilité de la clause limitative du nombre de mandats au Sénégal appelle deux observations : elle donne la possibilité à ses auteurs de briguer de nouveaux mandats en sus du seuil constitutionnel d'une part (1) et, d'autre part, les deux alternances que le Sénégal a connues ne sont pas la conséquence du respect de ce principe (2).

1- Une mise en œuvre variable

La mise en œuvre de la clause limitative du nombre de mandats à deux a connu une évolution erratique dans plusieurs États d'Afrique noire francophone. En réalité, l'horizon 2000 était le terme des deux mandats consécutifs assumés par les chefs d'État élus au début des années 1990. Ce terme annonçait, de ce fait, la réalisation des alternances régulières dans ces États.

Mais, par une procédure qui s'est répandue par un effet de *contagion,* nombre d'États en sont arrivés à la remettre en cause. Dans un premier cas, lorsque cette clause était simplement supprimée, les présidents en fonction y disposaient de l'assurance de présenter indéfiniment leurs candidatures à la magistrature suprême. Dans un second cas, lorsque cette clause n'était pas prévue par la constitution, comme au Sénégal, avec l'adoption de la constitution de 2001, certains gouvernants la réintroduisaient à la fin du deuxième mandat pour se présenter à un troisième mandat. Dans ce cas précis, la révision constitutionnelle était assortie d'une disposition transitoire indiquant que cette clause ne prenait pas en compte le mandat en cours.[352]

L'expérience du Sénégal est révélatrice de cette pratique. En effet, la révision constitutionnelle entreprise en 1998 au Sénégal avait pour but de permettre une candidature du Président Abdou DIOUF en 2007, c'est-à-dire à la fin de son deuxième mandat consécutif depuis 1993.[353] De même, la réintroduction de la même clause en 2001 permettait de ne pas prendre en compte le mandat en cours du Président WADE. Le décompte de ses mandats consécutifs devant se faire à la fin de son premier septennat, donc à partir de 2007. Ce qui lui a permis de se représenter une troisième fois en

---

[350] Voir JORS, n°5450 du 7 février 1992, p. 41-42.
[351] Voir JORS du 10 octobre 1998 pp. 608-609.
[352] Ce fut le cas au Sénégal sous le Président WADE.
[353] La durée du mandat au Sénégal était de sept ans sous la constitution de 1963.

2012. Cette pratique a fait recette auprès de plusieurs États en Afrique noire francophone.[354]
Les révisions de la clause limitative du nombre des mandats ont également été l'occasion de revaloriser la durée des mandats présidentiels passant le plus souvent de cinq à sept ans. Albert BOURGI souligne, à ce propos, qu' « *au Gabon, au Burkina Faso, au Cameroun, au Sénégal et en Côte d'Ivoire, la constitution a été ainsi remaniée à plusieurs reprises, notamment dans ses dispositions touchant tantôt à la durée du mandat présidentiel (passant le plus souvent de 5 à 7 ans), tantôt au nombre de mandats que le Président de la République peut accomplir...* »[355]
Dans ces conditions, il arrive aussi que les alternances aient lieu, malgré le non-respect de cette clause, par la sanction des urnes.

2- Un recours à l'ultime sanction des urnes

Le Sénégal est l'un des modèles réussis d'alternance régulière à la tête de l'État depuis l'ouverture du pays à la démocratie pluraliste au même titre que le Bénin et le Congo-Brazzaville. Mais, paradoxalement, les alternances au Sénégal ont eu lieu dans un contexte où les présidents avaient projeté des conditions d'une éligibilité en violation du principe de la limitation du nombre de mandats.
Ces alternances sont à l'actif de la démocratie sénégalaise. Mais, elles sont aussi la preuve de l'insuffisante vitalité de celle-ci. En effet, il faut relativiser le succès de ces alternances lorsque l'on sait qu'elles tiennent plus à la victoire des urnes qu'au respect des règles démocratiques sur la temporalité des mandats électifs. Il est évident que le Président DIOUF aurait pu présenter une énième candidature en 2007 si le résultat des élections de 2000 lui avait été favorable. En tout état de cause, rien ne lui aurait empêché de se représenter. Il en va de même du Président WADE qui, avec la bienveillance du Conseil constitutionnel, s'est arrogé la possibilité de se présenter à un mandat supplémentaire au-delà du seuil initialement fixé par la constitution. Toutefois, ses velléités de conduire un autre mandat ont été arrêtées par le sort des urnes qui ont consacré la victoire de son adversaire, le Président MACKY SALL.
L'instabilité des clauses limitatives du nombre de mandats présidentiels s'exprime, parfois, par le non-respect de la clause limitative de la durée des mandats électifs.

[354] Plusieurs Etats ont, en effet, procédé à ces révisions comme le Burkina Faso en 2000, le Cameroun en 2008, le Gabon en 2003, le Tchad en 2005.
[355] A. BOURGUI, « L'évolution du constitutionnalisme en Afrique », op. cit. p. 726.

B- Le déni de la clause limitative de la durée des mandats

La clause limitative de la durée des mandats électifs est un mécanisme d'encadrement de l'exercice du pouvoir dans le temps. Cette limitation fonde le sens de la responsabilité des élus devant le suffrage universel, qui est une exigence de la démocratie représentative. Son respect est une obligation pour les gouvernants car, le principe démocratique recommande que le peuple choisisse, à des intervalles réguliers, ses gouvernants.

La périodicité des consultations électorales est un indice substantiel à l'affirmation de la démocratie. Elle fait obligation aux gouvernants d'organiser des élections pour renouveler les mandats à intervalles réguliers afin d'assurer la vitalité de la démocratie et de l'Etat de droit.[356] Ce principe est, aujourd'hui, universellement admis. Toutes les fonctions électives ne peuvent faire l'objet de légitimité au-delà du temps constitutionnellement imparti qu'à quelques rares exceptions[357], consacrant par exemple la prorogation des mandats (1). Malgré la formulation de cette exigence démocratique, il apparaît que certains gouvernants s'abstiennent à organiser des élections aux termes prévus. Dans ces cas rares, il arrive, parfois, que l'alternance soit assurée par des moyens non démocratiques (2).

1- La prorogation de la durée du mandat présidentiel

La vitalité de la démocratie repose sur le respect de certains critères essentiels dont l'organisation régulière des élections à des échéances préalablement déterminées. On parle ainsi, dans les États modernes, de calendrier électoral. Cependant, il peut arriver que ce calendrier électoral ne soit pas respecté. L'évolution constitutionnelle du Bénin et du Congo-Brazzaville nous offre deux exemples intéressants à ce sujet.

Au Bénin, à la veille du premier tour de l'élection présidentielle de 2011, la commission électorale avait fait des observations importantes sur l'impression de la liste électorale. La prise en compte de celles-ci, par les organisateurs, allait forcément modifier les dates de la tenue de l'élection. Devant cette difficulté réelle, la classe politique avait décidé de saisir le juge constitutionnel à l'effet de repousser la date du scrutin d'une semaine. Dans cette espèce, le juge constitutionnel, s'étant reconnu compétent, avait repoussé la date du scrutin d'une semaine *pour garantir la régularité et l'organisation harmonieuse de l'élection présidentielle.*[358]

Au Congo-Brazzaville, les assises de la Conférence nationale de 1991 ont permis, comme partout ailleurs, de mettre le pays sur la voie de la

---

[356] L. TOUVET et Y. M. DOUBLET, *Droit des élections* ,Paris, Economica, 2007, p. 164.

[357] Ismaila Madior FALL, op. cit. p. 28

[358] Ismaila Madior FALL, « La construction des régimes politiques en Afrique : insuccès et succès », op. cit. p. 28.

démocratie pluraliste avec pour fondement des élections régulières et concurrentielles. La réussite des premières élections organisées en 1992 était un gage de bonne santé pour la démocratie naissante. Mais, l'euphorie suscitée par la vague des élections de 1992 n'a pas résisté à l'épreuve du temps. Le Président démocratiquement élu, Pascal LISSOUBA, n'est pas parvenu à l'organisation des élections de fin de mandat et ce qui aurait dû être une campagne électorale est devenu l'affrontement de deux camps[359]. Finalement, l'alternance s'est réalisée non pas par les urnes, mais par la victoire d'un camp sur l'autre aux termes d'une guerre civile.

2- La dévolution du pouvoir par des moyens non démocratiques

Lorsqu'un pouvoir démocratiquement élu s'établit au-delà de la durée de son mandat et organise par la violence son maintien au pouvoir, la dévolution du pouvoir peut, malheureusement, se faire par des moyens non démocratiques.
La démocratie congolaise a connu, à ses débuts, des balbutiements qui étaient des présages pour un recours à la violence[360] comme nous l'avons souligné ci-dessus. En effet, aux termes du mandat du Président Pascal LISSOUBA, en 1997, aucune disposition n'était prise pour la tenue de l'élection présidentielle. Devant cette impasse, le Président de la République avait installé à la hâte le Conseil constitutionnel prévu par la constitution de 1992 pour qu'il rende une décision cautionnant son maintien en fonction, après la date d'expiration de son mandat.[361] C'est dans ce contexte que la guerre éclate et se solde par un changement en dehors du cadre juridique prévu par la constitution. Il en ressort nettement que la volonté des gouvernants de conserver le pouvoir au-delà du terme prévu était manifeste, la guerre n'est apparue que comme un moyen pour ceux-ci de gagner du temps et de créer les conditions constitutionnelles pour conserver le pouvoir. Dans ce cas précis, la dévolution du pouvoir s'est faite par la violence, puisque les gouvernants au pouvoir ont été les vaincus de la guerre.
Comme il est aisé de le constater, le système représentatif auquel les États d'Afrique noire francophone ont adhéré souffre d'un déficit de crédibilité qui est la conséquence du non-respect des clauses qui organisent l'accès aux fonctions électives. Ainsi, aux faiblesses du processus électoral, maintes fois décriées, s'ajoute parfois une tendance de certains gouvernants à ne pas

---

[359] G. CONAC, « Succès et crises du constitutionnalisme africain », in *Les constitutions africaines publiées en langue française*. Paris, la documentation française, t.2, 1998, p. 14.

[360] C'est sûrement en prévision des troubles à venir que l'UNESCO fit tenir à Brazzaville une médiation en perspectives de la future élection présidentielle. Au cours de cette négociation, le directeur général de l'UNESCO0 a signé avec les acteurs politiques congolais un document supputant la bonne tenue de l'élection présidentielle de juillet 1997. Mais, cette élection n'aura jamais lieu puisque cinq (5) jours après, le pays entrait en guerre civile opposant le Président en exercice à son opposant pressenti.

[361] S. BOLLE, « Des constitutions made in Afrique », op. cit. p. 12.

favoriser le respect des normes qui encadrent l'exercice du pouvoir dans le temps. Tant il est vrai, *« les instrumentalisations politiques et partisanes des règles constitutionnelles faussent le jeu démocratique »*[362]. Dans un tel environnement, les contre-pouvoirs démocratiques sont davantage affaiblis.

Section 2 : L'affaiblissement des contre-pouvoirs

Le fonctionnement efficient de la démocratie repose sur l'entrée en jeu d'un ensemble de mécanismes et d'institutions. La répartition des tâches entre ces différents éléments est un enjeu important pour la vitalité de la démocratie et de l'État de droit; la stabilité institutionnelle et la protection des droits fondamentaux des citoyens en dépendent étroitement. Dans cette perspective, la séparation des pouvoirs a été pensée pour éviter toute confusion pouvant déboucher, *ipso facto,* sur des abus du fait de l'immixtion d'un pouvoir dans le domaine de compétence des autres. Cette répartition des fonctions, pour être effective, nécessite l'existence, en dehors du pouvoir d'État détenu par les gouvernants, d'une organisation institutionnelle dont la vocation est de mettre un barrage aux éventuels abus du pouvoir. En effet, comme le disait si bien Montesquieu, *« tout homme qui a du pouvoir est tenté d'en abuser »* et pour qu'il n'en abuse pas, *« il faut que dans la disposition des choses le pouvoir arrête le pouvoir ».*[363] C'est vraisemblablement l'essence de la limitation organique et fonctionnelle du pouvoir qui ouvre la voie à la mise en place des mécanismes institutionnels de protection. Cette limitation organique et fonctionnelle est, suivant l'évolution actuelle des régimes démocratiques, couplée avec une limitation politique et citoyenne qui a pour fondement la participation des oppositions politiques et des organisations citoyennes à la conduite des affaires publiques.[364] À l'heure actuelle, il semble que la limitation politique et citoyenne du pouvoir soit peu efficace pour deux raisons. D'abord, dans le contexte africain actuel, où les institutions démocratiques sont composées sur la base des compétitions électorales, le multipartisme fait ressortir des dysfonctionnements importants dus, sans nul doute, aux avatars observés dans le système des partis politiques (Paragraphe 1). Ensuite, on observe de véritables faiblesses du côté des oppositions politiques et des organisations citoyennes qui sont probablement à l'origine de leur manque d'entrain (Paragraphe 2).

---

[362] J. du Bois de GAUDUSSON, « Défense et illustration du constitutionnalisme en Afrique après quinze ans de pratique du pouvoir », op. cit. p. 624. .

[363] MONTESQUIEU, *De l'esprit des lois*, tome 2.

[364] A. SECK, *Sénégal, émergence d'une démocratie moderne 1945-2005*, Paris, KARTHALA, 2005, p. 175.

Paragraphe 1 : Les avatars du système des partis

L'existence de partis politiques entrant en compétition pour la conquête du pouvoir, dans le cadre de règles juridiques relativement stables, constitue l'une des caractéristiques fondamentales de la démocratie occidentale[365] à laquelle les États d'Afrique noire francophone ont souscrit, depuis la fin des années 1980. L'ouverture au multipartisme, dans ces États, a été marquée par un engouement important pour la création des partis politiques qui ont planté le décor d'une vitalité politique par l'institutionnalisation des acteurs intervenant dans l'expression de la démocratie. L'institutionnalisation des partis politiques s'est manifestée par leur consécration constitutionnelle et la détermination par la norme constitutionnelle de l'étendue de leurs missions. La reconnaissance des partis politiques est, dorénavant, classée parmi les victoires du nouveau constitutionnalisme africain. Aussi, les constitutions du Bénin, du Congo-Brazzaville et du Sénégal affirment la liberté de création des partis politiques et indiquent qu'ils participent à l'expression du suffrage et à la défense des principes garantissant la démocratie et l'État de droit.[366] Cependant, même dans ces États, l'action des partis politiques est loin de converger avec les attentes. En réalité, les partis politiques, toutes tendances confondues, font montre d'un activisme limité dans l'affermissement de la démocratie et de l'État de droit (A) alors que les majorités politiques au pouvoir ont tendance à se cristalliser davantage (B).

A- L'inefficacité du système des partis

Le rôle des partis politiques est déterminant pour le fonctionnement de la démocratie car ils sont des leviers indispensables à l'expression du pluralisme politique. De ce fait, presque toutes les constitutions, des Etats d'Afrique noire francophone, *« reconnaissent leur rôle essentiel dans le fonctionnement de la démocratie, dans des termes assez proches qui permettent de déduire un fonds de principes communs : affirmation de la fonction des partis dans l'expression du suffrage, liberté de création et de fonctionnement, liberté d'adhésion et exigence du respect des principes démocratiques »*[367]. Mais, entre affirmation et pratique, il semble bien que les écarts sont inestimables. À l'observation, les activités des partis politiques se réduisent à leur participation aux élections; ce qui leur confère

---

[365] Y. MENY et Y. SUREL *Politique comparée, les démocraties : Allemagne, Etats-Unis, France, Grande-Bretagne, Italie*, Paris, Montchrestien, 8ème édition, 2009, p. 65.

[366] Article 5 de la constitution du Bénin : « les partis politiques concourent à l'expression du suffrage. Ils se forment et exercent librement leurs activités dans les conditions déterminées par la charte des partis politiques. Ils doivent respecter les principes de la souveraineté nationale, de la démocratie, de l'intégrité territoriale et la laïcité de l'Etat ».

[367] R. DEBBASCH, *Droit constitutionnel*, Paris, Lexisnexis, 8ème éd., 2012 p. 46.

une vocation essentiellement électoraliste (1). De même, leur implantation géographique se fonde sur l'exploitation des composantes sociologiques (2).

1- Des partis politiques à vocation électoraliste

La réalisation de la démocratie et de l'État de droit exige, entre autres, l'implication des partis politiques dans l'encadrement du peuple pour en faire de vrais citoyens. Dans cette perspective, leur mission est notamment de contribuer, par leurs actions et programmes, à la culture du civisme et à la formulation des projets alternatifs à ceux mis en œuvre par le Gouvernement. Ainsi, les acteurs politiques devraient aider, par exemple, à une meilleure connaissance des textes fondamentaux de la vie nationale[368] et à l'information de la population sur les contre-performances des politiques publiques menées par les pouvoirs publics. C'est, d'ailleurs, l'une des raisons pour lesquelles l'État contribue au financement des partis politiques dans la plupart des États d'Afrique noire francophone.[369] Le financement des partis devrait ainsi permettre d'améliorer au mieux leur activisme en vue, entre autres, de *« rassembler les citoyens pour la conquête et la gestion pacifique du pouvoir autour d'un projet de société démocratique dicté par le souci de réaliser l'intérêt général »*[370]. Cependant, cet objectif, qui concourt à l'émergence de la démocratie et de l'État de droit,[371] semble ne pas être assimilé par les acteurs politiques africains attirés par la seule question de la conquête du pouvoir, donc de la participation aux élections. On note, à cet effet, une réelle démission des partis politiques qui ne s'acquittent pas de leur rôle d'animateurs de la vie politique.[372] Pourtant, leur nombre impressionnant et perpétuellement en augmentation, du jour au lendemain, aurait pu être un atout pour le nouveau constitutionnalisme africain.

On ne saurait donc lire la vitalité d'une démocratie par le nombre de partis politiques. Il faut, en sus, que ceux-ci soient de vrais cadres d'animation de la vie démocratique. Or, dans les États d'Afrique noire francophone, le nombre impressionnant de partis politiques[373] ne rythme pas la vie de la

---

[368] SOUNGALO OUATTARA, *Gouvernance et libertés locales, pour une renaissance de l'Afrique*, Khartala, 2007, p. 223.

[369] Les partis politiques bénéficient actuellement du financement public, dans la plupart des Etats, calculé sur la base de leur poids politique apprécié à partir du nombre d'élus.

[370] Article 57 de la constitution congolaise du 25 octobre 2015.

[371] Mamadou KOULIBALY, président de l'Assemblée nationale de Côte d'Ivoire, conférence lors du cinquantième anniversaire de l'ordre des avocats de Côte d'Ivoire, Yamoussoukro, le 24 juin 2009, p. 17.

[372] A. E. OPUBOR et P. HADO, BONI YAYI, « Société civile et dynamique du changement au Bénin », op. cit. p. 206.

[373] Avec l'ouverture à la démocratie pluraliste en 1990 et en moins d'une année, au Congo-Brazzaville, « on a assisté à une floraison anarchique de partis politiques et d'associations, pas loin d'une centaine pour un pays de deux millions d'habitants », Voir D. SASSOU NGUESSO, « Le manguier, le fleuve et la souris », op. cit. p. 77.

démocratie. Au regard de la situation de chaque État, on peut être tenté d'affirmer que la pléthore de partis politiques est une évocation de ce que les partis politiques se créent moins pour participer à l'édification de la démocratie et de l'État de droit que pour servir de levier à leurs leaders pour la conquête ou le marchandage d'une position politique.[374] Pour s'en convaincre, il n'y a qu'à voir le nombre important de partis politiques qui se créent à l'approche de chaque scrutin dans certains États. Au Sénégal, on a compté, pour la seule année 2005, onze nouveaux partis enregistrés. Ces déclarations de partis politiques étaient, pour l'essentiel, motivées par la perspective de la tenue des élections locales la même année.

Somme toute, les partis politiques font, depuis le renouveau démocratique des années 1990, montre d'une démission, de facto, devant leurs missions qui consistent à accompagner et affermir la démocratie et l'État de droit. Pourtant, ils devraient être des *écoles de civisme en mesure de former des militants pour en faire de véritables citoyens capables de défendre des idéaux et s'ériger au besoin en sentinelle de la République*.[375]

Encore faut-il dire que leur assise réside, dans la plupart des cas, dans la manipulation subjective des composantes sociologiques.

2- L'instrumentalisation des composantes sociologiques

La participation aux élections est un moment très important pour les partis politiques. C'est l'ultime occasion dont ils disposent pour accéder aux institutions. Pour y parvenir, ils utilisent plusieurs stratégies dont la finalité est d'obtenir le maximum de suffrages nécessaires à leur affirmation politique.

En Afrique noire francophone, cette réalité a poussé en surface des pratiques sans relation avec les exigences démocratiques. En effet, pour espérer des résultats satisfaisants, les partis politiques choisissent, le plus souvent, d'instrumentaliser les composantes sociologiques.

Cette pratique a été observée lors des premières élections qui ont suivi l'accès des États d'Afrique noire francophone aux indépendances. Elle a été la cause de l'envolée du tribalisme. On lui attribue l'origine des violences interethniques qui ont suivi les premières élections, dans certains États.[376]

---

[374] S'agissant de la création des partis politiques à l'orée du multipartisme au cours des années 1990, le journal béninois, *La gazette du golf*, dans son numéro 46, du 1er au 15 avril 1990, affirme que la création des partis politiques était « le moyen le plus simple d'obtenir son ticket d'entrée et de participation à la conférence nationale ».

[375] E. H. O. DIOP, Interview accordée au journal REWMI. COM actualités, le 22 novembre 2011, à l'occasion de la parution de son livre *Autopsie des partis politiques sénégalais*.

[376] Au Congo-Brazzaville, comme le souligne Florence BERNAULT, la guerre de 1959 oppose les ressortissants du Nord et du Sud opposés par les partis de leurs leaders respectifs : le MSA d'OPANGO et l'UDDA de YOULOU., in : *Démocratie ambiguë, Congo-Brazzaville, Gabon 1940-1965*. Karthala, 1996, p. 283,

Aujourd'hui, ce phénomène est perceptible dans la quasi-totalité des Etats et constitue « *un paramètre important dans la configuration de l'univers politique en Afrique noire francophone* »[377]. En fait, la ligne de démarcation entre la politique et les clivages géographiques est tellement étroite, en Afrique noire francophone, que la résurgence des catégories régionales, ethniques, religieuses est en passe de remettre en cause certaines valeurs fondamentales comme l'unité nationale.

Ce phénomène est caractéristique de la vie politique africaine, surtout en période électorale. Le fait est que les entités administratives et les circonscriptions électorales sont généralement établies en tenant compte des spécificités géographiques comme la langue et l'ethnie qui renseignent la classe politique en quête d'électorat. Dans ces conditions, le lien des différents candidats présentés par les partis politiques avec les électeurs est essentiel car, il ne manque pas d'influencer les résultats. L'élection apparaît, ainsi, comme l'ultime occasion pour les électeurs d'assurer leur soutien à celui qu'ils croient être le candidat le plus proche d'eux et qui a des liens soutenus avec eux[378]. Ainsi, le choix est travesti par des considérations subjectives et le vote devient simplement une « *prime au fils du territoire ou au fils du pays* »[379].

Aussi, au Bénin, l'élection présidentielle de 1996 témoigne d'une orientation ethno-régionaliste du vote. Au premier tour, les candidats se sont illustrés dans les sphères géographiques suivantes :

- KEREKOU, dans le nord d'où il est originaire, avec 86% des voix dans l'Atacora et 80% dans le Borgou ;
- SOGLO, dans le centre et le sud, avec 70% des voix dans le Zou, sa contrée d'origine ;
- HONGBEDJI, dans la région du Mono d'où il est originaire, avec 40% des voix[380].

Au Congo-Brazzaville, le microcosme politique fait apparaître, à chaque élection, qu'en dehors du PCT qui, du fait de son implantation sur l'ensemble du territoire national, peut obtenir des élus dans tous les départements du pays, les autres partis ne peuvent avoir des sièges que dans les départements d'où sont originaires leurs leaders. Ainsi, l'UPADS n'obtient tous ses sièges à l'Assemblée nationale que dans les départements de la Bouenza, de la Lékoumou et du Niari d'où son Président fondateur, Pascal LISSOUBA, est originaire. De même, le RDPS, dont le leader est

---

377 A. DIAW, *Démocratie et logique identitaire en actes. L'invention de la politique en Afrique*. Dakar CODESRIA, 1994, p. 18.

378 M. DIAKHATE, « L'émergence du droit électoral dans les Etats de l'Afrique subsaharienne francophone, les cas du Bénin, du Mali et du Sénégal », op. cit. p. 385.

379 M. DIAKHATE, op. cit. p. 371.
La notion de "prime au fils du terroir" traduit le choix préférentiel pour le candidat qui a un attachement subjectif et identitaire avec les électeurs d'une contrée.

380 M. DIAKHATE, op. cit. p. 386.

originaire des départements de Pointe-Noire et du Kouilou, obtient tous ses députés dans ces deux départements.[381] Ainsi, perdure une logique de repli identitaire dans l'ancrage territorial des partis politiques.
Cette réalité a justifié une prise en compte par les constitutions de certaines exigences dans la reconnaissance des partis politiques. Ainsi, au Congo-Brazzaville, comme dans la plupart d'autres Etats, des dispositions juridiques en vigueur interdisent la création et l'animation des partis d'intérêts constitués pour la défense d'une langue, d'une race, d'une ethnie, d'un sexe, d'une religion, d'une secte ou d'une région dans le souci constant de préserver l'unité nationale.[382] L'article 57 de la constitution congolaise du 25 octobre 2015 dispose en effet: *« il est interdit aux partis politiques de s'identifier à un département, à une commune, à un district, à une communauté urbaine ou rurale, à une religion, à une ethnie ou à un clan ».*
Dans le même sens, l'article 4 de la constitution du Bénin du 11 décembre 1990 dispose: *« les partis politiques doivent, dans leur programme et dans leurs activités proscrire l'intolérance, le régionalisme, l'ethnocentrisme, le fanatisme, le racisme, la xénophobie, l'incitation à la violence sous toutes ses formes. Aucun parti politique ne peut fonder sa création et son action sur une base et ou des objectifs comportant le sectarisme et le népotisme, l'appartenance exclusive à une confession, à un groupe linguistique ou à une région, l'appartenance à un même sexe, à une même ethnie ou à un statut professionnel déterminé ».*
L'instrumentalisation des composantes sociologiques, à des fins électoralistes, a fait naître, en Afrique noire francophone, un vrai problème dans l'épanouissement des partis politiques qui se livrent, de plus en plus, à la pratique de la transhumance et du clientélisme.
Le clientélisme est, actuellement, à la mode et risque de demeurer, encore pour longtemps, une pratique permanente dans les mœurs politiques des États africains. En effet, la majorité d'hommes politiques se trouve obligée, pour conquérir l'électorat, de recourir à des militants plus aptes à répondre positivement à leurs appels au vote : parents, amis, confréries, marabouts, régions, communautés, ethnies, castes.[383]
Quant à la transhumance, elle se justifie par plusieurs raisons dont la nécessité de se repositionner politiquement par peur du lendemain, la recherche d'une position politique confortable, les consignes des électeurs.[384]

[381] C. R. M'BISSA, *Les élections législatives au Congo*, L'Harmattan, 2013, p. 35.
[382] Moutapha TAMBA, « Mutations politiques au Sénégal : bilan de cinquante ans d'indépendance (1960-2010) », disponible sur : http://www.kas.de/sénégal-Mali/fr/publications, p. 9.
[383] Moustapha TAMBA, « Mutations politiques au Sénégal: bilan de cinquante ans d'indépendance (1960-2010) », op.cit. p.15.
[384] Pour Moustapha TAMBA, on peut évoquer des cas de transhumance politique au Sénégal à partir des titres à la "une" des journaux suivants :

- « Nguekhokh, le maire rejoint l'AFP », Wal Fadjri, mai 2000;

L'exaspération de la transhumance est l'une des causes du défaut d'engagement de certains responsables politiques en faveur des enjeux politiques qui placent l'intérêt de la communauté au centre de l'activité des acteurs politiques. Il s'agit d'un retournement subjectif des ambitions faisant de la lutte politique le moyen de se faire une situation personnelle. On parvient, ainsi, à reléguer au second plan l'idéal d'asseoir la démocratie et l'État de droit. Cette allure, caractéristique des fins de mandats, contribue vraisemblablement au déséquilibre des forces politiques qui seraient en compétition aussi longtemps que possible sur un fondement idéologique au profit des ralliements opportunistes et instantanés.

B- L'importance des majorités politiques

En dépit du strict encadrement de l'accès au pouvoir et de la constitutionnalisation des principes susceptibles de garantir des alternances régulières dans les États africains, de nombreux régimes politiques africains sont dominés par des partis qui raflent une vaste majorité lors des différentes élections.[385] Cette situation traduit la domination d'un seul parti sur la scène politique, en dépit du fait qu'il en existe une multitude. C'est ce que relève Jean-Louis QUEMONNE qui soutient que ces partis finissent par *« s'identifier au régime politique auquel il sert de soutien et, sous réserve de recueillir une proportion de suffrages exprimés qui ne peut être inférieure à 30%, ils distancent en nombre de sièges les autres partis de Gouvernement par un écart significatif et durable »*[386].

De toute évidence, ce phénomène traduit l'efficacité des grands partis politiques d'envergure nationale pour conserver le pouvoir. Cette stratégie est profitable aux anciens partis uniques qui ont survécu à la transition démocratique des années 1990 et qui ont conservé leur assise territoriale héritée du monopartisme pour mieux se repositionner dans le microcosme politique national (1). Elle facilite également l'absorption des petits partis par les grands partis (2).

- « Ourossogui, le PS partagé entre le PDA et l'AFP », Wal Fadjri, mai 2000;
- « Dakar, Abdoulaye DIACK, Assane DIAGNE, Cora FALL rejoignent le PDS », Wal FADJRI, juillet 2000 ;
- « Podor, le Député Moussa SOW de l'URD rejoint le PDS », Le Soleil, 2000;
- « Ndioum, HABIBOU DATT du PS rejoint l'AFP de Moustapha Niasse», sud quotidien, 2000;
- « Vélingara, Bèye Baldé retourne au PDS», sud quotidien, juillet 2000, in « Mutations politiques au Sénégal : bilan de cinquante ans d'indépendance (1960-2010) » op. cit. p. 18.

[385] G. M. CARBONNE et A. LAROUCHE ST-SAUVEUR, « Comprendre les partis et les systèmes de partis africains », *Politique africaine* 4/2006, n°104, pp. 18-37.

[386] Y. MENY (dir), *Les régimes politiques occidentaux*, Paris, Seuil, 2006, p. 238.

1- Le repositionnement des anciens partis uniques

L'ouverture des États africains à la démocratie pluraliste a consacré des sorts variés aux anciens partis uniques. Certains d'entre eux ont réussi à se positionner dans le nouveau décor politique introduit par les constitutions qui ont marqué cette ère nouvelle. C'est le cas, notamment, au Congo-Brazzaville, au Cameroun[387], au Gabon, au Tchad et au Togo. Dans d'autres États, ces anciens partis n'ont pas survécu comme au Bénin, en République centrafricaine et au Niger. Au Sénégal, le Parti socialiste du Président Abdou DIOUF a réussi à se maintenir au pouvoir et a joué son rôle de parti dominant jusqu'à l'alternance intervenue en 2000. En effet, en même temps que les nouveaux partis se créaient à la faveur du multipartisme, les anciens partis se mettaient en phase avec cette nouvelle donne en modifiant leurs textes fondamentaux renonçant ainsi au rôle dirigeant du parti sur l'État, à la vocation de partis de masse et au parti unique intégrant et encadrant toute l'élite politique.

Cette métamorphose n'est pas allée sans conséquence sur le nouveau microcosme politique. La survivance des partis uniques mieux implantés et idéologiquement mieux préparés leur donnait l'allure d'une avance structurelle et organisationnelle.

En pratique, l'héritage de la structuration des partis uniques a donné une assise territoriale certaine à ces partis, contrairement aux nouveaux partis qui, en réalité, ne se limitaient qu'à une implantation *dans les agglomérations urbaines et probablement dans les agglomérations urbaines les plus importantes.*[388] Aussi après les premières élections qui ont donné des succès relatifs à la nouvelle démocratie, la recomposition politique qui s'en est suivie a-t-elle permis aux anciens partis uniques de mieux se repositionner sur la scène politique dans chaque État. Ils ont continué, par la même occasion, à jouer un rôle moteur dans l'exercice et l'affirmation de la démocratie[389].

Cette évidence est révélatrice de la survivance du déséquilibre dans les rapports de force entre partis et groupements politiques. Partout où les anciens partis uniques se sont repositionnés dans l'univers démocratique, ils ont réussi à maintenir un rapport de force imposant un déséquilibre entre acteurs politiques. Ce déséquilibre est marqué par l'importance des victoires de ces partis aux différentes élections. Au Parlement, lieu par excellence de confrontation des opinions politiques, représentant, par une sorte de puzzle, les différentes tendances de l'opinion nationale, ces partis dépassent dans

---

[387] Voir M. ABOYA ENDONG, *Partis administratifs, transitions démocratiques et patrimonialisme en Afrique noire francophone*, Paris, KARTHALA, 2008, p. 221.

[388] P. F. GONIDEC, « Les systèmes politiques africains », op. cit. p. 36.

[389] C'est la réalité de certains pays comme le Gabon, le Cameroun, le Burkina Faso, le Congo-Brazzaville. Le Bénin est caractérisé par l'absence d'un parti dominant.

certains États, de loin, la majorité absolue et confirment leur domination au sein des Assemblées parlementaires et des conseils locaux. Cette domination s'exprimant toujours au profit du Président de la République et de sa majorité.[390] Cette situation est favorable à l'affaiblissement des petits partis et, partant, à leur absorption par les majorités au pouvoir.

2- L'absorption des petits partis par le jeu des majorités stratégiques

À la faveur de la conquête du pouvoir, plusieurs coalitions se créent dans le but de mieux encadrer les votes des militants et de maximiser les chances de l'emporter dès le premier tour ou d'arriver au second tour à l'issue d'une compétition électorale.
Ces coalitions permettent de maximiser les chances de remporter des élections pour exercer le pouvoir. Cette stratégie aboutit, assez souvent, à la création des institutions au-delà des partis politiques. Ces institutions, présentées sous forme de regroupements ou de plateformes, sont en réalité des rassemblements de mobilisation du corps électoral et des fronts d'amorce du débat politique entre majorité et opposition à la veille des enjeux déterminants.
Pour les groupements vainqueurs, ces structures deviennent, à terme, des appâts pour les partis dominants qui s'en servent pour se revitaliser.
Au Sénégal, après l'alternance de 2000, le Président Abdoulaye WADE a mené une vaste opération d'absorption des partis qui l'avaient soutenu pour étendre la base de son parti.

C'est la même démarche qu'avait empruntée le Président Blaise COMPAORE, au sortir de l'élection présidentielle de 2005 en faisant absorber, par son parti, le Congrès pour la démocratie et le progrès (CDP), courant 2007, la plupart des partis qui l'avaient soutenu.

Au Congo-Brazzaville, lors de son sixième congrès, le Parti congolais du travail, parti au pouvoir, a bénéficié du ralliement de ses alliés rassemblés au sein du Rassemblement de la majorité présidentielle (RMP).
La mise en œuvre de cette stratégie par les partis dominants de la majorité au pouvoir est consécutive à la volonté de revitaliser les partis au pouvoir pour mieux les prémunir contre les oppositions politiques. Elle participe de la volonté démocratique, sans cesse renouvelée, de conserver le pouvoir. Elle permet, aussi, d'affaiblir l'opposition qui est, dans ces conditions, réduite devant une importante majorité.

---

[390] Au Congo-Brazzaville, le PCT, parti au pouvoir, compte 89 députés sur les 139 sièges de l'Assemblée nationale.

De ce fait, les majorités politiques deviennent tellement importantes que l'expression démocratique nécessite de plus en plus l'implication des contre-pouvoirs en dépit de leur inefficacité perceptible.

Paragraphe 2: L'inefficacité des contre-pouvoirs

La démocratie s'accommode à une séparation politique des fonctions entre l'opposition et la majorité. À cette répartition politique s'ajoute, dans les États modernes, une participation plus attendue de la population à travers les réseaux divers de la société civile. Cependant, en pratique, les oppositions politiques (A) et la société civile (B) font montre d'une inefficacité remarquable.

A- La neutralisation des oppositions politiques

L'existence du multipartisme est caractérisée par la cohabitation entre plusieurs formations politiques engagées dans la lutte pour la conquête du pouvoir. La reconnaissance d'une telle cohabitation a été, en Afrique noire francophone, le fruit de l'ouverture à la démocratie au cours du premier cycle constitutionnel des années d'après les indépendances.[391] Ce cycle a connu un déclin qui a varié d'un État à un autre avant que la liberté de créer ou d'adhérer à un parti politique ne soit réaffirmée avec effectivité consécutivement à la révolution démocratique des années 1990. Corrélativement à cette révolution, on a constaté l'essor des parlements d'un type nouveau qui expriment la diversité politique dans chaque pays. Les parlements africains ont ainsi subi une mutation du monolithisme vers une multi-coloration consacrant, par ce fait même, leur vocation de *cadre organisationnel d'expression de la souveraineté* du peuple [392] et lieu par excellence du débat contradictoire.
On peut dire que cet essor du parlementarisme libéral marque l'entrée en scène d'un nouvel acteur qu'est l'opposition[393] sans laquelle le jeu démocratique ne peut se circonscrire. En effet, l'opposition joue un rôle indispensable dans le fonctionnement de la démocratie. Dans ce sens, Jean-Louis QUEMONNE définit la démocratie occidentale à l'aune de l'existence

---

[391] Dans les Etats qui ont connu les conférences nationales, la répartition des rôles a été faite au sortir des premières élections. Dans les autres Etats, les partis nouvellement créés qui n'ont pas rallié l'ancien parti unique au cours des premières élections s'étaient déclarés de l'opposition. Au Sénégal, l'opposition était constituée avant 1990 autour du PDS.
[392] E. H. MBODJ, « Les garanties et éventuels statuts de l'opposition en Afrique », *Actes de la quatrième réunion préparatoire au symposium de Bamako : la vie politique* (mai 2000), p. 1.
[393] O. DIOP, *Partis politiques et processus de transition démocratique en Afrique noire : recherche sur les enjeux juridiques et sociologiques du multipartisme dans quelques pays de l'espace francophone*, Editions Publibooks, 1 janvier 2006, p. 285.

d'une majorité et d'une opposition de sorte que celle-ci est *« le Gouvernement du peuple exercé par la majorité librement exprimée de celui-ci, dans le respect du droit pour la minorité de manifester son opposition, garanti par l'État de droit »*[394].
L'opposition est le rempart contre toute dérive du Gouvernement qui porterait atteinte aux droits et libertés. Elle est, en cela, un contre-pouvoir. Elle participe à l'expression du multipartisme et offre la possibilité d'une alternance qui permet de renouveler les élites. Cependant, en dépit de l'espoir pour une meilleure expression démocratique, les oppositions politiques en Afrique noire francophone ont du mal à s'enraciner. Les causes de cet état de fait sont nombreuses et peuvent se résumer, pour l'essentiel, au manque d'un statut effectif (1) et à l'inefficacité de leur action (2). *

1- Le manque d'un statut effectif de l'opposition

L'existence d'une opposition est indispensable dans une démocratie. Elle en est même l'un des maillons essentiels. L'on sait, en effet, que pour garantir le fonctionnement normal des institutions démocratiques, la coexistence entre opposition et majorité au pouvoir est une nécessité impérative[395] car, « *l'une des conventions de la démocratie moderne est l'existence d'une opposition libre, agissante et respectée* »[396]. Toutefois, la reconnaissance de l'existence de l'opposition ne suffit pas pour lui assurer une garantie dans l'exercice de ses activités. Il faut, en plus, qu'on lui définisse un cadre juridique lui permettant d'exercer ses activités sans entrave afin de participer librement au jeu politique. Comme le révèle Omar DIOP, « *la participation de l'opposition à la consolidation de la démocratie nécessite un statut, élément indispensable pour l'accomplissement de ses missions* »[397].
La plupart des démocraties occidentales consacrent le statut de l'opposition. En France, le statut de l'opposition a été introduit par la révision constitutionnelle de 2008[398]. Ainsi, l'article 4 al. 3 de la constitution française dispose que *« la loi garantit l'expression pluraliste des opinions et la participation équitable des partis et groupements politiques à la vie démocratique de la nation ».* L'article 51-1, de la même constitution, affirme : *« le règlement de chaque Assemblée détermine les droits des groupes parlementaires constitués en son sein. Il reconnaît des droits*

[394] J. L. QUERMONE, *Les régimes politiques occidentaux*, Paris, Seuil, 2006, p. 17.
[395] M. KUENGIENDA, *Quelle démocratie pour l'Afrique*, L'Harmattan, 2007, p. 26.
[396] M. M. THIOUNE, *La régulation des partis politiques ; Etude comparative entre le Bénin, le Ghana et le Sénégal*. Thèse de doctorat, UCAD, p. 134.
[397] O. DIOP, « Partis politiques et processus de transition démocratique en Afrique noire : recherche sur les enjeux juridiques et sociologiques du multipartisme dans quelques pays de l'espace francophone », op. cit. p. 286.
[398] Loi constitutionnelle n°2008-724 du 23 juillet 2008 de modernisation des institutions de la Vème République.

spécifiques aux groupes d'opposition de l'Assemblée intéressée ainsi qu'aux groupes minoritaires ». Et l'article 48 al 6 ajoute *: « un jour de séance par mois est réservé à un ordre du jour arrêté par chaque Assemblée à l'initiative des groupes d'opposition de l'Assemblée intéressée ainsi qu'à celle des groupes minoritaires ».* Dans le cadre de la mise en œuvre de ces dispositions, la représentativité de l'opposition est assurée dans certains organes. Ainsi, des postes de rapporteurs ou de présidents reviennent à l'opposition dans les organes parlementaires d'enquête et d'évaluation. Depuis 2007, la présidence de la commission des finances de l'Assemblée nationale est confiée à un parlementaire de l'opposition.

De même, le Royaume-Uni consacre une place très importante à l'opposition, au point où la fonction de chef de l'opposition est érigée en fonction officielle[399].

Au Sénégal, le constituant de 2001 consacre la reconnaissance de l'opposition en prescrivant que *« la constitution garantit aux partis politiques qui s'opposent à la politique du Gouvernement le droit de s'opposer »*[400].

Au Bénin, l'opposition est reconnue par la loi n°2001-36 du 9 décembre 2008 portant statut de l'opposition qui la définit comme « *l'ensemble des partis, alliances de partis ou groupes de partis politiques qui, dans le cadre juridique existant, ont choisi de professer, pour l'essentiel, des opinions différentes de celles du Gouvernement en place et de donner une expression concrète à leurs idées dans la perspective d'une alternance démocratique* ».

Au Congo-Brazzaville, l'opposition est reconnue par la constitution du 25 octobre 2015 qui consacre le titre III aux partis politiques et au statut de l'opposition. L'article 63 de ladite constitution dispose, à cet effet : *« l'opposition politique est reconnue en République du Congo. Elle ne peut subir de limites, quant à son existence et à ses activités démocratiques, que celles imposées à tous les partis politiques... »*

Malgré la reconnaissance constitutionnelle de l'opposition, il reste que le processus devant aboutir à la création d'un cadre juridique effectif pour l'opposition, en Afrique noire francophone, est loin d'être achevé. Un peu partout, on décrie l'absence des textes d'accompagnement et le caractère d'ordre général de certaines dispositions.

Cette situation est la conséquence du manque de volonté des gouvernants et de l'opposition qui font tous montre de léthargie en ce qui concerne les initiatives. Si l'attitude des gouvernants peut être justifiée par un manque d'intérêt pour l'activisme d'un adversaire, il n'est pas moins vrai que l'opposition parlementaire qui, dans le cadre de la séparation des pouvoirs

---

[399] Sur l'opposition parlementaire en France et au Royaume-Uni, voir B. RIDARD, L'opposition parlementaire en France et au Royaume-Uni. Mémoire de master 2 droit public comparé européen, Université Paris I Panthéon-Sorbonne, 2008/2009.

[400] Article 58 de la constitution du Sénégal du 22 janvier 2001.

entre l'exécutif et le Parlement, dispose du droit d'initiative des lois par le biais de ses élus, ne prend pas l'initiative des propositions de loi y relatives. On peut à partir de cette faiblesse justifier, ne serait-ce qu'en partie, l'inefficacité compromettante des oppositions politiques en Afrique noire francophone.

2- L'impuissance des oppositions politiques

On ne peut juger une démocratie pluraliste sans évaluer la place que l'opposition occupe dans l'articulation des rôles entre majorité et minorité et dans la formulation des préoccupations qui constituent des alternatives au programme de la majorité. C'est en cela que l'opposition est vécue comme une position indispensable au fonctionnement de la démocratie. C'est cette position qui permet aux opposants *« de critiquer la politique menée, d'informer en permanence les populations et de leur proposer des alternatives crédibles et les bienfaits d'une alternance, sans pour autant empêcher la majorité de gouverner »*[401].

En réalité, l'exercice de la démocratie implique un autre niveau de séparation des pouvoirs qui s'apparente mieux à une séparation des rôles entre les acteurs politiques. Ainsi, *« à la séparation classique des pouvoirs, fondée sur une différenciation organique et fonctionnelle des pouvoirs législatif, exécutif et judiciaire, se substitue, de nos jours, une séparation politique entre la majorité et l'opposition »*[402].

Cette séparation de rôles, entre majorité et opposition, pour être pertinente et servir la démocratie et l'État de droit, a besoin d'une contribution efficace de l'opposition qui consiste, entre autres, à assurer une information contradictoire des activités des gouvernants, de défendre publiquement et de manière permanente la critique formulée par le peuple sur le programme du Gouvernement et sa gestion quotidienne des affaires de l'État, de formuler de nouvelles alternatives au programme du Gouvernement et de constituer un éventuel Gouvernement de rechange.[403]

Il est curieux de constater que les oppositions politiques, en Afrique noire francophone, sont presque inexistantes sauf en période de préparation et de participation aux élections. En effet, l'activisme des oppositions politiques est largement dépendant du calendrier électoral. Ce qui réduit l'existence et le rôle des oppositions aux simples revendications attenant aux aspects liés aux conditions d'alternance et de transparence dans le processus électoral : limitation des mandats, modes de scrutin, indépendance de la commission électorale, transparence dans les différentes opérations, code électoral et

---

[401] Idem p. 17.

[402] E. H. MBODJ, « Les garanties et éventuels statuts de l'opposition en Afrique »,. op. cit. p. 1.

[403] Mouhamadou Moustapha THIOUNE.

participation de leurs membres aux commissions d'organisation des élections, voire aux différentes opérations électorales.[404]
Même lorsqu'elle est représentée au sein du Parlement, elle ne joue pas son rôle de contre-pouvoir en proposant, par exemple, d'autres alternatives aux choix du Gouvernement et en instituant, autant que faire se peut, des débats optionnels sur les politiques publiques. C'est, sans nul doute, l'une des causes de la pauvreté des débats au sein des assemblées parlementaires en Afrique noire francophone.[405]
Bien plus, les partis d'opposition dans la majorité des États d'Afrique noire francophone, ont la commune renommée de ne jamais pouvoir constituer un groupe homogène. De manière générale, en effet, l'opposition est traversée par des clivages profonds, qui séparent par exemple *« l'opposition modérée »* de *« l'opposition radicale ».*[406].
Le manque de cohésion, l'absence d'enthousiasme dans la formulation des alternatives au programme du Gouvernement, le déficit de communication avec la population sont autant de maux qui ruinent profondément les oppositions politiques en Afrique noire francophone. Ce constat sur les partis d'opposition n'est pas loin de celui qui peut être fait sur la société civile.

B- L'amorphisme de la société civile

L'essor des mouvements de la société civile en Afrique noire francophone a été le couronnement des activités clandestines exercées sous le monopartisme par des personnes ne pouvant pas s'exprimer publiquement. Ces mouvements s'étaient, pour l'essentiel, organisés autour des associations de développement ou les organisations religieuses.[407] C'est au sein de ces creusets que des réflexions et des actions ont été menées et des stratégies de démocratisation élaborées. [408] Avec le mouvement de démocratisation, au

---

[404] O. DIOP, « Partis politiques et processus de transition démocratique en Afrique noire », op. cit. p. 316.
Il semble même que l'opposition se radicalise davantage dans les Etats d'Afrique noire francophone au point de ne jamais reconnaître sa défaite à chaque scrutin. En témoignent les différentes réclamations et les violences suscitées par elles. Au Sénégal, l'opposition significative n'a jamais reconnu la victoire du Président WADE en 2007. Au Bénin, le candidat de l'opposition, HONGBEDJI, n'a jamais reconnu la victoire du Président BONI YAYI au premier tour de la présidentielle de 2010. Au Congo-Brazzaville, l'opposition dite radicale a appelé au boycott de l'élection présidentielle de 2009.
[405] P. D. SY, « Le rôle et les droits de la minorité parlementaire au sein des assemblées nationales africaines », in Actes du séminaire parlementaire régional sur : « rôle, droits et responsabilité de l'opposition dans les parlements africains », Ouagadougou (Burkina Faso), 15-16 novembre 1996, *Afrilex*, n°00, p. 2.
[406] A. LOADA, « Réflexions sur la société civile en Afrique : le Burkina d'après ZONGO », *Politique africaine* n°76-décembre 1999, p. 9.
[407] M. DIAKHATE, « L'émergence du droit électoral dans les Etats de l'Afrique subsaharienne francophone, les cas du Bénin, du Mali et du Sénégal », op. cit. p. 228.
[408] Idem p. 372.

début des années 1990, sur la base du cadre législatif consacré par la loi française de 1901, plusieurs associations ont vu le jour. Elles se comptent par milliers aujourd'hui. Leur champ d'action prend en compte plusieurs secteurs de la vie nationale comme la santé, l'éducation, les droits humains, la démocratie et l'État de droit, l'agriculture, le commerce, la transparence. Mais, l'importance de ces organisations, qui se réclament de la société civile, ne traduit pas un activisme certain. En réalité, il persiste encore une faiblesse de la société civile qui s'exprime par une mauvaise connaissance de son champ d'action (1) et une relativité de son activisme (2) consacrant, somme toute, son inefficacité.

Une mauvaise appréhension du rôle de la société civile

La société civile africaine rencontre des difficultés à s'exprimer. Elle se heurte à une mauvaise maîtrise de son champ d'action et à l'insuffisance de son cadre juridique.

S'agissant de son rôle, il est classique de reconnaître à la société civile le rôle de contre-pouvoir étant entendu qu'elle regroupe logiquement des organisations qui n'aspirent pas à gouverner et qui s'interposent entre les gouvernants et les gouvernés. Elle constitue un cadre de contrôle de la pertinence des politiques publiques et des actions engagées par les gouvernants en faveur du bien-être collectif. La société civile est tout à la fois une alarme et une sentinelle de la société. Alarme parce qu'elle est avant tout un groupe de pression. Par ses dénonciations, elle arrive à attirer l'attention des gouvernants et de la communauté sur des faits qui peuvent être préjudiciables à la promotion et à la protection des droits fondamentaux. Elle est sentinelle par ce que sa présence garantit, par elle seule, le regard de toute la communauté sur la mise en œuvre des politiques publiques. Ainsi conçue, la société civile est indispensable à la mise en œuvre de la démocratie et de l'État de droit.

Cependant, il semble que ce rôle de la société civile est assez mal assimilé par les sociétés démocratiques africaines. En effet, il semble bien que les responsables de la société civile ne s'affirment que sur des sujets à grande sensation laissant de côté les questions et les démarches essentielles liées par exemple au respect des droits fondamentaux. Ainsi, il n'est pas rare de constater que les organisations de défense des droits de l'Homme procèdent directement à des dénonciations sur les médias internationaux des cas supposés de violations des droits de l'Homme sans exercer au niveau interne des actions qui viseraient à faire cesser ces violations. Il est en effet élémentaire de poser que le but ultime de toutes les organisations de défense des droits de l'Homme est avant tout de faire cesser les violations lorsqu'elles sont portées à leur connaissance. Ainsi, la sensibilisation ou l'information des pouvoirs publics s'inscrivent au rang des premières mesures à prendre.

Dans un tel environnement où la société civile s'assume mal, la coexistence ne peut qu'établir un rapport de force en défaveur de la société civile qui, émasculée, est condamnée à une relativité préjudicielle à l'expression démocratique.

2- Le relatif activisme de la société civile

La défense de la démocratie et de l'État de droit par la société civile est une démarche inclusive pour l'approfondissement du nouveau constitutionnalisme africain. Nombreux sont les États africains, qui ont vu émerger une attitude légendaire de la société civile dans l'exigence de plus de transparence dans la gestion des affaires publiques.

Il ne fait aucun doute que l'engagement de la société civile est très remarqué dans la revendication d'élections libres et transparentes dans les États d'Afrique noire francophone.[409] Mais, il est aussi observé un manque d'entrain de celle-ci dans l'aboutissement de certaines revendications dont elle est porteuse dans des domaines variés. C'est ce que fait observer El Hadj Omar DIOP lorsqu'il révèle que « *les leaders de la société civile posent avec pertinence les problèmes et esquissent des solutions idoines mais ils peinent à mobiliser l'opinion* »[410].

Au Congo-Brazzaville, l'attitude de la société civile est de tout temps étonnante. Elle a été absente dans la gestion des premières crises qui ont conduit le pays à des guerres civiles fratricides entre 1992 et 1997. Cette réalité a été la cause de l'instrumentalisation de la population par les partis politiques qui, faute d'un moyen d'expression démocratique, ont choisi de recourir à la violence allant jusqu'à la militarisation de leurs militants.[411]

En définitive, devant la démission des partis politiques, notamment ceux de l'opposition face à leurs missions et « *l'usure des mécanismes institutionnels de protection de la démocratie et de l'État de droit par les contre-pouvoirs démocratiques* »[412], le seul recours serait la société civile. Mais, son inertie

---

[409] D. F. MELEDGE, « Fraudes électorales et constitutionnalisme en Afrique », op. cit. p. 371, cité par M. DIAKHATE. L'émergence du droit électoral dans les Etats de l'Afrique subsaharienne francophone. Les cas du Bénin, du Mali et du Sénégal, op. cit. p. 371.

[410] E. H. O. DIOP, « Partis politiques démocratie et réalités sociales au Sénégal », op. cit. p. 423.

[411] En dehors d'autres moyens démocratiques d'expression, la population a été sous la houlette des partis politiques qui ont, contre le pouvoir en place, tenté de faire entendre la voix de la démocratie. Il s'en est suivi des manifestations réprimées dans le sang, la création des radios pirates (Radio alliance et Radio liberté) pour la sensibilisation de l'opinion par les partis d'opposition, une désobéissance civique par l'érection des barricades…

[412] Abordant la question de l'inefficacité des contre-pouvoirs au Sénégal, El Hadji Omar DIOP affirme que : « à l'analyse, le système des "cheks and balance" qui permet aux différents pouvoirs de se surveiller mutuellement ne fonctionne pas au Sénégal. Pire, par le jeu des majorités, la représentation nationale qui a reçu la mission de contrôler l'action du Gouvernement est pratiquement inféodée au pouvoir exécutif. Par exemple, la loi de

remarquée est source de faiblesse qui neutralise l'espoir d'une contribution des contre-pouvoirs à la sauvegarde des acquis démocratiques.
À tout considérer, les principes démocratiques, initiés au début des années 1990 par les États d'Afrique noire francophone, connaissent un déficit certain. Aux faiblesses du système représentatif mis en place s'ajoutent les difficultés d'expression des contre-pouvoirs démocratiques avec l'enracinement du phénomène majoritaire ainsi que les contre-performances du système des partis politiques dont ceux de l'opposition et la société civile. Il s'agit d'un vrai recul par rapport aux options prises dans le cadre du renouveau démocratique dont la mise en œuvre se complexifie davantage avec l'altération de l'équilibre institutionnel.

---

règlement destinée à sanctionner l'utilisation des deniers publics et la bonne exécution du budget de l'Etat n'a été votée que deux fois en vingt ans. Le contrôle citoyen sur l'exécutif est quasi inexistant », in « Partis politiques démocratie et réalités sociales au Sénégal », op. cit. p. 431.

TITRE II: L'altération de l'équilibre institutionnel

L'État de droit auquel les États d'Afrique noire francophone ont souscrit, dans le cadre du nouveau constitutionnalisme, repose sur la séparation des pouvoirs[413]. Ce principe est mis en œuvre dans la quasi-totalité des Etats modernes et l'article 16 de la Déclaration des droits de l'Homme et du citoyen du 26 août 1789 fait encore écho : *« toute société dans laquelle la garantie des droits n'est pas assurée ni la séparation des pouvoirs déterminée n'a point de constitution ».* En Afrique noire francophone, la consécration de la séparation des pouvoirs avait suscité l'espoir de mettre un terme aux faiblesses *« des régimes africains du début des indépendances jusqu'à la fin des années 1990 »*[414]. Cette option paraissait comme l'indicateur d'un équilibre institutionnel qui donnait suffisamment de sens à la formule qu' *« il faut que le pouvoir arrête le pouvoir »*[415]. Cependant, avec le recul du temps et à l'épreuve de la pratique, ce principe fondamental de la démocratie libérale a, selon la formule de Babacar GUEYE, « *les allures d'une pétition de principe »*[416]. On relève, dans ce sens, un déséquilibre institutionnel en faveur du pouvoir exécutif (Chapitre II)

---

[413] B. GUEYE et S. NDIAYE, « L'instabilité institutionnelle en Afrique », op. cit. p. 132. L'organisation des Etats modernes se caractérise actuellement par le respect du principe de la séparation de pouvoirs qui recommande que les différentes fonctions étatiques doivent être exercées par des organes distincts : pouvoir exécutif, pouvoir législatif et pouvoir judiciaire d'une part ; et d'autre part, que ces trois pouvoirs doivent disposer d'un équilibre nécessaire à se limiter mutuellement dans le but d'éviter l'arbitraire et d'empêcher les abus des gouvernants. Suivant cette classification, Maurice DUVERGER synthétise la construction théorique de la doctrine et avance que « la séparation des pouvoirs revêt deux formes principales dans les démocraties occidentales, suivant les modes de relations entre le Parlement et le Gouvernement : le régime parlementaire et le régime présidentiel. Les auteurs classiques français qualifiaient le premier de séparation souple ou atténuée des pouvoirs, ou encore de collaboration des pouvoirs ; ils qualifiaient le second de séparation rigide ou tranchée des pouvoirs » in *Droit constitutionnel et institutions politiques,* Paris 1971, Tome I, pp. 181-182. Dans le même sens, Maurice HAURIOU parlant du modèle présidentiel américain souligne qu' « il existe [dans ce régime] entre le Président investi du pouvoir exécutif et le congrès investi du pouvoir législatif une séparation des pouvoirs rigide qui interdit, en principe, toute collaboration à la même fonction ». Quant à Georges BURDEAU, « le régime présidentiel est celui qui, en assurant au maximum l'indépendance des pouvoirs, réalise leur séparation la plus complète », in *Droit constitutionnel et institutions politiques,* Paris 1972, p. 157. Pour P. JAN, « au panthéon du droit constitutionnel on trouve la théorie de la séparation des pouvoirs », in *Constitutions et pouvoirs, mélanges en l'honneur de Jean GICQUEL,* Montchrestien, Paris, 2008, p. 255.

[414] B. GUEYE et S.NDIAYE, idem.

[415] MONTESQUIEU, *De l'esprit des lois* ou du rapport que les lois doivent avoir avec la constitution de chaque Gouvernement, les mœurs, le climat, le commerce. Genève, 1748, Livre XI, chapitre IV, p. 242.

[416] B. GUEYE, « La démocratie en Afrique : succès et résistances » op. cit. p. 16.

davantage entretenu par des fréquents réaménagements des institutions (Chapitre I).

Chapitre I : Le réaménagement des institutions

Les principes d'organisation et de fonctionnement, adoptés par les États d'Afrique noire francophone dans le cadre du renouveau démocratique des années 1990, visaient l'encadrement du pouvoir politique. Cette perspective a inspiré l'ensemble des constitutions de ces États et a été diversement mise en œuvre. Ainsi, certains États ont profité du cadre institué par les conférences nationales au début des années 1990 et d'autres ont procédé à l'aménagement des constitutions issues du monopartisme. Cependant, en dépit de l'intérêt accordé à l'aménagement des institutions comme fondement de la démocratie retrouvée, l'architecture institutionnelle des années 1990 n'a pas connu une application conforme à l'esprit et à la lettre des textes constitutionnels. En effet, au fil du temps, les structures des pouvoirs exécutif[417] (Section 1) et législatif (Section 2) ont subi des réaménagements qui ont abouti à l'altération des régimes initialement institués.

Section 1 : Le réaménagement du pouvoir exécutif

Avec la consécration de la démocratie libérale au début des années 1990, les États d'Afrique noire francophone se sont focalisés sur la limitation juridique de la fonction présidentielle[418]. De manière presque identique, ces États ont remis en cause les systèmes institutionnels expérimentés sous la période du monopartisme. Ainsi, les périodes transitoires ouvertes au lendemain des conférences nationales ou les réformes constitutionnelles, entreprises au cours de cette même période, ont permis d'expérimenter des formes de pouvoirs exécutifs animés par deux têtes: le Président de la République et le Premier ministre, chef du Gouvernement. Mais, ces expériences n'ont pas résisté à l'épreuve des aménagements successifs des dispositifs constitutionnels. En effet, la structure du pouvoir exécutif telle

---

[417] Le lexique de politique définit le pouvoir exécutif comme « l'ensemble des organes gouvernementaux et administratifs qui sont non seulement chargés de la mise en œuvre des lois, mais aussi de définir la politique de la nation et qui possèdent une prépondérance de fait dans l'initiative législative » et le pouvoir législatif comme « l'organe auquel la constitution attribue compétence pour adopter les lois, soit la fonction d'édiction des lois, soit, à la fois, l'organe et la fonction ». Voir *Lexique de politique*, Paris, Dalloz, 7ème édition, 2001, pp. 165 et 238.

[418] Pour Ismaïla Madior FALL, « Cette dynamique d'encadrement du pouvoir présidentiel peut s'apprécier dans le contexte sénégalais. En effet, avec les vagues de démocratisation au début des années 1990, la structure de l'exécutif sénégalais jusqu'alors incarné par le Président, réadapta à nouveau la formule du bicéphalisme, avec un chef du Gouvernement à côté du chef de l'Etat. », in « La construction des régimes politiques en Afrique : insuccès et succès », op. cit. p. 34.

que prévue par les premières constitutions de l'ère démocratique a été reconsidérée soit par les réformes constitutionnelles (Paragraphe1) soit par la pratique (Paragraphe 2).

Paragraphe 1: Le réaménagement du pouvoir exécutif par les réformes constitutionnelles

Traditionnellement, on distingue, selon la nature des régimes, l'exécutif monocéphale de l'exécutif bicéphale. Suivant cette distinction, l'exécutif monocéphale ou monocéphalisme est celui qui correspond au régime présidentiel. Dans ce régime, *« le pouvoir exécutif est confié à un Président de la République aidé par des ministres ou secrétaires d'État nommés par lui, responsables devant lui et qui ne constituent point un cabinet. Cet organe exécutif a une seule tête [gouverne], appuyé par la confiance du peuple »*[419]. L'exécutif bicéphale ou bicéphalisme est, par contre, une tradition du régime parlementaire selon laquelle, *« le pouvoir exécutif est confié à un monarque héréditaire ou un Président de la République élu, à côté duquel sont des ministres nommés par lui et responsables devant lui, mais responsables aussi et surtout devant le Parlement, ne pouvant gouverner, par conséquent, qu'avec la confiance du Parlement »*[420]. Conformément à cette classification, les États d'Afrique noire francophone, depuis la fin des années 1990, ont, tour à tour, expérimenté le bicéphalisme (A) et le monocéphalisme (B).

L'expérimentation d'un exécutif bicéphale

L'affirmation de la séparation des pouvoirs, au moment de la consécration de la démocratie et de l'État de droit au début des années 1990, a été l'occasion, pour les États d'Afrique noire francophone, de susciter la mise en place des exécutifs de type bicéphale. La propension des constituants pour la création du poste de Premier ministre n'avait d'égal, au cours de cette période, que la volonté, sinon de procéder à un partage des pouvoirs au sein de l'exécutif, du moins de réduire considérablement les pouvoirs du Président de la République. C'est dans ce sens qu'au Bénin et au Congo-Brazzaville, les conférences nationales ont créé le poste de Premier ministre aux pouvoirs exorbitants (1) alors qu'au Sénégal, les réformes constitutionnelles ont permis la réhabilitation de cette fonction (2).

---

[419] M. HAURIOU, *Précis de droit constitutionnel*, reproduction de la 2ème édition parue en 1929, op. cit. p. 359.
[420] Idem.

1- Le bicéphalisme des Conférences nationales au Bénin et au Congo-Brazzaville

Se fondant sur une critique acerbe du monopartisme et particulièrement du Président de la République, le Bénin et le Congo-Brazzaville, y compris les autres Etats qui ont organisé les conférences nationales, ont fait le constat que l'exercice du pouvoir exécutif par le Président de la République a été source de plusieurs faiblesses[421]. Dans cette optique, ces États avaient envisagé, dans le cadre des transitions ouvertes au terme des conférences nationales, le partage de pouvoirs entre *« un Président de la République qui a vu ses pouvoirs être strictement réduits au profit d'un Premier ministre investi de véritables fonctions exécutives »*[422]. Ainsi, au Bénin, la Conférence des forces vives avait décidé que *« sous la période de transition le Bénin vivrait sous un régime semi-présidentiel [avec] au sommet de la pyramide, le chef de l'État, chef suprême des armées, représentant de l'État. Le Premier ministre conduira les affaires de l'État. Il s'attèlera à résoudre les affaires économiques et sociales [et] restaurera l'autorité de l'État par la reprise effective de l'administration publique »*[423]. De même, au Congo-Brazzaville, conformément à l'Acte fondamental, le Président de la République représente l'État et incarne la nation (article 35), il promulgue les lois (article 36), accrédite les ambassadeurs (article 37), exerce le droit de grâce (article 38) ; alors que le Premier ministre est le chef du Gouvernement (article 40), il nomme les autres membres du Gouvernement (article 41), il nomme aux hautes fonctions civiles et militaires (article 42 alinéa 4) et exerce le pouvoir réglementaire (article 43). L'originalité a consisté, dans ces nouvelles articulations institutionnelles, à faire cohabiter deux têtes au sein de l'exécutif : le Président de la République et le Premier ministre. Dans les deux exemples, les Présidents de la République étaient des anciens présidents sous le monopartisme, que les conférences nationales ont reconduits pour la durée de la période de transition ; alors que les Premiers ministres étaient élus au sein de ces Assemblées. Dans cette organisation, proche du régime parlementaire, les Premiers ministres étaient responsables devant le Parlement de transition, organe inamovible, qui pouvait mettre en cause leurs responsabilités par le vote d'une motion de censure[424]. Cette

[421] La constitution congolaise du 15 mars 1992 évoquait expressément la confiscation du pouvoir dans son préambule.
[422] I. M. FALL, « Le pouvoir exécutif dans le constitutionnalisme des Etats d'Afrique », op. cit. p. 129.
[423] Israël MENSAH, Isidore de SOUZA Isidore « Figure fondatrice d'une démocratie en Afrique », op. cit. p. 150.
[424] Article 71 de l'Acte fondamental du Congo-Brazzaville.

expérience a auguré l'encadrement de la fonction présidentielle[425] et le réaménagement du pouvoir exécutif, comme au Sénégal.

2- Le réaménagement du pouvoir exécutif au Sénégal

Au Sénégal consécutivement à l'ouverture à la démocratie libérale, le début des années 1990, a favorisé la création d'un poste de Premier ministre. Cette innovation a été apportée par la loi constitutionnelle n° 91-25 du 5 avril 1991, qui a rétabli cette fonction supprimée depuis 1983[426].
Cette réforme était l'une des mesures qui ont marqué le reniement de la confusion des pouvoirs en vigueur avant 1990. La création d'un poste de Premier ministre était perçue comme un moyen d'approfondir la démocratie par un dialogue entre l'exécutif et l'Assemblée nationale tout en renforçant la cohérence de l'action gouvernementale[427]. Le Premier ministre était chargé de diriger le Gouvernement et de mettre en œuvre la politique de la nation telle que déterminée par le Président de la République. Il assurait l'exécution des lois. Il signait les décrets et les ordonnances et contresignait les actes du Président de la République, sauf ceux qui étaient du domaine réservé (défense et affaires étrangères, par exemple). Depuis cette réforme, la dualité entre le Président de la République et le Premier ministre est la marque des régimes sénégalais à partir de 1991.
En effet, la constitution du 22 janvier 2001 a repris cette forme de bicéphalisme en consacrant un poste de Premier ministre, chef du Gouvernement. La fonction exécutive est, ainsi, partagée entre le Président de la République et le Gouvernement, placé sous l'autorité d'un Premier ministre. Cette répartition est, d'ailleurs, entretenue par la constitution qui traite des attributions de l'un et de l'autre dans des chapitres distincts[428]. En ce qui concerne le Président de la République, cette constitution reprend ses attributions traditionnelles. Le Président de la République est le gardien de la constitution, il incarne l'unité nationale, il est le garant du fonctionnement régulier des institutions, de l'indépendance nationale et de l'intégrité territoriale, il détermine la politique de la nation, il préside le Conseil des ministres, il nomme aux emplois civils et militaires, il nomme le Premier

---

[425] Certains auteurs comme Michel Martin et André CABANIS ont parlé de président en « sursis », in « Le modèle du Bénin : un présidentialisme à l'africaine », *Les nouvelles constitutions africaines, la transition démocratique*, H. ROUSSILLON, Toulouse, presse de l'IEP, 1993, p. 52.
[426] JOR n°5402 du 7 avril 1991, pp. 115-119
Voir S. M. SY, « Les régimes politiques sénégalais de l'indépendance à l'alternance politique 1960-2008 », op. cit. p. 140.
[427] S. M. SY, idem.
[428] La constitution du 22 janvier 2001 a consacré les titres III et IV respectivement au Président de la République et au Gouvernement. Contrairement à la constitution antérieure qui, avec la révision constitutionnelle du 5 avril 1991, avait consacré un titre unique au Président de la République et au Gouvernement.

ministre et les autres membres du Gouvernement sur proposition de ce dernier, il est le premier protecteur des arts et des lettres du Sénégal. La constitution de 2001 innove en plusieurs points. Le mandat du Président de la République est passé de sept ans à cinq ans renouvelables une fois[429]. La révision de cette disposition est enfermée par l'exigence d'un référendum. Le Président de la République est désormais autorisé à exercer une fonction dans un parti politique. Il est tenu, dorénavant, de faire une déclaration écrite de son patrimoine et de la déposer au greffe du Conseil constitutionnel qui la rend publique[430]. Le Premier ministre voit, également, ses compétences s'élargir. Il dispose dorénavant d'autres moyens constitutionnels comme le droit de présenter une déclaration de politique générale et son programme de Gouvernement devant l'Assemblée nationale et la possibilité de s'adresser à la nation. Il dispose du pouvoir réglementaire et contresigne les actes du Président de la République, sauf ceux relatifs au domaine réservé[431]. Il a l'initiative des lois[432]. À l'inverse du Sénégal, depuis 1990, le Congo-Brazzaville et le Bénin ont expérimenté également le monocéphalisme.

B- L'essor du monocéphalisme au Bénin et au Congo-Brazzaville

Au Bénin et au Congo-Brazzaville, la valorisation des techniques parlementaires n'a été que de courte durée, puisque les constitutions définitives n'ont pas systématiquement été favorables au régime parlementaire[433] et partant au bicéphalisme.
En effet, avec sa constitution du 11 décembre 1990, le Bénin a connu le rejet du bicéphalisme précédemment institué au sein du pouvoir exécutif (1). De même, le Congo-Brazzaville qui a poursuivi l'expérience du bicéphalisme avec la constitution du 15 mars 1992, s'est ravisé cinq ans plus tard avant d'y revenir avec la constitution du 25 octobre 2015 (2).

1- Le rejet du bicéphalisme au Bénin

Le constituant béninois de 1991 n'a pas poursuivi l'expérience amorcée pendant la transition en 1990. La consécration du poste de Premier ministre

---

[429] Article 27 de la constitution du 22 janvier 2001.
[430] S. M SY, « Les régimes politiques sénégalais de l'indépendance à l'alternance politique », op. cit. p. 182.
[431] Il s'agit notamment des actes ayant attrait à la défense, aux affaires étrangères, au droit de grâce, à la nomination du Premier ministre, à la saisine du Conseil constitutionnel, à la dissolution de l'Assemblée nationale…
[432] A ce titre, il peut proposer au Président de la République tout projet de loi de nature référendaire, il a accès aux commissions parlementaires. Il dispose d'un droit d'amendement et peut s'opposer aux amendements de tout projet de loi en discussion…
[433] Télésphore ONDO, « Splendeurs et misères du parlementarisme en Afrique noire francophone », disponible sur : http:www.parlement.org/publications.CIHAE-2006-telesphore-ondo.pdf

qui avait fait l'unanimité des participants à la Conférence des forces vives n'a pas retenu l'attention de la commission constitutionnelle et du Parlement de transition. Il ressort clairement que la nécessité de la création du poste de Premier ministre, pendant la période de transition, résidait essentiellement dans la volonté d'amenuiser les pouvoirs du Président de la République et non d'assurer un équilibre tant au sein du pouvoir exécutif qu'entre les pouvoirs exécutif et législatif[434]. Aussi, les orientations de la Conférence des forces vives étaient formelles : *« à terme, le régime politique [béninois] devrait être de type présidentiel : l'élection du Président de la République se fera au suffrage universel direct pour un mandat de cinq ans renouvelable une fois. Ainsi, le Président de la République sera chef du Gouvernement »*[435]. Conformément à ces orientations, le Bénin a mis en place un régime de type présidentiel, fondé sur une stricte séparation des pouvoirs et respectant trois règles, à savoir:

- pas de Premier ministre ;
- pas de responsabilité gouvernementale devant l'Assemblée nationale ;
- pas de possibilité de dissolution de l'Assemblée nationale[436].

En effet, la constitution, à son article 54, précise que *« le Président de la République est le détenteur du pouvoir exécutif. Il est le chef du Gouvernement, et, à ce titre, il détermine et conduit la politique de la nation. Il exerce le pouvoir réglementaire. Il dispose de l'administration et de la force armée. Il est responsable de la défense nationale. Il nomme, après avis consultatif du bureau de l'Assemblée nationale, les membres du Gouvernement, il fixe leurs attributions et met fin à leurs fonctions. Les membres du Gouvernement sont responsables devant lui... »*

Cette option était, pour le moins, curieuse. Rien, en effet, ne pouvait justifier que le Bénin, qui sortait d'un régime présidentiel fort, dont l'appréciation au cours des assises de la Conférence des forces vives a révélé des limites énormes et qui a expérimenté, avec succès, un régime politique avec un exécutif bicéphale sous la période de transition, puisse choisir un régime présidentiel monocéphale où le Président de la République retrouve presque les mêmes pouvoirs exécutifs qu'il avait sous le monopartisme.

---

[434] Pour Daniel BOURMAND et Patrick QUANTIN, « les réformes institutionnelles mises en place [par la conférence nationale] ne permettent pas d'identifier l'émergence d'un type de régime sur la base des classifications établies par le droit constitutionnel. Cependant, les reformes se sont souvent attachées à vider de sa substance le présidentialisme mono-centré caractéristique des institutions politiques africaines », in Yves MENY (dir), *Le modèle et ses doubles : les conférences nationales en Afrique (1990-1991)*, L'Harmattan, Paris, 1993, p. 179.

[435] Israël MENSAH, Isidore de SOUZA, « Figure fondatrice d'une démocratie en Afrique », op. cit. p. 150.

[436] A. Cabanis, et M. L. Martin, « Les constitutions d'Afrique francophone », op. cit. p. 78.

L'évolution institutionnelle du Congo-Brazzaville a également vacillé entre bicéphalisme et monocéphalisme.

2- Entre bicéphalisme et monocéphalisme au Congo-Brazzaville

Depuis la consécration du nouveau constitutionnalisme, le Congo-Brazzaville a connu une organisation institutionnelle fondée sur les mécanismes des régimes présidentiels et parlementaires. Ainsi, suivant la structure du pouvoir exécutif, le Congo-Brazzaville a connu un exécutif bicéphale avec l'Acte fondamental de 1991, les constitutions du 15 mars 1992 et du 25 octobre 2015 et un exécutif monocéphale avec l'Acte fondamental de 1997 et la constitution du 20 janvier 2002.
La constitution du 15 mars 1992 est restée dans la tradition de l'exécutif bicéphale propre au régime parlementaire. Le Président de la République retrouve, avec cette constitution, les attributions classiques d'un chef d'État : il incarne l'unité nationale, veille au respect de la constitution et au fonctionnement régulier des institutions publiques, assure la continuité de l'Etat, est garant de l'intégrité territoriale et du respect des accords internationaux, nomme aux hautes fonctions civiles et militaires, accrédite les ambassadeurs, exerce le droit de grâce. Il est le chef suprême des armées. Le Gouvernement, placé sous la direction d'un Premier ministre, chef du Gouvernement, détermine et conduit la politique de la nation. Le Premier ministre assure l'exécution des lois et dispose du pouvoir réglementaire. Il contresigne les actes du Président de la République, autres que ceux relatifs à la nomination du Premier ministre, au référendum, au message, à la soumission des lois au Conseil constitutionnel. Lors de son entrée en fonction, il fait devant le Parlement une déclaration de politique générale. Il peut suppléer le Président de la République en vertu d'une délégation expresse.
L'Acte fondamental du 24 octobre 1997 et la constitution du 20 janvier 2002 ont marqué un véritable changement par rapport à cette forme d'organisation institutionnelle. Ce revirement structurel a été justifié par le contexte tumultueux qui a émaillé la mise en œuvre du régime établi par la constitution de 1992. En effet, l'une des causes des guerres civiles répétitives que le Congo-Brazzaville a connues était la mise en œuvre de la collaboration entre les pouvoirs exécutif et législatif ; ces deux pouvoirs disposant des moyens d'action symétriques[437]. C'est dans cet esprit que l'Acte fondamental et, par la suite, la constitution de 2002 ont consacré un régime qui reconnaît au Président de la République la plénitude de la fonction exécutive. Ainsi, l'article 56 de la constitution congolaise du 20 janvier 2002 dispose : *« le Président de la République est le chef de*

[437] Conformément à l'article 75, « Le Président de la République nomme le Premier ministre issu de la majorité parlementaire à l'Assemblée nationale. ».

l'exécutif. Il est le chef du Gouvernement. Il détermine et conduit la politique de la nation. Il dispose du pouvoir réglementaire et assure l'exécution des lois... » L'article 74 prescrit, dans la même logique, que *« le Président de la République nomme les ministres qui ne sont responsables que devant lui. Il met fin à leurs fonctions ».* Autant dire qu'en ce qui concerne l'organisation du pouvoir exécutif, le régime congolais a connu des changements constitutionnels qui ont favorisé une valse entre monisme et dualisme au sein de l'exécutif.
Dans la réalité, en Afrique noire francophone, le réaménagement du pouvoir exécutif a quelquefois été suscité par la pratique constitutionnelle.

Paragraphe 2: Le réaménagement du pouvoir exécutif par la pratique constitutionnelle

En dépit de la consécration écrite, il y a des fois où les normes constitutionnelles connaissent des pratiques, parfois, contraires à l'esprit et à la lettre de la constitution. Ces pratiques traduisent, en fait, la manifestation *« d'un déplacement de la réalité de la situation politique, de la structure sociale ou de l'équilibre des intérêts sans pour autant que ce changement soit authentifié dans la lettre de la constitution »*[438]. Depuis 1990, en effet, nombre de régimes politiques des États d'Afrique noire francophone ont été réaménagés sans modification du texte de la constitution. C'est dans ce sens que l'on a observé que le Bénin (A) et le Congo-Brazzaville[439] (B) ont institué des postes de Premier ministre alors que les constitutions de ces deux États ne les prévoyaient pas.

A- L'expérience des Premiers ministres de fait au Bénin

La mise en œuvre de la constitution béninoise du 11 décembre 1990 a permis d'expérimenter la fonction de Premier ministre dans un régime de nature présidentielle. Ce choix s'est établi dans un contexte où *« le constituant a concentré les fonctions exécutives dans les seules mains du chef de l'État. Il en fait un Président gouvernant évitant, le cas échéant, tout concours de compétence, tout conflit d'attribution ou encore toute dyarchie »*[440] à la tête de l'exécutif. Mais, la pratique en est allée autrement du fait de la réalité politique (1) qui a, par la suite, suscité une continuité évidente (2).

---

[438] J. M. SAUVE, « Communication présentée au colloque sur les mutations constitutionnelles », *Collection colloque volume 20, société de législation comparée*, 2013, p. 7.
[439] Au Congo-Brazzaville, ces pratiques ont eu lieu sous la constitution du 20 janvier 2002.
[440] F. J. AIVO, *Le juge constitutionnel et l'Etat de droit en Afrique*, L'Harmattan, Paris, 2008, p. 62.

1- Un choix politique, la nomination du Premier ministre André HOUNGBEDJI

Après l'expérience de la transition de 1990, le Bénin n'a plus connu de poste de Premier ministre, notamment sous le règne du Président SOGLO, de 1991 à 1996. La création de ce poste est intervenue avec le retour du Président Mathieu KEREKOU, après son élection en 1996. En effet, par décret n°96-128 du 9 avril 1996, le Président nouvellement élu, Mathieu KEREKOU, a nommé au poste de Premier ministre, monsieur Adrien HOUNGBEDJI. Cette nomination a alimenté une importante controverse au sein de la société béninoise avant que la Cour constitutionnelle ne se prononce. En effet, saisie à l'effet de déclarer cette nomination contraire à la constitution, la Cour constitutionnelle, dans sa décision DCC 96-20 des 25 et 26 avril 1996, s'est livrée à une analyse didactique des régimes politiques et a indiqué que le critère juridique essentiel qui caractérise un régime parlementaire est la responsabilité politique du Gouvernement devant le Parlement alors que le régime présidentiel béninois se caractérise par *« l'élection du Président de la République au suffrage universel direct et par le fait que, détenteur du pouvoir exécutif, le Président de la République est le chef du Gouvernement et n'est pas responsable devant l'Assemblée nationale »*[441]. Quoi qu'il en soit, cette nomination, par son caractère insolite, pose le problème de son opportunité. On peut, en effet, comprendre que la nomination de monsieur Adrien HOUNGBEDJI s'expliquait par des raisons d'ordre politique. D'abord, son soutien et celui de son parti étaient décisifs pour l'élection du Président Mathieu KEREKOU. Ensuite, son ralliement a permis au Président Mathieu KEREKOU, dont le parti n'avait que douze députés, d'avoir une majorité à l'Assemblée nationale avec l'apport d'autres petits partis. Ce qui lui a permis d'éviter de connaître les conflits, dans ses rapports avec l'Assemblée nationale, comme son prédécesseur[442]. Toutefois, le recours à cette pratique n'a pas manqué d'être poursuivi par son successeur.

2- Une continuité manifeste, la nomination du Premier ministre Pascal Irénée KOUPAKI

La nomination du Premier ministre Adrien HOUNGBEDI a constitué un véritable précédent. À la suite du Président Mathieu KEREKOU, le Président BONI YAYI, s'y est conformé en nommant monsieur Pascal

---

[441] Cité par SALAMI, Ibrahim David et GANDONOU, Diane O. Melone,« Droit constitutionnel et institutions du Bénin », op. cit. p. 243.

[442] Pendant le règne du Président SOGLO de 1991 à 1996, la mouvance présidentielle disposait de 32 députés contre 51 pour l'opposition. Ce qui a occasionné de nombreux blocages des initiatives législatives du Président. Voir, dans ce sens, Ismaïla Madior FALL, « Le pouvoir exécutif dans le constitutionnalisme des Etats d'Afrique », op. cit. p. 31.

Irénée KOUPAKI au poste de Premier ministre, chargé de la coordination de l'action gouvernementale, au sein des Gouvernements successifs du 11 juillet 2011 et du 10 avril 2012. Cette nomination a été mieux acceptée par l'opinion et la classe politique béninoise. Déjà, en pleine campagne électorale, les trois principaux candidats (BONI YAYI, Adrien HOUNGBEDJI et Abdoulaye BIO TCHANE) avaient promis chacun de nommer un Premier ministre au cas où il serait élu[443]. Cependant, aucune exigence politique et institutionnelle ne justifiait la nomination de monsieur Pascal Irénée KOUPAKI au poste de Premier ministre. Cette nomination marquait inéluctablement une continuité après l'expérience du Premier ministre Adrien HOUNGBEDJI. Elle se justifiait sûrement par la nécessité, pour le Président de la République, de déléguer en permanence certaines activités de coordination du Gouvernement. Ainsi cette nomination donnait au Premier ministre Pascal Irénée KOUPAKI plus d'autorité au sein du Gouvernement et dans les milieux politiques, puisque ce dernier était reconnu comme homme de confiance du Président de la République. La nomination d'un Premier ministre sous la constitution du 20 janvier 2002 au Congo-Brazzaville procédait, vraisemblablement, des mêmes motivations.

B- La nomination d'un Premier ministre au Congo-Brazzaville sous la constitution du 20 janvier 2002

C'est avec la constitution du 20 janvier 2002 que la pratique d'un poste de Premier ministre non prévu par la constitution a été expérimentée au Congo-Brazzaville. Cette constitution avait consacré un régime de type présidentiel dans lequel le Président de la République était la seule tête de l'exécutif. L'article 56 alinéa 2 était clair, à cet effet : *« le Président de la République est le chef de l'exécutif. Il est le chef du Gouvernement. Il détermine et conduit la politique de la nation. Il dispose du pouvoir réglementaire et assure l'exécution des lois ».* Dans la pratique, ce régime a connu la nomination d'un Premier ministre qui était une vraie délégation de certaines compétences du Président de la République vers le Premier ministre (1) même si cette nomination n'avait pas d'incidence sur l'organisation institutionnelle du régime (2).

1- Une délégation de compétences du Président de la République

Le régime congolais institué par la constitution du 20 janvier 2002 n'a pas connu de Premier ministre avec le Gouvernement mis en place au début du premier septennat du Président Denis SASSOU NGUESSO en 2002. Ce gouvernement avait, par contre, consacré un poste de ministre d'État, chargé

[443] Idem.

de la Coordination de l'action du Gouvernement. Cependant, le 7 janvier 2005, le Président Denis SASSOU NGUESSO a composé un gouvernement au sein duquel monsieur Isidore MVOUBA fut nommé Premier ministre, chargé de la Coordination de l'action du Gouvernement[444]. Il a gardé le même poste dans le Gouvernement suivant du 31 décembre 2007. Cette pratique n'a pas survécu avec les Gouvernements qui se sont succédé, notamment ceux du deuxième septennat. La nomination du Premier ministre, Isidore MVOUBA, comme celle du Premier ministre pascal Irénée KOUPAKI au Bénin, était quelque peu surprenante. L'intéressé avait, au sein du Gouvernement précédent occupé le poste de ministre d'État, chargé de la Coordination de l'action gouvernementale. Il s'agissait, en réalité, d'une promotion qui lui donnait plus d'audience à l'égard des autres membres du Gouvernement et qui était une véritable délégation de pouvoirs du Président de la République. Dans ce sens, le Premier ministre disposait de la responsabilité permanente de coordonner l'activité des différents départements ministériels et de constituer, au nom du Gouvernement, une interface à l'égard des autres institutions. Ainsi, en observant le fonctionnement du pouvoir exécutif dans les cas du Bénin et du Congo-Brazzaville, il y a fort à parier que l'existence d'un poste de Premier ministre était loin d'une simulation. Les Premiers ministres nommés dans ces deux États, en dehors de toute disposition constitutionnelle, ont, en effet, bénéficié d'une délégation de certains attributs du pouvoir exécutif : contreseing des actes du Président de la République, responsabilité dans la répartition horizontale du pouvoir au sein de l'exécutif, occupation d'un local destiné à la primature, préséance dans l'ordre protocolaire, collaboration institutionnelle avec le Parlement ; le Premier ministre ayant la responsabilité de conduire la délégation gouvernementale et la possibilité de répondre parfois, au nom de l'exécutif, aux parlementaires au cours des séances de questions orales ou écrites.
Cette situation a permis, en pratique, une vraie délégation de certains pouvoirs du Président de la République, dépositaire exclusif du pouvoir exécutif suivant la constitution, vers le Premier ministre, responsable, avec les autres membres du Gouvernement, uniquement devant le Président de la République. Mais, elle n'a pas établi un partage de la fonction exécutive et ne présentait pas un enjeu particulier sur l'organisation institutionnelle du régime, puisque le pouvoir exécutif demeurait sous l'autorité exclusive du Président de la République.

2- Un exécutif sous l'autorité du Président de la République

Les constitutions de la plupart des États modernes, qui consacrent le poste de Premier ministre, reconnaissent ce dernier comme chef du Gouvernement.

[444] S. BOLLE, « Des constitutions made in Africa », op. cit. p. 11.

C'est le cas du Sénégal, notamment avec la constitution du 22 janvier 2001. Cette responsabilité du chef de Gouvernement répond à une exigence du régime parlementaire qui veut que le Premier ministre dispose de la majorité au Parlement sans laquelle il ne peut gouverner.
Dans la réalité congolaise, une telle articulation n'était pas prévue par la constitution. Ainsi, la nature présidentielle du régime ne faisait aucune exigence au Président de la République de rechercher le soutien de l'Assemblée nationale en nommant un Premier ministre au sein de la majorité parlementaire, les deux institutions étant dans une logique d'irrévocabilité mutuelle. Aussi, dans la pratique, en dépit de la nomination du Premier ministre Isidore MVOUBA, le Président de la République est resté la principale figure de l'exécutif.
De même, le Premier ministre, Isidore MVOUBA, étant membre du parti présidentiel, le Parti congolais du travail (PCT), et homme de confiance du Président, ne pouvait pas disposer d'autres ressorts politiques pour assurer au mieux un équilibre institutionnel entre l'exécutif et le Parlement que ceux dont disposait le Président de la République qui, du reste, était le chef de la majorité présidentielle.
L'expérience congolaise a suscité peu de controverses au sein de l'opinion et de la classe politique. La référence au droit comparé a, sans doute, permis d'établir la correspondance avec le Bénin. Mais, quoi qu'il en soit, la nomination d'un Premier ministre au sein d'un régime d'essence présidentielle rend complexe la classification de celui-ci. En effet, il est un principe classique que l'existence du poste de Premier ministre est l'une des marques du régime parlementaire et son absence est caractéristique d'un régime présidentiel. De ce fait, comme le souligne Jean-Philippe FELDMAN, *« la présence d'un Premier ministre au sein d'un régime présidentiel apparaît au mieux surprenante, au pis inconséquente »*[445].

En définitive, la structure du pouvoir exécutif, au sein des États d'Afrique noire francophone, n'est pas stable depuis le début des années 1990. Le réaménagement du pouvoir législatif dans ces États s'inscrit dans la même dynamique.

Section 2 : Le réaménagement du pouvoir législatif

Dans le cadre du renouveau démocratique des années 1990, plusieurs États africains ont fait montre d'un enthousiasme inédit dans la cristallisation de la fonction législative suivant le principe de la séparation des pouvoirs. Cet enthousiasme a été caractérisé par le rejet de la pratique des Parlements monocolores de la période du monopartisme et la substitution, à ces derniers,

[445] J. P. FELDMAN, « Un régime parlementaire pour les pays, d'Afrique »,http://www.audace-afrique.net

des Parlements fragmentés entre plusieurs courants politiques[446] et issus des élections concurrentielles. Dans cette perspective, la spécialisation fonctionnelle du Parlement paraissait comme un acquis de la démocratie renaissante. Toutefois, les péripéties qui ont marqué l'évolution du constitutionnalisme des années 1990, en Afrique noire francophone, n'ont pas épargné le Parlement. En effet, avec le recul du temps, cette institution est en déclin, comme bien d'autres Parlements à travers le monde[447]. La manifestation africaine de ce déclin résulte, entre autres causes, de la tergiversation sur la structure des Parlements oscillant entre monocaméralisme et bicaméralisme comme nous le verrons à partir des exemples du Congo-Brazzaville (paragraphe 1) et du Sénégal (paragraphe 2).

Paragraphe 1 : L'ambivalence des formes d'organisation parlementaire au Congo-Brazzaville

En vingt-cinq ans de mise en œuvre du nouveau constitutionnalisme, le Congo-Brazzaville a expérimenté le monocaméralisme et le bicaméralisme. La particularité de cette expérience est que le bicaméralisme est la forme originelle du Parlement consacré par les constitutions successives que le Congo a connues depuis 1990 (A) alors que le monocaméralisme est intervenu en période de crise (B).

A- Le bicaméralisme originel des constitutions congolaises

Depuis la fin de la Conférence nationale souveraine en juin 1991, le Congo-Brazzaville a connu trois constitutions : celle du 15 mars 1992, celle du 20 janvier 2002 et celle du 25 octobre 2015. Ces trois constitutions ont consacré des régimes bicaméraux marquant, ainsi, une constance structurelle (1) et une continuité fonctionnelle (2).

---

[446] Kossi Somali, *Le Parlement dans le nouveau constitutionnalisme en Afrique. Essai d'analyse comparée à partir des exemples du Bénin, du Burkina Faso et du Togo*, Thèse de doctorat en Droit public, Université de Lille 2, 2008. p. 27.

[447] Les qualificatifs sur la réalité des Parlements à travers le monde sont éloquents et traduisent une remise en cause des fonctions de ceux-ci. On évoque volontiers le déclin du parlementarisme (Pierre DABEZIES, « Le déclin du parlement », *projet*, n°56, juin 1971, p. 671), sa décadence (Paul DURAND, « La décadence de la loi dans la constitution de la Vème République », *JCP*, 1959, n°1470), son abaissement (André HAURIOU, *Droit constitutionnel et institutions politiques*, Montchrestien, Paris, 5ème édition, 1972, p. 863 ; Jean-Pierre DUPRAT, *La crise des assemblées parlementaires françaises Etudes offertes à Jean-Marie AUBRY*, Dalloz, 1992, p. 493), sa réinvention (Pierre BIRNAUM, Francis HARON, Michel TROPPER, *Réinventer le parlement*. Flammarion, 1977, p. 223).

1- Une constance structurelle

L'expérience du monocaméralisme héritée du monopartisme[448] n'a tenu, au Congo-Brazzaville, que pendant la période de transition instituée par la Conférence nationale souveraine. Après cette période, les régimes politiques congolais qui se sont succédé ont mis en pratique le bicaméralisme.

En effet, la constitution du 15 mars 1992 avait institué un Parlement composé de deux chambres : l'Assemblée nationale et le Sénat[449]. Les députés à l'Assemblée nationale étaient élus au suffrage universel direct, alors que les Sénateurs l'étaient au suffrage universel indirect, par les Conseils de districts, de régions, d'arrondissements et de communes[450]. La durée du mandat des députés était de cinq ans renouvelable, tandis que celle des Sénateurs était de six ans renouvelable par tiers tous les deux ans[451].

Après la période de transition entre 1998 et 2002, le Congo a renoué avec le bicaméralisme avec la constitution du 20 janvier 2002. Celle-ci marquait un retour aux principes introduits par la constitution du 15 mars 1992. Les deux chambres du Parlement retrouvaient quasiment les mêmes fonctions et les mêmes modes de recrutement des membres. Les députés étaient élus au suffrage universel direct alors que les Sénateurs l'étaient au suffrage universel indirect par les collectivités locales. Les durées des mandats des députés et Sénateurs étaient respectivement de 5 et 6 ans. Le Sénat se renouvelait tous les trois ans de moitié. Les mandats des députés et Sénateurs pouvaient être prolongés par la Cour constitutionnelle en cas de circonstances exceptionnellement graves empêchant le déroulement normal des élections[452].

La constitution du 25 octobre 2015 consacre, elle aussi, le bicaméralisme comme ses devancières de 1992 et de 2002. Les deux chambres du Parlement conservent la même structure et les mêmes fonctions que celles consacrées par la constitution de 2002 en dépit du fait que le Sénat ne se renouvelle plus par tiers, les Sénateurs étant élus pour un mandat de six ans. Elle marque une nette continuité fonctionnelle.

---

[448] Depuis l'indépendance, le monocaméralisme a été le modèle parlementaire de référence. Il est resté la forme idéale sous le monopartisme car il coïncidait, en ce temps, avec l'idéologie en vigueur marquée par l'unicité du pouvoir et du commandement.

[449] Article 93 de la constitution congolaise du 15 mars 1992.

D'autres Etats comme le Burkina Faso, le Cameroun, la Mauritanie, le Tchad, Madagascar ont également choisi la forme d'un Parlement bicaméral dès l'ouverture à la démocratie pluraliste. Voir, dans ce sens, André CABANIS et Michel Louis Martin, in « Les constitutions d'Afrique francophone, évolution récente », op. cit. p. 114.

[450] Article 93 de la constitution congolaise du 15 mars 1992.

[451] Article 94 de la constitution du 15 mars 1992.

[452] La Cour constitutionnelle a, sur la base de cet article, prorogé le mandat de trois députés. Les élections de juillet 2012 ne pouvaient être organisées dans leurs circonscriptions respectives du fait des déplacements des populations suite aux explosions d'armes dans une caserne militaire le 4 mars 2012.

2- Une continuité fonctionnelle

Tous les régimes congolais, depuis 1991, consacrent des mécanismes de fonctionnement distincts. Toutefois, ils reconnaissent, tous, que les deux chambres du Parlement exercent la fonction législative et contrôlent l'action du Gouvernement au moyen de l'interpellation, la question écrite, la question orale, la commission d'enquête, l'audition en commission[453]. De même, depuis 2002, dans le cadre des relations entre le Parlement et le Gouvernement telles que consacrées par les constitutions de 2002 et de 2015, le Président de la République communique avec le Parlement par des messages qu'il adresse à cet organe. Une fois par an, il fait devant le Parlement réuni en congrès un message sur l'état de la nation. Il peut, à tout moment, adresser des messages à l'Assemblée nationale ou au Sénat. Ces messages ne donnent lieu à aucun débat. Bien plus, sous l'empire des trois constitutions (1992, 2002 et 2015), outre ses fonctions législatives et de suivi de l'action du Gouvernement, le Sénat assure la représentation des intérêts des collectivités locales et des communautés socioculturelles.
Sous la constitution du 15 mars 1992, dans ses rapports avec l'exécutif, l'Assemblée nationale pouvait être dissoute par le Président de la République[454] et l'Assemblée nationale pouvait mettre en cause la responsabilité du Gouvernement au moyen de la motion de censure[455]. On y retrouvait, également, la logique du bicaméralisme qui veut que la chambre haute assure une fonction modératrice et régulatrice, incarnant, de ce fait, la sagesse et la raison alors que la chambre basse symbolise l'imagination de la République[456]. Le Sénat ainsi constitué soulevait peu de soupçons sur sa malléabilité politique et représentait un pilier important du Parlement en mesure de contribuer à l'amélioration de la production législative[457].
La constitution du 20 janvier 2002 se distinguait de celle du 15 mars 1992 dans l'organisation des rapports entre les pouvoirs exécutif et législatif. En effet, contrairement à celle de 1992, la constitution du 20 janvier 2002 ne prévoyait pas de moyens d'action entre les deux pouvoirs. L'article 114 disposait, à cet effet : *« le Président de la République ne peut dissoudre l'Assemblée nationale. L'Assemblée nationale ne peut démettre le Président de la République ».* Toutefois, elle consacre les moyens de contrôle de l'action du Gouvernement par le Parlement à partir de l'interpellation, la question écrite, la question orale, la commission d'enquête, l'audition en commission.

---

[453] Article 125 alinéa 2 de la constitution du 15 mars 1992.
[454] Article 80 de la constitution congolaise du 15 mars 1992
[455] Article 122 de la constitution congolaise du 15 mars 1992
[456] Narcisse MOUELLE KOMBI, « La démocratie dans la réalité camerounaise », op. cit. pp. 111-112.
[457] Idem.

La constitution du 25 octobre 2015 conserve un bicaméralisme d'essence parlementaire comme celui issu de la constitution de 1992. Avec cette constitution, le Congo-Brazzaville renoue avec les moyens d'action réciproques entre le Parlement et l'exécutif. Le Président peut dissoudre l'Assemblée nationale par le droit de dissolution alors que le Parlement peut renverser le Gouvernement par la motion de censure[458].

En pratique, les Parlements institués par les différents régimes congolais sous les constitutions de 1992, 2002 et 2015 sont d'essence démocratique. En effet, Les députés et Sénateurs sont issus d'élections libres et concurrentielles opposant plusieurs formations politiques, mais aussi des individualités. La configuration des deux chambres est multipartite. On y retrouve des élus de toutes les sensibilités politiques les plus représentatives dans l'opinion.

Au cours des transitions, ouvertes après les crises de 1990 et de 1997, le Congo-Brazzaville a renoué avec les parlements de type monocaméral pratiqués sous le monopartisme.

B- Le monocaméralisme des régimes de transition au Congo-Brazzaville

Le Congo-Brazzaville a une longue tradition du monocaméralisme qui était la forme exclusive d'organisation du Parlement sous le monopartisme. Cette forme d'organisation parlementaire est depuis 1990 consacrée en période de transition. En effet, la période de transition de 1991 à 1992 est restée fidèle à cette tradition avec le Conseil supérieur de la République de 1992-1993 (1). La période de transition de 1997 à 2002 s'y est également conformée (2).

1- L'expérience du Conseil supérieur de la République (1992-1993)

Depuis son accession à l'indépendance, le Congo-Brazzaville a connu plusieurs régimes de type monocaméral. Cette forme d'organisation a été retenue à l'issue des travaux de la Conférence nationale. Ainsi, au cours de la période de transition de 1992-1993, la fonction législative était assurée par le Conseil supérieur de la République qui était composé de membres désignés en tenant compte de la représentativité des participants à la Conférence nationale. On y retrouvait, particulièrement, les formations politiques de sensibilités diverses, la société civile et les confessions religieuses. Le choix d'un Parlement à une seule chambre était moins étonnant. Le régime de transition avait des objectifs immédiats dans le cadre de l'instauration de la démocratie et de l'État de droit. L'essentiel des

[458] Articles 138 et 139 de la constitution du 25 octobre 2015.

préoccupations avait été discuté au cours de la conférence nationale souveraine et certaines avaient fait l'objet de délibérations. Ainsi, la brièveté de la période de transition (un an) justifiait que le Conseil supérieur de la République ne soit qu'un organe chargé de veiller à l'aboutissement des décisions de la Conférence nationale. À l'évidence, la Conférence avait mis en place un véritable régime d'assemblée au sein duquel le Parlement de transition était la plaque tournante du fonctionnement des institutions. Si le Premier ministre cumulait tous les pouvoirs exécutifs, il ne pouvait, toutefois, les exercer que sous la surveillance du Conseil supérieur de la République qui pouvait, à tout moment, mettre *« en cause la responsabilité du Gouvernement de transition par le vote de la motion de censure lorsqu'il [constatait que celui-ci s'était] gravement écarté des décisions et recommandations de la Conférence nationale »*[459]. Pour renforcer leur autorité, les membres du Conseil supérieur de la République disposaient d'une immunité parlementaire et étaient inamovibles.

Le Président de la Conférence nationale était le président du Conseil supérieur de la République. Le Conseil supérieur de la République était chargé de suivre et de contrôler l'exécution des décisions de la Conférence nationale, d'exercer la fonction législative, de contrôler l'exécutif, d'examiner le projet de constitution à soumettre au référendum, de superviser le référendum pour l'adoption de la constitution, de garantir l'accès des partis politiques aux médias officiels, de superviser les élections, de veiller à la défense et à la promotion des droits de l'Homme, d'assurer le rôle de Médiateur[460]. Le Conseil supérieur de la République participait à la détermination de la politique nationale de concert avec le Gouvernement au cours des séances périodiques que les deux organes organisaient[461].

L'expérience du Conseil supérieur de la République est dans son ensemble identique avec celle du Conseil national de transition mis en place par le Forum national de 1998.

2- L'expérience du Conseil national de transition (1998-2002)

La guerre civile de 1997 s'est soldée par l'abrogation de la constitution du 15 mars 1992 et l'entrée en vigueur de l'Acte fondamental du 24 octobre 1997 fixant l'organisation des pouvoirs publics pendant la période de transition. Le Congo-Brazzaville a connu, dès lors, une autre expérience du monocaméralisme comme sous la transition de 1991-1992. L'une des caractéristiques de ce monocéphalisme est que les parlementaires, au nombre de 75, ont été désignés par le Forum national avec un dosage subtil qui faisait que toutes les sensibilités politiques nationales y soient représentées.

---

[459] Article 71 de l'Acte fondamental du 4 juin 1991.
[460] Article 51 de l'Acte fondamental du 4 juin 1991.
[461] Article 70 de l'Acte fondamental du 4 juin 1991.

Les principales missions du Conseil national de transition étaient de suivre et de contrôler les décisions du Forum, d'exercer la fonction législative, de contrôler l'action du Gouvernement, d'examiner, après un débat national, le projet de constitution à soumettre au référendum, de veiller à la défense et à la promotion des droits de l'Homme, d'exercer la fonction de Conseil économique et social du Gouvernement[462].

Le mandat du Conseil national de transition était estimé à une période flexible de trois ans. Finalement, la législature a duré cinq ans, soit la durée d'un mandat parlementaire en période normale.

Au Congo-Brazzaville, de tout temps, ces régimes exceptionnels ont eu l'ingéniosité de préparer les régimes définitifs, surtout en ce qui concerne les rapports entre les pouvoirs exécutif et législatif. Ainsi, le régime monocaméral de 1991-1992, qui prévoyait une collaboration entre les deux institutions, sanctionnée par la motion de censure, a été le précédent organique du régime semi-parlementaire adopté en 1992. De même, le monocaméralisme de 1997-2002, caractérisé par une collaboration timide entre les deux pouvoirs, sans droit de dissolution ni motion de censure, a préfiguré le régime semi-présidentiel consacré par la constitution de 2002.

Tout compte fait, l'évolution institutionnelle du Congo-Brazzaville, depuis la Conférence nationale souveraine, ne connaît le monocaméralisme qu'en temps de crise comme ce furent les cas entre 1991 et 1992 et entre 1997 et 2002. Le pouvoir législatif a ainsi connu une organisation alternant monocaméralisme et bicaméralisme comme au Sénégal.

Paragraphe 2 : La survivance d'une organisation parlementaire alternante au Sénégal

Depuis le début des années 1990, le modèle parlementaire sénégalais a la particularité d'évoluer suivant une logique alternante entre le monocaméralisme et le bicaméralisme. Dans cet exemple, le bicaméralisme n'a jamais été l'œuvre des constitutions originaires de 1963 et de 2001. Le bicaméralisme a été introduit dans chacune des deux constitutions initiales par des réformes constitutionnelles. Cette pratique a été, également, observée dans nombre d'États, à partir de 1994, notamment au Gabon, au Maroc, en Algérie et en Côte d'Ivoire. Ainsi, le Parlement sénégalais a oscillé entre le monocaméralisme et le bicaméralisme sous la constitution du 7 mars 1963 (A) alors que la constitution du 22 janvier 2001 a conservé la tradition monocaméraliste avant que la révision constitutionnelle du 10 mai 2007 ressuscite le Sénat (B).

[462] Articles 50 à 64 et 65 à 68 de l'Acte fondamental du 24 octobre 1997.

A- Du monocaméralisme au bicaméralisme sous la constitution du 7 mars 1963 au Sénégal

Le monocaméralisme est la forme du régime institué par le texte initial de la constitution du 7 mars 1963 (1). La réforme constitutionnelle de 1998 a modifié cette structure en consacrant le bicaméralisme (2).

1- Le monocaméralisme initial de la constitution du 7 mars 1963

Le Parlement sénégalais issu de la constitution du 7 mars 1963 est resté en vigueur sous sa forme initiale jusqu' à la réforme de cette institution par la loi constitutionnelle n 98-11 du 2 mars 1998 portant révision de la constitution et relative à la création du Sénat. Les adaptations constitutionnelles de 1991, consécutives à la consécration de la démocratie intégrale n'ont pas remis en cause le monocaméralisme qui semblait définitivement acquis. Ce Parlement, à une seule chambre, appelé Assemblée nationale, était composé des députés élus au suffrage universel direct pour un mandat de quatre ans[463]. L'Assemblée nationale détenait le pouvoir législatif et votait seule la loi[464]. Ce Parlement assurait une véritable représentation de l'opinion sénégalaise. Avec l'ouverture au multipartisme intégral, il s'est élargi à plusieurs formations politiques même si le parti socialiste sénégalais disposait d'une majorité confortable. Les rapports entre le Parlement et le Gouvernement étaient plutôt sans enjeu politique. Le Gouvernement n'était pas responsable devant le Parlement. Le Parlement ne pouvait être dissout par le Président de la République et les députés ne pouvaient démettre le Gouvernement au moyen de la motion de censure. Toutefois, le Parlement assurait un contrôle permanent de l'action du Gouvernement. À ce titre, les députés pouvaient poser au Gouvernement des questions écrites ou orales avec ou sans débats auxquelles le Gouvernement était tenu de répondre. Celles-ci ne donnaient lieu à aucun vote[465]. Le Président de la République communiquait avec l'Assemblée nationale au moyen des messages qu'il prononçait ou faisait lire et qui ne donnaient lieu à aucun vote[466].

Toutefois, ce régime monocaméral avait mis en place pratiquement tous les mécanismes du parlementarisme rationalisé. Le domaine de la loi était bien circonscrit à certaines matières limitativement énumérées. L'initiative des lois était partagée avec l'exécutif. Les projets du Gouvernement bénéficiaient d'une inscription prioritaire à l'ordre du jour de sessions de

[463] Article 49 du texte initial de la constitution du 7 mas 1963 (abrogée). Ce mandat passera à cinq ans à partir de 1967, coïncidant ainsi avec le mandat du Président de la République.
[464] Article 56 du texte initial de la constitution du 7 mas 1963 (abrogée).
[465] Article 74 du texte initial de la constitution du 7 mas 1963.
[466] Article 68 du texte initial de la constitution du 7 mas 1963.

l'Assemblée nationale. Le Président de la République pouvait, avant la promulgation de la loi votée, demander au Parlement une seconde délibération. Le régime des amendements des parlementaires était soumis à des conditions précises, notamment en matière financière où ces derniers devaient impérativement trouver des ressources compensatrices pour les propositions d'augmentation de dépenses.
Le monocaméralisme institué par la constitution du 7 mars 1963 a subsisté jusqu'à la réforme du 2 mars 1998 qui a introduit le Sénat.

2- L'introduction du bicaméralisme par la révision constitutionnelle du 2 mars 1998

La remise en cause du monocaméralisme sous l'empire de la constitution du 7 mars 1963 est intervenue avec la 18ème révision de la constitution du 7 mars 1963. Cette révision a été effectuée par la loi n 98-11 du 2 mars 1998 portant révision constitutionnelle et relative à la création du Sénat[467]. D'après l'exposé des motifs, cette réforme s'inscrivait d'abord dans le prolongement de la régionalisation. Ainsi, le Sénat assurerait la représentation des collectivités locales qui procéderaient à l'élection de trois quarts des membres du Sénat. Les Sénégalais établis hors du Sénégal disposeront de représentants au sein de cette chambre parlementaire[468]. Les Sénateurs étaient élus au suffrage universel indirect, pour un mandat de cinq ans, à raison de 45 élus par les membres de l'Assemblée nationale et les représentants des collectivités locales, 12 désignés par le Président de la République et 3 élus par les Sénégalais résidant à l'étranger. Les députés et les Sénateurs partageaient la fonction législative et votaient la loi. Dans le cadre des rapports entre les deux chambres du Parlement, la réforme de 1998 n'a pas apporté des modifications de fond au régime initial. Les deux chambres avaient, en commun, le contrôle de l'action gouvernementale. Les parlementaires pouvaient poser au Gouvernement des questions écrites et orales avec ou sans débat auxquelles les membres du Gouvernement étaient tenus de répondre[469]. Ces questions ne pouvaient pas donner lieu à un vote, car il n'existait pas de responsabilité du Gouvernement devant le Parlement.
La création du Sénat a alimenté un vrai débat sur l'opportunité d'une telle institution. L'opposition de l'époque présentait le Sénat comme *« une institution budgétivore, créée uniquement pour faire une place à des membres de la classe politique, fidèles du régime socialiste, qui n'ont pu*

---

[467] JORS n° 5788 du 5 mars 1998, pp. 141-144.
[468] S. M. SY, *Les régimes politiques sénégalais de l'indépendance à l'alternance*, Iroko-Karthala-CREPOS, Paris, 2011, p. 150.
[469] Article 74 de la constitution du 7 mars 1963 (abrogée).

entrer au Gouvernement ou à l'Assemblée »[470]. Mais, cette opposition ne tiendra pas cette argumentation indéfiniment. Après son accession au pouvoir en 2000, elle soutiendra le bicaméralisme aux termes de la révision de la constitution du 22 janvier 2001.

B- Du monocaméralisme au bicaméralisme sous la constitution du 22 janvier 2001

Le texte initial de la constitution sénégalaise du 22 janvier 2001 avait consacré un Parlement monocaméral (1). Mais, la réforme constitutionnelle du 10 mai 2007 a ressuscité le Sénat, ramenant ainsi le bicaméralisme au Sénégal (2).

1- Le monocaméralisme de la constitution du 22 janvier 2001

La constitution de 2001, dans sa rédaction initiale, n'avait pas été favorable à l'idée d'un Parlement à deux chambres. Comme le constituant originaire de 1963, celui de 2001 a retenu un Parlement monocaméral[471]. Ses membres, les députés, étaient élus au suffrage universel direct pour un mandat de cinq ans[472]. L'Assemblée nationale détenait le pouvoir législatif et votait seule la loi[473]. Elle communiquait avec le Président de la République par des messages que celui-ci prononçait ou faisait lire. Ces messages ne donnaient lieu à aucun débat[474]. Les députés pouvaient poser au Premier ministre et aux autres membres du Gouvernement des questions auxquelles ils étaient tenus de répondre sans que celles-ci soient suivies de vote[475]. L'Assemblée nationale pouvait provoquer la démission du Gouvernement par le vote d'une motion de censure[476]. Le Président de la République pouvait dissoudre l'Assemblée nationale après les deux premières années de la législature[477]. Comme on peut le constater, depuis l'indépendance, l'option pour le monocaméralisme au Sénégal semblait définitivement acquise[478]. De ce fait, le bicaméralisme a toujours été l'œuvre du pouvoir constituant dérivé à l'occasion des révisions constitutionnelles, comme celle qui a ressuscité le Sénat en 2007.

---

[470] MBAYE, *Histoire des institutions contemporaines du Sénégal*, Imprimerie Saint-Paul, Dakar 2012, p. 233.

[471] Article 59 du texte initial de la constitution du 22 janvier 2001.

[472] Article 60 du texte initial de la constitution du 22 janvier 2001.

[473] Article 67 du texte initial de la constitution du 22 janvier 2001.

[474] Article 79 du texte initial de la constitution du 22 janvier 2001.

[476] Article 86 al 3 du texte initial de la constitution du 22 janvier 2001.

[477] Article 87 du texte initial de la constitution du 22 janvier 2001.

[478] S. M. SY, « Les régimes politiques sénégalais de l'indépendance à l'alternance politique », op. cit. p. 150.

2- La résurrection du Sénat par la révision constitutionnelle du 10 mai 2007

La constitution du 22 janvier 2001, dans sa rédaction initiale, avait supprimé le Sénat[479]. C'est finalement l'Assemblée nationale, dans sa séance du 10 mai 2007, qui avait voté la création du Sénat. Comme pour la réforme de 1998, celle de 2007 confère aux deux chambres les mêmes attributions au sujet, notamment de la fonction législative et du contrôle de l'action du Gouvernement. Le Sénat était, en outre, chargé d'assurer la représentation des collectivités locales et des Sénégalais de l'étranger[480]. La réforme de 2007 est frappante à plus d'un titre. D'abord, par la composition du Sénat. Dans une écriture simpliste, la réforme indique que le Sénat est composé de 100 membres dont 65 sont nommés par le Président de la République et 35 élus par les collectivités locales. Ensuite, cette réforme fait une ouverture à la représentation des femmes en inscrivant un quota de 2/5 pour celles-ci. Enfin, la loi constitutionnelle du 10 mai 2007 confie au président du Sénat la suppléance du Président de la République en cas de démission, d'empêchement définitif ou de décès.

Au-delà de toutes les justifications qui ont été faites, cette réforme constitue une véritable évolution dans la conception de la structure législative par le Président Abdoulaye WADE. En effet, ce dernier avait condamné la création du Sénat en 1998 et y est resté constant lors de l'élaboration de la constitution de 2001. Cependant, avec la réforme de 2007, il s'est ravisé en justifiant cette création par la nécessité d'approfondir la décentralisation. Avec la création de cette structure, par les réformes constitutionnelles de 1998 et de 2007, on est loin de se douter que les motivations, pour l'essentiel, ne sont pas loin de la volonté de trouver des rentes à une clientèle politique[481] et de mieux contrôler le pouvoir législatif. Ainsi, comme le soulignent André CABANIS et Michel Louis MARTIN, *« un Parlement à deux chambres offre plus de possibilités de places (...) en scindant le législatif, on l'affaiblit »*[482]. Par cette réforme, l'Assemblée nationale a été invitée à *« travailler dans le nouveau Parlement avec une deuxième chambre qui aura les coudées moins franches vis-à-vis du chef du pouvoir exécutif. D'où un certain déséquilibre à l'avantage du Président de la République »*[483]. On peut remarquer que le Sénat sénégalais, issu de la réforme de 2007, est loin de satisfaire les exigences du régime représentatif de par sa composition. L'importance des membres nommés par le Président

---

[479] Conformément à l'article 107.
[480] Article 60-1 de la constitution du 22 janvier 2001 révisée.
[481] B. GUEYE, et NDIAYE, « L'instabilité institutionnelle en Afrique », op. cit. p. 141.
[482] A. CABANIS, et M. L. MARTIN, « Les constitutions d'Afrique francophone, évolution récente », op. cit. p. 115.
[483] Seydou Madani SY, op. cit. p. 200.

de la République est, en effet, étonnante et enlève tout caractère démocratique à la composition de cette institution. Ce qui est aussi frappant, c'est que, conformément à la réforme, *« le président du Sénat qui assure l'intérim du Président de la République en cas de vacance ou de démission n'est pas lui-même élu mais nommé par le Président de la République »*[484]. On peut constater que l'évolution institutionnelle des régimes politiques des États d'Afrique noire francophone depuis 1990 connaît de perpétuelles mutations du fait des réformes et de la pratique constitutionnelles. Celles-ci impactent profondément les structures des pouvoirs exécutif et législatif qu'elles soumettent à une instabilité très remarquée. Cette tergiversation structurelle est, par ailleurs, propice à l'émergence d'une prééminence institutionnelle du Président de la République.

[484] B. GUEYE et S. NDIAYE, op. cit. p. 141.

Chapitre II: Le déséquilibre institutionnel au profit de l'exécutif

L'organisation institutionnelle dans les États africains met en exergue des régimes politiques *sui generis* cumulant tout à la fois les mécanismes du régime présidentiel et certaines spécificités propres au régime parlementaire[485]. Il en résulte un déséquilibre au profit du Président de la République, élu au suffrage universel[486], clé de voûte de l'architecture institutionnelle, épicentre du pouvoir[487]. Cette formulation de la fonction présidentielle suscite, aujourd'hui encore, diverses acceptions doctrinales[488]. On relève, en effet, un peu partout, que la fonction présidentielle demeure au cœur de l'architecture institutionnelle de l'ensemble des États. Cette tendance d'ensemble établit dans la pratique la prééminence institutionnelle du chef de l'État dans l'ordre institutionnel étatique[489] (Section 1) et l'amenuisement du rôle des autres institutions (Section 2) sans pour autant que l'importance et le rôle de ces dernières soient remis en cause.

Section I : La prééminence institutionnelle du Président de la République

Dans les trois États qui font l'objet de la présente étude, les prérogatives des différentes institutions sont organisées par la constitution. Il en ressort un

---

485 Voir D.G. LAVROFF, *Les systèmes constitutionnels en Afrique noire : les Etats francophones*, Paris, Pedone, 1976.

486 Pour Maurice Duverger, l'élection du Président de la République au suffrage universel direct telle que consacrée, en France, par la révision constitutionnelle de 1962, introduit « un élément du régime présidentiel dans le système parlementaire antérieur ». Dans le contexte africain, ce mode de désignation, du Président de la République, est le fondement de l'importance de cette institution. Le suffrage universel lui accorde, en effet, une légitimité démocratique sans comparaison avec les parlementaires, élus en fonction des ressorts territoriaux, et les membres du Gouvernement nommés par lui.

487 I. M. FALL, « Sénégal, une démocratie ancienne en mal de réforme », *AfriMAP et de l'Open society initiative for west Africa (OSIWA)*, juin 2012, p. 3 disponible sur : http:// www.osiwa.org.

488 André HAURIOU distinguait présidentialisme « renfermé » et présidentialisme « fermé » in *Droit constitutionnel et institutions politiques*, Paris, 1966, pp. 667 et s ; Maurice DUVERGER identifiait « présidentialisme démocratique » et « présidentialisme autoritaire » in *Institutions politiques et droit constitutionnel*, Paris, 1965, p. 270; Jean BUSCHMANN évoquait la distinction entre « présidentialisme classique », « néo-présidentialisme » et « nouvelle vague présidentialiste » in *L'Afrique noire indépendante*, Paris, 1962, p. 255 et s.,

489 L. G. BITJOCA, op. cit. p. 166. La prépondérance du chef d'Etat africain a alimenté une importante littérature : Voir, par exemple, G. CONAC, « Portrait du chef d'Etat », in : *Pouvoirs*, n°25, 1983 ; M. KAMTO, *Pouvoir et droit en Afrique noire*, Paris LGDJ, 1987; C. CADOUX, « Le statut et les pouvoirs des chefs d'Etat et de gouvernements », in : *Les institutions constitutionnelles des Etats d'Afrique francophone et de la république malgache.*

déséquilibre programmé par celle-ci en faveur du pouvoir exécutif et partant du Président de la République[490]. Au Sénégal, la tradition présidentialiste, qui consacre la prééminence du Président de la République, inaugurée avec la constitution du 7 mars 1963 a survécu avec la constitution du 22 janvier 2001[491]. De même, au Bénin et au Congo-Brazzaville, l'expérience de la cohabitation entre un Président de la République aux pouvoirs réduits et un Premier ministre détenteur effectif de la fonction exécutive, pendant les périodes transitoires du début des années 1990, a été remise en cause par les évolutions ultérieures. Ainsi, dans la quasi-totalité des États d'Afrique noire francophone, le Président de la République demeure *la clé de voûte*[492] de l'architecture institutionnelle. Il dispose de cette prééminence au sein du pouvoir exécutif (Paragraphe 1) et dans l'exercice des prérogatives constitutionnelles qui l'associent au fonctionnement des autres pouvoirs (Paragraphe 2).

Paragraphe 1: La prééminence du Président de la République au sein du pouvoir exécutif

La prééminence institutionnelle du Président de la République au sein du pouvoir exécutif est tirée de la nature de ses attributions. Peu importe la nature présidentielle ou parlementaire du régime choisi, les États d'Afrique noire francophone attribuent aux présidents de la République les mêmes pouvoirs. On distingue, dans ce sens, les pouvoirs ordinaires (A) et les pouvoirs exceptionnels (B).

A- Les pouvoirs ordinaires du Président de la République

Le Président de la République, dans le contexte africain actuel, est la principale figure du pouvoir exécutif. Il cumule, de ce fait, les fonctions de chef de l'État (1) et de chef de l'exécutif[493] (2).

1- Le Président de la République, chef de l'État

La fonction de chef de l'État est assurée, dans les États d'Afrique noire francophone, par le Président de la République. Il dispose des attributions

[490] F. J. AIVO, « Le Président de la République en Afrique noire francophone », op. cit. p. 515.

[491] Pour Ismaïla Madior FALL, « la critique la plus partagée du présidentialisme sénégalais est que ce type de régime politique ne reflète pas la qualité du parcours démocratique du pays », in « Sénégal, une démocratie ancienne en mal de réforme », op. cit. p. 3.

[492] G. CONAC, « Les institutions constitutionnelles et politiques des Etats d'Afrique noire francophone et de la République malgache », op. cit. p. 67.

[493] I. M. FALL, « Evolution constitutionnelle du Sénégal de la veille de l'indépendance aux élections de 2007 », op. cit. p. 58.

qui lui permettent de garantir les fondements de l'État et de son organisation. À ce titre, toutes les constitutions de ces États reconnaissent qu'il est le gardien de la constitution, il incarne l'unité nationale, il est le premier protecteur des arts et lettres, il est garant du fonctionnement régulier des institutions, de l'indépendance nationale et de l'intégrité territoriale... Ces attributions n'ont pas évolué dans les États d'Afrique noire francophone en dépit des mutations subies par le nouveau constitutionnalisme. Les constitutions issues du renouveau démocratique ont, en effet, reconduit, par une similarité remarquable, les mêmes pouvoirs reconnus au chef de l'État par les différentes réformes.

Ainsi, au Sénégal, la constitution du 22 janvier 2001 n'est pas en contradiction avec celle du 7 mars 1963, qui reconnaissait au Président de la République les pouvoirs de gardien de la constitution[494], garant de l'indépendance nationale et de l'intégrité territoriale, responsable de la défense nationale[495]. On peut se demander les raisons d'une telle continuité lorsque l'on sait que le régime politique initial de la constitution de 1963 était de type présidentiel même si, avec les réformes de 1991, il a été aménagé en consacrant le poste de Premier ministre, chargé de conduire la politique de la nation que le Président de la République détermine.

Au Bénin et au Congo-Brazzaville, la tendance a plutôt été favorable à une remise en cause des expériences des transitions post conférences nationales. Dans ces deux États, en effet, les transitions avaient transféré l'essentiel des attributs du chef de l'État entre les mains du Premier ministre de transition. Ce dernier était, en réalité, le véritable chef de l'exécutif, puisque le Président de la République n'assumait que les fonctions emblématiques de représentant de l'État. Avec les constitutions de l'ère du renouveau démocratique, les constitutions béninoise et congolaise ont connu de véritables mutations dans ce sens. Au Bénin, le Président de la République a retrouvé, avec la constitution du 11 décembre 1990, les attributions liées à sa qualité de chef de l'État. En effet, l'article 41 de la constitution du 11 décembre 1990 dispose, à cet effet : *« le Président de la République est le chef de l'État. Il est l'élu de la nation et incarne l'unité nationale. Il est le garant de l'indépendance nationale, de l'intégrité territoriale et du respect de la constitution, des traités et accords internationaux ».* Au Congo-Brazzaville, le Président de la République a retrouvé les attributs de chef de l'État perdus pendant la transition consécutive à la Conférence nationale entre 1991 et 1992. En effet, avec les constitutions du 15 mars 1992, du 20 janvier 2002 et du 25 octobre 2015, il est désormais le garant, entre autres, de l'indépendance nationale et de l'intégrité territoriale, du fonctionnement régulier des institutions publiques. Il est, également, responsable de la défense et de l'unité nationale.

---

494 Article 36 de la constitution sénégalaise du 22 janvier 2001.
495 Article 39 de la constitution sénégalaise du 22 janvier 2001.

On peut donc observer que l'ouverture démocratique n'a pas modifié fondamentalement l'étendue des pouvoirs du Président de la République en tant que chef de l'État. Il en est de même de ses attributions en qualité de chef de l'exécutif.

2- Le Président de la République, chef de l'exécutif

En tant que chef de l'exécutif, le Président de la République dispose des attributions importantes. Il est la principale tête de l'exécutif, même dans le cas où la constitution a prévu le poste de Premier ministre, chef du Gouvernement.

Le Bénin (ce fut le cas au Congo-Brazzaville sous la constitution du 20 janvier 2002) a repris la formule française qui confie la détermination et la conduite de la politique de la nation à une même personnalité, mais au bénéfice du Président de la République. C'est logiquement en tenant compte de la structure de l'exécutif fixée par la constitution. L'absence de poste de Premier ministre aboutit, ainsi, à la concentration de tous les pouvoirs exécutifs entre les mains du Président de la République.

Ce qui concorde bien avec la logique du régime présidentiel qui *« impose l'absence de toute concurrence faite au Président de la République au sein de l'exécutif »*[496]. Dans ce type de régime, il n'est pas prévu de collégialité et *« le conseil des ministres est un organe consultatif au sein duquel le Président de la République est le seul à décider par voie décrétale »*[497]. Les ministres sont, de ce fait, des collaborateurs qui assistent le Président de la République dans l'exercice de ses fonctions. Cette situation est partout la même et se justifie par la liberté qu'a le Président de la République dans la nomination et la révocation des ministres, la détermination de leurs compétences et l'établissement de leur responsabilité devant lui.

En ce qui concerne la nomination des membres du Gouvernement, dans l'hypothèse où le poste de Premier ministre serait prévu par la constitution, la tradition parlementaire qui convient le mieux à cette situation, renseigne que le Premier ministre doit provenir de la majorité à l'Assemblée nationale. C'est notamment le cas de la France où, en dépit du fait que la constitution n'en fasse pas une obligation[498], la nature des rapports entre le Gouvernement et le Parlement est telle que le Gouvernement doit impérativement avoir la confiance de l'Assemblée nationale sans laquelle elle ne peut gouverner.

---

[496] A. P. MEL, op. cit, p. 516.

[497] A. P. MEL, op. cit. p. 522.

[498] L'article 8 de la constitution française du 4 octobre 1958 dispose : « Le Président de la République nomme le Premier ministre. Il met fin à ses fonctions sur présentation par ce dernier de la démission du Gouvernement. Sur la proposition du Premier ministre, il nomme les autres membres du Gouvernement et met fin à leurs fonctions ».

Le modèle constitutionnel congolais, institué par la constitution du 15 mars 1992, s'inscrivait dans cette logique. L'article 75 de cette constitution disposait : *« le Président de la République nomme le Premier ministre issu de la majorité parlementaire »*. Cependant, la constitution du 25 octobre 2015 ne fait aucune obligation au Président de la République de choisir le Premier ministre au sein de la majorité parlementaire à l'Assemblée nationale. L'article 83 prescrit simplement que *« le Président nomme le Premier ministre et met fin à ses fonctions »*.
Au Sénégal, l'article 49 de la constitution du 22 janvier 2001 dispose, à cet effet : *« le Président de la République nomme le Premier ministre et met fin à ses fonctions. Sur proposition du Premier ministre, le Président de la République nomme les ministres, fixe leurs attributions et met fin à leurs fonctions »*. Cette disposition n'est pas différente de celle de l'article 43 de la constitution du 7 mars 1963 issue de la révision du 5 avril 1991. Le Président de la République dispose, de la sorte, d'un large pouvoir de nomination et de révocation du Premier ministre. Il en va de même pour la nomination des autres membres du Gouvernement quoique la constitution subordonne celle-ci à la proposition du Premier ministre. La pratique ne tient pas toujours compte de cette prescription. Le fait est que, en Afrique noire francophone, la majorité à l'Assemblée nationale correspond toujours à la majorité présidentielle et les hypothèses de cohabitation sont très rares. La formalité prescrite par la constitution est dans ce cas superfétatoire, car le Premier ministre et les autres membres du Gouvernement procèdent du Président de la République qui les choisit sans obligation de quelque nature que ce soit.
Toutefois, la constitution béninoise apporte une nuance fondamentale au processus de nomination des ministres. L'article 54 al. 3 conditionne la nomination de ceux-ci à l'avis du bureau de l'Assemblée nationale. Mais, il ne s'agit, en réalité, que d'un avis consultatif qui ne lie pas le Président de la République.
Au Congo-Brazzaville, le constituant de 2002 avait été d'une objectivité remarquable. Plutôt que de se perdre dans une écriture qui n'enlèverait en rien la compétence exclusive et sans contrainte du Président de la République en la matière, l'article 74 affirmait dans une extrême simplicité que *« le Président de la République nomme les ministres »*.
Dans un cas, comme dans un autre, il est certain que la nomination des membres du Gouvernement est une compétence exclusive du Président de la République dont *« le choix peut porter sur n'importe quelle personnalité, qu'elle soit ou non membre de l'Assemblée nationale ou d'une formation politique »*[499].
S'agissant de la responsabilité du Gouvernement devant le Président de la République, elle découle du mode de désignation et de révocation de ses membres. La constitution sénégalaise l'a expressément consacrée. En effet,

[499] M. DIOP, *Le système politique sénégalais*, Edition Clairafrique, Dakar, 2011, p. 75.

l'article 53 de la constitution sénégalaise du 22 janvier 2001 stipule que le Gouvernement est *« responsable devant le Président de la République et devant l'Assemblée nationale »*.
En réalité, même dans le cas où les constitutions sont muettes, à ce sujet, comme au Bénin et au Congo-Brazzaville, la responsabilité du Gouvernement devant le Président de la République est établie logiquement à partir du mode de désignation de ses membres.

De manière générale, lorsque la constitution a prévu un poste de Premier ministre, *« on arrive à un système dans lequel la répartition des responsabilités entre les deux personnages relèverait non d'une logique de dyarchie comme en France, mais plutôt d'un mode de déconcentration du pouvoir dans lequel le chef de l'État abandonne à celui qu'il a placé à la tête du Gouvernement les mesures de direction quotidienne de l'administration du pays... »*[500] Lorsqu'il n'est pas prévu de Premier ministre, les constitutions renvoient la compétence de fixer les attributions des ministres aux présidents[501]. Il peut déléguer une partie de ses pouvoirs aux membres du Gouvernement[502], à l'exception des matières réservées dont certaines font partie des pouvoirs exceptionnels.

B- Les pouvoirs exceptionnels du Président de la République

La prééminence institutionnelle du Président de la République s'exprime aussi par la nature des pouvoirs que la constitution lui confère en cas de crise grave. Les constitutions du Sénégal, du Bénin et du Congo-Brazzaville ont consacré l'exercice de ces pouvoirs exceptionnels dans une formulation empruntée à l'article 16 de la constitution française de 1958[503]. Toutefois, ces pouvoirs exceptionnels ne sont pas précisément énumérés par la constitution (1) et peuvent donc concerner tous les domaines institutionnels (2).

---

[500] A. CABANIS et M. L. MARTIN, « Les constitutions d'Afrique noire francophone, évolutions récentes », op. cit. p. 77.

[501] Articles 54 de la constitution béninoise du 11 décembre 1990 et 74 de la constitution congolaise du 20 janvier 2002.

[502] L'article 50 de la constitution sénégalaise du 22 janvier 2001 dispose : « le Président de la République peut déléguer par décret certains pouvoirs au Premier ministre ou aux autres membres du Gouvernement ». L'article 74, alinéa 3, de la constitution béninoise prévoit que le Président de la République « peut déléguer une partie de ses pouvoirs aux ministres ».

[503] Les pleins pouvoirs ont été utilisés en France dans le cadre des crises graves comme la guerre mondiale en 1918. Ils ont été utilisés, ensuite, pour conjurer les difficultés économiques en 1924, 1926 et 1934 et pour faire face à la crise économique en 1938 et 1939.

1- L'absence d'une énumération des mesures exceptionnelles

Aucune constitution, dans le cadre des États d'Afrique noire francophone, ne définit avec précision les mesures à prendre dans l'exercice des pleins pouvoirs. Les articles 52 de la constitution sénégalaise de 2001, 93 de la constitution congolaise du 25 octobre 2015 et 68 de la constitution béninoise de 1990 donnent au Président de la République le privilège de *« prendre les mesures exceptionnelles exigées par les circonstances »*, lorsque les institutions de la République, l'indépendance nationale, l'intégrité territoriale ou l'exécution des engagements internationaux sont menacées et que le fonctionnement régulier des institutions publiques est menacé ou interrompu. Toutefois, les constituants de ces États ont circonscrit des modalités de mise en œuvre de ces mesures. En effet, le Président de la République doit, au préalable, consulter les présidents de l'Assemblée nationale et du Sénat (uniquement celui de l'Assemblée nationale au Bénin) et de la Cour ou du Conseil constitutionnel. Il s'agit, en l'occurrence, de prendre des avis consultatifs qui ne lient pas le Président de la République. Ensuite, le Président de la République est tenu d'informer la nation par un message. Enfin, le Parlement se réunit de plein droit.
En dépit de la clarté affichée par les conditions procédurales de mise en œuvre des mesures exceptionnelles, force est de remarquer que les constituants de ces trois États n'ont pas déterminé la nature des mesures à prendre. On peut supposer qu'il s'agit des mesures autres que celles que le Président de la République, en vertu de la séparation verticale et horizontale du pouvoir, exerce habituellement sans contreseing des membres du Gouvernement. En effet, les mesures soumises au contreseing des ministres appartiennent, par principe, à la catégorie des mesures partagées entre le Président de la République et ceux-ci. Ce partage de pouvoirs permet aux membres du Gouvernement d'intervenir dans le processus d'élaboration de l'acte présidentiel, d'engager la responsabilité du Gouvernement et surtout de prendre la mesure de sa mise en exécution. C'est la raison pour laquelle les actes du Président de la République et du Premier ministre doivent être contresignés par les ministres chargés de leur exécution. Il va de soi que dans le cadre de l'exercice des pouvoirs exceptionnels, le Président de la République peut se passer de cette obligation de contreseing. Dans les domaines législatif et judiciaire, l'exercice des pouvoirs exceptionnels donnent droit au Président de la République de prendre des mesures qui, en temps normal, relèvent de la compétence des autres pouvoirs.
Au regard de ce qui précède, il est notoire que les constituants africains sont restés constants sur la probabilité d'instaurer un régime d'exception, fût-il éphémère, pour permettre au Président de la République de disposer de tous les pouvoirs. Une telle éventualité cache mal le risque d'instituer une confusion de pouvoirs.

2- L'exercice des autres pouvoirs par le Président de la République

Les mesures exceptionnelles constituent une limite au principe de la séparation des pouvoirs et à l'encadrement de la fonction présidentielle. Son exercice permet au Président de la République de briser les limites du pouvoir exécutif, dans son sein et avec les autres pouvoirs. Aussi, pour éviter que les pouvoirs exceptionnels ne débouchent sur une confusion des pouvoirs, les constituants des trois États ont pris des dispositions pour encadrer davantage l'exercice des pouvoirs exceptionnels. Au Bénin, l'article 69 indique que l'exercice des pleins pouvoirs doit *« s'inspirer de la volonté d'assurer aux pouvoirs publics et constitutionnels dans les moindres délais les moyens d'accomplir leurs missions »,* d'une part, et d'autre part, que l'Assemblée nationale fixe le délai au terme duquel le Président de la République ne peut prendre des mesures exceptionnelles. Cette dernière disposition est prévue par l'article 93 de la constitution congolaise du 25 octobre 2015 qui ajoute aussi la nécessité pour le Parlement de se réunir de plein droit[504]. Au Sénégal, la constitution prévoit, à son article 52, l'interdiction de toute révision constitutionnelle, l'impossibilité de dissoudre l'Assemblée nationale et la nécessité pour le Parlement de ratifier les mesures législatives prises dans ce contexte.

À tout considérer, les pouvoirs du président de la République sont importants, qu'il s'agisse des pouvoirs propres que des pouvoirs exceptionnels. Non seulement ces pouvoirs sont favorables à sa prééminence au sein de l'exécutif, mais ils consacrent, également, l'exercice des prérogatives des autres pouvoirs notamment des pouvoirs législatif et judiciaire[505].

---

[504] L'article 93 de la constitution du 25 octobre 2015 dispose que : « lorsque les institutions de la République, l'indépendance de la nation, l'intégrité du territoire national ou l'exécution des engagements internationaux sont menacées de manière grave et imminente et que le fonctionnement régulier des pouvoirs publics est interrompu, le Président de la République prend les mesures exigées par ces circonstances, après consultation du Premier ministre et des présidents des deux chambres du Parlement ».

[505] Ainsi, par exemple, en France, dans le cadre de la résolution de la crise d'Alger de 1961, le Général de Gaulle, faisant usage des pouvoirs exceptionnels que consacrait l'article 16 de la constitution de 1958, avait pris 26 décisions qui ont porté atteinte aux libertés, dans le but de restaurer la paix, comme la création des tribunaux d'exception, la destitution ou la mise en congé des militaires, ou la prorogation des délais de garde à vue. Voir C. CERDA-GUZMAN, « Droit constitutionnel et institutions de la Vème République », op. cit. p. 367.

Paragraphe 2 : Les compétences partagées avec les autres pouvoirs

L'étendue des pouvoirs du Président de la République, en Afrique noire francophone, se caractérise aussi par des compétences importantes qui lui permettent d'exercer des prérogatives dans les autres domaines, notamment les domaines législatif (A) et judiciaire[506](B).

A- Les compétences partagées avec le pouvoir législatif

La séparation des pouvoirs a vocation à assurer une spécialisation fonctionnelle entre les pouvoirs exécutif, législatif et judiciaire. Toutefois, il est entendu que, pour des raisons de fonctionnement, une collaboration est essentielle entre les institutions. Ainsi, par exemple, le pouvoir exécutif intervient de façon normale dans la fonction législative *« pour rendre les lois exécutoires par la promulgation et pour assurer [leur] exécution par la réglementation »*[507]. Mais, la réalité ne suit pas toujours cette organisation. On constate, en effet, un déséquilibre organisé par les constitutions et la pratique politique qui enlèvent aux Assemblées le monopole de la fonction législative. Le Gouvernement dispose dans ce sens d'importants pouvoirs grâce auxquels il participe à la fonction législative[508]. On relève, à cet effet, les pouvoirs ordinaires (1) et les pouvoirs exceptionnels (2).

1- Les pouvoirs ordinaires dans le domaine législatif

Les pouvoirs ordinaires du Président de la République dans le domaine législatif s'étendent sur l'ensemble du processus qui aboutit au vote de la loi par le Parlement. Le Président de la République intervient en amont et en aval des prérogatives du parlement : il a l'initiative des lois, intervient sur le processus d'examen des lois ; participe à la préparation de l'ordre du jour des sessions parlementaires, convoque les sessions extraordinaires. La plupart des constitutions africaines, à l'image de celle de la Vème République française[509], procèdent à un partage de l'initiative des lois entre le

---

[506] B. GUEYE et S. NDIAYE, « L'instabilité institutionnelle en Afrique », op. cit. p. 133. Dans le même sens, les auteurs avancent que « le parti constitue ainsi une ressource politique pour domestiquer le parlement », idem p. 135.

[507] M. HAURIOU, *Précis de droit constitutionnel*, 2ème Edition (reproduction), Dalloz, 2015, p. 380.

[508] I. D. SALAMI et D. O. M. GANDONOU, « Droit constitutionnel et institutions du Bénin », op. cit. p. 228.

[509] L'article 39 de la constitution française dispose : « l'initiative des lois appartient concurremment au Premier ministre et aux membres du parlement ».

Gouvernement et le Parlement[510]. Suivant cette disposition, les parlementaires sont habilités à faire des propositions de loi et le Gouvernement des projets de loi[511]. Cependant, au regard de la production de chacun des deux organes, il apparaît que le processus d'élaboration des lois est largement dominé par le Gouvernement. On note une abondante production des textes en provenance du Gouvernement contre une infime proportion des propositions de loi[512]. Cet état de fait est la conséquence de plusieurs facteurs combinés. D'abord, les dispositions constitutionnelles qui donnent à l'exécutif l'exclusivité du pouvoir de déterminer et de conduire la politique de la nation. *« Techniquement, cette mission [ne peut s'exprimer] que par l'élaboration des projets de loi »*[513]. Ensuite, le Parlement ne dispose pas d'assez d'expertise pour faire des propositions de loi. En effet, les Parlements africains, en général, sont *« mal outillés techniquement du fait de leurs connaissances très limitées de la pratique du droit parlementaire et ne disposent pas d'assistance juridique nécessaire pour préparer les textes législatifs »*[514]. Par conséquent, ils sont *« battus sur leur propre terrain [et] ne sont pas en mesure de concurrencer le Gouvernement »*[515]. Enfin, même dans l'hypothèse où les parlementaires prendraient des initiatives, il est assez fréquent que celles-ci n'aboutissent pas. Le Gouvernement dispose de prérogatives importantes dans le processus qui aboutit au vote de la loi[516]. C'est, en effet, le Gouvernement qui , en pratique détermine l'ordre de transmission des projets de loi au Parlement, qui choisit la chambre à saisir, en première lecture, en cas de bicaméralisme, qui convoque et clôture les sessions extraordinaires du Parlement, qui dispose d'un droit d'amendement à tout moment de la procédure législative avant le vote de la loi et qui peut

---

[510] Articles 105 de la constitution béninoise du 11 décembre 1990, 118 de la constitution congolaise du 20 janvier 2002. Pour Georges BURDEAU, ce partage d'initiative n'est en rien nuisible à l'esprit de la séparation des pouvoirs car, « un Gouvernement dépourvu de faculté de légiférer serait aussi désarmé qu'un pilote privé de gouvernail », in « La fonction gouvernementale », *RPP*, décembre 1946, p. 212.

[511] Louis FAVOREU et autres, *Droit constitutionnel,* 17ème édition, Dalloz, Paris, 2015, p. 849.

[512] Cette situation n'est pas spécifique à l'Afrique. Aux USA, par exemple, 80% des lois votées sont suscitées par la maison blanche. Voir Marie France TOINET, *Le système politique des Etats-Unis*, PUF, Paris, 1990, p. 117.

[513] X. VANDENDRIESSCHE, « Le parlement entre déclin et modernité », *Pouvoirs*-99, 2001 p. 61. Dans le même sens, Pellegrino ROSSI pense que : « Demander à qui doit être confiée l'initiative, c'est demander qui connaît mieux les besoins du pays, ses besoins matériels et moraux, ses instincts, son but, son avenir et qui offre le plus de garantie pour cette œuvre si grande, pour cette sorte de sacerdoce social », *in Cours de droit constitutionnel.* Guillaumin, Tome IV, 1867, p. 147.

[514] Kossi SOMALI, op. cit. p. 253.

[515] Idem.

[516] Le Gouvernement peut, en effet, soumettre un projet sur le même objet, il peut également utiliser ses prérogatives dans la fixation de l'ordre du jour et lors de l'examen des propositions de loi en commissions ou en plénières.

saisir le juge constitutionnel. En plus, le Président de la République dispose de la prérogative de promulguer la loi. Cette prérogative lui permet d'attester l'existence de la loi et de donner l'ordre aux autorités publiques de l'observer et de la faire observer[517].
Le Président de la République dispose aussi des pouvoirs exceptionnels dans le domaine législatif.

2- Les pouvoirs exceptionnels dans le domaine législatif

Nous évoquerons, notamment, les pouvoirs reconnus au Président de la République de prendre des ordonnances, de demander une seconde délibération de la loi votée et de soumettre directement au référendum des projets de loi.
Prévue par la quasi-totalité des constitutions, la pratique des ordonnances permet au Président de la République de prendre des mesures qui relèvent normalement du domaine de la loi soit à son initiative soit après une habilitation du Parlement. Le Bénin s'est particulièrement illustré dans la pratique des ordonnances présidentielles sans habilitation du Parlement. Les présidents béninois s'y sont référés, en particulier pour rendre exécutoires certaines mesures appartenant au domaine législatif, après le rejet des projets y relatifs par l'Assemblée nationale en 1994, 1996, 2002, 2008, 2009, 2010 et 2014[518]. Quels que soient les arguments avancés pour ou contre ces recours récurrents aux ordonnances au Bénin, on peut observer que cette pratique est contraire à la répartition des pouvoirs et à l'esprit du système représentatif qui repose sur la consécration des assemblées parlementaires dans le vote de la loi, expression de la volonté générale, en lieu et place du peuple souverain.
Cette pratique est d'autant étonnante que les matières concernées sont afférentes au secteur budgétaire, alors que *« les pouvoirs budgétaires du parlement sont un des plus puissants moyens de contrôle et de sanction qu'il possède vis-à-vis du Gouvernement »*[519], dans l'intérêt du peuple.

---

[517] C.E, 8 février 1974, Commune de Montory, rec., p. 93.
[518] Il s'agit des ordonnances prises le 16 septembre 1994, pour rendre exécutoire le budget 1995; le 4 novembre 1996, pour la ratification de l'accord de crédit relatif au 33ème programme d'ajustement structurel, la loi de finances, le programme d'investissements publics et le code des marchés publics ; le 28 septembre 2008 pour le code d'investissement ; le 4 novembre 2008, pour le budget, le 31 décembre 2009, pour le budget; le 28 juin 2010, pour la ratification des accords de prêt et en 2014, pour le budget 2015.
[519] M. HAURIOU, *Précis de droit constitutionnel*, Reproduction de la 2ème édition op. cit. p. 525. C'est en effet en matière budgétaire que les pouvoirs de contrôle du parlement sont coercitifs puisqu'ils peuvent aboutir au rejet des projets du Gouvernement. Le parlement exerce divers contrôles a cet effet : au moment du vote du budget, il veille à la sincérité et à la pertinence des politiques budgétaires arrêtées par le Gouvernement ; au moment de l'examen de la loi de règlement, il s'assure de la bonne utilisation des deniers publics et au besoin peut établir une corrélation avec les résultats obtenus, en cours d'exécution du budget, il peut à

Le Président de la République peut, avant l'expiration du délai qui lui est fixé pour la promulgation, demander une seconde délibération de la loi votée[520]. Lorsqu' une telle demande est faite, conformément aux dispositions constitutionnelles, le Parlement est obligé de réexaminer la loi précédemment votée. Ce mécanisme est proche du droit de veto dont dispose le Président américain par lequel, il peut enjoindre le Congrès à revenir sur l'une de ses délibérations. Mais, en réalité, ce mécanisme est sans intérêt, en Afrique noire francophone, pour deux raisons. D'abord, l'existence de majorité confortable au profit du Président de la République lui permet toujours de contrôler les délibérations du Parlement qui ne peuvent se faire sans le vote de la majorité dont il est le chef. Ensuite, la rareté des propositions de loi faites par les parlementaires est telle que la quasi-totalité des initiatives législatives ne peuvent provenir que de lui.

Par ailleurs, les constitutions des Etats d'Afrique noire francophone consacrent la prérogative pour le Président de la République de soumettre directement au référendum un projet de loi. Il s'agit d'un procédé exceptionnel d'adoption de la loi par les citoyens[521]. Dans cette perspective, les constitutions béninoises et congolaises procèdent à l'énumération des matières qui peuvent faire l'objet du référendum, notamment : l'organisation des pouvoirs publics, les garanties des droits et des libertés fondamentaux, l'action économique et sociale de l'État ou l'autorisation d'un traité. Au Bénin, la constitution limite ces matières aux questions relatives à la promotion et au renforcement des droits de l'Homme, à l'intégration sous-régionale et à l'organisation des pouvoirs publics. Au Sénégal, les constitutions de 1963 et de 2001 ne limitent pas les matières qui peuvent faire l'objet du référendum. Les articles 46 de la constitution du 7 mars 2001 et 51 de la constitution du 22 janvier 2001 indiquent, succinctement, que le Président de la République peut soumettre tout projet de loi (constitutionnelle ou ordinaire) au référendum, après avoir recueilli l'avis des présidents de l'Assemblée nationale, du Sénat et du Conseil constitutionnel. De la même manière que le Président de la République dispose des pouvoirs dans le domaine législatif, il exerce, également, des attributions qui relèvent, suivant la séparation des pouvoirs, du domaine judiciaire.

tout moment interpeller le Gouvernement et avoir des explications sur la mise en œuvre de certaines activités budgétaires.

[520] Articles 57 alinéa 4 de la constitution béninoise du 11 décembre 1990, 78 alinéa 2 de la constitution congolaise du 15 mars 1992, 83 alinéa 4 de la constitution congolaise du 20 janvier 2002, 62 de la constitution sénégalaise du 7 mars 1963 et 73 de la constitution sénégalaise du 22 janvier 2001.

[521] F. GOGUEL, *De la conformité du referendum du 28 octobre 1962 à la constitution, Mélanges DUVERGER, Maurice*, 1987, p. 115.

B- Les compétences du Président de la République dans le domaine judiciaire

Les prérogatives du Président de la République dans le domaine judiciaire sont classiques : il préside le Conseil supérieur de la magistrature (1) et exerce le droit de grâce (2).

1- La présidence du Conseil supérieur de la magistrature

L'institutionnalisation du Conseil supérieur de la magistrature répond à la nécessité d'assurer un meilleur exercice de la fonction judiciaire suivant une tradition empruntée à la France. En effet, les constitutions africaines sont restées fidèles à l'ancien article 64 de la constitution française de 1958 qui reconnaissait au Président de la République la prérogative de présider le Conseil supérieur de la magistrature. Cependant, depuis la révision constitutionnelle de 2008, le nouvel article 64 ne lui reconnaît plus cette fonction[522].

Mais, quoi qu'il en soit, les constitutions des États d'Afrique noire francophone reconnaissent au Président de la République, en sa qualité de garant du fonctionnement régulier des institutions, le rôle de Premier magistrat et lui confient, à ce titre, la présidence du Conseil supérieur de la magistrature, organe chargé de gérer la carrière des magistrats, de faire des propositions, de donner des avis sur les nominations et mutations des magistrats et d'assurer la discipline de ceux-ci.

Au Congo-Brazzaville, au Sénégal et au Bénin, les dispositions constitutionnelles sont précises : le Conseil supérieur de la magistrature est présidé par le Président de la République. Les évolutions qui ont marqué le constitutionnalisme des années 1990 ne sont pas revenues sur cette disposition. On peut observer que le fait pour le Président de la République de présider un organe qui relève du pouvoir judiciaire et qui constitue un pilier fondamental de cette institution constitue une marque des États africains de tradition française aujourd'hui encore. La plupart des constitutions indiquent, en effet, que le Président de la République nomme les magistrats sur proposition du ministre de la Justice et après avis du Conseil supérieur de la magistrature. Dans certains États, comme le Sénégal, ce pouvoir paraît enfermé, puisque les propositions du ministre de la Justice sont, au préalable, étudiées par les membres du Conseil qui font des recommandations au vu desquelles le Conseil se prononce par vote. Cette pratique est une reproduction de la conception qu'au-delà de la reconnaissance de la séparation des pouvoirs, l'administration judiciaire n'échappe pas au traitement que lui réserve l'administration centrale que le

[522] C. CERDA-GUZMAN, « Droit constitutionnel et institutions de la Vème République », op. cit. p. 378.

Président de la République pourvoit en cadres par la compétence de nomination qui lui est reconnue. Ainsi, même en ce qui concerne les magistrats de siège, le principe de leur inamovibilité paraît, dans la pratique, atténué. De tout temps, ils peuvent être mutés dans *« l'intérêt du service »*[523] par le Président de la République qui peut, en outre, accorder sa grâce à toute personne condamnée par la justice à une peine quelconque.

2- L'exercice du droit de grâce

Le droit de grâce fait partie des prérogatives classiques qui permettent au Président de la République de *« dispenser, à titre individuel, les personnes condamnées par la justice de leurs peines ou de la commuer en une peine plus légère »*[524]. En Afrique noire francophone, le droit de grâce a toujours été exercé par le Président de la République. Avec l'ouverture à la démocratie pluraliste, ce droit a été retenu par toutes les constitutions. Au Congo-Brazzaville, l'article 92 de la constitution du 25 octobre 2015 reprend dans des termes identiques les articles 80 de la constitution du 20 janvier 2002 et 85 de la constitution du 15 mars 1992: *« le Président de la République exerce le droit de grâce »*.Au Sénégal, l'article 47 de la constitution du 22 janvier 2001 dispose, dans les mêmes termes que l'article 41 de la constitution du 7 mars 1963, que *« le Président de la République a le droit de faire grâce »*. Au Bénin, l'exercice du droit de grâce est encadré par deux dispositions constitutionnelles. L'article 60 reconnaît au Président de la République le droit de grâce en ces termes : *« le Président de la République a le droit de grâce. Il exerce ce droit dans les conditions définies par l'article 130 »*. L'article 130, quant à lui, assujettit l'exercice de ce droit à l'avis motivé du Conseil supérieur de la magistrature : *« le Conseil supérieur de la magistrature étudie les dossiers de grâce et les transmet avec son avis motivé au Président de la République »*.

L'exercice du droit de grâce assouplit le principe de l'autorité de la chose jugée. Il s'agit d'un acte individuel de clémence ou de pardon républicain qui relève, en dernier ressort, de la conscience du chef de l'État[525]. Le Président de la République dispose, avec le droit de grâce, de la possibilité de reconsidérer les décisions de justice suivant son intime conviction. C'est la raison pour laquelle ce droit a, souvent, été utilisé, particulièrement sous la période du monopartisme, comme une mesure d'apaisement politique, notamment à l'égard des opposants politiques.

---

[523] Conformément à l'article 5 alinéa 2 de la loi organique n°92-26 du 30 mai 1992 au Sénégal.

[524] Idem, p. 379.

[525] J. GICQUEL et J. E. GICQUEL, *Droit constitutionnel et institutions politiques*, 27ème édition, op. cit. p. 614.

À tout considérer, l'importance des pouvoirs constitutionnels du Président de la République, en Afrique noire francophone, favorise un déséquilibre institutionnel au sein du pouvoir exécutif et à l'égard des pouvoirs législatif et judiciaire. Elle aboutit, par ailleurs, à une limitation des compétences des autres institutions constitutionnelles.

Section 2 : La limitation des compétences des autres institutions

Suivant les prescriptions et la pratique constitutionnelles, on relève une répartition inégalitaire des pouvoirs entre les différentes institutions constitutionnelles au profit du pouvoir exécutif. Cette situation s'exprime par un extrême encadrement juridique (paragraphe 1) et un contrôle politique (paragraphe 2) de celles-ci.

Paragraphe 1 : Un extrême encadrement juridique

L'architecture institutionnelle des années 1990 faisait ressortir une préoccupation constante des constituants à procéder non seulement à une répartition des compétences entre les différents organes institutionnels, mais également à assurer un maximum d'équilibre entre ceux-ci. Toutefois, ce souci de recherche d'équilibre institutionnel s'est progressivement heurté à un encadrement des institutions constitutionnelles contribuant, ainsi, à consacrer une prééminence de l'exécutif sur toutes les institutions. Il en va ainsi du Parlement (A) et des autres institutions constitutionnelles (B).

A- Le strict encadrement du Parlement

Traditionnellement, le Parlement assure deux fonctions principales : la fonction législative, qui consiste à l'élaboration et à l'adoption des lois et la fonction de contrôle de l'action du Gouvernement. Au début des transitions démocratiques, les États d'Afrique noire francophone avaient investi leurs Parlements de ces deux missions. Mais, à la vérité, les Parlements africains sont, comme bien d'autres parlements à travers le monde, enclins à un encadrement concernant leurs principales missions, à savoir la fonction législative (1) et le contrôle de l'action du Gouvernement (2)[526].

1- L'encadrement de la fonction législative

Les constituants des États d'Afrique noire francophone établissent, depuis le début des années 1990, des mécanismes d'exercice de la fonction législative en s'inspirant du modèle français de la Vème République. Or, le système

[526] L. FAVOREU et autres, *Droit constitutionnel*, 17ème édition, op. cit. p. 739.

parlementaire français a évolué, sous l'effet de la pratique et de la jurisprudence du Conseil constitutionnel et du Conseil d'État, vers un élargissement progressif des missions du Parlement. Ce qui a, d'ailleurs, fait dire à certains auteurs que *« la révolution annoncée en 1958 n'a pas eu lieu »*[527]. Mais, aujourd'hui encore, les constitutions africaines mettent en pratique les techniques du parlementarisme rationalisé, caractéristique du régime français initial de la Vème République, par plusieurs procédés. Au nombre de ceux-ci, on note la limitation du domaine de la loi. Ainsi, comme en France, toutes les constitutions des États d'Afrique noire francophone ont procédé à la répartition des domaines entre le pouvoir exécutif et le pouvoir législatif par une énumération exhaustive des matières qui relèvent du domaine de la loi. Suivant cette énumération, un peu partout, il existe des matières où le Parlement légifère et celles où il fixe les principes fondamentaux.

D'autres dispositions constitutionnelles font partie également de l'encadrement du Parlement notamment, la limitation de la durée des sessions parlementaires, l'inscription prioritaire des projets du Gouvernement à l'ordre du jour, le contrôle du processus d'élaboration et de vote de la loi, la soumission des règlements intérieurs des Assemblées au contrôle de constitutionnalité, l'irrecevabilité de certaines propositions émanant des parlementaires. Ces mécanismes, qui traduisent la rationalisation du Parlement, aboutissent vraisemblablement à assurer une prépondérance du pouvoir exécutif sur le pouvoir législatif. À ce propos, Maurice HAURIOU écrit : *« les partisans de la primauté et de la souveraineté du parlement, s'il en subsiste encore, doivent s'avouer à eux-mêmes qu'ils vivent sur des souvenirs révolutionnaires dont les grands peuples modernes se sont éloignés avec ... rapidité »*[528]. Ce constat est d'autant vrai que même le contrôle de l'action du Gouvernement par le Parlement s'avère, de plus en plus, inefficace.

2- L'inefficacité du contrôle de l'action du Gouvernement

Le contrôle de l'action du Gouvernement par le Parlement est un mécanisme de régulation qui permet l'interaction entre les représentants du peuple et le Gouvernement dans la mise en œuvre des politiques publiques. Dans cette optique, *« le Parlement incarne le destin de la démocratie en raison du contrôle auquel il se livre, au nom des citoyens »*[529]. Ainsi, le Parlement est

[527] J. RIVERO, *Rapport synthèse du colloque sur le domaine de la loi et du règlement*, Presse universitaire d'Aix-Marseille, 2ème édition, 1981, p. 261.

[528] M. HAURIOU, « Précis de droit constitutionnel », 2ème Edition op. cit. p. 469.

[529] K. DOSSO, « Les pratiques constitutionnelles dans les pays d'Afrique noire francophone », op. cit. p. 65.

tenu de veiller à ce que les politiques publiques reflètent les aspirations du peuple et que leur mise en œuvre soit effective.
Il dispose, pour cela, des moyens constitutionnels de contrôle de l'action de l'exécutif. Cependant, la mise en œuvre de ces moyens est loin d'assurer leur ancrage. En effet, on note une érosion des moyens d'information et de contrôle ; quand bien même, toutes les constitutions des États d'Afrique noire francophone ont, actuellement, fait du contrôle de l'action gouvernementale, par le Parlement, une obligation. *« Le Gouvernement est tenu de fournir au Parlement toutes les explications qui lui sont demandées sur sa gestion et sur ses activités »*[530].
Les moyens prévus, à cet effet, sont partout les mêmes : interpellation, questions écrites et orales avec ou sans débats, commission d'enquête, question d'actualité, audition en commission[531]. L'état de mise en œuvre de ces moyens peut être diversement apprécié. La tendance d'ensemble est *« qu'on l'appelle contrôle ou information parlementaire, la surveillance de l'exécutif par le législatif reste d'une efficacité »*[532] limitée. Il y a, à la base, la réalité des majorités. En effet, là où les majorités parlementaires sont importantes, ce contrôle revêt un caractère symbolique correspondant à des arrangements entre partisans. Par contre, là où il n'existe pas de majorité indentifiable, le contrôle est plus significatif et peut aboutir aux rejets de certaines initiatives du Gouvernement. C'est l'exemple du Bénin entre 1994 et 2010. Dans la réalité béninoise, il y a lieu de relever que le contrôle parlementaire a évolué et a contribué à la formulation d'une culture parlementaire en la matière au point où, en 2013, les députés n'ont pas hésité à rejeter le projet du budget de l'État, exercice 2014, en dépit du fait que le Président de la République disposait d'une majorité confortable à l'Assemblée nationale. Ensuite, on note avec étonnement l'inefficacité des oppositions parlementaires dans l'utilisation des moyens d'information et de contrôle. Pourtant, dans le cadre de l'exercice normal de la démocratie, l'opposition parlementaire est un outil essentiel du contrepoids contre le Gouvernement. Réduites parfois au silence, les oppositions parlementaires perdent de vue le fait que ces moyens d'information et de contrôle sont nécessaires, ne serait-ce que pour susciter un échange solennel avec le Gouvernement sur son activité ou sur une question de portée nationale. Mais, de plus en plus, on constate que les oppositions parlementaires, en Afrique noire francophone, sont peu efficaces dans le contrôle de l'action du Gouvernement. Enfin, la nature des régimes politiques n'est pas toujours favorable à l'exercice du contrôle énoncé par les constitutions. À cet effet, on peut se demander ce que vaut un contrôle parlementaire s'il ne peut se

[530] Article 113 de la constitution béninoise du 11 décembre 1990.
[531] Articles 89 de la constitution congolaise du 20 janvier 2002.
[532] P. MOUDOUDOU et J. P. MARKUS, *Droit des institutions administratives congolaises*, L'Harmattan, Paris, septembre 2003, p. 157.

limiter qu'à alimenter un débat sans effet coercitif sur le Gouvernement. Cette problématique soulève la question de la portée des moyens d'information et de contrôle de l'action du Gouvernement, particulièrement dans les États qui ont fait le choix du régime présidentiel. Dans le même temps, elle relativise l'efficacité de ces mécanismes de contrôle du Gouvernement dans les États qui mettent en exergue les procédés du régime parlementaire en cas de coïncidence entre majorité parlementaire et Gouvernement.

Lorsque l'on suit la mise en œuvre des divers moyens d'information et de contrôle du Parlement sur le Gouvernement, on se rend compte que les acteurs de cette interaction y accordent peu d'importance. Il faut, en réalité, une vraie culture de contrôle qui permette aux uns de comprendre qu'ils doivent rendre compte au peuple par le biais de ses représentants et aux autres qu'ils doivent contrôler dans l'intérêt de l'efficacité des politiques publiques mises en œuvre par le Gouvernement.

Comme le pouvoir législatif, les autres institutions constitutionnelles sont soumises à un strict encadrement.

B- L'encadrement des autres institutions constitutionnelles

On note dans ce sens une dépendance des autres institutions au pouvoir exécutif par le fait de la nomination et la révocation de leurs membres (1) et une limitation constitutionnelle de leurs compétences respectives (2).

1- Le pouvoir de nomination du Président de la République s'étend à toutes les institutions

L'accès aux fonctions au sein des institutions constitutionnelles, en Afrique noire francophone, est strictement organisé par la constitution. On note à cet effet, la constance que le pouvoir de nomination du Président de la République, garant du fonctionnement régulier de toutes les institutions constitutionnelles, s'étend sur toutes les institutions. Que ce soit au Sénégal, au Bénin, au Congo-Brazzaville ou dans d'autres États d'Afrique noire francophone, le pouvoir de nomination du Président de la République est établi en tenant compte de ce que c'est effectivement lui qui est au centre du fonctionnement de toutes les sphères de la vie de la nation. Ainsi, son pouvoir de nomination concerne non seulement les emplois au sein du pouvoir exécutif, qui constitue son domaine principal[533], mais également au sein des autres institutions y compris les autorités administratives indépendantes.

---

[533] M. AURIOU, « Précis de droit constitutionnel ». *Reproduction de la 2ème édition*, op. cit. p. 380.

Au Bénin, conformément aux articles 54 et 56 de la constitution du 11 décembre 1990, le Président de la République nomme, les membres du Gouvernement, les présidents de la Cour suprême, de la haute autorité de l'audio-visuel et de la communication, le Grand chancelier de l'Ordre national, trois des sept membres de la Cour constitutionnelle, les membres de la Cour suprême, les ambassadeurs et employés extraordinaires, les magistrats, les officiers généraux et supérieurs, les magistrats et les hauts fonctionnaires, trois des cinq membres nommés du Conseil économique et social[534], le médiateur de la République et, au moins, un membre désigné au sein des autres institutions.
Au Congo-Brazzaville, les fonctions pourvues par nomination du Président de la République sont presque les mêmes qu'au Bénin. Il s'agit des membres du Gouvernement, des magistrats et membres de la Cour suprême, des hauts fonctionnaires civils et militaires, des ambassadeurs et employés extraordinaires, trois des neuf membres de la Cour constitutionnelle, des présidents de la Cour constitutionnelle, du Conseil économique et social, du Conseil supérieur de la liberté de communication, du Médiateur de la République... Au Sénégal, la constitution n'énumère pas avec détails les fonctions pourvues par nomination du Président de la République. Mais, la pratique est la même, un peu partout en Afrique noire francophone. Elle indique qu'il nomme aux emplois civils[535], qu'il nomme à tous les emplois militaires[536], qu'il nomme les ambassadeurs et employés extraordinaires[537], qu'il nomme le Premier ministre et les ministres[538]. Ce qui est constant dans le pouvoir de nomination du Président de la République, dans les États d'Afrique noire francophone, c'est qu'il est un réel pouvoir discrétionnaire dont l'exercice n'est soumis à aucune condition.
Le domaine de nomination du Président de la République comprend, en principe, les nominations discrétionnaires et les nominations obligatoires. Les nominations discrétionnaires sont celles qui peuvent être effectuées par le Président de la République sans être obligé de respecter quelque formalité ou obligation préalable. Les nominations obligatoires, par contre, sont généralement prévues par les textes. Pour y procéder, le Président de la République est obligé de respecter certaines conditions et/ou formalités. Dans certains cas, le Président de la République ne peut procéder aux nominations qu'après avoir obtenu l'avis de certaines personnalités ou institutions. Dans d'autres cas, il est expressément précisé que le Président

---

534 Conformément aux articles 5 à 10 de la loi n°92-010 du 12 juillet 1992, le Conseil économique et social comprend 30 membres dont cinq nommés à raison de 3 par le Président de la République et 2 par le bureau de l'Assemblée nationale. Les 25 autres membres sont élus par des corporations professionnelles.
535 Article 44 de la constitution du 22 janvier 2001.
536 Article 45 de la constitution du 22 janvier 2001.
537 Article 46 de la constitution du 22 janvier 2001.
538 Article 49 de la constitution du 22 janvier 2001.

de la République nomme mais sur proposition d'une autre autorité. Dans le même ordre d'idées, le domaine de nomination du Président de la République comprend les nominations en Conseil des ministres et celles qui peuvent être effectuées en dehors du Conseil des ministres. Toutes ces conditions et précautions sont reprises par nombre de constitutions des États d'Afrique noire francophone. Comme au Bénin, le Président de la République nomme les membres du Gouvernement après avis du bureau de l'Assemblée nationale, il nomme les présidents de la Cour suprême, de la Haute autorité de l'audio-visuel et de la communication, le Grand chancelier de l'Ordre national, après avis du Président de l'Assemblée nationale. Il nomme les magistrats et les membres de la Cour suprême, après avis du Conseil supérieur de la magistrature.

Mais, en réalité, la pratique montre que ces conditions ne constituent ni une limite ni un mécanisme d'encadrement du pouvoir de nomination du Président de la République. En effet, dans les régimes africains, l'image forte du Président de la République sur l'ensemble des autres institutions et les personnalités politiques et administratives est déterminante sur les avis et propositions des autorités investies de cette prérogative. Généralement, ces personnalités doivent leurs positions, au sein des institutions qu'elles représentent, soit à une nomination discrétionnaire du Président de la République du fait de sa confiance, soit par le fait d'appartenir au groupement politique majoritaire soutenant ce dernier.

Ainsi, dans l'hypothèse où leurs avis et propositions sont exigés, il peut arriver que ceux-ci ne soient que de simples formalités, le Président de la République étant libre de nommer qui il veut. Encore que, dans ce dernier cas, les autorités consultées ne peuvent pas, généralement, mal apprécier un cadre qui a la confiance du Président de la République ni proposer une personnalité en dehors de son entourage politique. Sur ces aspects, les personnalités indiquées pour donner les avis et faire des propositions aux différentes fonctions sont tenues de ne pas contrarier le Président de la République dans leurs choix. Elles ont, de ce point de vue, une compétence liée par le fait politique. C'est la raison pour laquelle les conditions préalables aux nominations sont fragiles et sans efficacité. De ce fait, toutes les nominations recouvrent le caractère discrétionnaire et témoignent de la toute-puissance du Président de la République vis-à-vis des autres institutions dont les domaines sont, par ailleurs, limités.

2- La limitation des domaines respectifs des autres institutions constitutionnelles

L'organisation des compétences entre les différents organes au sein de l'État met en exergue l'existence des domaines de compétence limités pour les autres institutions constitutionnelles. En effet, lorsque l'on examine de près la répartition des compétences entre les diverses institutions constitutionnelles, on constate un réel souci d'encadrement des autres pouvoirs par un respect scrupuleux de leurs compétences, conformément à la théorie de la séparation des pouvoirs.

Les constitutions des États d'Afrique noire francophone reconnaissent au Parlement la compétence législative et celle de contrôle de l'action du Gouvernement comme nous l'avons indiqué ci-dessus. Le pouvoir judiciaire est chargé, conformément à ces constitutions, de statuer sur les litiges nés de l'application de la loi et du règlement[539]. Quant aux autres institutions et autorités administratives indépendantes, leurs ressorts de compétences se limitent à donner des avis consultatifs ou à exercer des activités de supervision et de régulation dans des domaines précis. Ainsi, le Conseil économique et social institué dans la presque totalité des États ne joue qu'un rôle consultatif auprès des pouvoirs publics, le Médiateur de la République est chargé de faire des propositions pour améliorer les rapports entre l'administration et les usagers.

Il en ressort une limitation stricte des domaines des autres institutions. Cette limitation est renforcée par l'institutionnalisation de la justice constitutionnelle qui *« veille à la conformité à la constitution de l'ensemble de la production normative »*[540].

Aussi, les attributions des autres organes, telles qu'énoncées par la constitution, ne peuvent se limiter qu'au domaine précis fixé par celle-ci. Même si, dans la presque totalité des États, les constitutions renvoient l'organisation et le fonctionnement de certains organes à des lois organiques[541], la pratique renseigne que les lois organiques proviennent toujours de l'exécutif. De plus, elles sont soumises à un régime particulier qui s'étend à une obligation du contrôle de leur conformité à la constitution avant leur promulgation[542]. Cette réalité soulève deux observations : d'abord, le pouvoir exécutif est investi de l'initiative des projets de lois organiques concomitamment avec les parlementaires, mais il le fait presque seul du fait de la rareté des initiatives parlementaires en la matière. Ce qui lui confère la

---

[539] Article 133 al 2 de la constitution congolaise du 20 janvier 2002.

[540] F. J. AIVO, « Le juge constitutionnel et l'état de droit en Afrique, l'exemple du modèle béninois », op. cit. p. 109.

[541] Au Sénégal la constitution renvoie à la loi la détermination des autres compétences du Conseil constitutionnel, de la Cour suprême et de la Cour des comptes ; au Congo-Brazzaville, la loi détermine l'organisation et le fonctionnement de la Cour suprême, de la Cour des comptes, des Cours d'appel et des juridictions nationales, du Conseil supérieur de la magistrature, de la Haute Cour de justice, du Conseil économique et social, du Conseil supérieur de la liberté de communication, du Médiateur de la République, du Conseil national des droits de l'Homme, de la Force publique ; au Bénin, la loi détermine le statut des magistrats, l'organisation et le fonctionnement de la Haute autorité de l'audiovisuel et de la communication…

[542] Articles 117 de la constitution béninoise et 148 de la constitution congolaise du 20 janvier 2002.

plénitude du pouvoir d'établir les compétences des autres organes institutionnels. Ensuite, le contrôle de constitutionnalité veille à la conformité de la loi votée empêchant, de ce fait, une modification substantielle du projet du Gouvernement par les amendements des parlementaires. En tant que mécanisme assurant, entre autres, l'équilibre entre les diverses institutions[543], le contrôle de constitutionnalité des lois a pour finalité de maintenir chaque organe dans les limites précises fixées par la constitution.
C'est la raison pour laquelle il s'étend au contrôle de la conformité à la constitution des règlements des Assemblées parlementaires et de l'ensemble des propositions de lois ordinaires émanant des parlementaires.
Paradoxalement, à la volonté de circonscrire chaque pouvoir dans sa sphère de compétence, le pouvoir exécutif dispose des attributions au-delà de la fonction exécutive. De la sorte, les autres institutions disposent des pouvoirs d'attribution alors que le pouvoir exécutif dispose d'une compétence générale de droit. Encore que le fait politique contribue à un contrôle sous-jacent de toutes les institutions.

Paragraphe 2 : Un contrôle politique énigmatique

Dans les États d'Afrique noire francophone, le Président de la République détient un pouvoir politique important qui est le corollaire de ses attributions et de l'existence d'une majorité politique confortable à son profit. Cette réalité fait que, en pratique, le fait politique exerce une emprise certaine sur le fonctionnement des pouvoirs publics (A) et que la notion de responsabilité politique soit en pleine déchéance (B).

A- L'emprise du fait politique sur le fonctionnement des pouvoirs publics

Le Président de la République, dans les États africains, est le centre du pouvoir politique ; ce qui lui permet de jouer un rôle déterminant dans le fonctionnement de toutes les institutions. C'est, en effet, lui qui définit la politique de la nation (1) et est dépositaire du pouvoir politique par la consistance de sa majorité parlementaire (2).

---

[543] L'article 92 de la constitution sénégalaise du 22 janvier 2001 indique expressément que le Conseil constitutionnel connaît « des conflits de compétences entre l'exécutif et le législatif ». La constitution béninoise reconnaît, à son article 114, à la Cour constitutionnelle le rôle de « régulateur du fonctionnement des institutions et de l'activité des pouvoirs publics ».

1- La détermination de la politique de la nation

Contrairement à la France et à d'autres États de tradition parlementaire où la détermination de la politique de la nation échoit au Gouvernement, dans l'état actuel du constitutionnalisme africain, elle est en droit et en fait l'apanage du Président de la République quoique certaines constitutions reconnaissent au Gouvernement la prérogative de participer à son élaboration ou à sa mise en œuvre. La réalité sénégalaise traduit cette situation.

Au Sénégal, le texte initial de la constitution du 7 mars 1963 confiait au Président de la République la détermination et la conduite de la politique de la nation, notamment à son article 36. La loi constitutionnelle n° 91-25 du 5 avril 1991 portant révision de la constitution a procédé à une répartition des tâches entre le Président de la République et le Premier ministre. L'article 36 modifié disposait : *« le Président de la République détermine la politique de la nation, que le Gouvernement applique sous la direction du Premier ministre ».* La constitution du 22 janvier 2001 a conservé cette évolution en confiant au Président de la République la détermination de la politique de la nation alors que le Gouvernement, sous la direction du Premier ministre, en assure la coordination et la conduite[544].

Au Congo-Brazzaville, comme au Bénin, sous les transitions issues des Conférences nationales, la politique de la nation avait été déterminée par les orientations desdites Conférences nationales. Ainsi, par exemple, l'article 45 de l'Acte fondamental du 4 juin 1991 au Congo-Brazzaville, disposait, en effet : *« le Gouvernement conduit et exécute la politique de la nation définie dans ses grandes lignes par la Conférence nationale ».* Toutefois, le régime béninois issu de la constitution du 11 décembre 1990 n'a pas retenu cette option. L'article 54 de cette constitution, en raison vraisemblablement de la nature présidentielle du régime, prévoit que le Président de la République *« détermine et conduit la politique de la nation ».*

Au Congo-Brazzaville, la constitution du 15 mars 1992 avait confié la détermination et la conduite de la politique de la nation au Gouvernement. L'article 89 disposait : *« le Gouvernement détermine et conduit la politique de la nation ».* Avec la constitution congolaise du 20 janvier 2002, il appartenait au Président de la République de déterminer et de conduire la politique de la nation. La constitution congolaise du 25 octobre 2015 énonce que *« le Premier ministre, en concertation avec le Président de la République, détermine la politique économique et sociale de la nation »*[545].

L'option de confier la détermination de la politique de la nation au Président de la République semble partagée par la quasi-totalité des Etats d'Afrique noire francophone. Cette option se démarque de la constitution française qui

[544] Article 42 al. 3 de la constitution du 22 janvier 2001.

[545] Article 99 de la constitution du 25 octobre 2015.

confie au Gouvernement la détermination et la conduite de la politique de la nation. Mais, en réalité, même dans le cas français, c'est toujours le Président de la République qui détermine la politique de la nation, notamment en dehors des périodes de cohabitation entre ce dernier et une majorité d'opposition. Ainsi, dans un message au Parlement en juillet 1981, le Président François MITTERRAND, s'affirmant comme étant la seule personnalité responsable de la détermination de la politique de la nation, disait, contrairement à l'article 20 de la constitution : *« le changement que j'ai proposé au pays pendant la campagne présidentielle, que les Françaises et les Français ont approuvé, que la majorité à l'Assemblée nationale a fait sien, commande désormais notre action »*[546]. Cette situation n'est pas étrangère aux États africains. En effet, le Président de la République est élu au suffrage universel direct sur la base d'un programme qui devient, inéluctablement, celui de toute la nation pour la durée de son mandat. C'est ce programme que le Gouvernement devra mettre en œuvre et que l'opposition contestera, éventuellement, en présentant une alternative.

Même dans le cas d'un exécutif partagé entre le Président de la République et le Premier ministre, la répartition des pouvoirs entre les deux têtes fait ressortir une relation de subordination. Au Sénégal, par exemple, le Président de la République détermine la politique de la nation. Le Gouvernement, sous la direction du Premier ministre, conduit et coordonne celle-ci.

On peut remarquer, en effet, que c'est le Président de la République qui détermine et conduit la politique de la nation en premier et qui en fixe les objectifs. C'est lui aussi qui en confie la mise en œuvre au Premier ministre de son choix et qui en contrôle la réalisation[547].

On ne peut manquer de révéler, toutefois, que ces dispositions sont prévues dans un cadre idéal où il y a concordance des majorités présidentielle et parlementaire. S'il y a discordance des majorités, et donc cohabitation, ces dispositions peuvent être des sources potentielles de conflits, puisque le Président n'ayant pas le contrôle du parlement ou de l'Assemblée nationale ne pourra contrôler que la majorité présidentielle dont il est le chef.

2- Le contrôle de la majorité parlementaire

Normalement, les relations entre les pouvoirs exécutif et législatif déterminent dans une large mesure la nature du régime politique. Le régime présidentiel est celui qui les sépare de façon rigide, alors que le régime parlementaire, tout en les séparant, aménage une collaboration entre eux. Les

[546] D. G. LAVROFF, « Le droit saisi par la politique : l'instabilité de la norme constitutionnelle sous la Vème République », *Politeia*, n°25, 2014, p. 34.

[547] Ferdinand MELIN-SOUCRAMANIEN, et Pierre PACTET, *Droit constitutionnel*, 33ème édition SIREY, Paris, 2014, p. 362.

régimes politiques africains se particularisent par la personnalité du Président de la République. Il est, en même temps, Président de la République et chef de parti. La constitution sénégalaise reconnaît cette position du Président de la République[548]. La constitution béninoise indique à son article 51 que *« les fonctions de Président de la République sont incompatibles avec l'exercice de tout mandat électif, de tout emploi public, civil ou militaire et de toute autre activité professionnelle »*, alors que la constitution congolaise la condamne[549] fermement.
Or, l'on sait que le parti politique auquel appartient le Président de la République est celui qui domine la majorité parlementaire, un peu partout, en Afrique noire francophone. Ainsi, le Président de la République est en pratique le Président de la majorité parlementaire. Il en résulte une harmonie entre les pouvoirs exécutif et législatif.
Par conséquent, les pouvoirs exécutif et législatif ne peuvent plus être totalement séparés mais solidaires par l'existence *« d'une majorité parlementaire qui reconnaît le Président de la République comme chef »*[550]. Le Parlement, par la réalité du phénomène majoritaire, devient ainsi plus apte à accompagner le Président de la République dans la réalisation du programme électoral sur la base duquel il a été élu[551]. D'ailleurs, au sein du groupement politique majoritaire, les candidats se présentent aux élections législatives ou sénatoriales avec le thème de soutien à la politique du Président de la République[552]. Il s'ensuit naturellement une déchéance de la responsabilité politique.

B- La relativité de la responsabilité politique

La prééminence du Président de la République sur l'ensemble des institutions constitutionnelles est une réalité indéniable en Afrique noire francophone. Elle introduit un encadrement politique de celles-ci qui aboutit,

---

[548] L'article 38 de la constitution du Sénégal du 22 janvier 2001 dispose que « la charge de Président de la République est incompatible avec l'appartenance à toute assemblée élective, Assemblée nationale ou Assemblée locale, avec l'exercice de toute autre fonction publique ou privée rémunérée. Toutefois, il a la faculté d'exercer des fonctions dans un parti politique ou d'être membre d'académies dans un domaine du savoir ».
[549] L'article 72 al 2 de la constitution congolaise du 20 janvier 2002 disposait que « le mandat de Président de la République est également incompatible avec toute responsabilité au sein d'un parti politique ».
[550] D. G. LAVROFF, « Le droit saisi par la politique : l'instabilité de la norme constitutionnelle sous la Vème République », op. cit. p. 34.
[551] D. G. LAVROFF, idem.
[552]Ainsi que le relèvent Babacar GUEYE et Sémou NDIAYE, « la majorité est pervertie, le Parlement vassalisé, lorsque la majorité parlementaire devient mécanique en raison du lien trop fort avec le Gouvernement, lorsque la seule ambition du parlementaire est de plaire à l'exécutif dans une perspective de redistribution politique, d'un renouvellement des candidatures sur les listes du parti »[552].

sans conteste, à l'effondrement de la responsabilité politique du Gouvernement devant le Parlement (1) et à l'imprécision de la responsabilité politique du Président de la République (2).

1- L'effondrement de la responsabilité politique du Gouvernement devant le Parlement

La responsabilité politique du Gouvernement devant le Parlement est un mécanisme mis en jeu par l'Assemblée nationale, dans les régimes de bicaméralisme, au moyen de deux procédés : la question de confiance et la motion de censure. Ces deux procédés sont les moyens les plus importants du contrôle de l'action gouvernementale dans les régimes parlementaires où l'exécutif est directement responsable devant l'Assemblée nationale. La question de confiance permet au Gouvernement d'engager sa responsabilité devant l'Assemblée nationale sur son programme ou une déclaration de politique générale. Elle est posée à l'initiative du Premier ministre et contraint le Gouvernement à la démission au cas où l'Assemblée nationale venait à lui refuser sa confiance. La motion de censure, par contre, permet à l'Assemblée nationale de provoquer la démission du Gouvernement.
Depuis le début des années 1990, le Congo-Brazzaville a expérimenté la responsabilité politique du Gouvernement devant le Parlement sous l'égide de trois régimes. La première fois, ce fut sous le régime de transition mis en place par la Conférence nationale. L'Acte fondamental de cette époque prévoyait, en effet, la possibilité pour le Parlement de *« mettre en cause la responsabilité du Gouvernement de transition par le vote d'une motion de censure lorsqu'il constate que celui-ci s'est gravement écarté des décisions et recommandations de la Conférence nationale »*[553]. La seconde fois, c'était avec la constitution du 15 mars 1992 qui, en son article 122, alinéas 1 et 2, disposait : *« le Premier ministre, après délibération du Conseil des ministres, engage la responsabilité du Gouvernement sur son programme ou éventuellement sur une déclaration de politique générale. L'Assemblée nationale met en cause la responsabilité du Gouvernement par le vote d'une motion de censure »*.La troisième fois, c'est avec la constitution du 25 octobre 2015 qui dispose à son article 160 que *« l'Assemblée nationale peut mettre en cause la responsabilité du Premier ministre et des autres membres du Gouvernement par le vote d'une motion de censure ».* En dépit de la consécration de la motion de censure par ces trois régimes, elle n'a été déposée et adoptée qu'une seule fois contre le Gouvernement du Premier ministre BONGHO-NOUARRA en 1992. Avec la constitution du 20 janvier 2002, le Congo-Brazzaville n'a pas établi le principe de la responsabilité du Gouvernement devant le Parlement, comme le Bénin avec la constitution du 11 décembre 1990, du fait de la nature présidentielle du régime.

---

[553] Article 71 de l'Acte fondamental du 4 juin 1991.

Dans sa tradition parlementaire, le Sénégal a toujours consacré la responsabilité politique du Gouvernement devant l'Assemblée nationale, à travers la question de confiance et la motion de censure[554].
Mais, en pratique, il faut dire que sa mise en œuvre n'est pas toujours aisée non seulement parce que c'est une arme symétrique qui peut susciter, en retour, la dissolution de l'Assemblée nationale, comme ce fut le cas au Congo-Brazzaville en 1992[555], mais également et surtout en raison des conditions qui sont prévues pour son aboutissement. Elle doit, en effet, être signée par au moins un dixième de députés, elle ne peut être examinée que deux jours après son dépôt, elle ne peut être adoptée qu'à la majorité absolue des députés[556]. C'est en raison de ces contraintes que, dans la plupart des cas, la motion de censure n'aboutit jamais. L'expérience du Sénégal est, à cet effet, illustrative. En effet, ce pays a connu, au total, cinq motions de censure entre 1962 et 2012.La seule fois qu'elle a abouti remonte à 1962 contre le Gouvernement du Premier ministre Mamadou DIA. Les quatre autres motions de censure n'ont jamais été adoptées. Ainsi, la motion de censure contre le Gouvernement du Premier ministre Habib THIAM, en 1996, n'a pas été adoptée du fait de la coalition du parti socialiste, majoritaire à l'Assemblée nationale. Il en va de même de celle déposée contre le Premier ministre Mamadou Lamine LOUM en 1998. La motion de censure contre le Gouvernement du Premier ministre Madior BOYE, en 2001, a connu également un échec à cause de l'opposition du Parti démocratique sénégalais. Il en est de même, en 2012, de celle contre le Gouvernement du Premier ministre Abdoul MBAYE soutenu par la majorité parlementaire. Avec un tel record d'échecs, on peut se demander si, en pratique, la motion de censure ne revêt pas un caractère purement symbolique. Il ressort de l'observation que l'échec des motions de censure, sous la période du renouveau démocratique au Sénégal, est dû au soutien des majorités parlementaires contre celles-ci. De ce point de vue, le phénomène majoritaire relativise la mise en œuvre de la responsabilité du Gouvernement devant le Parlement. C'est ce que relèvent Babacar GUEYE et Sémou NDIAYE pour qui *« la possibilité de renverser le Gouvernement est paralysée par la discipline des majorités parlementaires. Il est, en effet, très*

[554] Article 86 de la constitution sénégalaise du 22 janvier 2001.
[555] La motion de censure contre le Gouvernement du Premier ministre BONGHO-NOUARRA a été déposée à la suite de la composition d'un nouveau groupe parlementaire (URD-PCT et apparentés) qui avait occasionné le changement de majorité en cours de législature. Le Président de la République, plutôt que de nommer un Premier ministre au sein de la nouvelle majorité, avait fait le choix de la dissolution de l'Assemblée nationale et provoqué de nouvelles élections législatives qui lui ont d'ailleurs permis d'avoir une majorité à l'Assemblée nationale.
[556] Article 122 al 2 de la constitution congolaise du 15 mars 1992 (abrogée) et 86 al 3 et 4 de la constitution sénégalaise du 22 janvier 2001.

rare qu'une majorité renverse le Gouvernement qu'elle est censée soutenir »[557].

Tout compte fait, cette responsabilité n'est plus que dissuasive, le Gouvernement pouvant s'en passer dès lors que l'intérêt des groupements politiques passe avant la nécessité d'un contrôle effectif de la politique du Gouvernement.

2- L'impossible responsabilité du Président de la République

La problématique de la responsabilité pénale et politique du Président de la République est ancienne dans les États modernes. Les différents cycles constitutionnels que les États d'Afrique noire francophone ont connus n'ont pas marqué une évolution allant dans le sens de la constitutionnalisation effective de la possibilité de rendre le Président de la République responsable des actes répréhensibles qu'il commettrait dans l'exercice de ses fonctions. Cette situation est constante depuis l'accession aux indépendances. Les réformes constitutionnelles du début des années 1990 n'ont pu circonscrire un cadre adéquat de mise en jeu de la responsabilité du Président de la République sauf dans le cas hypothétique, indéfinissable et aménagé de la *« haute trahison »*[558]. Toutes les constitutions des Etats d'Afrique noire francophone reprennent à l'identique cette expression et consacrent un privilège de juridiction. Dans ce cas, le Président de la République ne peut être jugé que par la Haute Cour de justice, après sa mise en accusation par les parlementaires par un vote assorti d'une exigence de majorité complexe.

Au Congo-Brazzaville, conformément à l'article 95 de la constitution du 25 octobre 2015, *« le Président de la République est justiciable devant la Haute Cour de justice »*. Sa responsabilité pénale peut être engagée en cas de manquement grave à ses devoirs, manifestement incompatibles avec l'exercice de sa haute fonction. Sa mise en accusation est effectuée, le cas échéant, par un vote du parlement réuni en congrès à la majorité des trois quarts de ses membres[559].

Au Bénin, *« la responsabilité personnelle du Président de la République est engagée en cas de haute trahison, d'outrage à l'Assemblée et ou d'atteinte à l'honneur et à la probité »*[560].

---

[557] Babacar GUEYE et Sémou NDIAYE, op. cit. p. 134.

[558] Ismaïla Madior FALL, « Sénégal, une démocratie ancienne en mal de réforme », op. cit. p. 3.

[559] Article 95 alinéas 2 et 3 de la constitution du 25 octobre 2015. Les constitutions du 15 mars 1992 et du 20 janvier 2002 avaient également consacré la responsabilité pénale du Président de la République et institutionnalisé la Haute Cour de justice.

[560] La constitution béninoise du 11 décembre 1990 indique à son article 74 qu' « il y a haute trahison lorsque le Président de la République a violé son serment, est reconnu auteur, co-auteur ou complice de violations graves et caractérisées des droits de l'Homme, de cession

Dans ce cas, il est mis en accusation par l'Assemblée nationale au moyen d'un vote à la majorité de deux tiers. Toutefois, au Bénin, la constitution prévoit expressément que les actes accomplis par le Président de la République en dehors de ses fonctions sont de la compétence du juge ordinaire.

Au Sénégal, la responsabilité du Président de la République peut être engagée pour haute trahison comme l'indique l'article 101 de la constitution du 22 janvier 2001. Le Président de la République peut, dans ce cas, être mis en accusation par le Parlement à la majorité de trois cinquièmes devant la Haute Cour de justice.

Comme on peut le constater, la responsabilité du Président de la République dans les trois États, comme dans bien d'autres, demeure imprécise et difficile à mettre en œuvre[561]. Outre l'imprécision de la notion de haute trahison, il ressort nettement que les procédures prescrites pour la mise en accusation du Président de la République, par les parlementaires, sont assez complexes même si, dans la plupart des cas, il est prévu un vote secret.

En définitive, les présidents africains retrouvent, avec les nouvelles constitutions, la plupart des attributions qu'ils avaient sous le monopartisme. Ces attributions étaient, partout, les mêmes et coïncidaient avec l'énumération que faisait, en son temps, Maurice KAMTO, à propos du régime centrafricain issu de la constitution de 1986 : le Président de la République *« incarne l'unité de la nation, veille à la continuité de l'Etat et à l'intégrité du territoire. Il est le gardien des institutions adoptées par le peuple. Il conduit la politique de la nation, négocie et ratifie les traités, promulgue les lois, exerce le pouvoir réglementaire, assure le commandement en chef des armées de la nation, préside le Conseil supérieur de la défense nationale et nomme aux emplois civils et militaires. Il accrédite les ambassadeurs à l'étranger ; les ambassadeurs des puissances étrangères sont accrédités auprès de lui ; il est le chef de l'État et du Gouvernement dont il nomme et révoque les membres et détermine les attributions »*[562]. Le Président de la République ne s'est pas, en réalité,

---

d'une partie du territoire national, ou d'acte attentatoire au maintien d'un environnement sain, satisfaisant, durable et favorable au développement »; L'article 75 précise qu' « il y a atteinte à l'honneur et à la probité notamment lorsque le comportement personnel du Président de la République est contraire aux bonnes mœurs ou qu'il est reconnu co-auteur ou complice de malversations, de corruption, d'enrichissement illicite », et l'article 76 stipule qu' « il y a outrage à l'Assemblée nationale lorsque, sur des questions posées par l'Assemblée nationale sur l'activité gouvernementale, le Président de la République ne fournit aucune réponse dans un délai de trente jours » (article 76).

[561] A contrario, le Président Albert ZAFY avait été mis en accusation à Madagascar dans une procédure qui a abouti à sa destitution par la décision n°17 HCC/D3 du 4 septembre 1996 de la Haute Cour constitutionnelle de Madagascar. Voir « Afrique contemporaine », n°181, janvier-mars 1997, pp. 58-67.

[562] M. KAMTO, « Les nouvelles institutions constitutionnelles et politiques de la République centrafricaine », *Recueil Penant*, 1989, p. 14.

départi de ses pouvoirs sous la période antérieure à 1990 où, comme le souligne Gérard CONAC, il *« était la clef de voûte des institutions politiques »*[563].

L'expérimentation du nouveau constitutionnalisme met en évidence un reflux de certains principes énoncés avec enthousiasme par les États d'Afrique noire francophone au début des années 1990. D'une part, la crise de la normativité constitutionnelle ainsi que celle de la démocratie représentative impactent diversement la légitimité des gouvernants et des institutions d'un État à un autre. D'autre part, la séparation classique des pouvoirs est soumise à l'épreuve de l'instabilité institutionnelle. Cet état de fait est l'expression des difficultés d'ancrage de certains acquis du renouveau démocratique dans les États d'Afrique noire francophone. Toutefois, il ne fait aucun doute que la régularité des mutations constitutionnelles favorise, dans ces États, l'affermissement irréversible de la démocratie et de l'État de droit.

[563] G. CONAC, *Les institutions constitutionnelles et politiques des Etats d'Afrique francophone et de la République malgache*, Paris, Economica, 1979, p. 67.

DEUXIÈME PARTIE
LES MUTATIONS CONSTITUTIONNELLES COMME MODALITÉ D'APPROFONDISSEMENT DU NOUVEAU CONSTITUTIONNALISME EN AFRIQUE NOIRE FRANCOPHONE

En Afrique noire francophone, le début des années 1990 marque la fin de trois décennies de monopartisme et consacre une ère nouvelle[564], celle d'un « *nouveau constitutionnalisme démocratique qui affecte tout l'ordonnancement constitutionnel régissant les systèmes politiques africains* »[565]. L'affirmation de ce constitutionnalisme, inspiré par la démocratie libérale[566], donne l'allure de l'entrée effective de l'Afrique noire francophone dans la culture *juridico-politique universelle transcendant [ainsi] les particularismes et relativisant l'existence d'une irréductibilité africaine*[567]. Les évolutions observées, depuis cette période, sont essentiellement marquées par la revendication des principes de la démocratie pluraliste, de l'État de droit, des droits de l'Homme et de la séparation des pouvoirs[568]. Certes, des mutations récurrentes, variables d'un État à un autre, ont marqué cette dynamique constitutionnelle. Mais, l'objectif de la démocratisation et de l'édification des États de droit[569] se réalise, *bon an mal an,* ainsi que le reconnaît Gérard CONAC pour qui *« le bilan des expériences récentes de transition démocratique en Afrique est loin d'être négatif [...] les avancées démocratiques sont incontestables »*[570]. En effet, l'encadrement juridique du pouvoir[571] (Titre I) ainsi que la promotion et la protection des droits de l'homme (Titre II) constituent, toujours, l'épicentre des valeurs mises en exergue, par les États d'Afrique noire francophone.

---

[564]La fin des années quatre-vingt inaugure, en Afrique noire francophone, le processus du renouveau démocratique qui s'accompagne d'une remise en cause significative de l'ordre Juridico-politique existant comme le souligne Ismaila Madior Fall, in « Le pouvoir exécutif dans le constitutionnalisme des Etats d'Afrique », op. cit. p. 21. Voir aussi A. BOURGUI, « L'évolution du constitutionnalisme en Afrique » op. cit. p. 724.

[565] I. M. FALL, « Le pouvoir exécutif dans le constitutionnalisme des Etats d'Afrique », op. cit p. 21.

[566] Pour L. SINDJOUN, « l'hégémonie symbolique et parfois matérielle de la démocratie libérale est réelle »., in « La formation du patrimoine constitutionnel commun des sociétés politiques », op. cit. p. 6.

[567] L. SINDJOUN, « Les nouvelles constitutions africaines et la politique internationale : contribution à une économie internationale des biens politico-constitutionnels », in *Afrique 2000*, 21, avril-juin 1995, p. 46.

[568] B. GUEYE, « Les coups d'Etat en Afrique entre légalité et légitimité », op. cit. p. 262.

[569] Selon le Lexique de droit constitutionnel, l'Etat de droit est « un Etat où le pouvoir s'exerce dans le cadre du droit, en se soumettant lui-même à cet encadrement normatif ». Il présente deux caractéristiques, comme l'affirme Jacques CHEVALLIER : il exige, tout d'abord, que l'Etat et les collectivités publiques soient soumis, au même titre que les particuliers, au respect du droit positif ; il implique, ensuite, que ce respect soit sanctionné, en dernier ressort, par un juge, in *L'Etat de Droit*. Paris, Montchrestien, « Clef », 1992, référence citée par Jean-Louis QUERMONE, « Les régimes occidentaux », op. cit. p. 120.

[570] G. CONAC, « Quelques réflexions sur le nouveau constitutionnalisme africain », op. cit. p. 32.

[571] A la base de l'Etat de droit se trouve l'idée de limiter le pouvoir des gouvernants comme le soutien J. CHEVALLIER, in « L'Etat de droit », op. cit. p. 365.

TITRE I : L'encadrement constitutionnel de la séparation des pouvoirs

Parmi les maux qui ont suscité le discrédit du monopartisme et de l'idéologie marxiste-léniniste, en Afrique noire francophone, figure la faiblesse du cadre normatif qui a favorisé l'émergence d'un état *« de quasi-vide constitutionnel avec des textes [...] souvent inspirés d'un modèle de démocratie populaire»*[572]. Ainsi, l'architecture institutionnelle des années 1990 a été orientée par une conception inspirée de la théorie de la séparation des pouvoirs. De la sorte, toutes les constitutions des États d'Afrique noire francophone, issues du renouveau démocratique, ont institué, entre autres, l'aménagement juridique du cadre d'exercice du pouvoir (Chapitre I) et consacré les mécanismes de protection y relatifs (Chapitre II).

[572] M. MARTIN et A. G. CABANIS, « Le nouveau cycle constitutionnel ultra-méditerranéen francophone et la constitution d'octobre 1958 », op. cit. p. 139.

Chapitre I: L'aménagement du cadre d'exercice du pouvoir

Tirant les leçons de leur expérience antérieure, caractérisée par la confusion des pouvoirs et la centralisation administrative, les États d'Afrique noire francophone ont opté pour une organisation du cadre d'exercice du pouvoir, conforme aux enjeux du nouveau constitutionnalisme qui sont la démocratie et l'État de droit. La prise en compte des principes y relatifs s'est faite, d'une part, par la consécration d'un cadre institutionnel favorable à l'organisation et au fonctionnement des pouvoirs publics suivant une répartition des missions et des organes au sein de l'État et, d'autre part, par la détermination des mécanismes de légitimation des gouvernants. Dans cette perspective, les constituants africains ont participé à une œuvre innovante de distribution constitutionnelle des pouvoirs (Section 1) et à l'affirmation des principes garantissant l'exclusivité de la dévolution démocratique du pouvoir (Section 2).

Section 1 : La distribution constitutionnelle des pouvoirs

Faisant le bilan des régimes antérieurs, les Etats d'Afrique noire francophone ont, à la fin des années quatre-vingt, établi la séparation des pouvoirs comme *« instrument de limitation de l'autoritarisme et du pouvoir absolu »*[573]. Elle est, de la sorte, devenue le fondement de l'organisation institutionnelle des États d'Afrique noire francophone[574] (Paragraphe 1). Dans le même sens, ces États ont engagé des réformes importantes en vue d'adapter l'administration territoriale à leurs spécificités prenant en compte une demande de modernisation, de plus en plus, croissante. Dans cette perspective, ils ont engagé le processus de la décentralisation administrative (Paragraphe 2).

Paragraphe 1 : La consécration constitutionnelle de la séparation des pouvoirs

La séparation des pouvoirs a été solennellement consacrée par toutes les constitutions africaines[575] au début des années 1990. En Afrique noire francophone, comme partout ailleurs, l'organisation structurelle est déduite de la distinction de « *la fonction d'édiction des règles générales ou fonction législative, la fonction d'exécution de ces mêmes règles ou fonction*

---

[573] Y. MENY et Y. SUREL, « Politique comparée », op. cit. p. 18.

[574] P.M. GAUDEMET souligne, à juste titre, que la séparation des pouvoirs est le « credo de la démocratie libérale », in La séparation des pouvoirs, mythes et réalités, chronique XXIII, Paris, Dalloz, 1961, p. 121.

[575] B. GUEYE, et S. NDIAYE, « L'instabilité institutionnelle en Afrique », op. cit. p. 132.

exécutive et la fonction de règlement des litiges ou fonction juridictionnelle »[576]. Ainsi conçue, la séparation des pouvoirs est non seulement affirmée par les constitutions des États d'Afrique noire francophone (A) mais, également, mise en œuvre effectivement par ceux-ci (B).

A- L'affirmation de la séparation des pouvoirs

Les États d'Afrique noire francophone ont consacré la séparation des pouvoirs suivant le modèle énoncé par la doctrine classique. Ils ont, de la sorte, affirmé la spécialisation fonctionnelle des organes institutionnels (1) et proclamé leur limitation mutuelle (2).

1- La spécialisation fonctionnelle des pouvoirs

Le fondement de la spécialisation fonctionnelle des pouvoirs repose sur le postulat qu'une seule personne ou un seul organe ne doit disposer de l'entièreté des pouvoirs au sein de l'État au risque d'aboutir à la concentration et à la confusion de ceux-ci ; ce qui est susceptible d'avoir des incidences juridique et politique sur le fonctionnement de l'État.
Sur le plan juridique, elle peut déboucher sur l'exercice de la souveraineté par un seul organe ou une seule personne, alors que la souveraineté appartient à la nation. La séparation des pouvoirs garantit, de ce fait, la souveraineté nationale qui s'accommode au régime représentatif. Il faut, ainsi, désigner trois pouvoirs (législatif, exécutif et judiciaire), tenus par des titulaires distincts et éviter que l'un des trois pouvoirs ne dispose de la totalité du pouvoir. La spécialisation fonctionnelle des pouvoirs permet d'établir *« la distinction entre un pouvoir exécutif qui impulse et administre, un pouvoir législatif qui ajuste et adopte la loi et un pouvoir judiciaire qui soumet concrètement l'État et les citoyens au droit »*[577].
Sur le plan politique, l'exercice du pouvoir par une seule personne est de nature à déboucher sur des abus qui peuvent aller jusqu'à enfreindre les droits et libertés des citoyens.
Les États africains placent la spécialisation fonctionnelle au cœur de leur modèle d'organisation institutionnelle de sorte que chaque pouvoir ne dispose que d'une fonction. En pratique, la spécialisation fonctionnelle induit un équilibre entre les trois pouvoirs et garantit leur indépendance mutuelle. Si le constituant sénégalais de 1963 n'a pas abordé cette question, par contre, celui de 2001 exprime cette option de façon expresse dans le préambule de la constitution du 22 janvier 2001. Il proclame, en effet, *« la*

---

[576] F. MELIN-SOUCRAMANIEN et P. PACTET, « Droit constitutionnel », op. cit. p. 103.
[577] O. DUHAMEL et G. TUSSEAU, « Droit constitutionnel et institutions politiques », op. cit. p. 754.

séparation et l'équilibre des pouvoirs conçus et exercés à travers des procédures démocratiques».
Les constituants des trois États se prononcent formellement en faveur de l'indépendance du pouvoir judiciaire dans une écriture identique. Elles affirment que *« le pouvoir judiciaire est indépendant des pouvoirs législatif et exécutif*[578]. La séparation des pouvoirs s'accompagne aussi de la limitation mutuelle de ceux-ci.

2- La limitation mutuelle des pouvoirs

Le principe de la limitation mutuelle des pouvoirs est, aujourd'hui, l'un des éléments sur la base desquels repose la structure des pouvoirs exécutif, législatif et judiciaire. L'objectif poursuivi par cette forme d'organisation est de préserver chaque institution contre tout abus éventuel pouvant provenir de l'exercice de ses attributions par une autre. Comme le concevait Montesquieu, *« pour qu'on ne puisse pas abuser du pouvoir, il faut que, par la disposition des choses, le pouvoir arrête le pouvoir »*[579].
Au Congo-Brazzaville, la détermination pour la limitation mutuelle des pouvoirs est présente dans toutes les constitutions depuis 1990. Les articles 130 à 133 de la constitution du 15 mars 1992, 137 de la constitution du 20 janvier 2002 et 169 de la constitution du 25 octobre 2015 décrivent, avec détails, les mécanismes de fonctionnement du principe de la limitation mutuelle des pouvoirs. Ainsi, le pouvoir exécutif ne peut empiéter, ni sur les attributions du pouvoir judiciaire ni sur celles du pouvoir législatif. Le pouvoir exécutif ne peut ni statuer sur les différends, ni entraver le cours de la justice, ni s'opposer à l'exécution d'une décision de justice. Le pouvoir législatif ne peut, ni statuer sur les différends, ni modifier une décision de justice. Toute loi, dont le but est de fournir la solution d'un procès en cours, est nulle et de nul effet.
Les constituants sénégalais de 1963 et 2001 ainsi que celle du Bénin de 1990 n'ont pas prévu de description aussi détaillée que celle des constituants congolais. La question de la limitation des pouvoirs n'est pas évoquée expressément par les constitutions de ces deux États.
Il va s'en dire qu'en réalité, même dans les cas sénégalais et béninois, où les constitutions n'ont pas abordé la question de la limitation mutuelle des pouvoirs, le principe de la séparation des pouvoirs fonctionne suivant sa

---

578 Articles 125 de la constitution béninoise du 11 décembre 1990, 136 de la constitution congolaise du 20 janvier 2002 et 168 de la constitution congolaise du 25 octobre 2015, 80 de la constitution sénégalaise du 7 mars 1963 et 88 de la constitution sénégalaise du 22 janvier 2001.
579 Cité par Ferdinand MELIN-SOUCRAMANIEN et Pierre PACTET, « Droit constitutionnel », op. cit. p. 103.

formulation traditionnelle autour des mécanismes de spécialisation fonctionnelle et d'indépendance organique[580].
Sur cette base, il est évident que la spécialisation fonctionnelle et la limitation mutuelle des pouvoirs garantissent mieux la démocratie et l'État de droit. En effet, en ce qui concerne les pouvoirs exécutif et législatif, par exemple, « *le législateur, fût-il politiquement en harmonie avec les gouvernants, limite le pouvoir mieux que l'absence de vrai parlement* »[581].
C'est donc à bon escient que les États d'Afrique noire francophone, dans le cadre du renouveau démocratique, mettent effectivement en œuvre la séparation des pouvoirs, comme l'un des piliers indispensables de l'État de droit.

B- La mise en œuvre de la séparation des pouvoirs

La mise en œuvre de la théorie de la séparation des pouvoirs permet une répartition des compétences entre les différentes institutions et définit la nature du régime politique[582]. En réalité, quel que soit le degré d'affirmation de l'adhésion à la démocratie libérale, il est assez difficile de rattacher les régimes politiques des États d'Afrique noire francophone à l'une des formes classiques de régimes politiques[583]. On peut, par contre, dans le cadre de la présente étude, aborder la question de la mise en œuvre de la séparation des pouvoirs, selon le type de collaboration des pouvoirs prévu par la constitution. En effet, la mise en œuvre de la séparation des pouvoirs se fait suivant diverses approches tirées de la classification traditionnelle des régimes parlementaire et présidentiel. On distingue, ainsi, l'application de la théorie de la séparation des pouvoirs dans les régimes politiques[584] africains, selon que la constitution prévoit une séparation souple (1) ou rigide des pouvoirs (2).

---

[580] On relève toutefois que des aménagements importants ont été réalisés par les constituions africaines dans l'optique d'assurer l'immixtion du pouvoir exécutif dans les domaines des autres pouvoirs. Voir nos commentaires à ce propos p. 152.
[581] O. DUHAMEL et G. TUSSEAU, « Droit constitutionnel et institutions politiques », op. cit. p. 761.
[582] A. T. LY, « Les changements anticonstitutionnels de gouvernement en Afrique », op. cit. p. 302.
[583] Le régime politique est entendu comme « l'ensemble des éléments d'ordre idéologique, institutionnel et sociologique qui concourent à former le Gouvernement d'un pays donné pendant une période déterminée ». Il se focalise sur quatre composantes essentielles que sont : le principe de légitimité, la structure des institutions, le système des partis et la forme et le rôle de l'Etat. Voir dans ce sens, Jean-Louis QUERMONNE, in *Les régimes politiques occidentaux*, 5ème édition mise à jour, Paris, Seuil, 2006, p. 9.
[584]Le régime politique est entendu comme l'ensemble des rapports qu'entretiennent les pouvoirs publics entre eux, plus spécialement entre les pouvoirs exécutif et législatif.

1- Dans les régimes de séparation souple des pouvoirs

Les mécanismes mis en exergue dans ces régimes sont tirés du régime parlementaire qui se caractérise par *« l'existence d'une séparation souple des pouvoirs »*[585]. Dans la pratique, la séparation fonctionnelle des pouvoirs s'accommode à une collaboration des pouvoirs exécutif et législatif. Cette collaboration est assortie des principaux mécanismes que sont la question de confiance et la motion de censure pour le Parlement puis le droit de dissolution pour le Gouvernement. Ainsi, le pouvoir exécutif est responsable politiquement devant le pouvoir législatif, de sorte que le Gouvernement doit toujours disposer de la confiance du Parlement. Le Parlement participe au contrôle de l'action du Gouvernement par des questions orales ou écrites, l'interpellation, l'audition en commission. De même, le Président de la République dispose du droit de dissoudre le Parlement ou l'une de ses chambres. L'exécutif participe au travail du pouvoir législatif par le droit d'initiative des projets de loi, le droit d'amendement, le droit de déterminer l'ordre du jour parlementaire, le droit de convoquer les sessions extraordinaires du Parlement, le droit d'assister aux débats parlementaires. Le Sénégal et le Congo-Brazzaville (avec les constitutions du 15 mars 1992 et du 25 octobre 2015) consacrent des régimes dans lesquels on retrouve les prémices des mécanismes des régimes parlementaires classiques.
La constitution sénégalaise du 7 mars 1963, à la suite des réformes entreprises en 1991, a établi un régime qui valorise la collaboration entre les pouvoirs exécutif et législatif, assortie du droit de dissolution pour le premier et de la motion de censure pour le second[586]. La constitution sénégalaise du 22 janvier 1963 est restée dans cette approche parlementaire en instituant un régime présidentialiste, certes, mais dont l'essence parlementaire est évidente. Elle consacre, en effet, un dualisme au sein du pouvoir exécutif entre le Président de la République et le Premier ministre[587], ce dernier étant responsable devant l'Assemblée nationale. La responsabilité politique du Gouvernement devant l'Assemblée nationale est matérialisée par l'obligation faite au Premier ministre, après sa nomination, de faire une déclaration de politique générale devant l'Assemblée nationale qui peut être sanctionnée par un vote de confiance[588] et la possibilité pour l'Assemblée nationale de déposer, à tout moment, le Gouvernement par la motion de censure[589]. À l'inverse, le Président de la République peut dissoudre l'Assemblée nationale en vertu du droit de dissolution. Le Parlement participe au contrôle

[585] C. CERDA-GUZMAN, « Droit constitutionnel et institutions de la Vème République », op. cit. p. 239.
[586] Articles 75 et 75 bis de la constitution du 7 mars 1963.
[587] La constitution traite, distinctement, du Président de la République au titre III et du Gouvernement au titre IV.
[588] Articles 55 et 86 de la constitution du 22 janvier 2001.
[589] Article 86 de la constitution du 22 janvier 2001.

du Gouvernement par des questions orales ou écrites, l'interpellation, l'audition en commission. Le Gouvernement participe au travail parlementaire par le droit d'initiative des projets de lois[590], le droit d'amendement, l'inscription prioritaire à l'ordre du jour parlementaire d'un projet de loi ou d'une déclaration de politique générale[591], le droit de convoquer les sessions extraordinaires du Parlement[592], le droit d'assister aux débats parlementaires.

Les régimes congolais, institués par les constitutions du 15 mars 1992 et du 25 octobre 2015, mettent en pratique les mêmes mécanismes institutionnels. Dans ces régimes, la responsabilité politique du Gouvernement est établie devant l'Assemblée nationale. Selon l'article 75 de la constitution du 15 mars 1992, *« le Président de la République nomme le Premier ministre issu de la majorité parlementaire à l'Assemblée nationale ».* Lors de son entrée en fonction, le Premier ministre était tenu de faire une déclaration de politique générale devant le Parlement conformément à l'article 90 alinéa 6. Le Parlement participait au contrôle du Gouvernement par les questions orales ou écrites, l'interpellation, l'audition en commission...[593] Par ailleurs, le Gouvernement participait au travail parlementaire par le droit d'initiative des projets de loi[594], le droit d'amendement, le droit de déterminer l'ordre du jour parlementaire, le droit de convoquer les sessions extraordinaires du Parlement, le droit d'assister aux débats parlementaires. Les pouvoirs exécutif et législatif collaboraient et disposaient des moyens d'action réciproques : l'Assemblée nationale pouvait mettre en cause la responsabilité du Gouvernement par le vote de la motion de censure, sous certaines conditions,[595] alors que le Président de la République pouvait dissoudre l'Assemblée nationale. La constitution du 25 octobre 2015 consacre la même articulation institutionnelle, à la seule exception que le Premier ministre ne provient pas, nécessairement, de la majorité à l'Assemblée nationale[596]. Ces régimes sont, dans leur mécanisme de fonctionnement, à l'opposé des régimes qui consacrent la séparation rigide des pouvoirs.

[590] Article 80 de la constitution du 22 janvier 2001.
[591] Article 85 de la constitution du 22 janvier 2001.
[592] Article 63 alinéa 5 de la constitution du 22janvier 2001.
[593] Article 125 de la constitution congolaise du 15 mars 1992.
[594] Article 110 de la constitution congolaise du 15 mars 1992.
[595] Conformément à l'article 80, pour être recevable, la motion de censure doit revêtir les signatures d'au moins un dixième des députés, le vote ne peut avoir lieu que quarante-huit heures après son dépôt, elle ne peut être adoptée qu'à la majorité absolue. En cas de rejet, une autre motion ne peut être déposée au cours de la même session, le Président de la République peut dissoudre l'Assemblée nationale.
[596] L'article 83 de la constitution du 25 octobre 2015 dispose que : « Le Président de la République nomme le Premier ministre et met fin à ses fonctions ».

2- Dans les régimes de séparation rigide des pouvoirs

Au sortir de la Conférence nationale et de la période de transition, le Bénin avait mis en place, avec la constitution du 11 décembre 1990, un régime politique caractérisé par une séparation franche entre les organes exécutif et législatif. De même, le Congo-Brazzaville avait adopté le même régime politique après l'abrogation de la constitution du 15 mars 1992, avec la constitution du 20 janvier 2002.

Dans le fonctionnement de ces deux régimes, très proches l'un de l'autre, l'architecture institutionnelle est proche du régime présidentiel qui prévoit *« une séparation stricte des pouvoirs. Les organes exécutif et législatif sont indépendants l'un de l'autre en principe, dépourvus de moyens de pression réciproques »*[597]. Les deux États avaient institué en effet :

- un exécutif monocéphale confié au Président de la République, élu au suffrage universel direct[598]. Il est tout à la fois chef de l'État et de Gouvernement[599]. Les autres membres du Gouvernement sont ses collaborateurs qu'il nomme, dont il fixe les attributions et qu'il révoque librement[600] ;
- un Parlement monocaméral au Bénin et bicaméral au Congo-Brazzaville. Au Congo-Brazzaville, il s'agissait d'un bicaméralisme égalitaire puisque les deux chambres du Parlement (Assemblée nationale et Sénat) votaient la loi dans les mêmes termes et contrôlaient l'action du Gouvernement par les mêmes moyens et mécanismes.

Les relations entre les pouvoirs établissent une réelle spécialisation fonctionnelle. Chaque organe est assigné à la réalisation d'une tâche sans s'arroger des compétences dans les domaines des autres pouvoirs. De même, les deux organes disposent d'une égale légitimité populaire et sont indépendants l'un vis-à-vis de l'autre sans moyens d'action symétriques : l'Assemblée nationale ne peut déposer le Gouvernement, au moyen de la motion de censure, le Président de la République ne peut dissoudre l'Assemblée nationale au moyen du droit de dissolution[601]. Par conséquent, il n'existe aucune responsabilité politique du Gouvernement devant le Parlement. Toutefois, les constitutions béninoise de 1990 et congolaise de

---

[597] F. MELIN-SOUCRAMANIEN et P. PACTET, « Droit constitutionnel », op . cit. p. 103.

[598] Articles 42 de la constitution béninoise du 11 décembre 1990 et 57 de la constitution congolaise du 20 janvier 2002.

[599] Articles 54 de la constitution béninoise du 11 décembre 1990 et 56 alinéa 2 de la constitution congolaise du 20 janvier 2002.

[600] Articles 54 alinéa 3 de la constitution béninoise du 11 décembre 1990 et 74 de la constitution congolaise du 20 janvier 2002.

[601] L'article 114 de la constitution congolaise du 20 janvier 2002 l'énonce expressément : « Le Président de la République ne peut dissoudre l'Assemblée nationale. L'Assemblée nationale ne peut démettre le Président de la République ».

2002 organisent une nécessaire collaboration entre les organes exécutif et législatif. Ainsi, le Président de la République a l'initiative des lois concurremment avec les membres du Parlement[602], les membres du Gouvernement ont accès aux séances du Parlement[603], le Parlement contrôle l'action du Gouvernement au moyen des questions écrites et orales, l'interpellation, l'audition en commission, les questions d'actualité[604]. Le Parlement peut habiliter le Président de la République à prendre par ordonnance des mesures qui relèvent normalement du domaine législatif.[605] Le Président de la République est irresponsable sauf dans le cas d'une haute trahison[606].

Ces deux régimes, comme on peut le constater, réalisent une sorte de syncrétisme par rapport aux deux régimes standards de la séparation des pouvoirs. Dans un cas comme dans un autre, il n'est pas aisé de rattacher un régime africain à un type de régime politique classique. C'est sûrement ce qui fait l'unanimité autour du qualificatif de *« Présidentialiste »* attribué aux régimes africains[607]. Toutefois, les régimes politiques mis en place par les États d'Afrique noire francophone consacrent la décentralisation territoriale.

Paragraphe 2 : L'expérimentation de la décentralisation administrative

Les États d'Afrique noire francophone sont tous de forme unitaire. Ils sont organisés suivant le modèle de la centralisation du pouvoir politique atténuée par la déconcentration et la décentralisation. Si la déconcentration consiste *« à accorder un large pouvoir de décisions à des autorités qui restent néanmoins nommées et hiérarchiquement soumises au pouvoir central »*[608], la décentralisation, par contre, consiste à créer *«des collectivités territoriales dotées de la personnalité morale, habilitées à s'administrer elles-mêmes dans les conditions d'une relative autonomie par rapport aux gouvernants et aux organes centraux »*[609]. La décentralisation fait partie des principes qui, à la fin des années quatre-vingt, ont constitué l'innovation des constitutions africaines.

---

[602] Articles 57 et 105 de la constitution béninoise du 11 décembre 1990 ; 83 et 118 de la constitution congolaise du 20 janvier 2002.

[603] Articles 95 de la constitution béninoise du 11 décembre 1990 et 117 de la constitution congolaise du 20 janvier 2002.

[604] Articles 84 de la constitution béninoise du 11 décembre 1990 et 87 de la constitution congolaise du 20 janvier 2002.

[605] Articles 102 de la constitution béninoise du 11 décembre 1990 et 132 de la constitution congolaise du 20 janvier 2002.

[606] Articles 73 de la constitution béninoise du 11 décembre 1990 et 56 alinéa 2 de la constitution congolaise du 20 janvier 2002.

[607] B. GUEYE, et NDIAYE, « L'instabilité institutionnelle en Afrique », op. cit., p. 130.

[608] N. KADA, *Lexique de droit constitutionnel*, Poitiers, Ellipses, mars 2004, p. 46.

[609] F. MELIN-SOUCRAMANIEN et P. PACTET, op. cit, p. 40.

Elle est, désormais, consacrée par toutes les constitutions des États d'Afrique noire francophone (A) comme un des piliers de la démocratie et de l'État de droit (B).

A- La mise en œuvre de la décentralisation administrative

La consécration de la politique de décentralisation au sein des États d'Afrique noire francophone est réalisée à partir de la mise en place d'un cadre juridique dynamique qui intègre les dispositions aussi bien constitutionnelles (1) que législatives (2).

1- La consécration constitutionnelle

Au sortir de l'indépendance, les États d'Afrique noire francophone ont connu des formes d'organisation focalisées sur la centralisation de l'État et la continuité avec une partie des lois coloniales[610]. Après cette expérience, la décentralisation territoriale est apparue au début des années 1990 dans la plupart de ces États[611] et fait désormais partie de leurs mécanismes de fonctionnement.

Il est ainsi devenu habituel d'opposer l'administration centrale et déconcentrée à l'administration décentralisée[612] puisque, dorénavant, la séparation fonctionnelle entre pouvoir législatif, exécutif et juridictionnel se double d'une séparation territoriale entre pouvoir central et pouvoirs locaux[613]. En effet, toutes les constitutions de ces États réservent des développements importants à la décentralisation allant de la définition des collectivités locales aux modalités de fonctionnement de celles-ci. Au Bénin, la constitution du 11 décembre 1990 consacre le titre X aux collectivités locales. Elle renvoie à la loi la compétence de créer les collectivités locales et circonscrit les principes suivant lesquels elles fonctionnent, notamment la libre administration[614], l'observation du développement harmonieux de toutes les collectivités territoriales sur la base de la solidarité nationale, des

---

[610] J. M. et E. IDELMAN, « La décentralisation en Afrique de l'Ouest : une évolution dans les gouvernances locales ? » *Echo Géo* [en ligne], 13/2010.

[611] La décentralisation fait partie des revendications exprimées par les peuples africains autour des années 1990. Comme en France lors de la révolution de 1930, en Afrique, le mouvement démocratique avait induit une demande d'autonomie et une pression décentralisatrice importante. Voir Olivier DUHAMEL et Guillaume TUSSEAU, « Droit constitutionnel et institutions politiques », op. cit. p. 837. Certains Etats comme le Congo-Brazzaville ont expérimenté la décentralisation avant cette période.

[612] J. L. AUTIN et C. RIBOT, *Droit administratif général*, 5ème édition, Paris, Litec, 2008, p. 63.

[613] O. DUHAMEL et G. TUSSEAU, « Droit constitutionnel et institutions politiques », op. cit, p. 837

[614] Article 150 de la constitution béninoise du 11décembre 1990.

potentialités régionales et l'équilibre interrégional[615] et l'interdiction de l'utilisation des budgets de celles-ci pour le financement des dépenses de souveraineté de l'État[616].
Au Sénégal, la constitution du 7 mars 1963 consacre le titre XI aux collectivités locales. Dans l'unique article de ce titre (article 90), elle précise que les collectivités locales sont la région, la commune et la communauté rurale. Elle affirme, à l'alinéa 2, de cet article, le principe de la libre administration de celles-ci. La constitution du 22 janvier 2001, comme celle du 7 mars 1963, prévoit un titre XI qui traite des collectivités locales. À l'article 102, elle précise qu'elles constituent le cadre institutionnel de la participation des citoyens à la gestion des affaires publiques. Elles s'administrent librement par des Assemblées élues. La constitution renvoie à la loi la fixation de l'organisation, la composition et le fonctionnement de celles-ci.
Au Congo-Brazzaville, la constitution du 15 mars 1992 traite des collectivités locales au titre XIV. Elle renvoie à la loi la création de celles-ci ainsi que la fixation de leur statut juridique, attributions et fonctionnement et leurs rapports avec le pouvoir central. Elle rappelle qu'elles ont la personnalité juridique et jouissent de l'autonomie administrative, patrimoniale, financière, économique, culturelle et sociale. La constitution du 20 janvier 2002, quant à elle, consacre le titre XVI aux collectivités locales. À l'article 175, elle précise que les collectivités locales de la République du Congo sont le département et la commune. Elle prescrit l'interdiction d'imputer les dépenses de souveraineté de l'État sur le budget des collectivités locales à l'article 176 et renvoie à la loi la fixation des conditions d'exercice de la tutelle de l'État sur les collectivités locales. La constitution du 25 octobre 2015 consacre le titre XIV aux collectivités locales. Après avoir précisé à l'article 208 que les collectivités locales du Congo sont le département et la commune, elle indique que les collectivités locales s'administrent librement par des Conseils élus et que chaque année l'État leur alloue une contribution conséquente de développement[617]. Toute imputation des dépenses de souveraineté de l'État sur les budgets des collectivités décentralisées est interdite[618].
La constance des constitutions africaines sur la consécration de la décentralisation permet d'établir que la politique de décentralisation, en Afrique noire francophone, est désormais irréversible[619]. Ainsi, comme le reconnaissent André CABANIS et Michel Martin, *« l'affirmation du rôle des*

[615] Article 153 de la constitution béninoise du 11décembre 1990.
[616] Article 152 de la constitution béninoise du 11décembre 1990.
[617] Article 209 alinéa 2 de la constitution congolaise du 25 octobre 2015.
[618] Article 209 alinéa 3 de la constitution congolaise du 25 octobre 2015.
[619]Selon les termes de l'exposé des motifs de la loi n°96-06 du 22 mars 1996 portant code des collectivités locales cités par Ismaïla Madior FALL, in « Evolution constitutionnelle du Sénégal de la veille de l'indépendance aux élections de 2007 », Paris, op. cit. p. 88.

collectivités locales est une nouveauté dans les constitutions africaines francophones actuellement en vigueur »[620]. Cette consécration constitutionnelle a favorisé la floraison du cadre législatif de référence de la décentralisation dans ces États.

2- La floraison du cadre législatif

Le processus de décentralisation tel que consacré par les constitutions de la plupart des États d'Afrique noire francophone a été suivi par l'adoption des lois relatives à sa mise en œuvre. Ainsi, au 30 septembre 2010, le recueil des lois sur la décentralisation au Bénin comportait plusieurs lois, notamment la loin° 97-028 du 15 janvier 1999 portant organisation de l'administration territoriale de la République du Bénin, la loi n°97-029 du 15 janvier 1999 portant organisation des communes en République du Bénin, la loi n°98-005 du 15 janvier 1999 portant organisation des communes à statut particulier, la loi n°98-006 du 9 mars 2000 portant régime électoral communal et municipal en République du Bénin, la loi n°98-007 du 15 janvier 1999 portant régime financier des communes en République du Bénin, la loi n°2007-28 du 23 novembre 2007 fixant les règles particulières applicables aux élections des membres des conseils communaux et des membres des conseils de villages ou de quartiers en République du Bénin, la loi n°2009-17 b portant modalités de l'intercommunalité au Bénin.

Au Sénégal, les reformes entreprises au début des années 1990 ont ouvert la voie à l'adoption des lois sur la décentralisation, particulièrement à partir de 1996. Il s'agit de la loi n°96-06 du 22 mars 1996 portant code des collectivités locales, la loi n°96-07 du 22 mars 1996 portant transfert de compétences aux régions, aux communes et aux communautés rurales, la loi n° 96-08 du 22 mars 1996 modifiant le code électoral, la loi 96-09 du 22 mars 1996 fixant l'organisation administrative et financière de la commune d'arrondissement dans ses rapports avec la ville, la loi n°96-10 du 22 mars 1996 modifiant la loi du 1er février 1972 relative à l'organisation de l'administration territoriale et la loi organique n°96-11 relative à la limitation du cumul des mandats électifs et de certaines fonctions[621].

Au Congo-Brazzaville, le cadre législatif sur la décentralisation a évolué à partir de l'année 2003, notamment avec l'adoption de la loi n°3-2003 du 17 janvier 2003 fixant l'organisation administrative territoriale, la loi n°7-2003 du 6 février 2003 portant organisation et fonctionnement des collectivités locales, la loi n°8-2003 du 6 février 2003 portant loi organique relative à l'exercice de la tutelle sur les collectivités locales, la loi n°9-2003 du 6

---

[620] A. CABANIS, et M. L. Martin, « Les constitutions d'Afrique francophone, évolutions récentes », op.cit. p. 170.

[621] Voir Ministère de l'Intérieur et des Collectivités locales. *Le recueil des textes sur la décentralisation,* Dakar, édition novembre 2003.

février 2003 fixant les orientations fondamentales de la décentralisation, la loi n°10 du 6 février 2003 portant transfert de compétence aux collectivités locales, la loi n°11-2003 du 6 février 2003 portant statut particulier de la ville de Brazzaville et de la ville de Pointe-Noire, la loi n°30-2003 du 24 octobre 2003 portant détermination du patrimoine des collectivités locales, la loi n°5-2005 du 25 mai 2005 portant statut de la fonction publique territoriale.
D'un point de vue juridique, il est évident que l'option pour la décentralisation est sans équivoque. Elle participe désormais au raffermissement de la démocratie et de l'État de droit.

B-l'affermissement de l'État de droit et de la démocratie par la décentralisation

La décentralisation est consacrée par les constitutions africaines et les autres normes législative et réglementaire comme « *une voie de sortie de la double crise économique et sociopolitique dans laquelle se trouvent les États africains* »[622]. À cet effet, l'ambition proclamée par les Etats d'Afrique noire francophone est, sans doute, *« de recadrer l'action de l'État, rapprocher l'administration des administrés, impulser le développement à partir et par les populations à la base »*[623]. Ainsi, elle procède de la volonté d'assurer la participation des citoyens à la libre administration de leurs entités (1) et permet une prise en compte efficace des particularités territoriales (2).

1- La participation des citoyens à la libre administration des collectivités locales

La décentralisation consiste à transférer à des autorités autonomes, par rapport au pouvoir central, des attributions qu'elles seront appelées à exercer au nom et pour le compte d'une collectivité publique distincte de l'État. L'autonomie de ces autorités est, le plus fréquemment, assurée par l'élection[624] qui garantit, de ce fait, la participation des citoyens à la libre administration de leurs collectivités. Le principe de la libre administration des collectivités locales constitue une garantie essentielle pour l'autonomie de celles-ci.[625] Aussi, la décentralisation participe de la nécessité *« d'approfondir la démocratie et de la garantir dès la base de l'organisation*

---

[622] B. GUEYE et S. NDIAYE,« L'instabilité institutionnelle en Afrique », op. cit. p. 171.
[623] I. M. FALL, « Evolution constitutionnelle du Sénégal de la veille de l'indépendance aux élections de 2007 », op. cit. p. 88.
[624] J. L. QUERMONE, « Les régimes politiques occidentaux », op. cit. p. 288.
[625] L. FAVOREU et autres, « Droit constitutionnel », op. cit. p. 637.

politique de l'État »[626] étant entendu que l'élection est « *sa pierre de touche »*[627].
De manière générale, *« le souci de rapprocher l'administration de l'administré, celui de revitaliser la démocratie en la faisant fonctionner sur des registres décentralisés, constituent de nouvelles priorités un peu partout dans le monde auxquelles les pays d'Afrique francophone n'ont pas cru devoir se soustraire »*[628]. En effet, dans le cas des États africains, elle répond à une très forte revendication de démocratie de proximité et de participation. L'institution de collectivités territoriales, dans la plupart des constitutions est, en fait, une innovation de la nouvelle organisation démocratique. Elle inspire une citoyenneté dynamique et associée au règlement des problèmes après l'échec de toutes les illusions développementalistes. Elle invite les citoyens à plus de responsabilité dans la prise en mains de leurs affaires et, en pratique, à en confier la gestion à des mandataires appelés à rendre compte. « *La décentralisation territoriale est, à cet égard, une des formes les plus efficaces et les plus séduisantes de l'autogestion administrative. Elle vise à assurer une plus grande démocratie là où, sans doute, elle est particulièrement nécessaire, c'est-à-dire à la base, et c'est pourquoi on peut considérer les collectivités décentralisées comme de véritables contre-pouvoirs »*[629].
On ne peut manquer de relever que le principe de la décentralisation est l'opposé du principe de l'indivisibilité de la République qui est souvent invoqué comme l'une de ses limites. La décentralisation administrative exprime le choix de l'État central à *« réduire ses attributions et à les transférer partiellement à des autorités élues, tout en conservant une tutelle sur l'exercice des attributions ainsi transférées »*[630]. Il s'agit, pour reprendre l'expression de René CARRE de MALBERG, *« d'une concession émanant de la collectivité supérieure »*[631]. En définitive, la libre administration est une compétence qui est consubstantielle aux collectivités locales. Elle favorise la prise en compte des particularités territoriales.

2- La prise en compte des particularités territoriales

La décentralisation territoriale contribue à une meilleure prise en compte des particularités de chaque entité par le fait qu'elle rend responsables les

---

[626] C. CERDA-GUZMAN, « Droit constitutionnel et institutions de la Vème République », op. cit. p. 35.
[627] J. GICQUEL et J. E. GICQUEL, « Droit constitutionnel et institutions politiques », op. cit. p. 74.
[628] A. CABANIS et M. L. MARTIN, « Les constitutions d'Afrique francophone, évolutions récentes », op. cit. p. 170.
[629] F. MELIN-SOUCRAMANIEN et P. PACTET, « Droit constitutionnel », op. cit. p. 41.
[630] L. FAVOREU et autres, « Droit constitutionnel », op. cit. p. 638.
[631] Cité par Louis FAVOREU et autres, in « Droit constitutionnel », op. cit. p. 638.

populations des choix qu'elles sont amenées à effectuer dans le cadre de la gestion de leurs problèmes. L'autogestion des problèmes spécifiques à chaque entité territoriale est une donnée première qui domine le droit de la décentralisation. En effet, « *à la généralité des intérêts pris en charge par l'État s'oppose la particularité des intérêts locaux, exclusivement attachés à la satisfaction des habitants de chaque collectivité* ».[632] En témoigne cette évocation : « *les villes sont nées pour les besoins de sécurité de leurs habitants (police), puis se sont développées comme lieux d'échanges et de commerce (police au sens large) et se sont équipées en services de proximité (hôpitaux, transports en commun)* »[633]. Ainsi, on peut convenir avec l'auteur qu'« *une collectivité locale est toujours légitime à répondre, par ses propres initiatives aux besoins de ses habitants* »[634].

Avec la concentration, le développement local est fonction des choix planifiés par le niveau central pour toute l'étendue du territoire national. Si les résultats attendus d'une telle planification sont pris en compte, il va de soi qu'ils ne le seront que par rapport à l'ensemble du territoire. Cependant, avec la décentralisation, le ressort territorial de planification et d'évaluation est circonscrit par un territoire déterminé. D'une part, cela permet une meilleure connaissance des problèmes, puisque les acteurs sont élus par les citoyens sur la base des critères objectifs dont la connaissance du milieu. D'autre part, les préoccupations sont mieux prises en compte pour témoigner de la pertinence des politiques de développement adoptées et de l'efficacité de l'action des gestionnaires élus. En permettant l'implication des populations à la gestion des affaires locales, la décentralisation améliore la qualité d'offre des services publics. Aussi, « *plus étroitement contrôlés par les citoyens, contraints de présenter des résultats tangibles en matière de développement local, les Gouvernements locaux doivent témoigner d'une responsabilité et d'une écoute accrue* ». De la sorte, les choix publics ne sont plus centralisés mais reflètent nécessairement les besoins des populations.

La décentralisation est, dans ce sens, d'une efficacité avérée. Comme le soulignent Ferdinand MELIN-SOUCRAMANIEN et Pierre PACTET, « *elle permet de satisfaire les aspirations des populations qui, d'une part, s'estiment non sans raison mieux informées et mieux qualifiées que quiconque pour administrer leurs provinces ou leurs régions et décider de leur avenir et, d'autre part, entendent leur garder leur originalité et leurs traits propres* »[635].

[632] B. FAURE, *Les institutions administratives*, Paris, PUF, 2010, p. 197.
[633] Idem.
[634]Idem.
[635]In *Droit constitutionnel*. 33ème édition, Paris, Sirey, 2014, p. 41.

Section 2: L'organisation de la dévolution démocratique du pouvoir

Depuis 1990, l'amorce d'un mouvement vers la démocratisation de la vie politique, en Afrique noire francophone, est tout à la fois perceptible[636] et irréversible. Les motivations de cette ouverture à la démocratie sont multiples, en dépit d'un fond commun de revendications justifiées par la crise intérieure et l'évolution de l'actualité internationale comme le rappellent certaines constitutions dans leurs préambules[637]. L'évolution juridique observée, dans ce sens, témoigne d'un dynamisme qui participe de l'engagement consensuel des peuples africains en faveur du multipartisme intégral (Paragraphe 1) et de la légitimation des gouvernants à partir des principes démocratiques de la compétition pour le pouvoir (Paragraphe 2).

Paragraphe 1 : Le choix du pluralisme politique

Le pluralisme est une tradition de la démocratie libérale qui suppose l'existence et l'exercice de la libre expression de différentes idées politiques, à travers la reconnaissance des partis politiques concurrentiels[638]. Il est, ainsi, une condition de la démocratie par la diversité des options qu'il offre au peuple dans le choix des gouvernants.[639] La démocratie à laquelle les États d'Afrique noire francophone ont souscrit « *tend à s'identifier à l'instauration du multipartisme et à l'exercice du pouvoir par le (s) parti(s) ayant remporté les élections* »[640]. Cette réalité est la conséquence de ce que l'ouverture à la démocratie pluraliste, dans les États d'Afrique noire francophone au début des années 1990[641], a permis, d'une part, l'affirmation constitutionnelle du multipartisme (A) et, d'autre part, d'instituer l'opposition politique comme composante essentielle du système politique (B).

---

[636] B. KANTE, « Le constitutionnalisme à l'épreuve de la transition démocratique en Afrique », in ZOETBOUT, Carla M. et als, *Constituionnalism in Africa, A quest for autochttonous principales, sanders instituant, Gouda Quint-Deventer*, Rotterdam, 1996, p. 3.

[637] Le préambule de la constitution béninoise du 11 décembre 1990, par exemple, évoque l'évolution constitutionnelle et politique mouvementée de la nation.

[638] M. WALZER, Pluralisme et démocratie, Editions esprit, 1997, p. 60 cité par Babacar GUEYE, in « Démocratie en Afrique : succès et résistances », op. cit. p. 8.

[639] B. GUEYE, « Démocratie en Afrique : succès et résistances », op. cit. p. 7.

[640] J. J. RAYNAL, « Conférence nationale, Etat de droit et démocratie, quelques réflexions à propos d'une occasion manquée »,in D. DARBON et J. du Bois de GAUDUSSON, (dir), *La création du droit en Afrique*, Paris, KARTHALA, 1997, p. 167.

[641] Le Sénégal a connu le multipartisme depuis le milieu des années 1970, le monopartisme n'ayant sévi dans ce pays qu'entre 1966 et 1974. Aussi, pour René DEGNI-SEGUI, « durant les trois décades, le monopartisme a été la règle et le multipartisme sénégalais, l'exception qui confirme la règle », in *Les droits de l'Homme en Afrique francophone (théorie et réalités,* Abidjan, 1998, p. 176.

A- Un fondement essentiel du nouveau constitutionnalisme

La reconnaissance effective du multipartisme comme fondement de l'organisation politique des États a été l'une des principales innovations du nouveau constitutionnalisme africain des années 1990. En effet, *« les premières exigences des mouvements d'émancipation démocratique de la dernière décennie du XXème siècle portaient [*entre autres*] sur la pluralité des partis »*[642]. Il ne pouvait en être autrement car, comme l'indique Georges Vedel, *« la démocratie, dans le contexte des systèmes des partis, renvoie à l'exercice du pouvoir par la majorité sous le contrôle de l'opposition et l'arbitrage du peuple »*[643]. Ainsi, les constitutions africaines issues du renouveau démocratique proclament toutes la reconnaissance du multipartisme (1) avec comme corollaire la floraison des partis politiques (2).

1- Une reconnaissance constitutionnelle

Le début des années 1990 marque l'engagement des États d'Afrique noire francophone dans la « *transition vers le pluralisme politique »*[644]. À la faveur de l'élaboration des premières constitutions de cette période, plusieurs États ont consacré le multipartisme intégral et proclamé la liberté de création des partis politiques. Ce choix pour le multipartisme a été, pour l'essentiel, l'aboutissement de processus variables d'un État à un autre. Dans les États comme le Sénégal, le multipartisme est une tradition politique, caractérisée par une évolution tendancielle[645]. En effet, le Sénégal est le premier Etat à faire œuvre de pionnier en matière de libéralisation de la vie politique en Afrique noire francophone[646]. La constitution du 7 mars 1963, dans sa rédaction initiale, prévoyait la possibilité de former plusieurs partis politiques[647]. Après la phase du monopartisme, avec l'Union progressiste

---

[642] O. DUHAMEL et G. TUSSEAU, « Droit constitutionnel et institutions politiques », op. cit. p. 764.

[643] Cité par El Hadji MBODJ, in « Les garanties et éventuels statuts de l'opposition en Afrique », *Actes de la quatrième réunion préparatoire au symposium international de Bamako* « La vie politique », mai 2000, p. 1, non publié

[644] G. CONAC, « L'Afrique en transition vers le pluralisme politique », in *La vie du Droit en Afrique*, Paris, Economica, 1993, p. 517.

[645] Voir dans ce sens J. M. NZOUANKEU, « Les partis politiques sénégalais », Dakar, Clairafrique, 1984 cité par Ismaïla Madior FALL, in « Evolution constitutionnelle du Sénégal », op. cit. p. 70.

[646] C. COULON, « La démocratie sénégalaise : bilan d'une expérience », in *Politique africaine*, n°45, p. 3.

[647] L'article 3 du texte initial de la constitution du 7 mars 1963 disposait que : « Les partis et groupements politiques concourent à l'expression du suffrage. Ils se forment et exercent leurs activités dans les conditions déterminées par la loi. Ils doivent respecter les principes de la souveraineté nationale et de la démocratie ».

sénégalaise (UPS), qui deviendra Parti socialiste (PS) en 1976, le Parti démocratique sénégalais fut reconnu le 8 juillet 1974, devenant, ainsi, le deuxième parti et le premier parti d'opposition au Sénégal. La révision constitutionnelle du 6 avril 1976 fit évoluer le multipartisme sénégalais en le limitant, toutefois, à trois partis fondés sur une base idéologique : le libéralisme démocratique, le socialisme démocratique et le marxisme-léninisme. La révision constitutionnelle du 28 décembre 1978 fera passer ce nombre de partis à quatre en y ajoutant le courant conservateur[648]. Le multipartisme intégral a finalement été réintroduit au Sénégal par la révision constitutionnelle du 6 mai 1981.

Au Bénin comme au Congo-Brazzaville, l'ouverture à la démocratie s'est faite au terme de la condamnation du monopartisme dans ses fondements conceptuels. L'exclusivité de l'option socialiste et la domination de l'appareil du parti unique sur toutes les sphères de la vie de la nation ont, ainsi, été remises en cause lors des grands forums qu'ont été les conférences nationales.

Les nouvelles constitutions de l'ère démocratique ont rappelé cet état de fait et justifié le choix du multipartisme. Les dispositions constitutionnelles dans les trois États sont formelles sur le choix du multipartisme. En effet, le préambule de la constitution béninoise du 11 décembre 1990 affirme, dans ce sens, la détermination du peuple béninois de *« créer un État de droit et de démocratie pluraliste dans lequel les droits fondamentaux de l'homme, les libertés publiques, la dignité de la personne humaine et la justice sont garantis, protégés et promus comme conditions nécessaires au développement véritable et harmonieux de chaque Béninois».* L'article 5 souligne, dans la même optique, que *« les partis politiques concourent à l'expression du suffrage ».*

La constitution congolaise du 15 mars 1992 évoquait, dans son préambule, le souci du peuple congolais de *« créer un ordre politique nouveau, un État décentralisé où règnent la morale, le droit, la liberté, la démocratie pluraliste... »* À son article 7, elle reconnaissait aux partis et groupements politiques le droit de concourir à l'expression du suffrage. La constitution congolaise du 20 janvier 2002 affirmait, dans son préambule, que *« les expériences vécues à travers les différents régimes politiques qui se sont succédé, ainsi que celles des autres peuples, ont conduit le peuple congolais à faire le choix de la démocratie pluraliste comme socle des valeurs devant orienter le développement du pays, stimuler son épanouissement moral, culturel et matériel et répondre à la demande collective d'un mieux-être*

---

[648] Au cours des élections législatives, tenues la même année, dix-huit députés de l'opposition représentée par le parti démocratique sénégalais ont été élus. Voir Jean du Bois de GAUDUSSON, Gérard CONAC et Christine DESOUCHES, *Les constitutions africaines publiées en langue française*, Bruxelles, Bruylant, Paris, la documentation française, Tome 2, 1998, pp. 312 à 318.

social ». La constitution du 25 octobre 2015 rappelle, à son préambule, la *« la nécessité de concilier les valeurs universelles de la démocratie et les réalités politiques, sociales et culturelles nationales »* et indique à son article 58 que *« les partis politiques se créent librement autour d'un idéal de paix, d'unité nationale et de développement socio-économique. Ils jouissent de la personnalité morale ».*
Au Sénégal, la constitution du 7 mars 1963 affirmait, à son article 3, que *« les partis politiques concourent à l'expression du suffrage ».* Cette formule est retenue par la constitution du 22 janvier 2001, notamment à son article 3.
La reconnaissance constitutionnelle du multipartisme a favorisé son effectivité dans les États d'Afrique noire francophone.

2- Une effectivité constatée

Les États africains ne se sont pas limités à l'affirmation constitutionnelle des principes de la démocratie pluraliste. Conformément à la hiérarchie des normes juridiques, ces États procèdent, en sus de la proclamation constitutionnelle, à l'élaboration d'une législation appropriée. Un peu partout, en Afrique noire francophone, les constitutions annoncent que les partis politiques seront régis par des lois spécifiques. Cette opportunité manifeste a favorisé l'émergence d'une législation propre aux partis politiques dans certains États en ce qui concerne, notamment, leur statut et le financement de leurs activités.
C'est dans cette perspective qu'on a constaté, dans presque tous les États, l'abandon de la référence à la loi française de 1901 qui était, jusque-là, le texte de référence en matière de création des partis politiques en Afrique noire francophone[649]. Ainsi, au Bénin les partis politiques sont désormais régis par la loi n° 90-023 du 13 août 1990 portant charte des partis politiques. Au Sénégal, la loi sur les partis politiques date de la période d'avant 1990 en raison de la consécration du multipartisme avant cette période. Il s'agit, notamment, de la loi n°81-17 du 6 mai 1981 relative aux partis politiques modifiée par la loi n° 89-36 du 12 octobre 1989. Au Congo-Brazzaville, les partis politiques sont régis par la loi n° 21-2006 du 21 août 2006 sur les partis politiques.
L'effectivité de la mise en œuvre du multipartisme se traduit, également, par l'adoption des lois sur le financement des partis politiques. Le Bénin et le Congo-Brazzaville ont, dans cette optique, adopté des lois relatives au financement des partis politiques. Au Sénégal, l'adoption d'une loi sur le financement des partis politiques se fait encore attendre.

---

[649] C'est, en effet, sur les fondements de la loi de 1901 que certains Etats, comme le Congo-Brazzaville, ont reconnu la création des premiers partis politiques de l'ère du renouveau démocratique.

Il va de soi que sur le plan juridique, les lois sur le statut des partis et leur financement poursuivent l'objectif de limiter les risques de corruption [650] et d'assurer, au mieux, leur implication dans la vie politique à partir d'un cadre juridique adéquat.
La reconnaissance du multipartisme s'est traduite, en pratique, par « *une explosion du nombre des partis, une prolifération sans précédent [...] en Afrique* »[651]. En effet, la liberté de créer les partis politiques a été l'occasion d'une multiplication croissante du nombre des partis politiques. Les chiffres enregistrés dans chaque État restent, aujourd'hui encore, intéressants. Au Sénégal, on enregistre plus de deux cents partis. Au Bénin, les statistiques font état de quarante-quatre partis en 1994, quatre-vingt-douze en 1997 et cent vingt-quatre en 2000[652]. Le Congo-Brazzaville est vraisemblablement dans les mêmes proportions. Cette réalité traduit l'effectivité de l'exercice des libertés politiques en même temps qu'elle est vécue confusément comme source de vitalité et de contrainte pour la démocratie. À l'évidence, l'option pour le multipartisme a souvent poussé les dirigeants africains à favoriser et à provoquer « *artificiellement la naissance de nouveaux partis* »[653].
Au regard de ce qui précède, on peut constater que « *l'avènement du multipartisme a considérablement modifié le paysage politico institutionnel africain et favorisé la mise en place d'institutions nouvelles et surtout de nouvelles équipes gouvernementales légitimées à la suite d'élections* »[654] auxquelles prennent part une diversité de partis ou groupements politiques. Cette réalité traduit l'effectivité de l'enracinement du multipartisme et, partant, la reconnaissance de l'opposition comme composante essentielle de la démocratie dans les Etats d'Afrique noire francophone.

B-L'institutionnalisation de l'opposition politique

L'opposition politique est un indicateur du pluralisme[655] en ce qu'elle « *offre aux citoyens une alternative à la politique définie et appliquée par le régime politique en place. Elle assume au fond une mission de service public :*

---

650 G. CONAC, « Quelques réflexions sur le nouveau constitutionnalisme africain »,op. cit. p. 32.

651 B. GUEYE, « Démocratie en Afrique : succès et résistances », op. cit. p. 8.

652 N. MEDE, « Les partis politiques au Bénin, Essai d'application fonctionnaliste », *African journal of political science, volume 9 (2) décembre 2004*, Johannesburg, p. 3.

653 L. G. BITJOCA, « L'élection comme mode de (ré) fondation du pouvoir d'Etat en Afrique », op. cit. p. 152.

654 L. G. BITJOCA, « L'élection comme mode de (ré) fondation du pouvoir d'Etat en Afrique », op . cit. p. 145.

655. L'article 2 de la loi béninoise n°2001-36 du 14 octobre 2002 portant statut de l'opposition définit l'opposition comme « l'ensemble des partis, alliances des partis ou groupes des partis politiques qui, dans le cadre juridique existant, ont choisi de professer pour l'essentiel des opinions différentes de celles du Gouvernement en place et de donner une expression concrète à leurs idées dans la perspective d'une alternance démocratique »[655].

contrôler et critiquer l'action gouvernementale, proposer des valeurs, des idées en un projet de société alternatif à ceux véhiculés et appliqués par le parti ou la coalition de partis au pouvoir, et briguer les suffrages des citoyens »[656]. Elle est, ainsi, un critère essentiel *des régimes constitutionnels pluralistes* [657]comme ceux en vigueur en Afrique noire francophone, depuis le début des années 1990. L'institutionnalisation de l'opposition se réalise, depuis le retour au pluralisme politique, par la constitutionnalisation (1) et l'adoption d'un statut particulier (2) de celle-ci.

1- La constitutionnalisation de l'opposition politique

Pendant plus d'un quart de siècle, les régimes politiques qui ont sévi en Afrique noire francophone avant la fin des années quatre-vingts « *redoutaient l'opposition qu'ils considéraient comme un obstacle au développement économique [...], un risque de ralentissement du progrès social, un gaspillage d'énergie dans la construction de l'unité nationale »*[658].
Mais, depuis la fin de cette époque, les États africains reconnaissent formellement, pour certains, l'opposition politique comme « *le socle de la démocratie pluraliste »*[659]voire *« l'alpha et l'oméga* [du] *régime démocratique pluraliste »*[660].
Cette reconnaissance traduit, sans contexte, l'expression du choix en faveur du principe majoritaire qui repose sur le postulat de « *l'exercice du pouvoir d'État par la majorité sous le contrôle de l'opposition et l'arbitrage du peuple »*[661].
En réalité, les constitutions africaines fixent, désormais, une description du champ politique pluraliste en procédant à *« l'intégration de l'opposition dans les institutions de telle sorte que l'axe fondamental du système politique soit la rivalité entre le Gouvernement et la majorité d'une part et l'opposition d'autre part »*[662].
Le préambule de la constitution sénégalaise du 22 janvier 2001 est, à cet effet, révélateur. Il affirme que « *la volonté du Sénégal d'être un État moderne qui fonctionne selon le jeu loyal et équitable entre une majorité qui gouverne et une opposition démocratique, et un État qui reconnaît cette*

---

[656] B. GUEYE, « Démocratie en Afrique : succès et résistances », op. cit. p. 10.
[657] Pascal JAN, « Les oppositions », *Pouvoirs* n°106, janvier 2004, p. 2.
[658] E. H. O. DIOP, *Partis politiques et processus de transition démocratique en Afrique noire : Recherche sur les enjeux juridiques et sociologiques du multipartisme dans quelques pays de l'espace francophone*, Paris, Publibook, 2006, p. 285.
[659] JAN, P. « Les oppositions », op. cit. pp. 23-24.
[660] P. JAN, « Les oppositions », op. cit. p. 26.
[661] Cité par El Hadji MBODJ, in « Les garanties et éventuels statuts de l'opposition en Afrique », op. cit. p. 1.
[662] E.H. O. DIOP, « Partis politiques et processus de transition démocratique en Afrique noire : Recherche sur les enjeux juridiques et sociologiques du multipartisme dans quelques pays de l'espace francophone », op. cit. p. 283.

opposition comme un pilier fondamental de la démocratie et un rouage indispensable au bon fonctionnement du mécanisme démocratique». Dans la même intention, l'article 58 de la constitution sénégalaise du 22 janvier 2001 stipule que *« la constitution garantit aux partis politiques qui s'opposent à la politique du Gouvernement le droit de s'opposer ».*

La constitution congolaise du 25 octobre 2015 marque une avancée considérable sur ses devancières de 2002 et de 1992 au sujet, notamment, de la reconnaissance de l'opposition. Elle dispose à son article 63 que *« l'opposition politique est reconnue en République du Congo ».*

La reconnaissance de l'opposition est effective en Afrique noire francophone, comme le justifie sa participation à la vie politique au Bénin, au Sénégal et au Congo-Brazzaville. Tenant compte de cette évidence, on peut se convaincre de ce que *« le retour au pluralisme politique permet aux oppositions de faire entendre leur voix et d'être représentées dans les Assemblées* qui deviennent, pour ainsi dire, *des espaces de dialogue »*[663]. De manière générale, les constitutions africaines, n'ont pas manqué d'intérêt à assurer non seulement la reconnaissance de l'opposition mais ont également projeté l'adoption de son statut légal pour garantir le bon fonctionnement du pluralisme politique retrouvé[664].

2- L'adoption d'un statut particulier de l'opposition

La reconnaissance de l'opposition par la plupart des constitutions a favorisé l'émergence d'un statut particulier de celle-ci dans certains États d'Afrique noire francophone. Plusieurs constitutions projettent l'adoption des statuts de l'opposition par le législateur. Ainsi, l'article 67 de la constitution sénégalaise reconnaît que la loi fixe les règles concernant le statut de l'opposition. Les constitutions congolaises du 15 mars 1992 et du 20 janvier 2002 n'avaient pas prévu de dispositions concernant l'opposition. Celle du 25 octobre 2015 prévoit à son article 63 alinéa 3 que *« la loi détermine le statut de l'opposition ».* La constitution béninoise n'évoque pas expressément la question du statut de l'opposition. Mais, en dépit de ce silence, le Bénin a adopté un statut formel de l'opposition par la loi n°2001-36 du 14 octobre 2002. L'article 3 de cette loi dispose que le *« statut de l'opposition est l'ensemble des règles juridiques permettant aux partis, alliances de partis ou groupes de partis politiques de l'opposition de disposer de l'espace de liberté qui leur est nécessaire pour participer pleinement et sans entrave à l'animation de la vie politique nationale ».* Le statut de l'opposition concerne, ainsi, toutes les garanties essentielles à la

[663] G. CONAC, « Quelques réflexions sur le nouveau constitutionnalisme africain », op. cit. p. 32.

[664] A. BOURGUI, « L'évolution du constitutionnalisme en Afrique : du formalisme à l'effectivité », op. cit. p. 721.

réalisation des activités des partis qui, officiellement, se déclarent dans une position politique antagoniste à la majorité au pouvoir. Suivant la loi béninoise y relative, ces garanties concernent le droit de critiquer le programme, les décisions et les actions du Gouvernement, de développer des programmes propres, de proposer des solutions alternatives à la nation, d'œuvrer pour l'alternance au pouvoir par des moyens légaux[665]. Le statut particulier de l'opposition reconnaît à celle-ci le droit d'accès équitable aux moyens officiels d'information et de communication[666] et le privilège d'être consultée, à maints égards, sur toute question d'intérêt national et international[667]. Enfin, le statut de l'opposition fait obligation à l'Etat de prendre toutes mesures particulières pour assurer la sécurité des responsables nationaux des partis, alliances ou groupes de partis de l'opposition[668].
Depuis 1990, *« l'adoption d'un statut de l'opposition est devenue une aspiration majeure des démocraties en construction »*[669]. Babacar GUEYE reconnaît, dans le même sens, que ce « *statut formel [*est*] destiné à assurer son expression, sa représentation dans les instances de la République, son inscription dans le débat parlementaire et sa participation dans certains organes de travail »*[670].
Comme on peut le constater, la consécration de l'opposition et la reconnaissance de certains droits qui lui sont inhérents constituent une *« avancée positive au service du renforcement de la démocratie »* [671] et de l'État de droit en Afrique noire francophone. Elle assure la vitalité du régime politique pluraliste qui est fondé sur l'existence des règles de jeu démocratiques.

Paragraphe 2 : La détermination des règles de dévolution démocratiques du pouvoir

La mise en œuvre des règles d'exercice de la démocratie est l'une des mesures annonciatrices de l'entrée de l'Afrique noire francophone dans la culture universelle de la démocratie pluraliste. Dans cette optique, l'expérience tirée de l'exercice du pouvoir sous la période du monopartisme a contraint les peuples à faire le choix des règles d'organisation du jeu démocratique à travers la mise en place d'un cadre consensuel de la

[665] Article 4 de loi 2001-36, portant statut de l'opposition au Bénin.
[666] Article 8 de loi 2001-36, portant statut de l'opposition au Bénin.
[667] Article 10 de loi 2001-36 portant statut de l'opposition au Bénin.
[668] Article 11 de loi 2001-36 portant statut de l'opposition au Bénin.
[669] GUEYE, « Démocratie en Afrique : succès et résistances », op. cit. p. 10.
[670] GUEYE, « Démocratie en Afrique : succès et résistances », op. cit. p. 11.
[671] GILLES, William, « L'opposition parlementaire : étude de droit comparé », in *Revue de droit public* n°5 p. 1363.

compétition pour le pouvoir[672] (A) et la consécration de l'alternance démocratique (B).

A- La mise en place d'un cadre consensuel de la compétition pour le pouvoir

La consécration de l'élection[673], comme mode exclusif d'accès au pouvoir politique, dans les États d'Afrique noire francophone, a conduit nombre d'États à s'arrimer à la demande, de plus en plus pressante, des acteurs politiques nationaux et de la communauté internationale en faveur des cadres d'organisation impliquant toutes les sensibilités. C'est dans ce cadre que ces États ont été amenés à *« réformer leurs codes électoraux »*[674] consacrant, de la sorte, des nouvelles législations électorales (1) qui instituent des structures paritaires et/ou indépendantes d'organisation et de supervision des élections (2).

1- L'adoption des nouvelles législations électorales

La dynamique de démocratisation qui anime les États africains s'accommode aux exigences des communautés nationale et internationale éprises de respect des normes générales et impartiales relatives à l'organisation de la compétition pour le pouvoir. Cette initiative est d'autant plus rassurante que les lois qui y sont adoptées émanent des Assemblées mises en place dans le cadre de la transition démocratique ou élues par le souverain primaire. Ce qui est tout à fait loin des parlements monocolores du monopartisme, très souvent traités de simples prolongements du parti au pouvoir et du Gouvernement. De même, les reproches faits aux administrations chargées de certaines tâches d'organisation des élections ont été pris en compte.
Même si celles-ci participent aux processus électoraux, de plus en plus, la limitation de leurs prérogatives et la soumission de certains de leurs actes au contrôle juridictionnel et à la supervision des commissions indépendantes participent de la volonté de limiter les fraudes et les irrégularités en la matière. Ainsi, presque tous les États africains se sont dotés de nouveaux codes électoraux qui indiquent les règles essentielles attenantes à l'organisation d'élections libres, parce que les électeurs sont en mesure d'exprimer leur choix sans contrainte, sincères, en ce sens que les résultats proclamés sont conformes au choix réellement exprimé par le corps

---

672 Déjà en 1978, on pouvait lire ce titre combien évocateur d'un ouvrage de D.G. LAVROFF (dir), *Aux urnes l'Afrique. Elections et pouvoirs en Afrique noire*, CEAN, Bordeaux, Paris, Pedone, 1978.
673 Voir par exemple, D.G. LAVROFF (dir), *Aux urnes l'Afrique : élections et pouvoirs en Afrique noire*, CEAN, Bordeaux, Paris, Pedone, 1978.
674 B. GUEYE, « Démocratie en Afrique : succès et résistances », op. cit. p. 14.

électoral, et régulières, dans la mesure où la consultation est organisée à terme échu et selon des règles préétablies et acceptées par tous[675].

Les nouvelles lois électorales fixent, pour l'essentiel, les organes chargés de l'organisation des élections, le mode de désignation des membres de ces organes, leur mode de fonctionnement, le découpage électoral, les conditions d'éligibilité et de participation, les voies de recours en cas de contentieux.

Au Bénin, la volonté de créer un cadre normatif susceptible de permettre l'organisation d'élections acceptées par toutes les parties a fait évoluer, progressivement, la législation électorale jusqu'à l'adoption de la loi électorale n°2013-06 du 25 novembre 2013 portant code électoral. Au total, de 1994 à 2013, le Bénin a connu une quinzaine de lois traitant des questions électorales.[676]

Avec le même entrain que les autres États d'Afrique noire francophone, le Sénégal s'est doté d'un code électoral par la loi n° 92-16 du 7 février 1992. Cette loi a été modifiée, notamment en matière législative, par les lois n° 2012-01 du 3 janvier 2012 portant code électoral et 2014-18 du 15 avril 2014 abrogeant et remplaçant la loi n°2012-01 du 3 janvier 2012.

Au Congo-Brazzaville, le premier cadre d'organisation électorale a été fixé par la loi n° 001-92 du 21 janvier 1992 portant loi électorale. Cette loi a été abrogée et remplacée par la loi électorale n° 24-2001 du 24 novembre 2001 plusieurs fois modifiée[677].

À l'évidence, *« la mise en place de tissus normatifs et opératoires en matière électorale constitue certainement un élément de réussite dans le néo-constitutionnalisme en Afrique noire francophone »*[678]. Certes, l'existence de ce cadre juridique ne suffit pas pour garantir la bonne tenue des compétitions électorales. Il faut, en plus, que les mécanismes prévus par ce cadre juridique soient mis en place et fonctionnent effectivement.

2- La mise en place des structures indépendantes d'organisation des élections

Avec le recul du temps, les fraudes massives et les irrégularités importantes observées au cours des différentes compétitions électorales sont en train de

[675] T. HOLO, « Les constitutions du renouveau démocratique dans les Etats de l'espace francophone africain : régimes juridiques et systèmes politiques », *Revue des sciences juridiques et administratives*, n°16, 2006, p. 21.

[676] Il s'agit notamment des lois n°94-013 du 17 janvier 1995, n°94-014 du 27 janvier 1995, n°95-015 du 23 janvier 1996, n°98-036 du 15 janvier 1999, n°99-016 du 12 mars 1999, n°2000-018 du 03 janvier 2001, n°2002-22 du 28 août 2002, n°2003-01 du 08 janvier 2003, n°2003-02 du 27 janvier 2003, n°2005-14 du 25 juillet 2005, n°2006-25 du 05 janvier 2007, n°2007-25 du 23 novembre 2007, n°2007-28 du 23 novembre 2007, n°2005-26 du 06 août 2010, n°2010-33 du 07 janvier 2011.

[677] Cette loi a été notamment modifiée par les lois n°05-2007 du 25 mai 2007, n° 9-2012 du 23 mai 2012 et n° 40-2014 du 1er septembre 2014.

[678] KOKOROKO, DODZI, « Les élections disputées : réussites et échecs », op. cit. p. 117.

disparaître dans certains États d'Afrique noire francophone. Les élections, aux résultats connus d'avance, appartiennent désormais à un passé révolu. Le contentieux électoral, avec des verdicts acceptés par les différentes parties, s'imposent, en définitive, comme ultime voie d'authentification des résultats sortis des urnes. Cette évolution est le résultat de la prise en compte de plusieurs facteurs prévus par le cadre juridique et l'implication des divers organismes nationaux et internationaux aux processus électoraux. De manière générale, c'est « *pour surmonter les suspicions de fraude avec la complicité des administrations, que les dirigeants africains ont accédé à la revendication des oppositions consistant à créer des organismes nationaux de gestion et de supervision des élections chargés de veiller à la sincérité des votations* »[679] et ont accepté la présence des observateurs internationaux. En effet, dans la quasi-totalité des États, l'organisation des élections fait intervenir des commissions électorales dites indépendantes[680] ou autonomes, qui en assurent généralement le contrôle et la supervision,[681] à côté des ministères chargés de l'administration du territoire.

Comme le relève DODZI KOKOROKO, « *la création des commissions électorales nationales indépendantes ou autonomes, à côté du ministère de l'Administration territoriale [...] constitue une étape importante de renforcement et de garantie des droits et libertés fondamentaux* »[682].

Au Bénin, depuis sa réforme par la loi n°2013-06 du 25 novembre 2013 portant code électoral en République du Bénin, la commission électorale nationale autonome compte désormais cinq membres désignés par l'Assemblée nationale à raison de deux par la majorité parlementaire, deux par la minorité parlementaire et un de façon consensuelle par les deux tendances[683].

Au Sénégal, avec la loi n°2014-18 du 15 avril 2014 abrogeant et remplaçant la loi n°2012-01 du 03 janvier 2012 portant code électoral (partie législative), la commission électorale nationale autonome comprend douze membres choisis parmi les personnalités indépendantes exclusivement de nationalité sénégalaise connues pour leur intégrité morale, leur honnêteté intellectuelle, leur neutralité et leur impartialité, après consultation d'institutions, d'associations et d'organismes tels que ceux qui regroupent

---

[679] GUEYE, « Démocratie en Afrique : succès et résistances », op. cit. p. 14.

[680] Sur les organes indépendants d'organisation des élections, voir G. CONAC, « Démocratie et élections », in J.P. VETTOVAGLIA, (dir), *Démocratie et élections dans l'espace francophone*, Bruylant, Bruxelles, 2010.

[681] Article L. 5 de la loi n°2014-18 du 15 avril 2014 abrogeant et remplaçant la loi n°2012-01 du 03 janvier 2012 portant code électoral.

[682] DODZI KOKOROKO, « Les élections disputées : réussites et échecs » Op. cit. p. 117.

[683] Article 19 de la loi n°2013-06 du 25 novembre 2013 portant code électoral en République du Bénin.

avocats, universitaires, défenseurs des droits de l'Homme, professionnels de la communication ou toute autre structure[684].

Au Congo-Brazzaville, conformément à l'article 20 de la loi 9-2001 du 10 décembre 2001 portant loi électorale modifiée par les lois n° 5-2007 du 25 mai 2007, 9-2012 du 23 mai 2012 et 40-2014 du 1er septembre 2014, le bureau de la coordination de la commission nationale d'organisation des élections comprend douze membres dont un Président, quatre vice-présidents proposés respectivement par les partis politiques de la majorité, de l'opposition, du centre et par la société civile dont l'objet est en rapport avec les élections, d'un rapporteur général, d'un rapporteur général adjoint, d'un trésorier général et d'un trésorier général adjoint.

L'autre innovation relative à l'organisation des élections dans les États africains réside dans la mise à contribution des observateurs internationaux[685]. Ceux-ci sont, le plus souvent, des représentants des organismes internationaux. Leur présence est un indicateur d'efficacité dans le contrôle et la supervision des différentes opérations électorales. Certes, leur présence *« n'exclut pas les fraudes, mais les rend plus difficiles »*[686]. Elle paraît même quelque peu dissuasive face aux tentations de fraudes électorales[687]. En plus, les rapports qui sont produits, à la fin de chaque élection, dégagent une opinion indépendante très souvent suivie par la communauté internationale dans l'appréciation du niveau d'ancrage de la transparence, en matière électorale, dans les différents États. Ils constituent une sorte de *« rente de légitimité démocratique »*[688] pour les gouvernants.

Avec une telle logique d'implication des différents acteurs aux processus électoraux, il est évident que l'acceptation des résultats des votes devrait se faire plus aisément et les élections, naguère sources de crises, deviendraient, de plus en plus, des moments importants au cours desquels, pour les partis d'opposition, le principe serait : *« savoir perdre des élections régulièrement organisées et laisser gouverner ceux qu'elles mettent démocratiquement au pouvoir »*[689]. De la sorte, les États d'Afrique noire francophone concourent à

---

[684] Article L.7 de la loi n°2014-18 du 15 avril 2014 abrogeant et remplaçant la loi n°2012-01 du 03 janvier 2012 portant code électoral au Sénégal.

[685] Voir D. KOKOROKO, « La portée de l'observation internationale des élections ». in « Démocratie et élections dans l'espace francophone », *Droit sénégalais* n°10/2011-2012, p. 755 et suiv.

[686] G. CONAC, « Quelques réflexions sur le nouveau constitutionnalisme africain » op. cit. p. 32.

[687] D. F. MELEDGE, « Fraudes électorales et constitutionnalisme en Afrique », in *Démocratie et élections dans l'espace francophone*, Bruylant, Bruxelles, 2010, pp. 785 et suiv.

[688] Ousmane KHOMA, « L'enjeu de l'élection présidentielle en Afrique », *Droit sénégalais* n°10/ 2011-2012, p. 261.

[689] Timothée NGAKOUTOU, *Les limites de la démocratie subsaharienne*, Paris, l'Harmattan, 2005, p. 122.

la consécration de l'alternance démocratique comme mécanisme de succession au pouvoir.

B- La consécration de l'alternance démocratique[690]

L'alternance, attribut essentiel des régimes démocratiques[691], exprime le renouvellement des élites politiques au pouvoir. Elle traduit la possibilité pour les partis politiques d'exercer tantôt le pouvoir tantôt l'opposition. En Afrique noire francophone, les constitutions de l'ère du renouveau démocratique ont consacré cette perspective par l'encadrement juridique des fonctions électives (1) et non électives (2) ainsi que la fixation des conditions d'accès et de cessation des différentes fonctions (3).

1- L'encadrement juridique des fonctions électives dans le temps

Les constituants des Etats d'Afrique noire francophone ont consacré le principe de la limitation des mandats électifs dans le temps. Ils ont déterminé le nombre de mandats susceptibles d'être exercés par le Président de la République.

Le principe de la limitation des mandats électifs dans le temps concerne les fonctions présidentielles et parlementaires ainsi que les fonctions d'élus locaux.

En ce qui concerne la durée de la fonction présidentielle, les États africains oscillent entre un mandat de cinq ans et celui de sept ans. Le Président de la République est élu pour un mandat de cinq ans au Bénin. Au Sénégal, le mandat du Président de la République est de cinq ans avec la constitution du 22 janvier 2001. Ce mandat était de sept ans sous la constitution du 7 mars 1963. Au Congo-Brazzaville, le mandat du Président de la République était de cinq ans avec la constitution de 1992 et de sept ans sous la constitution du 20 janvier 2002. Depuis l'entrée en vigueur de la constitution du 25 octobre 2015, il a été ramené à cinq ans.

S'agissant des parlementaires, le mandat des députés est de cinq ans au Sénégal et au Congo-Brazzaville. Il est de quatre ans au Bénin. Quant aux Sénateurs, leur mandat est de six ans au Congo-Brazzaville sous l'empire des constitutions du 15 mars 1992, du 20 janvier 2002 et du 25 octobre 2015. Il était de cinq ans au Sénégal avec l'expérience des Sénats sous les constitutions du 7 mars 1963 et du 22 janvier 2001. Le mandat des élus locaux est en moyenne de cinq ans dans les trois États.

L'objectif poursuivi par toute limitation de mandats électifs dans le temps est, sans conteste, de favoriser l'établissement du calendrier électoral et

---

690 Sur l'alternance, voir le numéro spécial de la revue pouvoir, 1, 1996.

691 D. BOURMAUD, « Les V^S Républiques : Monarchie, Dyarchie, Polyarchie. Variations autour du pouvoir sous la Ve République », *Pouvoirs*, 2001, n°99, p. 7.

d'assurer la légitimité des gouvernants qui ne peut être indéfinie ; ce qui permet d'éviter la personnification de l'État[692] et la personnalisation du pouvoir[693]. La limitation du nombre de mandats favorise, d'une part, un renouvellement des élites et des idées. D'autre part, l'idée d'une nouvelle candidature en fin de mandat astreint les représentants du peuple à la recherche du meilleur rendement dans l'exercice de leur mandat. Cette perspective aboutit, *ipso facto,* à plus d'efficacité de la part des élus dans la détermination et la mise en œuvre des politiques publiques. Le terme de tout mandat étant considéré comme le moment propice pour faire le bilan, le principe de la responsabilité de l'élu devant les électeurs trouve, ainsi, toute sa signification.

La limitation du nombre de mandats pour la fonction présidentielle est restée longtemps, dans les démocraties occidentales, notamment en France et aux États-Unis, une simple clause d'élégance démocratique puisqu'aucune constitution ne la consacrait effectivement. Elle est devenue progressivement une disposition constitutionnelle à la faveur des révisions constitutionnelles.[694]

En Afrique noire francophone, la disposition sur la limitation du nombre des mandats présidentiels avait été consacrée par certains États avant la fin des années 1980. On la trouvait au Togo, sous la constitution de 1963, au Sénégal après la révision constitutionnelle de 1970, au Mali, avec la constitution de 1974 et en Haute Volta, actuellement Burkina Faso, sous les constitutions de 1970 et 1977. Mais, il faut dire qu'en dépit de cette consécration, cette clause était, en pratique, superfétatoire et aucune alternance n'a été rendue possible dans ces États du fait de sa mise en œuvre.

---

692 La théorie de la personnification de l'Etat considère que le chef de l'Etat s'identifie avec l'Etat, de sorte que les deux deviennent indissociables. Voir dans ce sens, Mamadou BADJI,« Le chef d'Etat dans les régimes politiques africains : miroir des modes traditionnels d'exercice du pouvoir politique », *Droit sénégalais* n°9/ 2010, p. 38.

693 Sur la notion de personnalisation du pouvoir, voir G. TIXIER, « La personnalisation du pouvoir dans l'ouest-africain », RDP, 1965, p. 1129 ; J. OWONA, « Le pouvoir exécutif », in Encyclopédie juridique de l'Afrique, T.1, NEA, Abidjan, Dakar, Lomé, 1982, p. 97.

694 Le principe de limitation des mandats présidentiels n'a pas été au départ une norme constitutionnelle. C'était dans la pratique qu'elle était suivie, particulièrement en France et aux USA. Aux USA cette coutume, introduite par le Président Georges Washington, a été suivie par ses successeurs notamment les présidents JEFFERSON, MADISON, puis MONROE. Mais certains présidents américains ont voulu revenir sur cette coutume, sans succès, comme le Président ULYSSE GRANT qui, en 1884, a sollicité en vain l'investiture de son parti pour un troisième mandat ; le Président Théodore ROOSEVELT a, en 1912, sollicité sans succès un troisième mandat. C'est le Président Franklin D. ROOSEVELT qui a réussi en 1940, dans le contexte de la deuxième guerre mondiale, à avoir un troisième mandat puis un quatrième en 1944. C'est en 1951 que le constituant américain a adopté la clause limitant à deux le nombre de mandats présidentiels par le 22ème amendement de la constitution. En France, cette clause a été introduite par la loi constitutionnelle n°2008-724 du 23 juillet 2008 de modernisation des institutions de la Vème République.

Par conséquent, c'est consécutivement au renouveau démocratique des années 1990 que la plupart des constituants des États d'Afrique noire francophone se sont déterminés à supputer l'alternance au pouvoir et ont mis en place les mécanismes pour y parvenir par l'encadrement de l'exercice du pouvoir présidentiel dans le temps[695].

Au Sénégal, c'est la concertation de 1991 sur le système électoral entre l'opposition et le pouvoir qui a jeté les bases de cet acquis démocratique en suscitant la détermination du nombre de mandats présidentiels, finalement pris en compte par la loi n° 91-46 du 6 octobre 1991 portant révision de la constitution.[696] Au Bénin et au Congo-Brazzaville, cette clause est un acquis des conférences nationales. Elle a, depuis lors, fait partie intégrante des constitutions dans ces deux États.

La consécration de cette clause participe de la volonté d'instituer l'alternance[697]. La fermeté des constitutions africaines s'est affirmée sur la limitation du nombre de mandats présidentiels par les garanties constitutionnelles prévues pour éviter la suppression de cette clause par des révisions constitutionnelles opportunistes.

Au Sénégal, *l'intangibilité attachée à la clause limitative du nombre de mandats, en vertu de laquelle, elle ne peut désormais faire l'objet d'une révision que par la voie référendaire*[698], constitue inévitablement une innovation appréciable.

Au Bénin, la constitution est encore plus restrictive. L'article 42 dispose non seulement que le mandat présidentiel est *« renouvelable une seule fois »* mais aussi et surtout qu' *« en aucun cas, nul ne peut exercer plus de deux mandats »*. Dans ce cas précis, il n'est pas possible, même après des années d'interruption, de briguer un troisième mandat : *« Chaque Président de la République ne dispose que de deux cartouches, et de deux seulement »*, suivant une métaphore d'Ismaïla Madior FALL[699]. Au Congo-Brazzaville, les constituants de 1992 et de 2002 avaient opté respectivement pour des mandats de 5 et 7 ans une fois renouvelables alors que celle de 2015 indique cependant que *« le Président de la République est élu pour un mandat de cinq ans renouvelable deux fois »*.

---

[695] Voir « Les défis de l'alternance démocratique en Afrique », Actes de la Conférence internationale de Cotonou organisée par l'Institut des droits de l'Homme », Cotonou, IDH, *FNUAD*, 2010, p. 274.

[696] Il faut dire qu'au Sénégal cette clause avait par le passé été introduite et supprimée

[697] A.LOADA, « La limitation du nombre de mandats présidentiels en Afrique francophone », *Afrilex* n°03/2003, p. 151.

[698] I. M. FALL, « Evolution constitutionnelle du Sénégal de la veille de l'indépendance aux élections de 2007 », op. cit. p. 145.

[699] I. M. FALL, « Le pouvoir exécutif dans le constitutionnalisme des Etats d'Afrique », op. cit. p. 276.

2- L'organisation de la dévolution des fonctions non électives

En règle générale, l'accès aux fonctions non électives est effectué par nomination du Président de la République, du Premier ministre, des présidents des autres institutions constitutionnelles ou par élections corporatives. Le principe démocratique transparaît, dans cette procédure, par le fait que ces autorités tirent leur légitimité soit du suffrage universel soit de la confiance des représentants du peuple qui les ont investies. Il en est ainsi des membres du Gouvernement et des autres institutions constitutionnelles.
En ce qui concerne les membres du Gouvernement, il convient de distinguer les fonctions de Premier ministre de celles des autres membres du Gouvernement[700]. L'accès à la fonction de Premier ministre, tel que prévu par la constitution congolaise du 15 mars 1992, relevait de l'expérimentation de la technique parlementaire où ce dernier doit impérativement disposer de la confiance de l'Assemblée nationale[701]. Par contre, la constitution du 25 octobre 2015 ne fait aucune exigence au Président de la République de recourir à la majorité parlementaire[702]. Au Sénégal, tout en établissant la fonction de Premier ministre, les constituants de 1963 et de 2001 n'aménagent aucune référence à la majoritaire parlementaire à l'Assemblée nationale pour la nomination de ce dernier. Le Premier ministre est nommé par le Président de la République sans une quelconque exigence qui limiterait sa marge de manœuvre.
La rédaction des constitutions sénégalaises du 7 mars 1963 et du 22 janvier 2001 est d'une simplicité à cet égard[703]. La fin des fonctions de Premier ministre est prévue par la constitution dans divers cas. Il peut s'agir d'une fin normale de mandat présidentiel, de renouvellement de législature ou de changement de majorité dans le cas où la constitution prévoit que le Premier ministre doit provenir de la majorité parlementaire. Elle peut, également, intervenir en cas de démission du Premier ministre, de vote d'une motion de

[700] La consécration d'un poste de Premier ministre est une réalité propre à la plupart des constitutions africaines. L'absence de poste de Premier ministre étant une exception qui sévit actuellement au Bénin. Le Congo-Brazzaville a expérimenté ce régime avec la constitution du 20 janvier 2002. La démocratisation de la fonction de Premier ministre s'est faite particulièrement au Congo-Brazzaville avec les constitutions du 15 mars 1992 et du 25 octobre 2015 et au Sénégal avec les constitutions du 7 mars 1963 et du 22 janvier 2001.

[701] Ainsi, l'article 75 de cette constitution disposait que « le Président de la République nomme le Premier ministre issu de la majorité parlementaire à l'Assemblée nationale ».

[702] L'article 83 de la constitution congolaise du 25 octobre 2015 dispose que : « le Président de la République nomme le Premier ministre et met fin à ses fonctions ».

[703] Les articles 43 de la constitution du 7 mars 1963 et 49 de la constitution du 22 janvier 2001, dans une même écriture affirment : « le Président de la République nomme le Premier ministre et met fin à ses fonctions ».

censure ou de mise en jeu de la responsabilité du Gouvernement devant l'Assemblée nationale[704].
Le mode de nomination des autres membres du Gouvernement est variable selon qu'il est prévu ou non un poste de Premier ministre. Lorsqu'il est prévu un poste de Premier ministre, le Président de la République nomme les autres membres du Gouvernement sur proposition de ce dernier[705]. Lorsqu'il n'est pas prévu un poste Premier ministre, comme au Bénin avec la constitution du 11 décembre 1990 et au Congo-Brazzaville sous la constitution du 20 janvier 2002, les constitutions prévoient généralement que le Président de la République nomme les autres membres du Gouvernement, fixe leurs attributions et met fin à leurs fonctions. Comme pour la nomination, la cessation des fonctions des autres membres du Gouvernement varie. Lorsqu'il est prévu un poste de Premier ministre, les fonctions des autres membres du Gouvernement cessent dès qu'il est mis fin aux fonctions du Premier ministre. Elle peut, également, résulter de l'adoption d'une motion de censure. Ils sont librement révocables par le Président de la République lorsqu'il n'est pas prévu un poste de Premier ministre.
S'agissant des membres des autres institutions constitutionnelles, on distingue les nominations soumises à des conditions préalables des autres nominations. Les conditions préalables auxquelles sont soumises certaines nominations sont relatives à l'obligation faite aux autorités investies des pouvoirs de nomination de prendre l'avis de certaines autres autorités ou institutions. Il peut aussi arriver que les impétrants soient assujettis à certaines conditions. Des trois Etats qui font l'objet de la présente étude, le Bénin est le seul Etat où la constitution a énuméré, avec une précision remarquable, les procédures et conditions requises pour accéder aux hautes fonctions civiles et militaires[706].

---

704 Les constitutions congolaises et sénégalaises ci-dessus citées prévoient que lorsqu'une motion de censure a été adoptée ou que la responsabilité du Gouvernement a été mise en jeu, le Premier ministre remet la lettre de démission au Président de la République.

705 L'article 75 de la constitution congolaise du 15 mars 1992 dispose que « le Président de la République nomme les autres membres du Gouvernement sur proposition du Premier ministre ». La constitution sénégalaise du 7 mars 1963 à son article 43 alinéa 2 et celle du 22 janvier 2001 à son article 49 alinéa 2 stipulent que « sur proposition du Premier ministre, le Président de la République nomme les ministres, fixe leurs attributions et met fin à leurs fonctions».

706 Conformément à l'article 56, le Président de la République nomme en Conseil des ministres et après avis du président de l'Assemblée nationale le président de la Cour suprême (parmi les magistrats et les juristes de haut niveau ayant quinze ans d'expérience professionnelle), le président de la Haute autorité de l'audio-visuel et de la communication, le Grand chancelier de l'ordre national. Il nomme en Conseil des ministres et sur proposition du président de la Cour suprême et après avis du Conseil supérieur de la magistrature les présidents des chambres et les conseillers de la Cour suprême. Il nomme en Conseil des ministres et sans avis les membres de la Cour suprême, les ambassadeurs, les envoyés extraordinaires, les magistrats, les officiers généraux et supérieurs, les hauts fonctionnaires. A la Cour constitutionnelle, le Président de la République nomme deux des trois magistrats ayant une expérience d'au moins quinze ans. L'autre membre est nommé par le bureau de

Au Congo-Brazzaville, la constitution du 15 mars 1992 n'était pas assez précise sur les conditions d'accès aux fonctions au sein des autres institutions constitutionnelles. Elle se limitait à poser le principe suivant lequel, *« le Président de la République nomme aux hautes fonctions civiles et militaires ».* La constitution du 20 janvier 2002, par contre, soumettait certaines nominations à des conditions formelles[707]. La constitution du 25 octobre 2015 indique, à son article 88, que le Président de la République nomme en Conseil des ministres aux hauts emplois civils et militaires.
Au Sénégal, sous la constitution du 7 mars 1963, conformément à l'article 80 ter, les magistrats autres que les membres du Conseil constitutionnel sont nommés par le Président de la République, sur proposition du Conseil supérieur de la magistrature. La même disposition est reprise par la constitution du 22 janvier 2001 à son article 90.
Certaines fonctions ne sont pas assujetties à des obligations spécifiques. Dans ce sens, il est fait appel au pouvoir discrétionnaire de l'autorité investie du pouvoir de nomination. Il en va ainsi, au Congo-Brazzaville, de tout autre emploi non spécifié tel que les ambassadeurs et les envoyés extraordinaires auprès des puissances étrangères et les organisations internationales[708].
Au Sénégal, sous la constitution du 7 mars 1963, le Président de la République nommait sans condition à tous les emplois civils et militaires[709]. Il nommait, également, les cinq membres du Conseil constitutionnel[710], accréditait les ambassadeurs et les envoyés extraordinaires auprès des puissances étrangères[711]. Les mêmes dispositions sont reprises par la constitution du 22 janvier 2001. Ainsi, le Président de la République nomme aux emplois civils et militaires[712], nomme les cinq membres du Conseil

l'Assemblée nationale. Le Président de la République et le bureau de l'Assemblée nationale nomment deux juristes de haut niveau, professeurs ou praticiens du droit ayant une expérience d'au moins quinze ans, deux personnalités de grande réputation professionnelle. Il y a une exigence de compétence professionnelle, de bonne moralité et de grande probité en ce qui concerne les membres de la Cour constitutionnelle, le président de la Cour constitutionnelle étant élu par ses pairs parmi les magistrats et juristes pour 5 ans.

[707] Il s'agissait, conformément aux articles 141 et 144 de la constitution du 20 janvier 2002, entre autres, de la nomination des membres de la Cour suprême pour laquelle le Président de la République doit prendre l'avis du Conseil supérieur de la magistrature, de la nomination du Président de la Cour constitutionnelle qui doit être choisi parmi les membres de cette institution, de la nomination des six autres membres de la Cour constitutionnelle qui sont désignés par les présidents de l'Assemblée nationale, du Sénat et de la Cour suprême à raison de deux membres par institution.

[708] Articles 77 constitution du 20 janvier 2002 et 89 de la constitution du 25 octobre 2015.

[709] Articles 38 et 39 de la constitution sénégalaise du 7 mars 1963.

[710] Article 80 bis de la constitution du 7 mars 1963.

[711] Article 40 de la constitution du 7 mars 1963.

[712] Articles 44 et 45de la constitution du 22 janvier 2001.

constitutionnel[713]. Il accrédite les ambassadeurs et les envoyés extraordinaires auprès des puissances étrangères[714].
Dans d'autres institutions, certains membres sont élus par leurs pairs. C'était le cas du Conseil constitutionnel congolais sous la constitution du 15 mars 1992. Aux termes de l'article 139 de cette constitution, le Conseil constitutionnel comprenait deux magistrats élus par leurs pairs, deux enseignants de droit élus par leurs pairs, deux avocats élus par leurs pairs. Le président du Conseil constitutionnel est élu par ses pairs pour un mandat de deux ans renouvelable. Sous l'empire de la même constitution du 15 mars 1992, le Conseil supérieur de l'information et de la communication comprenait onze membres attestant d'une expérience professionnelle d'au moins dix ans dont trois élus parmi les professionnels, deux nommés par le Président de la République, trois par le Parlement réuni en congrès, un par les associations scientifiques et savantes, un élu par les associations civiles et un élu par les associations des communicateurs.
La nécessité de garantir des alternances régulières s'exprime, également, dans les constitutions des États d'Afrique noire francophone, par l'encadrement juridique des conditions de dévolution des fonctions.

3-L'encadrement juridique des conditions de dévolution des fonctions

Au sortir de la première expérience du multipartisme, certains Etats d'Afrique noire francophone offraient le spectre d'*« une zone qui n'est pas politiquement sereine, où les élus peinent à gouverner sans la crainte d'être perturbés par des soldats »*[715]. En effet, comme d'autres États africains nombre d'États d'Afrique noire francophone ont connu une évolution politique particulière caractérisée par la consécration du coup d'État comme mode d'accès au pouvoir. Ainsi, *« tirant les expériences d'un passé sanglant et autoritaire résultant des interventions itératives de l'armée sur la scène politique, les nouvelles constitutions procèdent au bannissement de toute voie d'accession au pouvoir autre que l'élection »*[716]. Cette innovation, qui est une marque du nouveau constitutionnalisme africain, a eu des avantages dans la stabilité politique de certains États comme le Bénin et le Congo-Brazzaville, où *« le coup d'État fait partie du passé politique et apparaît, de plus en plus, comme un fait insolite réprouvé à la fois par les acteurs politiques et l'opinion publique internationale »*[717]. Le consensus semble

[713] Article 89 alinéa 2 de la constitution du 22 janvier 2001.
[714] Article 46 de la constitution du 22 janvier 2001.
[715] B. GUEYE, « Les coups d'Etat en Afrique entre légalité et légitimité », op. cit. p. 261.
[716] I. M. FALL, « Le pouvoir exécutif dans le constitutionnalisme des Etats d'Afrique », op. cit. p. 42.
[717] I. M. FALL, idem.

ainsi être trouvé à partir des dispositions constitutionnelles sur les mécanismes de conquête du pouvoir[718], de sa dévolution et de son exercice[719].
Le schéma de la souveraineté populaire consacré, aujourd'hui, en Afrique par la tradition constitutionnaliste libérale fait théoriquement de l'élection, l'instrument fondamental de participation du peuple à l'expression de la souveraineté et à l'exercice du pouvoir [720] en ce qui concerne, notamment, l'accès aux fonctions électives. Les autres fonctions, pourvues par voie de nomination, sont, par ailleurs, encadrées par des procédures prescrites par la constitution et les textes subséquents.
S'agissant des fonctions électives, l'entrée en fonction et la cessation de celles-ci sont organisées par les constitutions dans la quasi-totalité des États. Les conditions fixées pour l'accès à la fonction présidentielle, dans les trois États, ont une portée générale. Elles s'appliquent à l'ensemble des candidats et ont pour finalité d'assurer un minimum de garanties relatives aux qualités de la personne appelée à assumer ces fonctions, son attachement au pays, son aptitude à exercer les fonctions sans être inquiétée par des ennuis sanitaires, la nécessité de connaître les problèmes du pays, sa maturité et son expérience dans la gestion des affaires publiques[721].
Les conditions fixées pour accéder aux autres fonctions électives, notamment au sein des Parlements et des Conseils locaux sont également fixées par les constitutions et les lois y relatives dans les trois États[722].
En ce qui concerne la cessation des fonctions électives, avant 1990, l'exemple du Président Léopold Sédar SENGHOR, qui avait quitté volontairement le pouvoir au Sénégal, n'a pas eu de répondant dans les autres États du continent, même si dans certains pays on a recouru à des arrangements, notamment le dauphinat[723], pour assurer la succession des

[718] B. GUEYE, « Les coups d'Etat en Afrique entre légalité et légitimité », op. cit. p. 262.
[719] G. BURDEAU, *Traité de science politique, le statut du pouvoir dans l'Etat*, Tome 4, LGDJ, Paris, p. 181.
[720] L. G. BITJOCA, « L'élection comme mode de (re) fondation du pouvoir d'Etat en Afrique », op. cit. p. 146.
[721]Voir dans ce sens, au Congo-Brazzaville, les articles 68 de la constitution du 15 mars 1992, de la constitution du 20 janvier 2002 et 66 de la constitution du 25 octobre 2015. Au Sénégal, les articles 23 et 24 de la constitution du 7 mars 1963; 28 et 29 alinéa 4 de la constitution du 22 janvier 2001. Au Bénin, l'article 44 de la constitution du 11 décembre 1990.
[722] En ce qui concerne les fonctions parlementaires, voir l'article 80 de la constitution béninoise du 11 décembre 1990, article L 58 loi n°2014-18 du 15 avril 2014 abrogeant et remplaçant la loi 2012-01 du 3 janvier 2012 portant code électoral au Sénégal, l'article 1er de la loi 94-015 du 27 janvier 1995, les articles 132 et 137 de la constitution congolaise du 25 octobre 2015.
[723] La technique du dauphinat consiste pour un président en fonction de choisir la personne qui assumerait les fonctions de Président de la République au cas où il venait à mourir ou se trouvait dans une situation d'incompatibilité. Généralement, la procédure de succession ainsi que la personne concernée est connue d'avance aux termes des prescriptions constitutionnelles. A propos de la pratique du dauphinat, voir M. KAMTO, « Le dauphin

présidents sans faire intervenir la voie des urnes[724]. Les changements à la tête des Etas africains ont eu pour cause soit la mort naturelle du chef de l'État soit un coup d'État tragique ou non. Depuis 1990, dans la majorité des cas, la fin des fonctions des présidents africains est organisée par la constitution. Dans cette optique, la constitution distingue, suivant qu'il s'agit d'une fin normale ou non. La fin normale des fonctions présidentielles correspond au terme prévu pour l'expiration du mandat.

Dans la plupart des constitutions, le mandat présidentiel expire à terme échu et le président en fin de mandat quitte ses fonctions avec l'entrée en fonction du nouveau président élu. Les constitutions africaines organisent, également, les cas où le mandat présidentiel pouvait arriver à son terme de façon anticipée. Il s'agit, pour l'essentiel, des situations de vacance de la présidence du fait de la démission, d'un empêchement définitif, de décès ou de mise en accusation. Dans ce cas, elles indiquent les modalités de la suppléance du Président de la République ainsi que les conditions d'organisation de nouvelles élections[725].

Toute somme faite, *« les constitutions africaines proclament, toutes, leur attachement aux principes de la démocratie pluraliste, de l'Etat de droit, des droits de l'Homme et de séparation des pouvoirs. Elles consacrent, par ailleurs, les formes démocratiques de dévolution du pouvoir et prennent le soin de définir les règles juridiques destinées à prohiber le coup d'État et à en réprimer les auteurs »*[726]. Ce dispositif juridique traduit une avancée certaine des États d'Afrique noire francophone dans la culture démocratique, d'une part, et dans l'ancrage des valeurs universelles de la démocratie libérale, d'autre part. Mais, encore faut-il que l'ensemble des principes que consacre ce dispositif bénéficie des garanties indispensables à leur sauvegarde.

---

constitutionnel dans les régimes politiques africains : le cas du Cameroun et du Sénégal », *Penant*, 1983 p. 257 et suiv.

[724]La technique du dauphinat a été utilisée pour la première fois pour régler la succession du Président gabonais, Léon MBA. Elle a aussi été utilisée pour les cas des successions des présidents HAIDJO et Houphouet BOIGNY. Voir dans ce sens, Ismaïla Madior FALL, « Le pouvoir exécutif dans le constitutionnalisme des Etats d'Afrique », op. cit. p. 196.

[725] Voir dans ce sens, les articles 50 de la constitution béninoise du 11 décembre 1990, 70 et 71 des constitutions congolaises du 15 mars 1992 et du 20 janvier 2002 et 78 de la constitution du 25 octobre 2015, 33 et 35 de la constitution sénégalaise du 7 mars 1963, 39 et 41 de la constitution sénégalaise du 22 janvier 2001.

[726] B. GUEYE, « Les coups d'Etat en Afrique entre légalité et légitimité », op. cit. p. 262.

Chapitre II : La consolidation des mécanismes de protection de la démocratie et de l'État de droit

Depuis la fin des années 1980, le cadre juridique des États d'Afrique noire francophone s'est progressivement étendu en raison de la consécration des mécanismes de protection de la démocratie et de l'État de droit. L'on constate, en effet, une valorisation des techniques juridiques mettant en exergue une articulation normative destinée à assurer la suprématie de la constitution et, partant, à favoriser une prise en compte satisfaisante des droits de l'Homme. Dans cet élan de valorisation des droits inhérents à tous les hommes, comme l'affirme Jean du BOIS de GAUDUSSON, *« il n'est guère de droits ou libertés qui ne soient proclamés, ni de règles ou mécanismes destinés à la garantie qui ne soient prévus ou organisés : indépendance de la justice, contrôle juridictionnel de la constitutionnalité des lois, création d'autorités indépendantes [...], détermination de nouvelles incriminations destinées à éviter les abus [...] ou à prévenir les coups d'État »*[727]. On distingue, dans ce sens, les mécanismes juridictionnels (section 1) et les mécanismes non juridictionnels (section 2).

Section 1 : Les mécanismes juridictionnels de protection de la démocratie et de l'État de droit

« La sanction normale de la règle de droit réside dans le recours au juge »[728], affirme Y. B. VIGNON à propos de la protection juridictionnelle des droits de l'Homme dans les nouvelles constitutions africaines[729]. Cette conception exprime l'essence même de l'État de droit qui recommande, en toute circonstance, que le juge constate les infractions et assure la répression dans l'ultime but de soumettre les gouvernés et les gouvernants à la règle de droit[730]. Dans cette perspective, le juge apparaît comme la clé de voûte et la condition de réalisation de l'État de droit[731]. Ainsi, en Afrique noire

---

[727] J. du Bois de GAUDUSSON, « Quel statut constitutionnel pour le chef d'Etat en Afrique ? », op. cit., p. 26.

[728] Y. B. VIGNON, « La protection des droits fondamentaux dans les nouvelles constitutions africaines », *Revue nigérienne de droit*, n°3, déc. 2000, p. 217.

[729] G. CONAC, « Le juge et la construction de l'Etat de droit en Afrique francophone », in *L'Etat de droit, Mélanges en l'honneur de G. BRAIBANT*, Paris, Dalloz, 1996, p. 105 et suiv.

[730] L'Etat de droit est fondé sur le postulat de la « soumission de l'Etat au droit ». Voir *Lexique de droit constitutionnel*, Paris, PUF, 1991, p. 49 ; *Dictionnaire constitutionnel*, Paris, PUF, 1992, pp. 415-418. Dans le même sens, pour la doctrine, il y a Etat de droit quand les gouvernants et les gouvernés sont entièrement soumis au droit et que la protection des droits et libertés des gouvernés est assurée contre tout abus de pouvoir. Voir, J. Y. MORIN, « L'Etat de droit : l'émergence d'un principe de droit international », *RCADI*, Vol. 254, 1995.

[731] F. DELPEREE, « Le renouveau du droit constitutionnel », *RFDC*, n°74, avril 2008, p. 457.

francophone, les constitutions et les textes subséquents ont prévu des mécanismes destinés à résoudre les litiges interindividuels et entre l'administration et les citoyens par le recours à ce dernier[732]. En effet, avec le renouveau constitutionnel, on observe, d'une part, que le juge judiciaire a vu ses attributions traditionnelles être réaffirmées alors que, d'autre part, les juridictions constitutionnelles sont en pleine expansion et deviennent les gardiennes du nouvel ordre démocratique[733]. À tout considérer, l'aménagement des institutions judiciaires (Paragraphe 2) et la création des juridictions constitutionnelles (Paragraphe 1) limitent les risques de l'arbitraire[734] et se présentent comme de véritables garanties au profit des justiciables.[735]

Paragraphe 1 : La protection de la démocratie et de l'État de droit par la justice constitutionnelle

Comprise comme l'ensemble des institutions et techniques grâce auxquelles est assurée, sans restriction, la suprématie de la constitution[736], la justice constitutionnelle n'est pas d'essence récente en Afrique noire francophone. Son apparition remonte au milieu du XXème siècle[737]. Conséquence d'un mimétisme ou expression de la volonté d'une modernité constitutionnelle, les États africains, au cours des années qui ont suivi les indépendances, ont institué, au sein des juridictions suprêmes, une chambre[738] chargée du contentieux constitutionnel[739]. En vue de « *rompre avec un pouvoir*

---

[732] C'est ce que prescrit l'article 8 de la Déclaration universelle des droits de l'Homme: « toute personne a droit à un recours effectif devant les juridictions nationales compétentes contre les actes violant les droits fondamentaux qui lui sont reconnus par la constitution ou par la loi ». La Charte africaine reconnaît, elle aussi, à toute personne « le droit de saisir les juridictions nationales compétentes de tout acte violant les droits fondamentaux qui lui sont reconnus et garantis par les conventions, les lois, les règlements et coutumes en vigueur. »

[733] M. GLELE AHANHANZO, « Le renouveau constitutionnel du Bénin : une énigme », in *Mélanges Michel ALLIOT*, Paris, PUF, 2000, pp. 325-331.

[734] G. CONAC, « Quelques réflexions sur le nouveau constitutionnalisme africain », op. cit. p. 32.

[735] B. BOUMAKANI, « La protection des droits et libertés au Congo », in Denis MAUGENEST et Paul-Gérard POUGOUE (dir), *Droits de l'Homme en Afrique centrale*, Colloque de Yaoundé 9-11 décembre 1994, Paris, UCAC-KARTHALA, 1996, p. 182.

[736] L. FAVOREU, « La justice constitutionnelle », in Olivier DUHAMEL et Yves MENY (dir), *Dictionnaire constitutionnel*, Paris, PUF, 1992, pp. 556-557.

[737] T. HOLO, « Emergence de la justice constitutionnelle », op. cit. p. 101-114.

[738] Voir dans ce sens P.F. GONIDEC, « Constitutionnalismes africains », RJPIC, 1996, n° 1, p. 23-50 ; F. MODERNE, « Les juridictions constitutionnelles en Afrique », in : CONAC, G. (dir.), *Les cours suprêmes en Afrique*, T. II, Paris, Economica, 1989, p. 3 ; A. A. COULIBALY, « La rénovation de la justice constitutionnelle en Afrique : le rôle du juge dans la construction de l'État de droit », RJPIC, 1999, n°1, p. 57.

[739] G. CONAC, « Le juge et la construction de l'Etat en Afrique francophone », Gilbert MANGIN, « Quelques points de repère dans l'histoire de la justice en Afrique francophone »,

judiciaire marqué par son passé »[740], le constituant africain des années 1990 a organisé une refonte du système juridictionnel en accordant une autonomie aux instances constitutionnelles, détachées des Cours suprêmes[741] et établies comme de véritables juridictions constitutionnelles aux attributions variées[742]. Il s'est agi, au sein de chaque État, pour reprendre la formule de Louis FAVOREU, *« d'une juridiction créée pour connaître spécialement et exclusivement du contentieux constitutionnel, situé hors de l'appareil juridictionnel ordinaire et indépendante de celui-ci comme des pouvoirs publics »*[743]. On peut, ainsi, convenir avec Théodore HOLO que *« la justice constitutionnelle est consubstantielle au constitutionnalisme triomphant à nouveau sur le continent africain depuis l'effondrement, dans la dernière décennie du 20ème siècle, des différents régimes autoritaires qui avaient fleuri au lendemain de la décolonisation »*[744]. Son institutionnalisation introduit *« une dynamique locale de consolidation démocratique »*[745] marquée par la volonté de faire du juge constitutionnel l'instrument privilégié de l'édification de la démocratie et de l'État de droit[746]. Avec son évolution, la justice constitutionnelle contribue efficacement à l'œuvre de protection de la démocratie et de l'État de droit par la variété de ses attributions (A) et par la nature des mécanismes de sa saisine ouverte aussi bien aux autorités publiques qu'aux particuliers (B).

A- Une justice efficace par la variété de ses attributions

La suprématie de la constitution est affirmée partout en Afrique noire francophone. Elle est même la condition, sinon l'édifice fondamental duquel dépend toute l'architecture institutionnelle issue du renouveau démocratique. Pour que cette suprématie demeure effective, en toute circonstance, sa sauvegarde est confiée à une vraie juridiction constitutionnelle qui « *résout des contestations, dit le droit et prononce des décisions assorties de*

---

in : Jean du Bois de GAUDUSSON, et CONAC, G. (dir.), *La justice en Afrique*, Paris, la Documentation française, 1990, respectivement pp. 13-20 ; 21-26.

740 Y.B. VIGNON, ibid pp. 92-93.

741 R. DEGNI-SEGUI, « Les droits de l'Homme en Afrique francophone », op. cit. p. 69.

742 K. AHADZI-NONU, Préface à l'ouvrage du Professeur A. KPODAR, *Commentaire des grands avis et décisions de la Cour constitutionnelle togolaise*, P.U.L., Lomé, 2007, p. 8.

743 L. FAVOREU, W. MASTOR, Les Cours constitutionnelles. Paris, Dalloz, 2011, pp. 3-4. Tel n'est pas, cependant, le cas au Sénégal où le Conseil constitutionnel est institué au sein du pouvoir judiciaire conformément à l'article 88 de la constitution du 22 janvier 2001.

744. T. HOLO, « Emergence de la justice constitutionnelle », op. cit. p. 101.

745 L. SINDJOUN, *Les grandes décisions des justices constitutionnelles africaines, Droit constitutionnel jurisprudentiel et politiques constitutionnelles au prisme des systèmes politiques africains*, Bruxelles, Bruylant, 2009, p. 10.

746 T. HOLO, « Emergence de la justice constitutionnelle », op. cit. p. 101.

l'autorité de chose jugée »[747]. Jacques Chevalier révèle, dans ce sens, que le juge constitutionnel est *« la clé de voûte et la condition de réalisation de l'État de droit »*[748]. Exercée par une cour ou un conseil constitutionnel, la justice constitutionnelle assure, dans la plupart des Etats d'Afrique noire francophone, trois fonctions essentielles : le contrôle de la constitutionnalité des lois (1), la régulation du fonctionnement régulier des institutions (2) et la justice électorale et référendaire[749] (3).

1- Le contrôle de la constitutionnalité des lois

Le contrôle de constitutionnalité des lois est un élément essentiel pour la mise en place d'un véritable État de droit, dans la mesure où il *« garantit la conformité des normes juridiques [inférieures] au texte de la constitution »*[750]. Il établit, de ce fait, *« un rapport de correspondance d'un degré inférieur à un degré supérieur de l'ordre juridique »*[751]. Il apparaît comme le creuset des missions du juge constitutionnel. C'est, en effet, de la nécessité *« de protéger les droits et libertés fondamentaux contre le législateur, l'administration publique et les particuliers »*[752] que les Etats d'Afrique noire francophone ont marqué *«un point d'honneur à organiser ou à réorganiser le contrôle de constitutionnalité »*[753]. Avec l'essor de ce contrôle, on note un réel souci de faire des Cours et Conseils constitutionnels de véritables juridictions[754] en mesure de préserver l'efficacité absolue de la norme constitutionnelle.

Pour tenir leur office, « *les juridictions africaines observent une conception extensive de la constitution qui englobe à la fois les normes ou les règles constitutionnelles contenues dans la constitution ainsi que celles qui figurent dans son préambule »*[755] qui fait partie intégrante de la constitution et a, au

---

[747] M. WALINE et L. FAVOREU, cités par ADOUKI, Delphine Emmanuelle. « L'autorité des décisions du juge constitutionnel en Afrique », *RFDC* n°95, p. 613.

[748] J. CHEVALIER, *L'Etat de droit, chefs, politiques*, bd. Montchrestien, 2ème éd. Paris, 1994, p. 147.

[749] Au Bénin, conformément à l'article 114 de la Constitution du 11 décembre 1990, « La Cour constitutionnelle est la plus haute juridiction de l'État en matière constitutionnelle. Elle est juge de la constitutionnalité de la loi et elle garantit les droits fondamentaux de la personne humaine et les libertés publiques. Elle est l'organe régulateur du fonctionnement des institutions et de l'activité des pouvoirs publics ».

[750] J. C. ZARKA, *Introduction au droit constitutionnel*, 4ème édition, ellipses 2011, p. 57.

[751] H. KELSEN, « La garantie juridictionnelle de la constitution », *RDP*, 1928, p. 200.

[752] F. J. AIVO, « Le juge constitutionnel et l'Etat de droit en Afrique, l'exemple du modèle béninois », op. cit. p. 158.

[753] Voir à ce propos G. CONAC, « Etat de droit et démocratie », in « L'Afrique en transition vers le pluralisme politique », op .cit. p. 49.

[754] R. DEGNI SEGUI, « Les droits de l'Homme en Afrique noire francophone », op. cit. p. 69.

[755] D. E. ADOUKI, « L'autorité des décisions du juge constitutionnel en Afrique », op. cit. p. 619.

minimum, une valeur juridique égale à celle-ci[756]. Le bloc de constitutionnalité[757] intègre, ainsi, dans les États d'Afrique noire francophone, outre le texte constitutionnel, la Déclaration universelle des droits de l'Homme, les principes fondamentaux proclamés et garantis par la Charte des Nations unies, la Charte africaine des droits de l'Homme et des peuples et tous les textes internationaux pertinents dûment ratifiés relatifs aux droits de l'Homme. Le Sénégal y ajoute la déclaration française des droits de l'Homme et du citoyen de 1789. Les constitutions africaines donnent à l'ensemble des normes contenues dans ces textes juridiques une valeur constitutionnelle[758].

Le contrôle de constitutionnalité des lois est consacré par les constitutions sénégalaise, congolaise et béninoise.

Au Sénégal, il prend en compte le contrôle de la conformité à la constitution des règlements intérieurs des Assemblées législatives, des lois et des engagements internationaux, des conflits de compétence entre l'exécutif et le législatif, ainsi que des exceptions d'inconstitutionnalité soulevées devant la Cour suprême[759].

Au Congo-Brazzaville, la Cour constitutionnelle est chargée du contrôle de constitutionnalité des lois, des traités et accords internationaux[760] et des règlements intérieurs des deux chambres du Parlement[761]. Le contrôle, exercé par la Cour constitutionnelle, s'étend ainsi aux lois de finances, aux lois de programme, aux lois de règlement, aux lois autorisant des ratifications des traités, aux lois d'habilitation et tout autre texte de portée législative ordinaire[762].

On peut observer que les constituants sénégalais et congolais sont restés dans la tradition française du contrôle de constitutionnalité des lois qui ne s'étend pas aux actes réglementaires. Ainsi, par sa décision n°002/DCC/SVA/15 du 24 juin 2015, la Cour constitutionnelle congolaise s'est déclarée incompétente à connaître d'une requête au motif que *« les compétences d'attribution de la Cour constitutionnelle en matière de respect de la constitution ne lui attribuent nullement compétence pour se prononcer sur la constitutionnalité d'un débat* (en l'espèce le débat sur le changement de la constitution du 20 janvier 2002) *dès lors que celui-ci n'est pas formalisé par une loi ».*

---

756 G. VEDEL, « Manuel élémentaire de droit constitutionnel », op. cit. p. 326.

757 Sur la notion de bloc de constitutionnalité, voir, par exemple, L. FAVOREU, « Le principe de constitutionnalité », in Mélanges C. EISENMANN, Cujas, 1975, p. 33.

758 G. CONAC, « Le juge et la construction de l'Etat de droit en Afrique francophone », op. cit. p. 105.

759 Article 92 de la constitution du 22 janvier 2001.

760 Article 146 de la constitution du 2o janvier 2002.

761 Article 8 de la loi organique n°1-2003 du 17 janvier 2003 portant organisation et fonctionnement de la cour constitutionnelle.

762 M. M. SY, La *protection constitutionnelle des droits fondamentaux en Afrique, l'exemple du Sénégal*, Paris, l'Harmattan, 2007, p. 438.

C'est la même conception qu'a le juge constitutionnel sénégalais pour qui *« il est établi que ne peuvent être déférés [au Conseil constitutionnel] que les textes ayant le caractère de loi, c'est-à-dire ayant été définitivement adoptés par le Parlement »*[763].

Au Bénin, la Cour constitutionnelle est juge de la constitutionnalité de la loi[764] et du contrôle de conformité à la constitution des règlements intérieurs de l'Assemblée nationale, de la Haute autorité de l'audiovisuelle et de la communication et du Conseil économique et social[765]. Conformément à la loi fondamentale, notamment en ses articles 3, 117 alinéa 3 et 121 alinéa 2, ce contrôle s'étend, également, à tous les actes réglementaires qui portent atteinte aux droits fondamentaux de la personne humaine, aux libertés publiques et au contrôle des règlements intérieurs des autres organes constitutionnels. L'article 3 de la constitution béninoise du 11 décembre 1990 dispose : *« tout citoyen a le droit de se pourvoir devant la Cour constitutionnelle contre les lois, textes et actes présumés inconstitutionnels ».* L'article 117 alinéa 3 ajoute que la Cour constitutionnelle statue obligatoirement sur *« la constitutionnalité [...] des actes réglementaires censés porter atteinte aux droits fondamentaux de la personne humaine et aux libertés publiques et, en général, sur la violation des droits de la personne humaine »*. L'article 121 alinéa 2 précise qu'*« elle se prononce d'office sur la constitutionnalité [...] de tout texte règlementaire censé porter atteinte aux droits fondamentaux de la personne humaine et aux libertés publiques. Elle statue plus généralement sur les violations des droits de la personne humaine et sa décision doit intervenir dans un délai de 8 jours ».*

Avec des attributions aussi étendues, le contrôle de constitutionnalité des lois au Bénin permet désormais de réaliser *« l'unité du droit »*[766], notamment celle du droit constitutionnel et du droit administratif. Il est aisé de constater que la mise en œuvre du contrôle de constitutionnalité des actes de l'exécutif portant atteinte aux droits fondamentaux de la personne humaine et aux libertés publiques par le citoyen est en pleine évolution au Bénin[767] et, sûrement, dans d'autres États africains[768].

---

763 M. M. SY, « La protection constitutionnelle des droits fondamentaux en Afrique », op. cit. p.438

764 Article 114 de la constitution béninoise du 11 décembre 1990.

765 Article 123 de la constitution béninoise du 11 décembre 1990.

766 Pour reprendre le titre des Mélanges en l'honneur de Roland DRAGO, *L'unité du droit*, Paris, Economica, 1996.

767 T. HOLO, « Démocratie revitalisée ou démocratie émasculée ? Les constitutions du renouveau démocratique dans les États de l'espace francophone africain : régimes juridiques et systèmes politiques », op. cit. p. 29.

768 Le contrôle de constitutionnalité des actes de l'exécutif attentatoires aux droits fondamentaux est pratiqué également au Gabon.

Il s'agit, pour reprendre les expressions employées par certains auteurs, d'une situation « insolite »[769], d'une « innovation singulière »[770], d'« une rupture avec le modèle français »[771] voire d'un contrôle « rénové et osé »[772]. Au-delà des diverses considérations prises en compte par les constituants africains sur l'étendue des compétences des Cours et Conseils constitutionnels, il est constant que *« dans la pratique cette fonction s'avère capitale non seulement pour l'intérêt manifeste pour les citoyens mais également pour la réalisation d'un véritable État de droit »*[773]. Cette vocation fait du juge constitutionnel, également, un organe régulateur du fonctionnement régulier des institutions publiques.

2- La régulation du fonctionnement des institutions publiques

Par son pouvoir d'interprétation des dispositions constitutionnelles et les diverses attributions consultatives et décisionnelles que lui confère la constitution, la justice constitutionnelle intervient dans la régulation du fonctionnement des institutions publiques. Comme le souligne Delphine Emmanuelle ADOUKI, *« si la nécessité et la légitimité de la justice constitutionnelle découlent de la volonté d'instaurer un contrepoids à la puissance du pouvoir législatif et d'instituer un contre-pouvoir, l'institutionnalisation de la justice constitutionnelle en Afrique francophone exprime, en revanche, la volonté de créer les conditions d'une suprématie de la constitution, garante d'un nouvel équilibre des pouvoirs et de l'instauration de l'État de droit »*[774].
Le pouvoir de régulation du fonctionnement des institutions permet au juge constitutionnel de veiller à ce que chaque organe demeure dans les limites précises de sa sphère de compétence[775] afin de mieux protéger l'État de droit

---

[769] A. KPODAR, « Réflexions sur la justice constitutionnelle à travers le contrôle de la constitutionnalité de la loi dans le nouveau constitutionnalisme : les cas du Bénin, du Mali, du Sénégal et du Togo », *Revue béninoise des sciences juridiques et administratives*, 2006, n° 16, p. 104.
[770] C. KEUTCHA TCHAPNGA, « Le juge constitutionnel, juge administratif au Bénin et au Gabon ? », RFDC, 2008, n° 3, p. 553.
[771] L. SINDJOUN, « Les grandes décisions de la justice constitutionnelle africaine, droit constitutionnel jurisprudentiel et politiques constitutionnelles au prisme des systèmes politiques africains », op. cit. p. 581.
[772] T. HOLO, « Démocratie revitalisée ou démocratie émasculée ? Les constitutions du renouveau démocratique dans l'espace francophone africain : régimes juridiques et systèmes politiques », op. cit. p. 25.
[773] F. J. AIVO, « Le juge constitutionnel et l'Etat de droit en Afrique, l'exemple du modèle béninois », op. cit. p. 158.
[774] D. E. ADOUKI, « L'autorité des décisions du juge constitutionnel en Afrique », op. cit. p. 612.
[775] C'est en réalité la justice constitutionnelle qui fait respecter la séparation des pouvoirs. Voir dans ce sens, I. DIALLO, « A la recherche d'un modèle africain de justice

ainsi que les droits et libertés des citoyens[776]. Dans l'exercice de cette compétence, la mission du juge constitutionnel est d'assurer le respect des principes institutionnels fixés par la constitution afin de conserver au régime une certaine continuité dans l'équilibre des pouvoirs.[777] Pour Hans KELSEN, en effet, la justice constitutionnelle est un *« élément du système des mesures techniques qui ont pour but d'assurer l'exercice régulier des fonctions étatiques »*[778].

En général, les pouvoirs du Conseil ou de la Cour, en matière de régulation institutionnelle, sont organisés par la plupart des constitutions des États d'Afrique noire francophone. Ces pouvoirs renvoient, notamment, à l'obligation de consulter, pour son avis, le juge constitutionnel, lorsque le Président de la République estime devoir prendre des mesures dans le cadre de l'exercice de ses pouvoirs exceptionnels[779], lorsque le Gouvernement est autorisé par l'Assemblée nationale à prendre des ordonnances pour réglementer sur des matières qui relèvent normalement du domaine de la loi.[780] Au Bénin, la Cour constitutionnelle est saisie par le président de l'Assemblée nationale, notamment, en cas d'outrage à l'Assemblée nationale par le Président de la République[781]. Dans la quasi-totalité des constitutions, le juge constitutionnel est compétent pour constater la vacance de la présidence de la République. [782] Bien plus, au Bénin, la Cour constitutionnelle est seule compétente pour autoriser l'aliénation d'un bien de l'Etat à titre de bail ou d'une acquisition par le Président de la République ou les membres du Gouvernement[783]. Par ailleurs, le président de la Cour ou du Conseil constitutionnel est habilité à recevoir le serment du Président de la République[784] ; il donne son avis sur la décision du chef de l'État de recourir au référendum[785]; il assure l'intérim de ce dernier en cas de mise en accusation devant la Haute cour de justice tel que prévu par la constitution

constitutionnelle », in Annuaire international de justice constitutionnelle, XX, Paris, Economica, 2004, PUAM, pp. 93-120.

[776] R. S. M. DOSSOU, « La Cour Constitutionnelle du Bénin : L'Influence de sa Jurisprudence sur le Constitutionnalisme et les Droits de l'Homme », Conférence mondiale sur la justice constitutionnelle. Cap Town en Afrique du Sud du 23 au 24 janvier 2009.

[777] Y. MENY, Y. SUREL, « Politique comparée », op. cit. p. 426.

[778] H. KELSEN, « La garantie constitutionnelle de la constitution », RPD, 1928, n°35, p. 198.

[779] Articles 75 et 77 de la Loi organique (Bénin), 86 de la constitution congolaise du 20 janvier 2002.

[780] Article 102 de la constitution béninoise du 11 décembre 1990.

[781] Articles 77 de la constitution béninoise du 11 décembre 1990 et 78 de la loi organique.

[782] Articles 50 de la constitution béninoise du 11 décembre 1990 et 43 de la loi organique au Bénin, 70 alinéa 2 de la constitution congolaise du 20 janvier 2002, 41 de la constitution sénégalaise du 21 janvier 2001.

783 Article 52 de la Constitution.

784 Articles 47 de la loi organique (Bénin), 69 alinéa 3 de la constitution congolaise du 20 janvier 2002, 32 alinéa 1 de la constitution sénégalaise du 21 janvier 2001.

785 Articles 86 alinéa 2 de la constitution congolaise du 20 janvier 2002 et 51 de la constitution sénégalaise du 21 janvier 2001.

béninoise. Le Conseil ou la Cour constitutionnelle est, également, chargée de régler les conflits d'attribution entre les pouvoirs publics[786].
La fonction de régulation a connu une nette évolution en Afrique noire francophone. Elle tend à s'imposer dans le fonctionnement des systèmes politiques, soit sous forme de décisions, soit sous forme d'avis. Ainsi, au Sénégal, le 9 novembre 2000, saisi par le Président de la République pour avis sur la soumission d'un projet de nouvelle constitution au référendum, le Conseil constitutionnel a donné son avis favorable en se fondant sur l'article 46 de la constitution du 7 mars 1963.
Au Bénin, la Cour constitutionnelle a fait reprendre au Président élu, Mathieu KEREKOU, la prestation de son serment dans le strict respect du libellé de l'article 53 de la constitution[787].
Toujours au Bénin, la décision DCC 08-072 du 25 juillet 2008 illustre le rôle de la Cour constitutionnelle dans la gestion des situations de blocage institutionnel. En effet, saisie à l'effet de déclarer inconstitutionnelle la décision de l'Assemblée nationale de reporter *sine die* les débats, les discussions et le vote de trois projets de loi portant ratification de trois accords de prêt dans le cadre de la lutte contre l'érosion côtière, la Cour constitutionnelle a dit et jugé que l'Assemblée nationale dont l'une des missions principales est de voter les lois s'est abstenue d'autoriser la ratification des accords de prêt devant contribuer à la lutte contre l'érosion côtière ; que ce faisant, les députés à l'Assemblée nationale ont violé l'article 35 de la constitution aux termes duquel : « *Les citoyens chargés d'une fonction publique ou élus à une fonction politique ont le devoir de l'accomplir avec conscience, compétence, probité, dévouement et loyauté dans l'intérêt et le respect du bien commun* ».
Cette décision montre que la justice constitutionnelle, bien que ne statuant que du point de vue du droit, peut être amenée à intervenir, de façon décisive, dans le débat politique pour éviter la paralysie institutionnelle pouvant conduire à des troubles politiques[788].
En toute évidence, le rôle du juge constitutionnel ne se limite pas seulement au contrôle de la loi et à la régulation de la vie institutionnelle. « *Il garantit, également, la régularité de la dévolution du pouvoir politique* » [789] et la régularité des opérations référendaires.

---

786 Au Congo-Brazzaville, l'article 1er de la loi organique n°1-2003 du 17 janvier 2003 dispose que la Cour constitutionnelle est l'organe régulateur de l'activité des pouvoirs publics. L'article 92 de la constitution sénégalaise reconnaît également cette compétence au Conseil constitutionnel.
787 F. MELIN-SOUCRAMANIEN et P. PACTET, « Droit constitutionnel », op. cit. p. 103.
788 R. S. M. DOSSOU, « La Cour constitutionnelle du Bénin : L'influence de sa jurisprudence sur le constitutionnalisme et les Droits de l'Homme », op. cit.
789 O. DUHAMEL et G. TUSSEAU, « Droit constitutionnel et institutions politiques », op. cit. p. 781.

3- Le contrôle des opérations électorales et référendaires

Un peu partout, en Afrique noire francophone, le juge constitutionnel assure le contrôle des élections présidentielles, législatives et référendaires. Les constitutions du Sénégal, du Congo-Brazzaville et du Bénin, lui reconnaissent des pouvoirs importants concernant, notamment le contrôle de la régularité du déroulement des élections présidentielles, dont il reçoit les réclamations et proclament les résultats[790], les réclamations contre les résultats des élections législatives et sénatoriales pour lesquelles il peut confirmer les résultats, les annuler ou les réformer, voire proclamer l'élection d'un autre candidat si la rectification atteste qu'il est normalement l'élu.

Au Sénégal, conformément aux dispositions de l'article 2 de la loi n°92-23 du 30 mai 1992 sur le Conseil constitutionnel, modifiée par la loi n°99-71 du 17 février 1999, le Conseil constitutionnel reçoit les candidatures à la présidence de la République, arrête la liste des candidats, statue sur les contestations relatives aux élections du Président de la République et des députés à l'Assemblée nationale et en proclame les résultats.

Au Congo-Brazzaville, la Cour constitutionnelle veille à la régularité de l'élection présidentielle, en examine les réclamations et proclame les résultats du scrutin. Elle se prononce sur la recevabilité des candidatures.

Elle peut, en cas de circonstances exceptionnelles graves empêchant le déroulement des élections, prolonger le mandat des députés et des sénateurs[791]. Elle statue, en cas de contestation, sur la régularité des élections législatives et sénatoriales. Ainsi, par sa décision n°064 DCC/EL/L/12 du 26 octobre 2012, le juge constitutionnel congolais a annulé l'élection à l'Assemblée nationale de monsieur Venance MANIA au motif que les autres candidats n'ont pas participé au scrutin du fait de l'absence de leurs bulletins de vote le jour du scrutin. De même, par sa décision n°005/DCC/EL/L/12 du 17 octobre 2012, le même juge a annulé les résultats de l'élection législative dans la circonscription électorale de Kellé car, d'une part, le scrutin s'est déroulé en deux jours, les 15 et 18 juillet 2012, alors que la loi électorale en son article 3 dispose que *« le scrutin ne dure qu'un jour »*, et d'autre part, les membres des bureaux de vote ont été nommés par le préfet, alors que cette

---

[790] Ces attributions sont identiques à celles que l'article 7 de la constitution française de 1958 confère au Conseil constitutionnel notamment l'appréciation de la survenance d'un cas de force majeure, imprévisible et irréversible, qui justifie le report de l'élection présidentielle, le report de l'élection si un prétendant décède ou est empêché dans les sept jours qui précèdent le dépôt des candidatures. Il prononce obligatoirement ce report si un candidat décède ou est empêché avant le premier tour, ou pour les deux candidats arrivés en tête, entre les deux tours.

[791] C'est ainsi que les mandats de trois députés ont été prorogés du fait d'un sinistre ayant empêché le déroulement des élections dans leurs circonscriptions respectives en 2012 au Congo-Brazzaville.

compétence échoit au ministre de l'Intérieur, conformément à l'article 83 alinéa 4 de la loi électorale.
La Cour constitutionnelle veille à la régularité des opérations de référendum et en proclame les résultats.
Au Bénin, conformément aux articles 49 et 117 de la constitution et 42 de la loi organique, la Cour constitutionnelle veille à la régularité de l'élection du Président de la République, examine les réclamations, statue sur les irrégularités et proclame les résultats du scrutin. S'agissant des élections législatives, la Cour constitutionnelle statue souverainement sur la validité de l'élection des membres de l'Assemblée nationale, conformément aux articles 81 alinéa 2, 117 alinéa 3 de la constitution du 11 décembre 1990 et 52 de la loi organique sur la Cour constitutionnelle. C'est dans ce cadre que, par sa décision El 95-099 du 24 mai 1995, la Cour a invalidé l'élection du candidat Georges GUEDOU du Parti la renaissance du Bénin en se fondant sur les dispositions de l'article 11 de la loi n° 94-015 du 27 juin 1995 aux termes desquels, tout candidat à une élection législative doit être domicilié, depuis un an au moins, en République du Bénin avant la date du scrutin. Or, M. Georges GUEDOU, à l'époque fonctionnaire international, avait son domicile à Kinshasa au Zaïre, au siège du Bureau africain des sciences de l'éducation (BASE) dont il fut le directeur général. La Cour a invalidé son élection ainsi que celle de son suppléant.
En ce qui concerne le référendum, la Cour constitutionnelle béninoise statue sur la régularité des différentes opérations et proclame les résultats, comme le précisent les articles 4 alinéa 2, 117 alinéa 2 de la constitution et 68 de la loi organique sur la Cour constitutionnelle. Il convient de relever qu'au Bénin, la Cour constitutionnelle s'est donné une posture de neutralité acceptée par tous les acteurs politiques dans la validation des résultats électoraux. Ainsi, c'est sous son autorité que les résultats sont confirmés[792].
En dépit de la primauté de son action en faveur de la cristallisation des fondements de la démocratie et de l'État de droit, tirée de l'importance de ses attributions, la justice constitutionnelle, en Afrique noire francophone, se particularise par son accessibilité consacrée par l'ouverture de sa saisine aussi bien aux acteurs institutionnels qu'aux particuliers.

B-Une justice efficace par l'ouverture de sa saisine

La justice constitutionnelle, dans les États d'Afrique noire francophone, en dehors de l'avantage qu'elle offre par l'étendue des matières qu'elle traite, se caractérise par son extrême accessibilité. En effet, les Cours ou Conseils constitutionnels de ces États réalisent une sorte de synthèse des différents mécanismes au point où les options adoptées traduisent des dynamiques

[792] Voir dans ce sens, Albet BOURGUI, Albert.« L'évolution du constitutionnalisme en Afrique : du formalisme à l'effectivité », op. cit. p. 743.

hybrides dont l'unité repose, d'une part, sur la diversité des composantes que sont le juge judiciaire, le juge administratif et le juge constitutionnel et, d'autre part, sur la participation des autorités publiques, des parlementaires et des particuliers au processus de contrôle de constitutionnalité des lois. Cette évidence justifie le fait que la saisine des juridictions constitutionnelles, en Afrique noire francophone, est à la portée des autorités publiques et des particuliers (1) et que les mécanismes mis en évidence se singularisent par la permanence du contrôle qui peut se faire a priori et a posteriori (2).

1- Une saisine à la portée des autorités publiques et des particuliers

L'ambition affichée par le nouveau constitutionnalisme africain, pour une garantie effective de la démocratie et de l'État de droit par l'implication du juge constitutionnel, connaît un retentissement appréciable grâce à l'extrême ouverture de la saisine de l'organe de contrôle. Dans les constitutions adoptées au lendemain de l'indépendance, les États africains avaient prévu *« un contrôle de constitutionnalité extrêmement timide, limité notamment par des conditions très restrictives de saisine. Il [s'agissait], d'un pseudo-contrôle à usage présidentiel »* comme le souligne Gérard CONAC[793].
La particularité des mécanismes mis en place par les États d'Afrique noire francophone à partir de 1990 réside dans l'instauration d'une justice constitutionnelle davantage accessible à tous. En effet, *« si les constitutions africaines se réfèrent au contrôle de constitutionnalité par voie d'action à l'initiative d'autorités politiques, en revanche, beaucoup d'entre elles prévoient la saisine individuelle, soit par voie d'action soit par voie d'exception »*[794].
Ainsi, non seulement l'organe chargé du contrôle peut, comme en France avant la réforme de 2008[795], être saisi par le Président de la République, les

[793] G. CONAC, « Le juge et la construction de l'Etat de droit en Afrique francophone », op. cit. p. 106,

[794] A. BOURGUI, « L'évolution du constitutionnalisme en Afrique : du formalisme à l'effectivité », op. cit. p. 739. Sur cette base, la Cour constitutionnelle du Bénin est régulièrement intervenue pour condamner les violations des droits de l'Homme en ce qui concerne notamment la détention au-delà des délais réglementaires (DCC96-005), la violation de la liberté d'association en se fondant sur les dispositions de la Charte africaine des droits de l'Homme et des peuples (DCC 16-94), l'atteinte à l'égalité d'accès à la fonction publique (DCC 18-94). Elle réaffirme, également, l'égalité de tous devant la loi (DCC 96-026). Références citées par A. BOURGUI, op cit. p. 741.

[795] Avant la révision constitutionnelle intervenue en France en 2008, le Conseil constitutionnel avait la charge du contrôle obligatoire des lois organiques et du contrôle facultatif des lois ordinaires. Il pouvait, à cet effet, être saisi par soixante députés ou sénateurs, par le Président de la République, le Premier ministre et les présidents de l'Assemblée ou du Sénat. La révision constitutionnelle de 2008 a introduit la question

présidents des chambres parlementaires et une proportion relativement faible des parlementaires, il peut, également, être saisi par d'autres personnalités et des particuliers par voie d'action directe et d'exception d'inconstitutionnalité[796] à l'occasion d'un procès[797]. À ce propos, A. SOMA souligne, à juste titre, que l'innovation du nouveau constitutionnalisme africain des années 1990 réside aussi dans la *«vitalité du droit d'action directe de l'individu devant la juridiction constitutionnelle »*[798] telle que conçue par la totalité des constitutions des États d'Afrique noire francophone[799]. Comme nous pouvons le constater, *« l'élargissement du pouvoir de saisine est assez symptomatique de la revitalisation de la justice constitutionnelle en Afrique noire francophone »*[800].

Par ailleurs, la saisine de l'organe de contrôle s'étend également à un nombre relativement faible de parlementaires. Cette option traduit, sans conteste, l'expression de la volonté d'assurer davantage l'accessibilité au juge constitutionnel dans l'intérêt d'une protection efficace de la démocratie et l'État de droit. Elle contribue à donner la possibilité aux oppositions, expression de la minorité parlementaire, de déférer devant le juge constitutionnel une loi votée par la majorité[801].

En toute évidence, le contrôle de constitutionnalité, dans le cas des États africains dominés par des majorités qui coïncident entre Gouvernement et Parlement, serait sans effet si la possibilité n'était pas offerte à la minorité parlementaire de saisir l'organe de contrôle. Il est, en effet, assez rare que le juge constitutionnel soit saisi par la majorité parlementaire pour déclarer une loi initiée par le Gouvernement, qui est soutenu par elle, contraire à la

---

prioritaire de constitutionnalité. L'article 61 alinéa 1 de la constitution française dispose, à cet effet, que : « lorsque, à l'occasion d'une instance en cours devant une juridiction, il est soutenu qu'une disposition législative porte atteinte aux droits et libertés que la constitution garantit, le Conseil constitutionnel peut être saisi de cette question sur renvoi du Conseil d'Etat ou de la Cour de cassation qui se prononce dans un délai déterminé ».

796 Sur les notions de contrôle par voie d'action et d'exception d'inconstitutionnalité, voir nos commentaires dans la partie suivante.

797 La saisine de l'organe de contrôle est suffisamment ouverte au Bénin, au Sénégal et au Congo-Brazzaville. Au Bénin elle est organisée par les articles 121, 122, 123 et 146 de la constitution du 11 décembre 1990. La Cour constitutionnelle béninoise peut être saisie par le Président de la République, le président de l'Assemblée nationale, les députés et tout citoyen. Au Congo-Brazzaville, conformément à l'article 148 de la constitution du 2 janvier 2002, la Cour constitutionnelle est saisie par le Président de la République, le président de l'Assemblée nationale, le président du Sénat, un tiers des membres de chaque chambre du Parlement et par tout particulier.

798 A. SOMA, « Modélisation d'un système de justice constitutionnelle pour une meilleure protection des droits de l'Homme : trans-constitutionnalisme et droit comparé », *RTDH*, 2009, n°78, p. 455.

799 Voir, par exemple, les constitutions béninoise du 11 décembre 1990, article121, sénégalaise du 7 mars 1963, article 82 et congolaise du 15 mars 1992, article 148.

800 R. DEGNI-SEGUI, « Etat de droit, droits de l'Homme, bilan des années », *Rapport* n°5, symposium international de Bamako, p. 634.

801 Y. MENY et Y. SUREL, « Politique comparée », op. cit. p. 417.

constitution. Cette situation est davantage complexifiée par le fait que les autorités politiques investies de la compétence de saisir l'organe de contrôle appartiennent presque toujours au même bord politique qu'est la majorité présidentielle. Dans ce cas, une telle saisine aboutirait à placer *« les faiseurs de lois en destructeurs potentiels de leur propre édifice juridique »*[802]. Ce qui, *ipso facto,* remettrait en cause la politique gouvernementale d'une part et, d'autre part, porterait un discrédit dans l'opinion publique sur les défenseurs de cette loi, étant entendu que le délai imparti pour la saisine du juge constitutionnel, avant la promulgation et la publication de la loi, est relativement court et ne représente, en fait, qu'un sursis quant à l'issue du sort définitif de la loi votée.

On peut, enfin, relever l'une des particularités du système béninois de la justice constitutionnelle qui réside dans la compétence de saisine d'office ou l'auto-saisine reconnue à la Cour constitutionnelle. En effet, aux termes des articles 121 alinéa 2 de la constitution, 22 et 23 de la loi organique, la Cour constitutionnelle se prononce d'office sur la constitutionnalité des lois et de tout texte réglementaire censé porter atteinte aux droits fondamentaux de la personne humaine et aux libertés publiques.

En définitive, en étendant la saisine du juge constitutionnel à tous, les constituants des États d'Afrique noire francophone ont confirmé le postulat selon lequel la qualité de requérant n'est pas en soi un obstacle à la protection juridictionnelle de la démocratie et de l'État de droit. Ils ont, dans la même perspective, consacré la permanence du contrôle de la constitutionnalité des lois.

2- Un contrôle a priori et a posteriori

Le contrôle de constitutionnalité des lois dans les Etats d'Afrique noire francophone combine plusieurs mécanismes inspirés particulièrement des modèles américains[803] et européens[804]. Ainsi, il s'exerce sur la loi votée avant sa promulgation et sur la loi promulguée au moment de son application. On distingue, de ce fait, le contrôle a priori du contrôle a posteriori.

---

802 J. C. Aba'a OYONO, « Les mutations de la justice à la lumière du développement constitutionnel de 1996 », *Afrilex*, 2000, n°1, p. 9.

803 Le modèle américain de contrôle de constitutionnalité des lois n'est pas expressément prévu par la constitution. Il a été consacré par l'arrêt de la Cour suprême « Marbury vs Madison » de 1803. Depuis cet arrêt, la justice constitutionnelle est exercée par l'ensemble des organes juridictionnels. Voir E. ZOLLER, *Les grands arrêts de la Cour suprême des Etats-Unis*, Paris, PUF, 2000.

804 Dans le modèle européen, le contentieux constitutionnel est confié à une juridiction spécialisée distincte des juridictions ordinaires et située en dehors de l'appareil judiciaire. Voir B. KANTE, « Les méthodes et techniques d'interprétation de la constitution : l'exemple des pays d'Afrique occidentale francophone », in *L'interprétation constitutionnelle*, Paris, Dalloz, 2001, p. 156.

Le premier s'exerce par voie d'action sur la loi votée avant sa promulgation. Le second, quant à lui, est exercé soit par voie d'action soit par voie d'exception. Lorsqu'il est exercé par voie d'action, la saisine de l'organe de contrôle est ouverte aux autorités publiques et aux particuliers. Le contrôle par voie d'exception, par contre, n'est réservé qu'aux parties à un procès devant une juridiction. Il est suscité par la partie qui conteste la conformité à la constitution de la loi en cause.
Dans les trois États qui font l'objet de la présente étude, la Cour ou le Conseil constitutionnel est chargé de l'examen *« automatique et obligatoire »*[805] des lois organiques avant leur promulgation[806]. Elle se prononce, également, sur le contrôle de constitutionnalité des lois ordinaires avant leur promulgation[807]. De même, avant leur mise en application, les règlements intérieurs de l'Assemblée nationale et, spécifiquement, dans le cas béninois, de la Haute autorité de l'audiovisuel et de la communication et du Conseil économique et social doivent être soumis à la Cour constitutionnelle pour contrôle de leur conformité à la Constitution[808].
Après la promulgation des lois, la Cour ou le Conseil constitutionnel peut être saisi par tout citoyen sur leur constitutionnalité, soit par voie d'action, soit par voie d'exception.[809] L'exception d'inconstitutionnalité offre la possibilité à tout individu de saisir le juge, à tout moment, à l'occasion d'un litige devant n'importe quelle juridiction. Dans ce cas, la juridiction saisie, sans pouvoir l'annuler, refusera de l'appliquer jusqu'à la décision de la Cour constitutionnelle[810]. C'est, notamment, ce que prévoient l'article 122 de la constitution béninoise du 11 décembre 1990 et l'article 148 de la constitution congolaise du 15 mars 1992 (abrogée). Au Sénégal, cette saisine ne peut se faire que devant les juridictions suprêmes. L'ouverture de cette procédure au simple citoyen apparaît sinon comme une révolution[811] du moins comme une évolution intéressante du renouveau constitutionnel africain.
Les décisions prises par la justice constitutionnelle sont marquées de *l'autorité absolue de la chose jugée*[812] et sont exécutées dans les trois États par les autorités concernées.[813] Par principe, lorsque le contrôle exercé par le juge constitutionnel sur une loi a révélé la contrariété de celle-ci à la constitution, il est logique que la seule décision qui s'impose soit

---

[805] A. CABANIS et M. L. MARTIN, « Les constitutions d'Afrique francophone », op. cit. p. 166.
[806] Articles 97,117 de la Constitution et 19 de la loi organique sur la Cour constitutionnelle.
[807] Article 121 de la Constitution et 20 de la loi organique.
[808] Articles 120 de la Constitution et 21 de la loi organique.
[809] Articles 122 de la Constitution et 24 de la loi organique.
[810] Fréderic Joël AIVO, « Le juge constitutionnel et l'Etat de droit en Afrique », op. cit. p. 167.
[811] F. J. AIVO, idem.
[812] R. CABRILLAC, M. A. FRISON-ROCHE et T. REVET, *Libertés et droits fondamentaux*, Paris, Dalloz, 2007, p. 93.
[813] A propos du Sénégal et du Bénin, voir Albert BOURGUI, op. cit. p. 743.

l'annulation de la loi. En réalité, cette décision d'annulation produit un effet *erga omnes* dans l'intérêt de la cohérence de l'ordonnancement juridique[814]. Les décisions d'annulation d'une loi inconstitutionnelle s'imposent évidemment à toutes les autorités politiques, juridictionnelles et administratives.

Le constituant sénégalais le précise explicitement à l'article 92 alinéa 2 de la constitution du 22 janvier 2001. Au Bénin, aux termes des dispositions des alinéas 3 et 4 de l'article 124 de la constitution du 11 décembre 1990, *«les décisions du juge constitutionnel ne sont susceptibles d'aucun recours. Elles s'imposent aux pouvoirs publics et à toutes les autorités civiles, militaires et juridictionnelles »*. Au Congo-Brazzaville, aux termes de l'article 150 de la constitution du 15 mars 1992 (abrogée), une disposition déclarée inconstitutionnelle ne peut être ni promulguée ni mise en application. Les décisions de la Cour constitutionnelle ne sont susceptibles d'aucun recours. Elles s'imposent aux pouvoirs publics, à toutes les autorités administratives, juridictionnelles et aux particuliers.

Ainsi, en Afrique noire francophone, *« ce qui a été jugé [par le juge constitutionnel] ne peut l'être de nouveau ; ce qui a été jugé ne peut être contredit; ce qui a été jugé doit être exécuté »*[815].

De ce point de vue, il s'ensuit que les observations émanant du juge constitutionnel sont tenues pour exactes et ne peuvent être remises en question[816]. C'est ce qu'évoque Georges VEDEL en ces termes : *« quand un jugement est à l'abri de tout recours, il acquiert l'autorité de la chose jugée. Il a force de vérité légale, son dispositif est définitivement incorporé dans l'ordonnancement juridique et ce qu'il décide ne peut plus être critiqué ni directement ni indirectement »*[817]. Jean Claude ZARKA s'inscrit dans le même ordre d'idées et soutient que, par principe, *« lorsqu'une disposition de*

---

[814] G. BADET, « Les attributions originales de la Cour constitutionnelle du Bénin », Fredrich Ebert Stifftung, 2013, p. 29.

[815] G. DELVOLVE, « Nouveau répertoire de droit », 2ème édition, Vol I, Chose jugée, p. 684. Au Sénégal, l'article 82 alinéa 2 de la constitution du 7 mars 1963 disposait : « les décisions du Conseil constitutionnel ne sont susceptibles d'aucun recours. Elles s'imposent aux pouvoirs publics et à toutes les autorités administratives et juridictionnelles ». La même disposition est annoncée par l'article 92 alinéa 2 de la constitution du 22 janvier 2001. L'article 124 de la constitution béninoise du 11 décembre 1990 dispose dans le même sens que : « une loi déclarée inconstitutionnelle ne peut être promulguée ni mise en application. Les décisions de la Cour constitutionnelle ne sont susceptibles d'aucun recours. Elles s'imposent aux pouvoirs publics et à toutes les autorités civiles, militaires et juridictionnelles ». Au Congo-Brazzaville, l'article 150 de la constitution du 22 janvier 2002 disposait: « une disposition déclarée inconstitutionnelle ne peut être promulguée ni mise en application. Les décisions de la cour constitutionnelle ne sont susceptibles d'aucun recours. Elles s'imposent aux pouvoirs publics, à toutes les autorités administratives, juridictionnelles et aux particuliers ».

[816] G. JEZE, « De la force de vérité légale attachée par la loi à l'acte juridictionnel », RDP, 1913, p. 439.

[817] G. Vedel, et P. DELVOLVE, *Droit administratif*, Paris, PUF, 1990, p. 326.

la loi est déclarée contraire à la constitution, elle ne peut être promulguée ni mise en application »[818].

Toutefois, il peut arriver que les dispositions déclarées contraires à la constitution ne concernent qu'une partie du texte. Dans ce cas, comme en France, si les dispositions sanctionnées ne sont pas dissociables d'autres dispositions, voire du reste du texte, il ne pourra être procédé à la promulgation des dispositions concernées[819] ou éventuellement du texte lui-même[820]. Si au contraire, elles sont dissociables, les autres dispositions peuvent être promulguées[821].

En définitive, la justice constitutionnelle fait figure de proue par sa contribution à l'ancrage de l'Etat de droit en Afrique. À cet effet, l'analyse des décisions rendues par la Cour constitutionnelle du Bénin montre que le rôle d'institution de contre-pouvoir qui lui est assigné transparaît clairement à travers ses décisions. On peut affirmer qu'elle accomplit cette mission avec dignité et *« audace »*[822] dans le respect de la légalité constitutionnelle. C'est ce qui explique sa crédibilité pérenne au sein de l'opinion publique nationale et internationale. Le nombre de recours enregistrés par cet organe témoigne de la confiance qui s'est établie avec les citoyens. La qualité et la nature desdits recours, le nombre de décisions rendues depuis lors témoignent de la maturité et surtout de la nécessité [...] de conserver à tout prix cet acquis[823] du renouveau constitutionnel béninois.

On peut convenir avec Robert DOSSOU qu'après plus de vingt ans d'intenses activités, la pertinence de son rôle dans le nouvel ordre juridique instauré par la Conférence nationale se trouve largement justifiée grâce à la qualité et à la diversité des décisions rendues[824]. Pour les autres États, il va de soi que les évolutions de la justice constitutionnelle, en Afrique noire francophone, ne sont pas complètement achevées. L'audace dont fait montre le juge constitutionnel béninois peut servir de modèle sur plusieurs questions relatives à la limitation de l'arbitraire, car il s'agit effectivement d'un progrès dans l'œuvre d'édification de l'Etat de droit[825] à laquelle le juge judiciaire est également associé.

---

[818] J. C. ZARKA, « Introduction au Droit constitutionnel », op. cit. p. 66.

[819] Décision n°86-223 du 29 décembre 1986, rec.184,

[820] Décision n°81-132 DC du 16 janvier 1982, rec. 18.

[821] Ferdinand MELIN-SOUCRAMANIEN, Pierre PACTET, Droit constitutionnel. 33ème éd., Paris, Sirey, 2014, p. 529.

[822] Sur l'audace du juge constitutionnel, voir, par exemple, Augustin LOADA, « L'audace du juge constitutionnel en question », op. cit.

[823] D. OUINSOU, « Le contrôle de constitutionnalité au Bénin », in *Actes de la 2ème réunion préparatoire au symposium de Bamako : les institutions de la démocratie et de l'Etat de droit*, mars 2000.

[824] Robert S. M. DOSSOU, « La Cour constitutionnelle du Bénin : L'influence de sa Jurisprudence sur le constitutionnalisme et les Droits de l'Homme », *Conférence mondiale sur la justice constitutionnelle*, Cap Town en Afrique du Sud du 23 au 24 janvier 2009.

[825] F. MELIN-SOUCRAMANIEN, Pierre PACTET, « Droit constitutionnel », op. cit. p. 520.

Paragraphe 2 : La protection de la démocratie et de l'État de droit par le pouvoir judiciaire

À la faveur du renouveau démocratique des années 1990, le pouvoir judiciaire a été reconsidéré dans sa vocation de troisième pouvoir à côté des pouvoirs exécutif et législatif. Suivant cette organisation institutionnelle, le rôle du pouvoir judiciaire, en tant que gardien des droits et libertés fondamentaux, a été réaffirmé par les nouvelles constitutions (A) alors que le contentieux administratif s'est vu reconnaître un rôle indispensable à la protection de la démocratie et de l'État de droit (B).

A- L'affirmation du rôle traditionnel du pouvoir judiciaire comme gardien des droits et libertés

Le pouvoir judiciaire est, aujourd'hui, reconnu par presque toutes les nouvelles constitutions africaines comme gardien des droits et libertés fondamentaux. Dans cette optique, les constitutions ont aménagé ses compétences (1) en même temps qu'elles ont institué des dispositions relatives à son indépendance (2).

1- Des compétences aménagées

Traditionnellement, on reconnaît au juge judiciaire la compétence de contrôler le respect des droits et principes constitutionnels dans le cadre du contentieux des actes et faits juridiques relevant du droit privé[826]. La conception selon laquelle le juge judiciaire, gardien de la liberté individuelle, est naturellement compétent pour connaître des atteintes qui lui sont portées, même quand elles ont été commises par l'administration[827] est héritée de la tradition française. Cette évolution des compétences du juge judiciaire est apparue au XIXème siècle, notamment, avec l'arrêt Dame de la Murette rendu par le Conseil d'État le 27 mars 1852[828].
En dépit de cet attachement au droit français, les États d'Afrique noire francophone, sûrement pour *« des raisons de simplicité et de modicité des coûts de procédure »*[829], ont opté pour un système d'unité des juridictions. En effet, au sein de ces États, les compétences du pouvoir judiciaire sont reparties au sein de l'ordre juridictionnel entre les différents niveaux de la hiérarchie et entre les différentes structures juridictionnelles.

---

826 B. MATHIEU et M. VERPEAUX, *Contentieux constitutionnel des droits fondamentaux.* Paris, LGDJ, 2002, p. 117.
827 S. PETIT, *L'administration devant le juge judiciaire*, Paris, PUF, 1997, p. 60.
828 CE, 27 mars 1852, dame la murette, rec., Lebon, p.626.
829 B. BOUMAKANI, « La protection des droits et libertés au Congo », op. cit. p. 183.

Les constitutions du Congo-Brazzaville et du Bénin reconnaissent que le pouvoir judiciaire est exercé par la Cour suprême et les autres juridictions nationales. Au Congo-Brazzaville, la constitution du 20 janvier 2002 affirme, à son article 133, que *« le pouvoir judiciaire est exercé par la Cour suprême, la Cour des compte et de discipline budgétaire, les Cours d'appel et les autres juridictions nationales ».* Au Bénin, l'article 125 de la constitution du 11 décembre 1990 dispose que *« le pouvoir judiciaire est exercé par la Cour suprême, les Cours et tribunaux créés par la présente constitution ».* De même, au Sénégal, l'article 88 de la constitution du 22 janvier 2001 affirme dans les termes identiques à ceux de la constitution du 7 mars 1963 (article 80) que *« le pouvoir judiciaire est exercé par le Conseil constitutionnel, le Conseil d'État, la Cour de cassation et les Cours et tribunaux ».* Cette organisation juridictionnelle a favorisé l'exercice de la justice, quelle que soit la nature du litige, par un nombre restreint de formations hiérarchisées et composées de magistrats polyvalents garantis par un statut.

De manière générale, les constituants des États d'Afrique noire francophone ont affirmé les pouvoirs du juge judiciaire dans la protection des droits et libertés fondamentaux. Les constitutions sénégalaises du 7 mars 1963 et du 22 janvier 2001, respectivement aux articles 81 et 91 affirment que *« le pouvoir judiciaire est gardien des droits et libertés définis par la constitution et la loi. »* Il en va de même des constitutions congolaises du 15 mars 1992, du 20 janvier 2002 et du 25 octobre 2015 qui, elles aussi, reconnaissent le pouvoir judiciaire comme gardien des droits et libertés individuels.

En décryptant les attributions du juge judiciaire telles que conçues par les nouvelles constitutions africaines et les textes connexes, il est établi qu'il est le juge des litiges entre particuliers dans le cadre de l'exercice des droits et libertés dans un État de droit. Il est, également, juge protecteur des droits et libertés fondamentaux en cas de litiges entre l'État et les particuliers, notamment en cas de voie de fait ou d'emprise. Les notions d'emprise et de voie de fait s'analysent comme *« une violation des droits et libertés fondamentaux par un acte grossièrement illégal des pouvoirs publics ou une dépossession d'une propriété immobilière par l'administration »*[830]. Il est, enfin, juge des litiges entre l'administration et les particuliers lorsque ces litiges mettent en jeu directement la responsabilité des agents publics.

On peut, toutefois, observer qu'à l'inverse du système français où les compétences du juge judiciaire en matière administrative sont d'origine essentiellement jurisprudentielle[831], cette compétence dans les États africains

---

[830] R. G. NLEP, « Le juge de l'administration et les normes internes, constitutionnelles ou infra-constitutionnelles en matière de droits fondamentaux », *SOLON*, Vol. I, n°1, 1999, pp. 135-149.

[831] Voir les ouvrages classiques de droit administratif dont, entre autres, René CHAPUS, *Droit administratif général.* Tome 1, Montchrestien, 15e éd., 2001 ; Yves GAUDEMET, « Droit

francophones a un fondement constitutionnel et législatif[832]. En effet, si en France le principe de la connaissance du contentieux administratif par le juge judiciaire est le résultat d'une enrichissante évolution jurisprudentielle, puisque les lois des 16 et 24 août 1790 et le décret du 16 fructidor an III faisaient interdiction aux tribunaux judiciaires de *« troubler, de quelque manière que ce soit, les opérations des corps administratifs »*[833], et de *« connaître des actes d'administration, de quelque espèce qu'ils soient »*[834], la reconnaissance de la compétence du juge judiciaire en matière administrative, en Afrique noire francophone, est tirée de deux sources. D'abord, il s'inspire largement du droit français. En effet, beaucoup d'arrêts rendus par les juridictions africaines reprennent, non seulement, dans l'esprit mais aussi dans la lettre les considérants du juge français. Ainsi, au Cameroun, l'arrêt Markan Tiencheu David du 29 mai 1980 reprend intégralement le texte de la jurisprudence française "Dame Lamotte" de 1950. De même, l'arrêt *Société des établissements Bonifas* de la Cour d'appel de Ndjamena du 24 février 1969 a recopié les considérants de l'arrêt *Société des granits porphyroïdes des Vosges* du Conseil d'État du 31 juillet 1912. Ensuite, les règles qu'il applique sont d'origines essentiellement constitutionnelle et législative alors que le juge français crée la règle de droit par sa jurisprudence, le droit administratif français étant essentiellement prétorien. En tant que gardien des droits et libertés, le juge judiciaire bénéficie d'une indépendance proclamée et garantie par les constitutions des États d'Afrique noire francophone.

2- Une indépendance proclamée et garantie

L'autre trait caractéristique du pouvoir judiciaire, en matière de protection de la démocratie et de l'État de droit, est la proclamation constitutionnelle de son indépendance et la mise en place des garanties y relatives. Les États africains tirent les conséquences d'un passé fait de confusion de pouvoirs et de la soumission quasi systématique de la justice au pouvoir exécutif pour enfermer par des dispositions constitutionnelles le principe de l'indépendance du pouvoir judiciaire.

---

administratif »,*LGDJ*, 18e éd., 2005 ; Pierre DELVOLVE, *Le Droit administratif*, Dalloz, Précis, 21e éd., 2006.

832 J. M. BIPOUM WOUM, « Recherches sur les aspects actuels de la réception du Droit administratif dans les Etats d'Afrique noire d'expression française : le cas du Cameroun », *RJPIC*, 1972, pp. 359 et ss. ; Alain BOCKEL, « Le contrôle juridictionnel de l'administration », in *Les institutions administratives des Etats francophones d'Afrique noire*, *Centre d'études juridiques comparatives de l'Université de Paris I*, Economica, 1979, pp. 197 et suiv. ; du même auteur « Recherche d'un droit administratif en Afrique francophone », *Revue Ethiopiques*, octobre 1978, n° 16, pp. 66 et s.

833 TC, 8 février 1873, Blanco, GAJA, 13ème éd. Paris, Dalloz, 2001, p. 2.

834 Idem.

Ainsi, l'article 125 de la constitution béninoise du 11 décembre 1990 dispose: *« le pouvoir judiciaire est indépendant du pouvoir législatif et du pouvoir exécutif »*. Au Congo-Brazzaville, l'article 129 de la constitution du 15 mars 1992 déclare : *« le pouvoir judiciaire est indépendant du pouvoir exécutif et du pouvoir judiciaire »*. L'article 136 de la constitution du 20 janvier 2002 proclamait: *« le pouvoir judiciaire est indépendant du pouvoir exécutif et du pouvoir législatif... »* L'article 168 de la constitution du 25 octobre 2015 prévoit que *« le pouvoir judiciaire est indépendant du pouvoir exécutif et du pouvoir législatif »*. Au Sénégal, l'article 88 de la constitution du 22 janvier 2001 qui reprend les dispositions de l'article 80 de la constitution du 7 mars 1963 dispose que *« le pouvoir judiciaire est indépendant du pouvoir législatif et du pouvoir exécutif »*. Dans la même optique, au Sénégal, les articles 80 ter alinéa 2, de la constitution du 7 mars 1963 et 90 alinéa 2 de la constitution du 22 janvier 2001 ainsi que l'article 168 alinéa 3 de la constitution congolaise du 25 octobre 2015 indiquent, dans la même écriture, que : *« les juges ne sont soumis dans leurs fonctions qu'à l'autorité de la loi »*.
En marge de ces dispositions qui consacrent l'indépendance organique du pouvoir judiciaire, les constitutions des trois États font du Président de la République, en sa qualité de garant du fonctionnement régulier des institutions, le garant de l'indépendance de la justice[835].
On peut, à la lumière de ces dispositions, affirmer que le choix pour un pouvoir judiciaire entièrement indépendant est la marque d'une espérance pour une justice au service de l'affermissement de la démocratie et de l'État de droit. Ainsi, au-delà des prescriptions constitutionnelles, l'exercice de la fonction de juge requiert l'indépendance, *« la neutralité, l'objectivité, l'impartialité, la loyauté, l'honnêteté, la dignité, l'abnégation »*[836]. Cela tient aussi bien pour le juge judiciaire que pour le juge administratif qui participe, également, à la protection de la démocratie et l'État de droit.

A- L'apport du contentieux administratif à la protection de la démocratie et l'État de droit

Traditionnellement, le juge administratif a compétence pour apprécier la conformité des mesures réglementaires aux lois et à la constitution. À ce titre, le contentieux administratif participe à la sauvegarde de la démocratie et de l'État de droit par sa nature (1) et du fait de l'autorité des décisions rendues par le juge en la matière (2).

---

[835] Articles 140 de la constitution congolaise du 20 janvier 2002, 127 de la constitution béninoise du 11 décembre 1990.
[836] DJUIDJE, B, « Le statut du juge judiciaire camerounais : un tableau contrasté », *AFSJP/Uds*, Tome 3, Yaoundé, PUA, 1999, p. 46.

1- Un contentieux favorable par sa nature

Le principe de la soumission de l'administration au droit et, partant, au juge administratif n'est pas d'essence récente en Afrique noire francophone. Même sous le règne du parti unique, les États africains avaient aménagé un contentieux administratif qui avait pour finalité de jouer la fonction de protection des administrés contre l'administration. Cet embryon de justice administrative installé, dans la plupart des cas, au sein des structures du pouvoir judiciaire ou encore institué sous forme de chambre administrative au sein des cours suprêmes, n'a pas été emblématique. D'importantes décisions ont été rendues par elle. Au Bénin, par exemple, de 1985 à 1989, la Chambre administrative de la Cour suprême a été saisie de 111 recours, soit une moyenne de 27 à 28 recours par an[837].

Il est tout à fait indiqué que l'existence d'un contentieux administratif structuré *« met les individus à même de préserver, dans la mesure prévue par la règle de droit, leurs droits et intérêts à l'encontre des exigences de l'action administrative »*[838]. Aussi, avec l'organisation du contentieux administratif, dans les États d'Afrique noire francophone, toute personne peut saisir le juge administratif selon les deux voies traditionnelles du contentieux administratif : le recours pour excès de pouvoir et le recours de plein contentieux.

Si le recours de plein contentieux vise la réparation des dommages issus d'une activité administrative, le recours pour excès de pouvoir a, par contre, pour finalité d'annuler l'acte administratif irrégulier qui doit disparaître de l'ordonnancement juridique avec tous les effets qu'il a produits. L'excès de pouvoir est synonyme d'illégalité. Ce recours est ainsi, par son objet, *« la plus merveilleuse création des juristes, l'arme la plus efficace, la plus économique, la plus pratique qui existe au monde pour défendre les*

---

[837] Voir la communication de M. André LOKOSSOU, Conseiller à la Chambre administrative du Bénin, lors du séminaire d'échanges et de perfectionnement consacré au Contentieux administratif et à l'Etat de droit, Marrakech 14-21 décembre 1996, Agence de la Francophonie, p. 215. Ce constat est également fait par Jean du Bois de GAUDUSSON qui relève, entre autres, qu'au Gabon, la Chambre administrative a rendu de 1963 à 1984 inclus, 247 arrêts ; au Bénin, ce sont 333 arrêts qui ont été rendus de 1962 à 1984. Au Niger, l'activité contentieuse s'est réduite à deux arrêts de 1960 à 1974 et trois depuis 1974. En République centrafricaine, après une longue période de léthargie, la Chambre administrative de la Cour suprême a rendu cinq arrêts depuis 1982 dont aucun ne porte sur le fond. Au Tchad, la Chambre administrative et financière a rendu 17 arrêts de 1969 à 1976. La Chambre administrative de Côte d'Ivoire a rendu depuis 1963, 63 arrêts au titre du contentieux d'excès de pouvoir et 9 décisions de cassation, soit une soixantaine entre 1963 et 1980 ; au Sénégal, ce sont 106 arrêts au titre du contentieux de l'annulation qui ont été rendus de 1960 à 1980, in « La jurisprudence administrative des Cours suprêmes en Afrique », Gérard CONAC et Jean du Bois de GAUDUSSON (dir.), *Les Cours suprêmes en Afrique, La jurisprudence administrative*. Vol 3, Economica, 1988 ; p. 7.

[838] J. M. AUBY et R. DRAGO, *Traité de contentieux administratif*, Paris, LGDJ, 3ème édition, Vol. 1, p. 15.

libertés »[839]. C'est *« un procès fait à un acte»*[840]administratif susceptible de porter atteinte aux droits de l'Homme. L'intérêt de ce contrôle *« réside dans la saisine par les particuliers d'une instance spécialisée »*[841]. A ce titre, le requérant joue un rôle de vigile de la légalité, puisque *« son recours pour excès de pouvoir est exercé dans son propre intérêt, mais aussi dans l'intérêt général, car il contribue au respect de l'État de droit »*[842].
Par ailleurs, dans la quasi-totalité des États, le juge administratif est juge électoral pour le contentieux des actes préparatoires et des élections législatives, sénatoriales et locales. Il contribue, à cet effet, à la garantie des droits aussi bien des candidats que des électeurs. Il assure un meilleur exercice de la démocratie en mettant en application les principes du jeu électoral pour l'affirmation d'un système représentatif sincère.
Il est attendu encore des évolutions dans le sens de l'élargissement des missions du juge administratif en Afrique noire francophone, voire de l'amélioration de certains manquements comme la lenteur des délais des instances qui est, de tout temps, décrié. La référence au droit français étant quasi systématique, il est possible que l'institutionnalisation de nouvelles voies de recours intervienne au fur et à mesure que s'ancrent les principes de protection de la démocratie et de l'État de droit. Ainsi, les législateurs africains pourront, par exemple, admettre le mécanisme du référé-liberté introduit en France par la loi du 30 juin 2000, notamment à l'article L 521-2 du code de justice administrative selon lequel : *« saisi d'une demande en ce sens justifié par l'urgence, le juge des référés peut ordonner toutes mesures nécessaires à la sauvegarde d'une liberté fondamentale à laquelle une personne morale de droit public ou un organisme de droit privé chargé de la gestion d'un service public aurait porté, dans l'exercice de ses pouvoirs, une atteinte grave et manifestement illégale. Le juge des référés se prononce dans un délai de quarante-huit heures ».* Cette opportunité permettra de parer à certaines situations d'urgence étant entendu que *« l'existence d'une atteinte grave et manifestement illégale à une liberté fondamentale crée une présomption d'urgence »*[843]. Le juge administratif s'affirme, également, dans la protection de la démocratie et de l'État de droit, par l'autorité de ses décisions.

---

[839] G. JEZE, « Les libertés individuelles », *Annuaire de l'institut international de droit public*, 1929, p. 180.
[840] E. LA FERRIERE, *Traité de la juridiction administrative et des recours contentieux*, Tome 2, Bergel-Levrault, 2ème édition, 1896, p. 560.
[841] R. DEGNI SEGUI, « Les droits de l'Homme en Afrique noire francophone », op. cit. p. 140.
[842] P. MOUDOUDOU, J. P. Markus, « Droit des institutions administratives congolaises », op. cit. p. 81.
[843] X. MAGNON, « L'accès au juge administratif des libertés : l'exemple du référé-liberté », in *Symposium on garantee of the right to access to the administrative juridiction.* 2011, Thaïlande, p. 10.

2- Un contentieux favorable par l'autorité de ses décisions

Comme dans la plupart des contentieux, les décisions rendues par les juges africains en matière administrative sont frappées de l'autorité de la chose jugée et s'imposent aussi bien à l'administration qu'aux particuliers. Elles ne sont contestables que suivant les voies de recours autorisées, notamment, par voie d'appel devant les instances supérieures. En matière de recours pour excès de pouvoir, par exemple, le juge annule la décision attaquée lorsque celle-ci est entachée d'irrégularités. En matière de plein contentieux, non seulement il annule la décision, mais il la remplace par sa propre décision. Ainsi, en faisant droit à une demande en contestation d'une élection, il peut, non seulement annuler l'élection contestée mais aussi reformuler les procès-verbaux des résultats et proclamer lui-même le candidat régulièrement élu.

L'un des traits caractéristiques du contentieux administratif dans certains États africains est actuellement la tendance à l'allègement des conditions de recevabilité des requêtes surtout en matière de recours pour excès de pouvoir. L'accès au juge étant un droit fondamental, cette tendance participe d'une volonté d'assurer, davantage, le succès des demandes en annulation des décisions administratives irrégulières et, donc, à une meilleure sauvegarde des droits des administrés.

Au Bénin, par exemple, le juge s'estime fondé à suppléer à ce qu'il considère comme une rédaction maladroite de l'objet de la demande pour faire produire à celle-ci un effet utile. De même, il peut redresser l'objet de la demande en considérant que « *l'introduction de réparations financières dans son recours donne à ce dernier le caractère de recours de plein contentieux soumis à l'obligation de recours préalable avant tout contentieux* »[844]. Dans le même sens, « *le juge administratif béninois admet que le défaut de décision administrative est couvert par la réponse au fond de l'administration dans le cadre de la discussion contradictoire devant lui* »[845]. En outre, il tient compte de la parution irrégulière du journal officiel pour retenir que « *le requérant n'a pu alors introduire son action que le jour où il a eu connaissance de ce texte ; qu'il échet, en conséquence, de décider que son recours est recevable* »[846]. Le même juge, tenant compte d'une promesse de règlement amiable non tenue de l'autorité administrative et de « *l'état séquellaire en particulier neurologique, psychiatrique, urologique et diabétique grave* » du requérant admet la recevabilité d'un recours exercé largement hors délai (soit plus de deux ans après le recours administratif

---

[844] CS (CA) Burkina Faso, Arrêt n° 018 du 08. 02. 2000 ; Aff. OUOBA Tianiagou Lucien c/ Etat Burkinabé, inédit.

[845] B. D. COULIBALEY, « Le juge administratif, rempart de protection des citoyens contre l'administration en Afrique noire francophone ? », Afrilex, u-bordeaux.fr p.6.

[846] CS (CA) Bénin, Arrêt n° 8, du 21 juin 1994, Zokpe Albert c/ Etat béninois, Rec., 1994, p. 96.

préalable)[847]. La forclusion n'est, également, pas encourue lorsque l'administration, par des promesses qui ne seront pas tenues, laisse entrevoir des perspectives de règlement à l'amiable[848] ou encore quand elle « négocie » l'exécution de la décision illégale moyennant une compensation[849]. L'intérêt à agir, qui recommande que le requérant doit justifier que sa situation personnelle sera améliorée si la décision irrégulière disparaît[850], connaît aussi une conception souple. Ainsi, le juge béninois admet qu'une personne ayant acheté une parcelle de terrain pour son fils justifie d'un intérêt suffisant pour contester la légalité du permis d'habiter délivré à une autre personne sur ladite parcelle[851].

Le juge congolais s'inscrit dans le même dynamisme lorsqu'il reconnaît que l'exigence d'un recours préalable n'est que facultative et ne peut être retenu comme pouvant justifier l'irrecevabilité du recours[852]. Il en va de même du défaut de notification ou de publication qui ne peut être retenu pour déclarer une requête irrecevable[853].

Il sied de relever, toutefois, qu'il n'existe pas, dans les États d'Afrique noire francophone, de juge d'application des décisions administratives. Pour prévenir les cas de non-exécution des décisions en la matière, au Bénin, l'article 23 de la loi n°2004-20 du 17 août 2007 fixant les règles de procédure applicables devant les formations juridictionnelles de la Cour suprême, prévoit des moyens de contrainte de l'administration, notamment sous forme d'astreinte et d'amende versées au trésor public.

Il est évident que *« le juge administratif retrouve dans ce renouveau politique, institutionnel et idéologique, une position éminente sans précédent »*[854]. Il est, dorénavant, un dispositif important de protection des droits des administrés complémentaire des mécanismes non-juridictionnels.

Section 2 : Les mécanismes non juridictionnels de protection de la démocratie et de l'État de droit

L'ingénierie constitutionnelle africaine des années 1990 a permis, certes, la constitutionnalisation des principes de la démocratie libérale mais, elle a

---

[847] CS (CA) Bénin, Arrêt n° 40, du 20 septembre 2001, Lucien NAGNONHOU c/ Etat béninois.

[848] CS (CA) Bénin, Arrêt n° 25, du 24 octobre 1997, Stéphane François Djossinou AHOUANDJINOU c/ Ministère des Finances, Rec., 1997, p. 180.

[849] CS (CA) Bénin, Arrêt n° 62, du 07 octobre 1999, ARABA Houdozin c/ Préfet de l'Ouémé, Rec., 1999, p. 244.

[850] J. RIVERO, « Droit administratif », op. cit. p. 307.

[851] CS (CA) Bénin, Arrêt n° 73, du 16.11.2000, GANGBAZO Justine c/ Préfet de l'Atlantique, Rec., 2000, p. 249.

[852] Congo-Brazzaville, CS. Ch. Adm. 15 septembre 2000, NIAMANKESSI et autres.

[853] Cs ch adm 17 mai 1974 SOMETIMA.

[854] B. D. COULIBALEY, « Le juge administratif, rempart de protection des citoyens contre l'administration en Afrique noire francophone ? », op. cit. p. 5.

aussi créé les conditions d'un contrôle de l'exercice du pouvoir politique par des mécanismes non juridictionnels aussi bien institutionnels que non institutionnels. L'importance d'un tel contrôle se situe naturellement dans la nécessité de préserver la démocratie et l'État de droit contre des pratiques contraires à la constitution, aux lois et aux règlements en vigueur. L'exercice de ce contrôle est confié à des acteurs institutionnels et aux citoyens, suivant des mécanismes différents. On relève, dans ce sens, les contre-pouvoirs structurés (paragraphe 1) et les moyens constitutionnels de défense de la démocratie et de l'État de droit par le peuple (paragraphe 2).

Paragraphe 1 : L'émancipation des contre-pouvoirs

La nécessité de garantir les acquis du renouveau démocratique a favorisé, au sein de la quasi-totalité des États d'Afrique noire francophone, l'essor des autorités administratives indépendantes (A) et la structuration des organisations non Gouvernementales (B).

A- Les autorités administratives indépendantes

Le développement des autorités administratives indépendantes en Afrique noire francophone a été particulièrement perceptible avec les premières constitutions de l'ère du renouveau démocratique. On a, en effet, remarqué la volonté des constituants de confier certaines tâches, habituellement exercées par le pouvoir exécutif, à des institutions indépendantes créées en dehors de l'administration et sans relation hiérarchique avec elle. Cette consécration institutionnelle a marqué le point de départ d'un nouveau cadre institutionnel (2) caractérisé par une variété des missions en vue d'encadrer efficacement et durablement le pouvoir[855] (1).

1- La variété des organes et des missions

L'émergence des autorités administratives indépendantes dans le système institutionnel des États d'Afrique noire francophone correspond, à bien des égards, à l'évolution du système administratif français où la dynamique de confier des missions sensibles à des personnes publiques, autres que l'État central, est nettement observée[856].

---

[855] J. du Bois de GAUDUSSON, « Quel statut constitutionnel pour le chef d'Etat en Afrique », op. cit. p. 26.

[856] En France, on citera par exemple :

- La Commission nationale de l'information et des libertés créée par la loi du 6 janvier 1978 ;
- La Commission d'accès aux documents administratifs créée par le décret du 6 décembre 1978 ;
- Le Conseil supérieur de l'audiovisuel créé par la loi du 17 janvier 1989 ;

En Afrique noire francophone, les autorités administratives indépendantes se distinguent par leurs attributions et leurs domaines d'interventions. On peut ainsi distinguer, sans que l'énumération soit exhaustive : les organes de régulation du secteur de la communication et des élections, le Médiateur de la République, le Conseil économique et social, le Conseil de l'informatique et des libertés et la Commission nationale des droits de l'Homme.
Dans le domaine de la régulation de la communication, les autorités administratives indépendantes contribuent à l'affirmation du pluralisme et disposent d'un vrai pouvoir de décision à l'égard des médias. Presque partout, ils sont des piliers indispensables à l'expression de la démocratie par leur pouvoir qui consiste à assurer, entre autres, l'équité dans l'accès aux médias des partis politiques, des syndicats et des associations. Au Congo-Brazzaville, la régulation du secteur de l'audiovisuel est assurée par le Conseil supérieur de la liberté de communication, prévue par les constitutions du 20 janvier 2002 et du 25 octobre 2015 dont l'organisation et le fonctionnement sont fixés par la loi organique n°4-2003 du 18 janvier 2003 relative au Conseil supérieur de la liberté de communication. Conformément à l'article 7 de cette loi, ce Conseil décide de l'attribution et du retrait des fréquences radio et télévision, de l'attribution et du retrait de la carte d'identité professionnelle, de l'arrêt d'un programme audiovisuel ou d'une publication non conforme aux dispositions du cahier de charges. Enfin, il peut réprimer les comportements contraires aux textes régissant le secteur de l'audiovisuel.
Au Bénin, l'article 142 de la constitution dispose que *« la Haute autorité de l'audiovisuelle et de la communication a pour mission de garantir et d'assurer la liberté et la protection de la presse ainsi que tous les moyens de communication de masse dans le respect de la loi »*. La loi organique du 21 août 1992 donne à cet organe trois missions essentielles : garantir et assurer la liberté et la protection de la presse ainsi que tous les moyens de communication de masse, veiller au respect de la déontologie dans le domaine de l'information et à l'accès équitable des partis politiques, des associations et des citoyens aux moyens officiels d'information et de communication et garantir l'utilisation équitable et appropriée des organismes publics et de communication audiovisuelle par les institutions de la République et d'assurer, le cas échéant, les arbitrages nécessaires.
Au Sénégal, la régulation du secteur de l'audiovisuel a connu, depuis 1991, trois organes: le Conseil de la radiotélévision créé en 1991, le Haut conseil de l'audiovisuel créé en 1998 et le Conseil national de régulation de

- La Commission des opérations de bourse créée par la loi du 2 août 1989 ;
- Le Conseil de la concurrence créé par l'ordonnance du 1er décembre 1986 ;
- La Commission pour la transparence financière de la vie politique créée par la loi du 11 mars 1988 ;
- Le Comité national d'évaluation des établissements à caractère scientifique, culturel et professionnel créé par les décrets du 21 février 1985 et du 7 décembre 1988.

l'audiovisuel. La loi n°2006-04 du 4 janvier 2006 portant création du Conseil national de régulation de l'audiovisuel fixe, à son article 1er, les missions de cet organe qui consistent à assurer le contrôle de l'application de la réglementation sur l'audiovisuel et de veiller au respect des dispositions légales, des cahiers de charges et conventions régissant le secteur.
Dans le domaine des élections, les législateurs béninois, sénégalais et congolais ont créé des organes indépendants chargés d'assurer la transparence et la sincérité des élections en vue *« d'une part, d'instaurer une tradition d'indépendance et d'impartialité [...] et, d'autre part, de gagner la confiance des électeurs, des partis et mouvements politiques »*[857].
Au Bénin, la préparation, l'organisation, le déroulement, la supervision des opérations de vote et de la centralisation des résultats sont assurés par la Commission électorale nationale autonome, actuellement, régie par la loi n°2013-06 du 25 novembre 2013 portant code électoral en République du Bénin qui abroge la loi n°2010-33 du 7 janvier 2011 portant règles générales pour les élections en République du Bénin, modifiée et complétée, qui avait, elle aussi, été abrogée par la loi n° 94-013 du 17 janvier 1994 portant règles générales sur l'élection du Président de la République et des membres de l'Assemblée nationale.
Au Sénégal, la loi n°97-15 du 8 septembre 1997 modifiant le code électoral avait créé une structure indépendante chargée de la supervision et du contrôle des opérations électorales et référendaires dénommée Observatoire national des élections (ONEL). Actuellement, la supervision et le contrôle des élections sont assurés par la Commission électorale nationale autonome créée par la loi n°2005-07 du 11 mai 2005.
Au Congo-Brazzaville, au sortir de la Conférence nationale et avant la tenue des premières élections de l'ère du renouveau démocratique, le Parlement de transition avait adopté la loi n°1-92 du 21 janvier 1992 portant code électoral. Cette loi a été abrogée et remplacée par la loi n°9-2001 du 10 décembre 2001 portant loi électorale, modifiée et complétée par les lois n° 5-2007 du 25 mai 2007, 9-2012 du 23 mai 2012 et 40-2014 du 1er septembre 2014. Cette loi crée la Commission nationale d'organisation des élections qui a pour mission de garantir l'impartialité, la transparence et la régularité des élections.
Dans la plupart des constitutions des États d'Afrique noire francophone, les constituants ou les législateurs ont institué le Médiateur de la République. Ils lui ont confié le pouvoir de faire des recommandations et des propositions dans le sens d'une amélioration des rapports entre l'administration et les particuliers. Selon Mamadou SALL, le Médiateur remplit une mission à trois niveaux : il assure, en premier lieu, un dialogue permanent entre l'administration et les administrés afin de rompre la rigidité ou l'inertie des

---

[857] Extrait de la décision du Conseil constitutionnel béninois n° DCC 34-94 du 23 décembre 1994.

structures et organes administratifs, il contribue, en deuxième lieu, au règlement judicieux des litiges liés au mauvais fonctionnement de l'administration. Il joue, en troisième lieu, un rôle de prévention par ses propositions en vue d'améliorer les règles de procédure régissant les services publics[858].

Au Bénin, c'est la loi n°2009-22 du 11 août 2009 qui institue le Médiateur de la République. L'article 1er de cette loi le définit comme un organe intercesseur gracieux entre l'administration publique et les administrés. Il est indépendant et ne reçoit d'instruction d'aucune autre autorité. Au Sénégal, pour la première fois, un Médiateur de la République a été institué par la loi n°91-14 du 11 février 1991. Cette loi a été abrogée et remplacée par la loi n°99-04 du 29 janvier 1999. Au Congo-Brazzaville, le Médiateur de la République a été institué par la constitution du 20 janvier 2002 et la loi n°9-98 du 31 octobre 1998 portant institution, attributions et fonctionnement du Médiateur. La mission du Médiateur dans les trois Etats est la même: *« il facilite, en dehors de toute procédure judiciaire, le règlement amiable des différends portant sur les droits que les citoyens tiennent des textes »*[859].

Certains Etats ont institué d'autres autorités administratives indépendantes comme le Conseil économique et social au Bénin et au Congo-Brazzaville, la Commission nationale de l'informatique et des libertés au Bénin et la Commission nationale des droits de l'Homme au Congo-Brazzaville. Le Conseil économique et social, dans les deux Etats, est un organe consultatif chargé de donner des avis aux pouvoirs publics dans le domaine économique et social. La Commission nationale de l'informatique et des libertés du Bénin, créée par la loi n°2009-09 du 22 mai 2009 portant protection des données à caractère personnel en République du Bénin, assure la protection des personnes dans le domaine de l'utilisation des technologies de l'information et de la communication. La Commission nationale des droits de l'Homme, du Congo-Brazzaville, a été prévue par la constitution du 20 janvier 2002 et celle du 25 octobre 2015. Ces deux constitutions la définissent comme un organe de suivi de la promotion et de la protection des droits de l'Homme. La loi n°5-2003 du 18 janvier 2003 précise qu'elle *« est un espace de consultation, de dialogue entre les citoyens, les pouvoirs publics et la société civile »*.

2- La genèse d'un nouveau cadre institutionnel

La création concomitante des autorités administratives indépendantes, à côté d'autres mécanismes de protection de la démocratie et de l'État de droit, est

---

[858] Cité par Abdoulaye DIARRA, in « Les autorités administratives indépendantes dans les Etats francophones d'Afrique noire »,op. cit. p. 7.

[859] P. MOUDOUDOU, J. P. MARKUS, « Droit des institutions administratives congolaises », op. cit. p. 134.

l'une des réponses du constitutionnalisme africain des années 1990 aux faiblesses relevées dans le fonctionnement des administrations publiques. L'institutionnalisation de ce nouveau cadre, dans la plupart des États d'Afrique noire francophone, soit par le constituant soit par le législateur,[860] est *« surtout liée à la volonté politique de consolidation de la démocratie et de l'État de droit »*[861]. Il est, désormais, un rempart essentiel contre les abus observés sous l'ère du monopartisme, particulièrement dans les rapports entre l'administration et les administrés. En effet, *« le statut des autorités administratives indépendantes se veut une réponse à l'incapacité d'une administration classique à régler certaines questions économiquement, socialement ou même politiquement sensibles »*[862]. Avec leur essor, on assiste à la genèse d'une nouvelle catégorie de personnes morales de droit public chargée des missions de régulation avec un *pouvoir de décision*[863] qui leur donne la possibilité de modifier l'ordonnancement juridique et les situations individuelles.[864]

Leur indépendance totale à l'égard des autres institutions est un gage d'impartialité et d'efficacité car, elles ne sont ni des organes décentralisés ni des organes déconcentrés de l'État.

Elles se situent en dehors de la hiérarchie administrative traditionnelle et ne sont soumises à aucune autorité hiérarchique, ne subissent aucun contrôle de tutelle et ne reçoivent d'instruction d'aucune autre autorité. L'autorité de ces organes serait liée, selon Marie José GUEDON, *« à leur situation spécifique dans l'appareil d'État et à leur pouvoir qui est autant de persuasion que de contrainte »*[865].

En effet, le contexte du multipartisme et l'option pour une meilleure protection des citoyens par la limitation du pouvoir nécessitaient une évolution du cadre juridique par la remise en cause des pratiques du monopartisme dont le trait caractéristique et dominant était l'omnipotence du pouvoir exécutif incarné par le Président de la République. Cette période n'était pas favorable à l'expression d'une concurrence politique saine et au respect effectif des droits et libertés fondamentaux, particulièrement, par l'administration car, très souvent, le système politique et le système

---

[860] A. DIARRA, « Les autorités administratives indépendantes dans les Etats francophones d'Afrique noire », op. cit. p. 9.

[861] Abdoulaye DIARRA, « Les autorités administratives indépendantes dans les Etats francophones d'Afrique noire, le cas du Mali, du Sénégal et du Bénin », Afrilex, 2000/00, p. 5.

[862] P. MOUDOUDOU et J. P. MARKUS, « Droit des institutions administratives congolaises », op. cit. pp. 125-126.

[863] Certaines autorités administratives indépendantes ne disposent pas de pouvoir de décision et n'émettent que des avis et recommandations. C'est le cas, notamment, du Médiateur de la République au Bénin, au Sénégal et au Congo-Brazzaville.

[864] Jacques CHEVALIER, cité par M. J. GUEDON, *Les autorités administratives indépendantes*, Paris, LGDJ, 1991, p. 50.

[865] M. J. GUEDON, *Les autorités administratives indépendantes*, Paris, LGDJ, 1991, p. 52.

administratif s'identifiaient[866]. À titre illustratif, sur le plan politique, le principe de la pluralité des candidatures aux élections n'était guère envisageable, puisque le système de parti unique ne tôlerait pas, dans son fondement, la concurrence politique. C'est, notamment, la situation des États comme le Bénin et le Congo-Brazzaville où *« le mythe de la démocratie unanimiste »*[867] était à l'honneur. Au Sénégal, en dépit de la reconnaissance du multipartisme, l'organisation des élections par une administration dominée par le parti socialiste ne garantissait pas une concurrence loyale. Sur le plan économique, on ne pouvait garantir une concurrence saine dans les secteurs où l'État était opérateur. De même, dans les rapports entre administration et particulier, ce dernier ne pouvait espérer contester une décision irrégulière d'un organe administratif en dehors des instances juridictionnelles.

Il en ressort qu'avec la promotion des autorités administratives indépendantes, *« le législateur vise à réduire l'emprise de l'État sur des secteurs sensibles de la vie politique »*[868]. La certitude en est que la consécration de la démocratie libérale, avec pour corollaire les principes de la démocratie pluraliste et des droits et libertés fondamentaux inhérents à l'homme, ouvrait la page d'un nouveau cadre juridique pour lequel des garanties de sauvegarde étaient indispensables. Cette réalité recommande inévitablement une *« redéfinition des rapports entre administration et administrés par la création d'organes de régulation et de contrôle »*[869]. Comme le souligne Gérard CONAC, *« la mise en place d'organismes indépendants de régulation, commission électorale, haute autorité de l'audiovisuel, garantissent un minimum d'impartialité dans le fonctionnement des institutions politiques »*[870]. Dans le même ordre d'idées, Placide MOUDOUDOU, évoquant les constitutions congolaises de l'ère du renouveau démocratique, relève, à juste titre, que *« l'autre trait dominant des trois constitutions congolaises qui rejoignent leurs sœurs africaines est la garantie du pluralisme politique et social, symbolisée par la multiplication des autorités autonomes de régulation de la concurrence »*[871].

---

[866] G. CONAC, « Le développement administratif des Etats d'Afrique francophone », in G. CONAC (dir), *Les institutions administratives des Etats francophones d'Afrique noire, la vie du droit en Afrique*, Paris, Economica, 1979, p. VII.

[867] J. du Bois de GAUDUSSON, cité par Abdoulaye Diarra, in « Les autorités administratives indépendantes dans les Etats francophones d'Afrique noire », op. cit. p. 9.

[868] A. DIARRA, « Les autorités administratives indépendantes dans les Etats francophones d'Afrique noire », op. cit. p. 7.

[869] A. DIARRA, « Les autorités administratives indépendantes dans les Etats francophones d'Afrique noire », op. cit. p. 2.

[870] Gérard CONAC, « Quelques réflexions sur le nouveau constitutionnalisme africain », *Symposium international de BAMAKO*, p. 32.

[871] P. MOUDOUDOU, « La constitution en Afrique », op. cit. p. 71.

À tout considérer, les autorités administratives indépendantes *semblent être l'un des moyens les plus efficaces pour protéger les libertés et les droits des citoyens »,* à travers une variété d'organes et de missions.

En toute évidence, les autorités administratives indépendantes sont indispensables à l'ancrage de la démocratie et de l'État de droit. Elles *« contribuent tout autant à l'élaboration du droit que les autorités administratives classiques, par des moyens qui ne sont pas nécessairement des moyens classiques de la contrainte et de l'injonction mais qui souvent n'en sont pas moins efficaces : information, investigation, proposition et recommandation*[872] *».* Les mécanismes non juridictionnels de protection de la démocratie et de l'État de droit font intervenir également les organisations non Gouvernementales.

B- Les organisations non gouvernementales

L'essor des organisations non Gouvernementales est consubstantiel au renouveau démocratique, à partir de 1990. Cette période a connu l'*« irruption de la société civile et, plus particulièrement du peuple, sur la scène du pouvoir* [873] *»* et a vu se développer une nouvelle forme de citoyenneté (1) caractérisée par la diversification des moyens d'intervention (2).

1- L'émergence d'une nouvelle forme de citoyenneté

L'émergence de la société civile en Afrique noire francophone se situe autour de la fin des années 1980. Le dirigisme d'État mis en œuvre par les théories socialistes était, en effet, très hostile à l'idée d'une expression populaire en dehors de l'appareil du parti unique. Les structures syndicales, affiliées à l'appareil du parti, étaient de type monolithique et vouées à porter la dictature du prolétariat conçue comme ultime moyen de combattre le capitalisme présenté comme moyen d'exploitation du peuple. La lutte pour l'accession à la démocratie pluraliste et pour la protection et la promotion des droits et libertés fondamentaux a favorisé une forme particulière d'expression des citoyens regroupés autour des églises ou des mouvements clandestins suscités par des affinités particulières. Ces organisations ont joué un rôle déterminant dans l'ouverture au pluralisme, tous azimuts, en partant de la revendication pour la liberté de création des associations sur la base de la loi française de 1901. C'est de ces mouvements que date la reconnaissance par les États du pluralisme syndical, des associations confessionnelles et

---

[872] G. TIMSIT, in « Les autorités administratives indépendantes », in C.A. COLLIARD et G. TIMSIT (dir.), *Les voies du droit*, Paris, PUF, 1998, p. 316.

[873] M. KAMTO, « Les Conférences nationales africaines ou la création révolutionnaire des constitutions », in D. DARBON et J. du Bois de GAUDUSSON (dir.), *La création du droit en Afrique*, Paris, Karthala, 1997, p. 9.

professionnelles. Dans la plupart des États, ces organisations de la société civile ont sinon relayé certains messages de l'opposition du moins fait cause commune avec celle-ci dans la revendication de certaines décisions. Il en va ainsi de la revendication des conférences nationales au Bénin et au Congo-Brazzaville autour des années 1990. Il en va de même de la société civile sénégalaise qui s'est jointe à l'opposition pour revendiquer le multipartisme intégral et de meilleures conditions d'organisation des élections en 1991. Ainsi, le début des années 1990 voit s'affirmer non seulement le multipartisme et les autres vecteurs de l'État de droit et de la démocratie mais aussi un élan dynamique et novateur [874] en faveur d'une vie associative. Cette situation a occasionné le foisonnement impressionnant du nombre d'associations professionnelles (médecins, journalistes, chercheurs, économistes, avocats...), sportives et culturelles, de jeunesse, des femmes, des élus locaux, des personnes handicapées ainsi qu'un nombre important d'organisations non gouvernementales de développement. La société civile africaine s'est enrichie, également, avec l'implantation des sections locales de certaines organisations non Gouvernementales de portée internationale comme *Amnesty international* qui se veut un mouvement impartial d'interventions directes pour la défense des droits de l'Homme[875].

Ce mouvement pour une organisation de la société civile a été, d'ailleurs, entretenu par des institutions internationales qui développaient une coopération avec ces associations et participaient à leurs financements. Depuis 1990, par exemple, la Banque mondiale avait, à travers son comité consultatif pour les ONG, mis l'accent sur la bonne gouvernance en encourageant la transparence, la responsabilité, l'efficacité et l'honnêteté, particulièrement, envers les pays en développement[876]. Depuis cette période, on assiste à *« un nouvel intérêt pour l'inclusion de la société civile dans la conception des politiques publiques »*[877].

Dans la majorité des cas, aujourd'hui, les constitutions et les lois prévoient la prise en compte des représentants de la société civile dans la composition des instances constitutionnelles. Elles accompagnent les États dans la mise en œuvre des politiques publiques. Elles interviennent dans de multiples secteurs qui constituent des attentes des populations: santé, éducation,

---

874 L. GANKAMA, « Le mouvement associatif des droits de l'Homme au Congo », in Joseph GAMANDZORI (dir), *Congo-Brazzaville : Etat et société civile en situation post-conflit*, Paris, l'Harmattan, 2009, p.42.

875 Amnesty international a pour objectifs, entre autres, d'obtenir la libération des prisonniers d'opinion, d'obtenir un procès juste et équitable pour les prisonniers d'opinion et les prisonniers politiques, d'œuvrer pour l'abolition de la torture et la peine de mort pour tous.

876 R. SANCHEZ-SALGADO, *Comment l'Europe construit la société civile*, Paris, Dalloz, 2007, p.164.

877 R. SANCHEZ-SALGADO, « Comment l'Europe construit la société civile », op. cit. p.168.

promotion des femmes, environnement, droits de l'Homme, démocratie, développement, études, recherche, jeunesse.
Les organisations de la société civile agissent, dans le cadre de leurs activités, à la fois comme des alarmes et des groupes de pression. Elles favorisent, dans ce sens, la constitution d'une opinion indépendante sur la violation de certains droits, voire de certains manquements des États à leurs obligations. Elles suscitent par, leurs manifestations, la prise en compte par les pouvoirs publics de leurs revendications.
La particularité de la société civile, dans les Etats d'Afrique noire francophone, tient également au fait qu'elle réunit un personnel provenant des horizons divers, acquis à la promotion des valeurs d'un État de droit : organisations et personnalités indépendantes des secteurs publics et privés, clergé, professeurs d'université, étudiants…
La société civile africaine *« porte intrinsèquement et fondamentalement la marque de la démocratie contemporaine, où se pose crucialement l'exigence de la participation effective des citoyens, par l'expression réelle de leurs opinions, de leurs choix par l'exercice du contrôle et de la vigilance des citoyens sur l'action publique »*[878]. En effet, comme on peut le constater, l'engagement citoyen à travers le réseau associatif, à la faveur du renouveau démocratique, vise à *« animer l'espace public constitutif de la démocratie moderne, c'est-à-dire cette capacité à élaborer ensemble une forme de lien social, librement assumé »*[879]. L'accomplissement de cette ambition est suffisamment justifié par la variété des moyens d'intervention dont dispose la société civile africaine.

2- La multiplication des moyens d'intervention

Les moyens d'intervention mis en exergue par la société civile sont variés et sont orientés dans l'ensemble, par la nature des revendications et les objectifs recherchés. De manière générale, les organisations de la société civile ont le devoir de veiller à l'accomplissement, sans entrave, des droits et libertés par leurs destinataires.
Ce qui appelle, de la part des acteurs de la société civile, un devoir de surveillance permanent à l'endroit des fossoyeurs des droits fondamentaux. Ils ont, également, l'obligation d'agir, dès lors que la menace de violation d'un droit quelconque est perceptible.
Les organisations de la société civile s'acquittent de leurs missions par divers moyens. On peut énumérer, sans prétendre à l'exhaustivité, la

---

[878] L. GANKAMA, « Le mouvement associatif des droits de l'Homme au Congo », in Joseph GAMANDZORI (dir), *Brazzaville : Etat et société civile en situation post-conflit*, Paris, l'Harmattan, 2009, p. 44.
[879] LAVILLE J. L. 2000, « De nouvelles formes de citoyenneté », interview in *Label France*, avril , n°39, pp. 22-23, cité par Laurent GANKAMA, « Le mouvement associatif des droits de l'Homme au Congo », op. cit. p. 45.

sensibilisation, l'organisation des manifestations, l'établissement des rapports et communications, la saisine de certains organes compétents sur le plan interne ou international, l'assistance aux victimes, le plaidoyer auprès des pouvoirs publics, l'observation des élections.

La société civile africaine est très efficace en matière de sensibilisation, d'information, de communication sur les droits et libertés, à l'endroit des populations bénéficiaires, conformément aux lois nationales et aux instruments internationaux dûment ratifiés par les États. Elle s'appuie, dans ce sens, sur l'organisation des campagnes de sensibilisation sous forme d'ateliers, de conférences-débats, la participation aux émissions radiotélévisées, l'organisation des activités liées à la célébration des journées commémoratives (journées de lutte contre le VIH, des personnes vivant avec handicap, des réfugiés, lutte contre la torture...) et des activités thématiques programmées sous l'égide des Nations Unies (violences faites aux femmes, condamnation du travail des enfants...)

La société civile est, également, dynamique dans l'assistance aux victimes de certaines violations des droits de l'Homme. Son activisme s'exprime par ses orientations et interventions auprès des pouvoirs publics par des plaidoyers pour faire observer la violation d'un droit dans le cas des arrestations ou détentions irrégulières, par exemple.

En outre, sur les plans interne et international, les organisations de la société civile sont habilitées, sous certaines conditions[880], à saisir les instances de protection et de promotion des droits et libertés fondamentaux. C'est le cas, notamment, du recours pour excès de pouvoir et du recours de plein contentieux en droit interne. Sur le plan externe, la société civile contribue à une intéressante action de dénonciation des cas de violation des droits de l'Homme auprès de certaines instances régionale et internationale. On peut, dans ce sens, évoquer la saisine de la Commission africaine des droits de l'Homme et des peuples et la Cour africaine des droits de l'Homme et des peuples.

Par ailleurs, la société civile participe à l'observation des élections aux fins de contribuer à la tenue des scrutins libres, transparents et sincères. Depuis 1990, en effet, l'engagement de la société civile est très remarqué dans la revendication d'élections libres et transparentes dans les États d'Afrique noire francophone.[881]

Enfin, les manifestations représentent la forme utilisée par la société civile en Afrique noire francophone pour obtenir certaines décisions des pouvoirs publics.

---

[880] Voir nos développements sur la saisine de la commission africaine des droits de l'Homme et des peuples.

[881] D.F. MELEDGE, « Fraudes électorales et constitutionnalisme en Afrique », cité par Meissa DIAKHATE, *L'émergence du droit électoral dans les Etats de l'Afrique subsaharienne francophone. Les cas du Bénin, du Mali et du Sénégal*, Thèse, UCAD, 2012, p. 371.

L'essor de la société civile au sein des Etats d'Afrique noire francophone renforce la dynamique de protection de la démocratie et de l'État de droit que certains Etats ont, également, garantie par la constitutionnalisation d'autres moyens à la disposition des citoyens.

Paragraphe 2 : La constitutionnalisation d'autres moyens de défense de la démocratie et de l'État de droit

Tenant compte de leur passé politique, marqué particulièrement par la fréquence des coups d'État et les atteintes aux droits et libertés fondamentaux[882], les constituants béninois et congolais ont fait le choix de confier la défense de la démocratie et l'État de droit et, partant, la garde de la constitution *« à la vigilance des pères de famille, aux épouses, aux mères, à l'affection des jeunes citoyens et au courage de tous »*[883]. Pour ce faire, ils recommandent expressément *« le droit du citoyen d'adopter volontairement la condition de hors-la-loi »*[884], notamment par la désobéissance civile lorsque l'ordre reçu porte atteinte aux droits de l'Homme (A) et la résistance aux changements anticonstitutionnels en cas de renversement du régime démocratique (B).

A- La désobéissance aux ordres portant atteinte aux droits de l'Homme

C'est avec les premières constitutions issues des conférences nationales qu'on a connu la consécration de la désobéissance civile comme moyen de protection de la démocratie et de l'État de droit (1). Cette innovation a créé, désormais, un moyen originel de protection des droits et libertés fondamentaux à la disposition des citoyens (2).

1- L'innovation de la constitution béninoise de 1991 et des constitutions congolaises de 1992 et 2002

Lorsqu'on remonte l'histoire politique de certaines nations occidentales, il semble bien que le mécanisme de la désobéissance civile a existé par le passé. En France, par exemple, l'article 2 de la Déclaration des droits de l'Homme et du citoyen stipulait que *« la résistance à l'oppression fait partie des droits naturels et imprescriptibles de l'homme ».* Sur les fondements de cette conception, la constitution française de 1793 prévoyait à son article 35

---

[882] Les deux Etats ont connu chacun au moins cinq constitutions entre 1960 et 1980, des coups d'État et des violations des droits de l'Homme surtout à l'égard des opposants.

[883] Article 8 de la constitution française du 3 septembre 1791.

[884] H. SPENCER, *Le droit d'ignorer l'Etat (1850)*, trad. Ed. Les belles lettres, coll., iconoclastes, 1993, p.15.

que *« quand le Gouvernement viole les droits du peuple, l'insurrection est pour le peuple et pour chaque portion du peuple, le plus sacré des droits et le plus indispensable devoir ».*

En Afrique noire francophone, la désobéissance est prévue par les constitutions du Bénin de 1991 et du Congo-Brazzaville de 1992 et de 2002. Le Sénégal ne s'y réfère pas. On peut comprendre l'attitude des trois États par leur passé politique. En effet, le Bénin et le Congo-Brazzaville ont connu une *« évolution constitutionnelle et politique mouvementée depuis [leur] accession à l'indépendance »*[885].

Au Bénin, l'article 19 de la constitution du 11 décembre 1990 dispose: *« Tout individu, tout agent de l'État est délié du devoir d'obéissance, lorsque l'ordre reçu constitue une atteinte grave et manifeste au respect des droits de l'Homme et des libertés publiques ».*

Au Congo-Brazzaville, les constituants de 1992 et de 2002 sont restés constants sur l'idée d'une protection des droits et libertés fondamentaux par la désobéissance civile. L'article 17 de la constitution congolaise du 15 mars 1992 dispose, dans ce sens: « *Tout citoyen peut s'opposer à l'exécution d'un ordre reçu lorsque celui-ci porte atteinte aux droits et libertés contenus dans la présente constitution. »* L'article 10 de la constitution du 20 janvier 2002, quant à lui, indique que *« tout citoyen, tout agent de l'État, est délié du devoir d'obéissance lorsque l'ordre reçu constitue une atteinte manifeste au respect des droits humains et des libertés publiques. L'ordre d'un supérieur ou d'une quelconque autorité ne saurait, en aucun cas, être invoqué pour justifier ces pratiques ».* La constitution congolaise du 25 octobre 2015 ne prévoit pas ces dispositions. Toutefois, elle condamne dans le préambule *« le coup d'Etat, l'exercice tyrannique du pouvoir et l'usage de la violence politique, sous toutes ses formes comme moyens d'accession au pouvoir ou de sa conservation ».*

Dans la réalité, en voulant rompre avec leur passé[886], le Bénin et le Congo-Brazzaville (constitutions de 1992 et de 2002) ont institué, pour le peuple, un *« droit de refuser fidélité et obéissance et de résister à un Gouvernement dont la tyrannie ou l'inefficacité est insupportable «* [887]. Le préambule de la constitution béninoise du 11 décembre 1990 proscrit tout régime politique fondé sur « *l'arbitraire, la dictature, l'injustice, la corruption, la concussion, le régionalisme, le népotisme, la confiscation du pouvoir et le pouvoir personnel* ». Cette disposition avait été prévue par les préambules des constitutions congolaises du 15 mars 1992 et du 20 janvier 2002. Elle constitue, à n'en point douter, un moyen ouvert aux citoyens pour protéger, par eux-mêmes, les droits de l'Homme.

---

[885] Voir préambule de la constitution du 11 décembre 1990.

[886] Refus par un Président élu d'organiser les élections à la fin de son mandat par exemple.

[887] H. D. THOREAU, La désobéissance civile (1848) trad. Typo, coll. Essai, Québec, 1994, p. 24.

2- Un moyen originel de protection des droits de l'Homme ouvert aux citoyens

En réalité, en instituant la désobéissance civile comme moyen de protection des droits et libertés fondamentaux, les constituants béninois et congolais de 1992 et 2002 innovent sur le plan des garanties constitutionnelles en Afrique. C'est la survivance du principe de la désobéissance à l'oppression consacré par la déclaration d'indépendance des USA de 1776 et la déclaration française des droits de l'Homme et du citoyen de 1789 précité[888]. Comme on le sait, les moyens classiques de protection et de promotion des droits et libertés fondamentaux sont institutionnels. La protection et la promotion recherchées pour les droits et les libertés fondamentaux sont réalisées soit par les juridictions soit par les organes mis en place dans le cadre des conventions régionales et internationales soit encore par des institutions nationales.

Avec cette consécration, sur le plan juridique, le principe administratif de l'obéissance préalable aux actes administratifs avant tout recours connaît une limite importante. Il appartient, dorénavant, aux citoyens d'apprécier la régularité des actes administratifs en vue de la protection des droits et libertés fondamentaux. Cette appréciation de la conformité de l'acte n'est pas objective, mais subjective. En effet, c'est désormais le citoyen, suivant son intime conviction, qui est juge de la constitutionnalité des ordres reçus, d'un supérieur hiérarchique ou d'une autorité, *« dès lors qu'ils sont relatifs aux droits et libertés. C'est dans sa conscience que doit se résoudre le débat relatif à la constitutionnalisation de l'ordre reçu »*[889]. Quant à la portée de son contrôle, la constitution lui reconnaît le privilège de ne pas exécuter la décision lorsqu'il lui revient que celle-ci est contraire aux droits et libertés proclamés par les normes constitutionnelles et législatives.

Il faut, toutefois, observer que les constituants béninois et congolais ne donnent pas de détails sur les moyens d'exercice du droit à la désobéissance civile. Ainsi, on peut supposer que l'exercice du droit de désobéissance civile peut se faire à titre individuel ou collectif. Lorsque l'acte qui viole prétendument les droits et libertés est de nature individuelle, il va de soi que le destinataire seul est tenu de ne pas l'exécuter. Dans ce cas, la situation créée par l'inexécution de cet ordre se situe entre deux acteurs et a peu de chance d'être connue de l'ensemble de la société. Tout se passe comme si la violation envisagée n'a pu avoir lieu. Par contre, lorsqu'il s'agit d'un acte collectif, l'option pour la désobéissance civile impliquera plusieurs personnes et prendra, sans doute, l'effet d'une contestation importante. De ce fait, on peut se rendre à l'évidence que la désobéissance civile, entreprise par

[888] B. BOUMAKANI, « La protection des droits et libertés au Congo », op. cit. p. 181.
[889] B. BOMAKANI, « La protection des droits et libertés au Congo », op. cit. p. 180.

une catégorie de citoyens, attirera mieux l'attention des pouvoirs publics et de l'opinion.

En l'absence de toute précision sur les moyens à envisager pour la désobéissance civile, il est, toutefois, à craindre que le recours à la violence soit l'option idoine car, *« la force et la justice ne sont point des notions de même ordre, et aucun lien ne peut être nécessairement établi entre elles*[890] *»*

La reconnaissance du droit de résistance à l'oppression s'inscrit dans une logique d'interpellation des gouvernants sur l'observation des principes qui organisent l'État de droit, notamment le respect sans réserve des droits de l'Homme[891]. L'instauration de la résistance aux changements anticonstitutionnels participe, également, à la réalisation de cet objectif essentiel à l'approfondissement de la démocratie et de l'État de droit.

B- L'instauration de la résistance aux changements anticonstitutionnels

L'affirmation des mécanismes d'accès au pouvoir et des moyens de son exercice constitue l'une des conquêtes les plus importantes du renouveau constitutionnel africain du début des années 1990. Aussi, au-delà des règles fixant l'organisation d'une compétition saine pour le pouvoir, certains constituants se sont employés à affirmer le principe de la résistance des citoyens aux changements anticonstitutionnels[892] **(1)** et fait de ce mécanisme, tout à la fois, un droit et un devoir citoyen **(2)**.

1- L'affirmation du principe de la résistance aux changements anticonstitutionnels

L'affirmation du principe de la résistance contre les changements anticonstitutionnels est une innovation dans le nouveau constitutionnalisme africain. Les Etats qui l'ont consacré entendent préserver les régimes régulièrement élus contre toute interruption du processus de démocratisation.

Le constituant béninois est formel dans ce sens. Il commence par annoncer à l'article 65 que *« toute tentative de renversement du régime constitutionnel par les personnels des forces armées ou de sécurité publique sera considérée comme une forfaiture et un crime contre la nation et l'Etat et sera sanctionnée conformément à la loi ».*

Au Congo-Brazzaville, le préambule de la constitution du 20 janvier 2002 ainsi que celui de la constitution du 25 octobre 2015 condamnent en, des termes généraux, *« le coup d'État, l'exercice tyrannique du pouvoir et*

---

[890] C.A. COLLIARD, *Libertés publiques*, Paris, Dalloz (précis), 1989, p. 195.

[891] G. KOUBI, www.koubi.fr.

[892] B. BOUMAKANI, « La protection des droits et libertés au Congo », op. cit. p. 181.

l'usage de la violence politique, sous toutes ses formes, comme moyens d'accession au pouvoir ou de sa conservation ».

Sur le principe, les dispositions prises par les constitutions des États s'accommodent aux dispositions de la Charte africaine sur la bonne gouvernance, la transparence et les élections adoptée par la huitième session ordinaire de la Conférence des chefs d'État et de Gouvernement tenue le 30 juin 2007 à Addis-Abeba en Éthiopie. Cette Charte définit ce qu'elle entend par changement anticonstitutionnel, notamment, tout putsch ou coup d'État contre un Gouvernement élu, toute intervention de mercenaires pour renverser un Gouvernement démocratiquement élu, toute intervention des groupes dissidents armés ou des mouvements rebelles pour renverser un Gouvernement démocratiquement élu, tout refus par un Gouvernement en place de remettre le pouvoir au candidat élu vainqueur à l'issue d'élections libres, justes et régulières, tout amendement ou toute révision des constitutions ou des instruments juridiques qui portent atteinte aux principes de l'alternance démocratique[893]. Elle prévoit des sanctions contre les changements anticonstitutionnels en cas d'échec de la voie diplomatique en excluant, par exemple, l'État concerné des activités de l'Organisation avec effet immédiat[894]. Ce fut le cas, notamment, après le coup d'État de Moussa Dadis CAMARA, le 23 décembre 2008 en Guinée. Les auteurs du changement anticonstitutionnel sont, à leur tour, privés de certains droits comme la participation aux élections, l'occupation des postes de responsabilité[895]. Ils peuvent être transférés devant les instances de l'Union pour l'application des peines[896]. Les autres États membres sont fondés à les juger dans le cas où ils trouvent asile sur leur territoire. Sur le plan économique, la Conférence des chefs d'État et de Gouvernement peut prononcer des sanctions contre l'État concerné[897]. Sur le plan diplomatique, les États sont tenus de ne pas recevoir ni d'accorder asile aux auteurs des changements anticonstitutionnels. Il est prévu, également, des sanctions contre l'Etat qui a soutenu ou fomenté les changements anticonstitutionnels. Le Bénin, le Sénégal et le Congo-Brazzaville ont signé cette convention. Mais bon nombre d'États africains ne l'ont pas encore ratifiée dont le Sénégal et le Congo-Brazzaville.

En définitive, si les constituants béninois et congolais ont eu le mérite de constitutionnaliser le principe de la résistance aux changements anticonstitutionnels, il faut, par contre, reconnaître qu'ils n'en dégagent pas de définition précise et des moyens indiqués pour l'exercice d'une telle

[893] Article 23 de la charte africaine de la démocratie, des élections et de la gouvernance.
[894] Article 25.1 de la Charte africaine de la démocratie, des élections et de la gouvernance.
[895] Article 25.4 de la Charte africaine de la démocratie, des élections et de la gouvernance.
[896] Article 25.5 de la Charte africaine de la démocratie, des élections et de la gouvernance.
[897] Article 25 de la Charte africaine de la démocratie, des élections et de la gouvernance.

disposition. Il s'agit, dans ces conditions, d'une obligation de résultats qui s'impose aux citoyens comme un droit et un devoir.

2- Un droit et un devoir citoyen

La constitutionnalisation de la résistance aux changements anticonstitutionnels s'accompagne d'une remarquable ambivalence. Il s'agit, pour le citoyen, de jouir d'un droit et d'accomplir un devoir.

Le préambule de la constitution congolaise du 15 mars 1992 institue *« le droit et l'obligation de tout citoyen de résister par la désobéissance civile, à défaut de tout autre recours, à quiconque entreprendrait de renverser le régime constitutionnel, de prendre le pouvoir par un coup d'État ou de l'exercer de manière tyrannique »*.

Le préambule de la constitution du 20 janvier 2002 prescrit que *« le renversement du régime constitutionnel, la prise du pouvoir par un coup d'État, l'exercice du pouvoir de manière tyrannique sont les trois situations qui confèrent à tout citoyen le droit et l'obligation de résister par la désobéissance civile à défaut d'autres recours »*[898].

Au Bénin, l'article 66 précise qu'en *« cas de coup d'État, de putsch, d'agression par des mercenaires ou de coup de force quelconque, tout membre d'un organe constitutionnel a le droit et le devoir de faire appel à tous les moyens pour rétablir la légitimité constitutionnelle, y compris le recours aux accords de coopération militaire ou de défense existants. Dans ces circonstances, pour tout Béninois, désobéir et s'organiser pour faire échec à l'autorité illégitime constituent le plus sacré des droits et le plus impératif des devoirs »*.

Ce principe fait peser sur le citoyen, avant tout, un droit de défendre la démocratie et l'État de droit. L'exercice d'un droit, par son titulaire, est à tout égard absolu et ne rencontre aucune limite, sauf celle qui est prescrite par la loi. Dans le cas d'espèce, le citoyen n'est limité par aucune autre disposition puisqu'il tient son droit directement de la constitution. C'est, donc, un droit absolu. Ensuite, c'est un devoir citoyen. Dans un Etat de droit, les citoyens ont, non seulement, des droits mais, également, des devoirs. Dans le cadre de la sauvegarde de la démocratie et de l'État de droit, la résistance aux changements anticonstitutionnels est un devoir pour tout citoyen. La particularité d'un devoir est que le refus de l'exécuter ou sa mauvaise exécution peut exposer aux sanctions dans les conditions prévues par la loi. Là aussi, le citoyen est astreint à une obligation de résultats et non de moyens. Toutefois, à propos de moyens, les constituants congolais de 1992 et de 2002 font référence à la désobéissance civile *« à défaut de tout autre moyen »* que le constituant n'indique pas d'ailleurs. Le constituant

[898] B. BOUMAKANI, « La protection des droits et libertés au Congo », op. cit., p. 180.

béninois n'évoque pas la question des moyens à mettre en œuvre de façon expresse.
L'essor des mécanismes de protection de la démocratie et de l'État de droit est un gage important pour l'effectivité des principes adoptés autour des années 1990 par les États d'Afrique noire francophone. On peut, aujourd'hui, constater que ces mécanismes connaissent un ancrage progressif. L'émergence de la séparation des pouvoirs fait jouer au pouvoir judiciaire son rôle traditionnel de gardien des droits et libertés. De son côté, la justice constitutionnelle, en pleine consolidation, permet un contrôle de conformité de toutes les normes infra constitutionnelles à la loi fondamentale de façon à écarter toute possibilité de remise en cause des acquis garantis par celle-ci. L'essor des autorités administratives indépendantes permet une prise en compte spécifique de certaines préoccupations sensibles par des acteurs indépendants des gouvernants dans un contexte où les Organisations non gouvernementales et le peuple se voient, de plus en plus, interpellés sur la protection des principes démocratiques.
Dans cet environnement juridique, les droits de l'Homme en sortent raffermis et représentent, désormais, un autre paradigme du nouveau constitutionnalisme dans les États d'Afrique noire francophone.

TITRE II: La promotion et la protection des droits de l'Homme : un enjeu du nouveau constitutionnalisme

En Afrique noire francophone, le début des années 1990 a marqué la consécration d'un nouveau constitutionnalisme de type libéral. Cette option est désormais retenue par l'ensemble des constitutions adoptées depuis lors et les mutations auxquelles la norme constitutionnelle est régulièrement soumise, dans ces États, recommandent dorénavant une nouvelle approche de la constitution[899] qui ne permet plus seulement *« la définition des rapports entre les institutions et la séparation des pouvoirs [mais], désormais la définition des rapports entre les citoyens et l'Etat, [elle est] la Charte des droits et libertés dont la garantie est assurée par la mise en place d'un mécanisme de sanction »*[900]. La protection des droits de l'Homme est ainsi devenue, en Afrique noire francophone, ce qu'il y a de plus intime dans les rapports entre les gouvernants et les gouvernés,[901] voire un élément indispensable de l'architecture constitutionnelle de ces États[902]. On retrouve, un peu partout, un minimum de valeurs de référence qui constituent, au moins, sur le plan des principes, un gage de cohérence et de continuité de l'ordre juridique[903]. Aussi, les sources du droit constitutionnel, dans les Etats d'Afrique noire francophone, au même titre que dans d'autres États, connaissent une mutation profonde. Elles ne se limitent plus uniquement aux droits formellement reconnus par la constitution mais intègrent, de plus en plus, les normes édictées par le droit international, particulièrement, dans le domaine des droits de l'Homme. On assiste ainsi, d'une part, à la constitutionnalisation des droits de l'Homme par leur intégration à la normativité constitutionnelle dans l'ordre juridique interne (Chapitre I) et, d'autre part, à l'internationalisation de la protection desdits droits du fait de la participation des États au fonctionnement des mécanismes internationaux qui y sont consacrés[904] (Chapitre II).

---

[899]Voir, par exemple, M. LUCIANI, « L'anti-souverain : mutations de la société internationale et décision économique nationale », in « Droit constitutionnel et mutations de la société internationale », R.C.A.I.D.C., vol. XI, pp. 133-134.

[900] D. ROUSSEAU, « Une résurrection : la notion de Constitution », op. cit. p. 8.

[901] H. QAZBIR, « L'internationalisation du droit constitutionnel », op. cit. p. 108.

[902] Maurice HAURIOU relevait, d'ailleurs, que la normativité constitutionnelle comporte une double dimension, l'une « politique » qui consacre l'organisation et le fonctionnement de l'Etat, l'autre « sociale » qui est relative aux droits et libertés des citoyens., in « Précis de droit constitutionnel », op. cit. p. 624.

[903] Z. ZAKI, « Petites constitutions et droit transitoire en Afrique », Revue du Droit public n°6-2012, p. 1695.

[904] On observe, en effet, une tendance, très affirmée, en faveur de la « constitutionnalisation du droit international » qui est à l'opposé d'une autre tendance, non moins importante, que la doctrine aborde sous le vocable d' « internationalisation du droit constitutionnel ». Voir Z. MAZIAU, « L'internationalisation du pouvoir constituant, essai de typologie : le point de vue hétérodoxe du constitutionnaliste », RGDIP, n°3, 2002, p.551 ; H. QAZBIR, « L'internationalisation du droit constitutionnel », op. cit. p. 108.

Chapitre I: La constitutionnalisation des droits de l'Homme

Depuis leur accession à l'indépendance, les États d'Afrique noire francophone ont marqué leur adhésion aux principes protecteurs des droits de l'Homme[905]. Mais, l'écho que donnait cette adhésion était relativement faible surtout pendant la période du monopartisme dont le contexte n'était pas favorable à l'idée de promouvoir des droits dont le principal fossoyeur était l'Etat ou, tout au plus, le parti-Etat[906]. Ainsi, les droits de l'Homme ont été au centre des revendications du mouvement de démocratisation des années 1990[907]. Au cours de cette période, le souci des nouveaux constituants africains a été de rompre avec les régimes antérieurs, réputés progressistes et qui reléguaient l'individu au second plan, au profit d'une prétendue ambition communautaire. Cette quête permanente, en faveur de la « *commune dignité des hommes* »,[908] est, aujourd'hui, sous-tendue par la reconnaissance des droits de l'Homme (Section 1) et l'adhésion des États aux instruments internationaux et régionaux y relatifs (Section 2).

Section 1 : La reconnaissance des droits de l'Homme

Avec le recul du temps, on peut observer, aujourd'hui, que la quasi-totalité des États d'Afrique noire francophone se sont alignés sur l'idéal d'insérer, au cœur des normes fondamentales, les dispositions relatives aux droits de l'Homme. La doctrine a, d'ailleurs, conservé une place de choix à la constitutionnalisation des droits et des libertés en Afrique noire[909]. L'on

---

[905] En réalité, ce processus de constitutionnalisation des droits de l'Homme n'offrait aucune garantie à la protection de ceux-ci. Aussi, au cours de la période qui s'étend des indépendances au début des années 1990, les droits de l'Homme ont fait l'objet de plusieurs menaces de la part des autorités étatiques. Voir Moussa SARR, « L'effectivité de l'Etat de droit au Sénégal », *Librairie d'études juridiques africaines*, Vol. 12, p. 22.

[906] Dans la plupart des Etats africains, la crainte de l'Etat est notable et s'accompagne d'un sentiment d'impuissance et de passivité de l'individu vis-à-vis de celui-ci. KEBA MBAYE souligne, dans ce sens, que « dans les pays d'Afrique noire, la passivité est la règle, la majorité de la population vit dans la crainte de l'Etat et en dehors de l'Etat », in *Revue des droits de l'Homme*, 1969, vol. II, p. 391.

[907] Voir, dans ce sens, Michel MARTIN et André CABANIS, « Le nouveau cycle constitutionnel ultra-méditerranéen francophone et la constitution d'octobre 1958 », op. cit. p. 142.

[908] R. J. DUPUIS, « Les Droits de l'Homme : Valeur européenne ou valeur universelle ? », *Rev.sc. morales et politiques 1989*, n°4, p. 584.

[909]Cf. sur ce point : Philippe ARDANT, « Les constitutions et libertés », in *Pouvoirs* n° 84, 1998, pp. 61-74 ; Maurice KAMTO, « L'énoncé des droits dans les constitutions des Etats francophones », in *Revue juridique africaine*, 1991, n° 2 et 3, pp. 23 et suivantes ; Alain Didier OLINGA, « L'aménagement des droits et libertés dans la Constitution camerounaise révisée », *Revue universelle des droits de l'Homme*, 1996, pp. 116-126 ; Mayacine DIAGNE,

constate, en effet, qu'en dépit de la relativité de leur mise en œuvre, d'un État à un autre, *« la constitutionnalisation des droits de l'Homme est une constance de l'Afrique noire francophone »*[910]. En effet, depuis le début des années 1990, l'avènement du libéralisme politique a été suivi *« d'une abondante proclamation des droits et libertés dans les nouvelles constitutions [...] qui en présentent de véritables chartes »*[911]. Ainsi, comme l'indique Joseph OWONA, *« les droits et libertés fondamentaux sont garantis de trois manières : la constitutionnalisation du préambule, la définition dans le corps de la constitution des droits et des libertés et la reconnaissance de la primauté du droit international »*.[912] Les préambules des constitutions africaines déclarent, d'une part, partie intégrante de la constitution, les principes proclamés et garantis par les instruments internationaux (Paragraphe 1), et d'autre part, elles procèdent à l'énumération de ces droits (Paragraphe 2).

Paragraphe 1 : L'affirmation des droits garantis par les instruments internationaux

Les États africains participent à la tendance qui reconnaît que *« l'idée de droits de l'Homme implique par définition l'universalité, car il s'agit de droits qui correspondent à l'homme du seul fait d'appartenir au genre humain »*[913]. Ils accordent, pour ce faire, une importance aux instruments internationaux pertinents en la matière. Ainsi, l'affirmation des droits proclamés et garantis par ces instruments est faite, de façon constante, par les préambules de toutes les constitutions de l'ère du renouveau démocratique (A). Cette affirmation favorise l'intégration systématique de ces principes dans le bloc de constitutionnalité (B).

A- Une constance des préambules des constitutions africaines depuis 1990

De manière générale, depuis 1990, les constitutions des États d'Afrique noire francophone adhèrent aux principes proclamés par les instruments internationaux et régionaux relatifs aux droits de l'Homme. L'adhésion à ces

---

« La mutation de la justice constitutionnelle en Afrique : l'exemple du Conseil constitutionnel sénégalais », Annuaire international de justice constitutionnelle, XII, 1996, pp. 99-122.

910 R. DEGNI SEGUI, « Etat de droit, droits de l'Homme : bilan de dix années », op. cit. p. 634.

911 B. GUEYE, « Démocratie en Afrique : succès et résistances », op. cit. p. 9.

912 J. OWONA cité par Alain Didier OLINGA in « L'aménagement des droits et libertés dans la Constitution camerounaise révisée », op. cit. pp. 117.

913 A. ANDORNO, « La reconnaissance de l'autre comme sujet. A propos de l'universalité des droits de l'Homme », in B. MELKEVIK, L. VIGNEAULT (dir), *Droits démocratiques et identités*, Les presses de l'université de Laval, Québec, 2006, p. 116.

instruments est consacrée aussi bien par la plupart des préambules que par les constitutions. Quoique d'une *« constitution à l'autre, les droits fondamentaux ne sont pas nécessairement libellés en termes identiques [et] présentent, par ailleurs, des densités normatives variables et une portée différenciée »*[914], on peut, aujourd'hui, observer *« qu'il n'est guère de nouvelles constitutions en Afrique qui ne s'ouvrent par une déclaration des droits ».*[915] Cette évidence est une heureuse conception des constitutions issues des conférences nationales (1). Elle est manifestée, aujourd'hui, dans une sorte de continuité par toutes les normes fondamentales (2).

1- Une innovation des constitutions issues des conférences nationales

Suivant l'expression de Maurice KAMTO, la conférence nationale est « *un moyen de rechercher et de dégager un consensus sur l'idée même d'un État en Afrique, la possibilité pour le peuple de se déterminer sur le problème du vouloir-vivre collectif et la mise en place d'un État de droit »*[916]. Dans ce sens, le préambule de la constitution béninoise du 11 décembre 1990 reconnaît le rôle fondamental joué par la Conférence nationale : *« la Conférence des forces vives de la nation, tenue à Cotonou, du 19 au 28 février 1990, en redonnant confiance au peuple, a permis la réconciliation nationale et l'avènement d'une ère de renouveau démocratique ».*

On peut établir que la tenue des conférences nationales dans les États francophones d'Afrique noire, à la fin des années 80, a consacré une évolution remarquable des systèmes juridiques. Elles ont manifestement occasionné la création d'un nouveau cadre juridique.[917]

Ainsi, les constitutions béninoise du 11 décembre 1990 et congolaise du 15 mars 1992 préparées par les assises des conférences nationales ont innové en plaçant les questions relatives aux droits de l'Homme au cœur de la normativité constitutionnelle. En effet, dans les deux Etats, l'expérience de la période allant des indépendances au début des années 1990 caractérisée par *« la concentration du pouvoir [et] la consécration constitutionnelle du*

---

914 O. DORD, « Droits fondamentaux (Notion et théories des) », in J. ANDRIANTSIMBAZOVINA, H. RIALS et F. SUDRE (dir). *Dictionnaire des droits de l'Homme*, PUF, coll. « quadrige », 2008, pp. 332-336.

915 M. MARTIN et A. G. CABANIS, « Le nouveau cycle constitutionnel ultra-méditerranéen francophone et la constitution d'octobre 1958 », op. cit. p. 141.

916 KAMTO, « Les Conférences nationales africaines ou la création révolutionnaire des constitutions », op. cit. p. 177.

917 M. DARBON, J. du Bois de GAUDUSSON (dir.), *La création du droit en Afrique*, Paris, Karthala , 1997, notamment : J. du Bois de GAUDUSSON, « Les nouvelles constitutions africaines et le mimétisme », pp. 309-316 ; M. KAMTO, « Les Conférences nationales ou la création révolutionnaire des Constitutions », pp. 175-195, J. J. RAYNAL, « Conférence nationale, Etat de droit et démocratie, Quelques réflexions à propos d'une occasion manquée », pp. 157-175.

parti unique »[918], n'a pas favorisé l'émergence d'un cadre juridique favorable à la mise en œuvre des droits de l'Homme[919].
Ainsi, les conférences nationales ont permis d'affirmer une rupture avec les régimes antérieurs par la détermination, exprimée dans les préambules, de constitutionnaliser les droits de l'Homme, notamment au Bénin et au Congo-Brazzaville.
Le préambule de la constitution béninoise du 11 décembre 1990 dispose, dans cette optique, que le peuple béninois affirme solennellement sa détermination *« de créer un État de droit et de démocratie pluraliste dans lequel les droits fondamentaux de l'Homme, les libertés publiques, la dignité de la personne humaine et la justice sont garantis, protégés et promus comme la condition nécessaire au développement véritable et harmonieux de chaque Béninois tant dans sa dimension temporelle, culturelle que spirituelle ».* De même, il indique l'attachement du peuple béninois aux principes de la démocratie et des droits de l'Homme tels qu'ils ont été définis par la Charte des Nations Unies, la Déclaration universelle des droits de l'Homme et la Charte africaine des droits de l'Homme et des peuples[920].
S'agissant spécifiquement de la Charte africaine des droits de l'Homme et des peuples, la constitution y revient, notamment à son article 7, pour préciser, comme dans le préambule, que les droits et devoirs qui y sont proclamés et garantis font partie intégrante de la constitution et du droit béninois[921]. L'article 40 prévoit, quant à lui, l'obligation pour l'État de diffuser les droits de l'Homme en les intégrant dans les programmes d'alphabétisation et d'enseignement aux différents cycles scolaires et universitaires et dans tous les programmes de formation des forces armées, des forces de sécurité publique et assimilées. L'Etat doit également assurer dans les langues nationales, par tous les moyens de communication de masse, en particulier la radiodiffusion et la télévision, la diffusion et l'enseignement de ces mêmes droits.
Au Congo-Brazzaville, le préambule de la constitution du 15 mars 1992 déclarait, d'une part, partie intégrante de la constitution *« les principes fondamentaux proclamés et garantis par la Charte des Nations Unies de 1945, la Déclaration universelle des droits de l'Homme de 1948, la charte africaine des droits de l'Homme et des peuples de 1981 et tous les textes internationaux dûment ratifiés relatifs aux droits de l'Homme, la Charte de*

[918] J. du Bois de GAUDUSSON, « Trente ans d'institutions constitutionnelles et politiques », op. cit. pp. 50-58.
[919] Sur les systèmes politiques de ces Etats, voir par exemple, D. G. LAVROFF, *Les systèmes constitutionnels en Afrique noire, Les Etats francophones*. Paris, Pedone, 1976 ; D. G. LAVROFF, « Les régimes militaires et développement politiques en Afrique noire », *R.F.S.P.*, Vol. XXII, n° 5, 1972, pp. 973-991 ; CONAC, Gérard (dir.), *Dynamique et finalités des droits africains,* Economica, Paris, 1990.
[920] Préambule de la constitution béninoise du 11 décembre 1990.
[921] Article 7 de la constitution béninoise du 11 décembre 1990.

L'Unité nationale et la Charte des droits et libertés adoptées par la Conférence nationale souveraine ». D'autre part, il proclame le devoir de l'État d'assurer la diffusion et l'enseignement de la constitution et des principes fondamentaux proclamés par ces instruments.
L'option prise par les constitutions issues des conférences nationales est actuellement reprise, par la plupart des constitutions africaines, au point d'exprimer une constance dans l'évolution constitutionnelle de ces États.

2- Une constance dans l'évolution constitutionnelle

Il est communément admis que les normes constitutionnelles sont dynamiques et s'adaptent à l'évolution de la société. Ce dynamisme, en Afrique noire francophone, n'a pas permis une remise en cause fondamentale du lien étroit entre la constitution et les droits de l'Homme[922] tel qu'il a été suscité par les premières constitutions de l'ère du renouveau démocratique.
Ainsi, au Congo-Brazzaville, les constituants de 2002 et 2015 sont restés constants dans la formulation de l'affiliation des principes énoncés par les instruments internationaux relatifs aux droits de l'Homme et la constitution. Les préambules des constitutions du 20 janvier 2002 et du 25 octobre 2015 déclarent, dans des termes identiques à celle du 15 mars 1992, partie intégrante de la constitution les principes fondamentaux proclamés et garantis par la Charte des Nations Unies, la Déclaration universelle des droits de l'Homme, la Charte africaine des droits de l'Homme et des peuples. Ils affirment, dans la même perspective, la consécration constitutionnelle de tous les textes internationaux relatifs aux droits humains dûment ratifiés par la République du Congo.
Au Sénégal, on note une évolution dans l'affiliation entre la constitution et les instruments internationaux en matière de droits fondamentaux. En effet, les préambules des constitutions du 7 mars 1963 et du 22 janvier 2001 traduisent une progression dans la formulation de l'adhésion aux principes protecteurs des droits fondamentaux.
Le préambule de la constitution du 7 mars 1963 proclamait uniquement l'attachement du peuple sénégalais aux droits fondamentaux tels qu'ils sont définis dans la Déclaration française des droits de l'Homme et du citoyen de 1789 et dans la Déclaration universelle du 10 décembre 1948[923].
La constitution du 22 janvier 2001 est plus prolixe que celle de 1963. Elle affirme, dans son préambule, l'adhésion du peuple sénégalais à la Déclaration des droits de l'Homme et du citoyen de 1789 et aux instruments internationaux adoptés par l'Organisation des Nations Unies et l'Organisation de l'unité africaine, notamment la Déclaration universelle des

[922] P. ARDANT, « Les constitutions et les libertés », op. cit. p. 61.
[923] Voir préambule de la constitution sénégalaise du 7 mars 1963.

droits de l'Homme, la Convention sur l'élimination de toutes les formes de discrimination à l'égard des femmes, la Convention relative aux droits de l'enfant et la Charte africaine des droits de l'Homme et des peuples[924]. L'évolution observée dans la formulation par les préambules des constitutions sénégalaises du 7 mars 1963 et du 22 janvier 2001 de l'adhésion aux instruments internationaux peut s'expliquer par le contraste des contextes qui ont marqué la rédaction des deux constitutions. La constitution de 1963 est élaborée au cours des premières années qui ont suivi l'accession du pays à l'indépendance. Au cours de cette période, les droits humains n'étaient pas au centre des préoccupations des élites africaines. La plupart des États se limitaient à l'inscription d'un catalogue de droits reconnus. En revanche, celle de 2001 est élaborée à la suite des revendications des populations sur tout le continent africain et dont la prise en compte a été traduite par la conceptualisation du nouveau constitutionnalisme qui fait des droits fondamentaux l'épicentre de la protection de l'individu contre les dérives des gouvernants. Les droits fondamentaux sont ainsi, depuis 1990, une préoccupation aussi bien des populations que de la communauté internationale. En ce qui concerne la communauté internationale, il s'agit, aujourd'hui, non seulement d'une préoccupation mais d'une exigence. Le tournant démocratique des années 1990 marque, dans ce sens, une avancée dans la constitutionnalisation des droits fondamentaux au-delà de la simple attitude déclaratoire qui avait marqué les constitutions antérieures.

La précision qui résulte des préambules des nouvelles constitutions africaines est un apport important dans la protection et la promotion des droits fondamentaux. Comme le souligne Philippe ARDANT, *« de nos jours, les constitutions contiennent normalement des dispositions concernant les libertés (...) l'énoncé des droits et libertés s'impose aux constituants sous peine de les faire soupçonner de noirs desseins »*[925].

L'observation de Jean-Joseph MOUNIER, au moment de la rédaction de la Déclaration française des droits de l'Homme et du citoyen de 1789, est sans conteste, à cet effet, *« pour qu'une constitution soit bonne, il faut qu'elle soit fondée sur les droits de l'Homme et qu'elle les protège évidemment*[926] ».

À tout considérer, l'objectif recherché par la constitutionnalisation des droits de l'Homme est, sans doute, d'assurer une meilleure protection de ceux-ci. Ce qui justifie, par ailleurs, l'intégration des principes y relatifs dans le bloc de constitutionnalité dans la perspective de faire jouer les mécanismes susceptibles de prévenir toute dérive[927].

---

[924] Voir préambule de la constitution sénégalaise du 7 mars 1963.
[925] P. ARDANT, « Les constitutions et les libertés », *Pouvoirs* n° 84, 1998, pp. 61-74.
[926] P. ARDANT, « Les constitutions et les libertés », *Pouvoirs* n° 84, 1998, p. 61.
[927] M. L. MARTIN, « Constitutionnalisme et pouvoir militaire en Afrique francophone aujourd'hui », *Droit sénégalais* n°9-2010, p. 343.

B- L'intégration des normes internationales dans le bloc de constitutionnalité

Le procédé d'intégration des normes internationales dans les constitutions africaines, depuis le début des années 1990, est exceptionnel. Il marque une constitutionnalisation évidente des principes qui fondent la détermination de la communauté internationale à assurer la protection et la promotion des droits de l'Homme. En pratique, cette consécration témoigne d'une modalité originelle de garantir l'effectivité des droits qui y sont reconnus (1) par leur juridictionnalisation (2).

1- Une modalité d'intégration originelle

En reconnaissant, dans leurs préambules, les principes énoncés par les instruments internationaux relatifs aux droits de l'Homme, les constitutions des États d'Afrique noire francophone consacrent inéluctablement l'affiliation de ces instruments à la constitution et aménagent, de ce fait, leur intégration au droit positif[928]. Sur le plan juridique, les normes internationales, ainsi affiliées, font désormais partie du bloc de constitutionnalité puisque le préambule fait partie intégrante de la constitution[929]. Elles acquièrent, de ce fait, un caractère souverain car, *« les normes constitutionnelles [...] sont souveraines dans l'ordre interne : elles limitent, elles ne sont pas et ne peuvent pas être limitées »*[930]. De même, ces principes, reconnus par les préambules des constitutions de ces Etats, intègrent une sorte de droit constitutionnel fondamental[931] qui rend complexes toute modification et toute manipulation et qui préserve leur intégrité parmi *« les principes fondamentaux de l'Etat »*[932]. Il est, en effet, avéré qu'aucun préambule n'a été jusque-là soumis à une révision dans les États d'Afrique noire francophone. Bien plus, dans certaines constitutions, comme celles du Congo-Brazzaville du 15 mars 1992 et du 20 janvier 2002, toute révision qui aurait pour finalité la réduction ou l'abrogation des droits et libertés fondamentaux consacrés par la constitution était interdite[933].

---

928 J. L. QUERMONE, « Les régimes politiques occidentaux », op. cit. p. 114.

929 Dans sa décision du 19 juin 1970, relative aux ressources propres des communautés européennes, le Conseil constitutionnel français avait manifesté, sans ambiguïté, son intention de considérer le préambule comme partie intégrante de la constitution. Le premier visa de la décision énonce en effet : « Vu la constitution et notamment son préambule et ses articles... »

930 C. EISENMANN, *La justice constitutionnelle et la Haute Cour constitutionnelle d'Autriche*, Pichon, 1928, rééd. Economica et PUAM, 1986, p. 9.

931 L. FAVOREU, « Droit constitutionnel », op. cit. p. 131.

932 F. HAMON et M. TROPER, « Droit constitutionnel », op. cit. p. 44.

933 Articles 178 alinéa 6 de la constitution congolaise du 15 mars 1992 et 185 alinéa 3 de la constitution congolaise du 20 janvier 2002.

L'intégrité de ces principes internationaux est d'autant plus assurée que, une fois constitutionnalisées, les normes visées ne sont désormais revêtues que du seul caractère constitutionnel, en dépit de leur origine internationale. Cette technique de la réception des normes internationales en droit interne permet, de ce fait, de muter les normes ainsi considérées en normes internes dont la validité résulte, désormais, de leur appartenance à la constitution. Ainsi, en les appliquant, les juges et les citoyens appliquent non pas du droit international, mais du droit interne[934].

Il en ressort, dans ces conditions, que les principes énoncés, par les instruments internationaux relatifs aux droits de l'Homme, intègrent le bloc de constitutionnalité et appartiennent, dorénavant, aux normes qui peuvent directement être invoquées au cours d'un litige. Cette faculté procède de ce que ces principes *font partie intégrante*[935] de la constitution nonobstant l'antériorité ou non de leur ratification par l'Etat-partie.

En définitive, la constitutionnalisation des principes proclamés par les instruments internationaux relatifs aux droits de l'Homme participe à une meilleure garantie de leur effectivité puisque, comme le concède Giuseppe SPERDUTTI, *« l'ordre juridique interne (...) assume historiquement le rôle de garant de l'efficacité du droit international »*[936].

Ainsi, en procédant à cette transformation des normes internationales en normes constitutionnelles, les États d'Afrique noire francophone réalisent l'aptitude de la constitution à promouvoir une meilleure garantie des droits de l'Homme par leur juridictionnalisation.

2- Une juridictionnalisation évidente

La référence des constitutions aux grands instruments de protection des droits de l'Homme *« a l'avantage d'intégrer dans le bloc de constitutionnalité les règles conventionnelles qui correspondent à des acquis essentiels. Non seulement les juges nationaux peuvent les invoquer pour déterminer le droit applicable, mais elles les habilitent [et les font] valoir sur des lois qui leur seraient contraires »*[937]. Ainsi, les principes énoncés par les instruments internationaux sont, du fait de leur intégration au bloc de constitutionnalité, protégés par le juge dans le cadre du contrôle de constitutionnalité des lois. Le juge ordinaire et le juge constitutionnel sont

---

[934]Voir dans ce sens, DAILLIER (P.), « Monisme et dualisme : un débat dépassé ? », in : BEN ACHOUR (R) et LAGHMANI (S), « Droit international et droits internes… », op. cit., p. 17-18 ; A. PELLET, « Vous avez dit monisme » ? Quelques banalités de bon sens sur l'impossibilité du prétendu monisme constitutionnel à la française, in L'architecture du droit, Mélanges Michel TROPER, Paris, Economica, 2006 p. 828.

[935] Les préambules des constitutions béninoises et congolaises reprennent ces termes

[936] G. SPERDUTTI, « Droit international et droit interne », R.C.A.D.I., 1976-V, vol. 153, p. 350.

[937] G. CONAC, « L'Afrique en transition vers le pluralisme politique » op. cit. p. 496.

tenus de vérifier la conformité des normes inférieures à ces principes. Il s'agit aussi bien des normes législatives que réglementaires[938].
Le principe de la supériorité de la norme internationale sur la norme interne ne souffre d'aucun doute en l'état actuel des rapports entre le droit international et les droits nationaux. Les engagements pris par les États, dans le cadre de leur adhésion aux instruments internationaux, ont une valeur supérieure aux lois nationales[939]. De la sorte, l'inscription de ces principes dans le bloc de constitutionnalité est caractéristique d'une volonté de les rendre exécutoires et intangibles. De ce point de vue, la problématique de l'intangibilité sélective des droits de l'Homme, soutenue par une partie de la doctrine, peut être nuancée en Afrique noire francophone.
Certes, comme le relèvent Robert BADINTER et Bruno GENEVOIS, les droits fondamentaux, *« bien qu'ayant la même valeur constitutionnelle, n'ont pas tous en pratique le même poids spécifique. Leur importance concrète varie en fonction d'une pluralité d'éléments. Il faut à ce propos faire intervenir le degré de précision de la norme qui reconnaît le droit en cause, le point de savoir si dans sa formulation même elle prévoit ou non des exceptions, la nécessité ou non d'une loi pour assurer son application effective, le degré d'attachement de l'opinion dominante à son égard ainsi que l'étendue du contrôle que le juge exerce sur les lois qui sont relatives aux modalités de mise en œuvre du droit considéré.*[940]
Dans cette optique, il est évident que l'imprécision de certains droits, notamment ceux dits de la troisième génération, ne facilite pas une application sans ambiguïté. Ainsi que l'indique Jean RIVERO, il s'agit en l'occurrence du droit à un environnement sain, le droit de l'enfant et de la femme, le droit à la paix, le droit au développement.[941] Cependant, les États d'Afrique noire francophone ont choisi de donner une valeur égale aux droits de l'Homme tels que définis par Jean ROCHE et André POUILLE c'est-à-dire des *« droits garantis par une constitution écrite et une jurisprudence constitutionnelle ou par un accord et des organes internationaux qu'il s'agisse de libertés ou de droits de créances »*. La constitutionnalisation de ces droits représente une victoire précieuse pour leurs bénéficiaires. Ils sont, désormais, un patrimoine commun placé sous le contrôle des juridictions chargées de veiller au respect des lois fondamentales dans les différents États. Ceci résulte de la technique de constitutionnalisation des normes d'origine internationale. Cette technique décrit non pas le phénomène habituel de déstructuration du droit international à partir des standards de

[938] Voir, dans ce sens, nos développements sur la contribution du pouvoir judiciaire à la réalisation de la démocratie et de l'Etat de droit.
[939] Articles 98 de la constitution sénégalaise du 22 janvier 2001.
[940] Robert BADINTER et Bruno GENEVOIS, « Normes de valeur constitutionnelle et degré de protection des droits fondamentaux », *RUDH*, 1996, p. 331.
[941] Jean RIVERO, « Déclarations parallèles et nouveaux droits de l'Homme », *Revue trimestrielle des droits de l'Homme*, n° 2, 1990, p. 32.

l'ordre juridique interne,[942] mais plutôt la transformation des normes internationales en normes constitutionnelles dans le but de leur donner une force juridique. Il s'agit du *« changement de valeur normative d'une norme [internationale] préexistante qui devient constitutionnelle »*[943]. Cette technique qui n'est pas l'apanage des seuls États d'Afrique noire francophone tend, de plus en plus, à se globaliser au point où, dans l'ensemble, on constate une tendance du droit international à se servir de la Constitution pour assurer son effectivité.
Les constitutions des États d'Afrique noire francophone procèdent, également, à l'énumération des droits garantis par la constitution.

Paragraphe 2 : L'énumération des droits garantis par la constitution

Les constitutions des États d'Afrique noire francophone procèdent à l'énumération exhaustive des droits fondamentaux (A) et renvoient à la loi la détermination des règles relatives à l'exercice de ces droits (B).

A- L'exhaustivité de l'énumération

Les constitutions africaines se démarquent, pour la plupart, de la constitution française de 1958 en ce qui concerne l'énumération des droits fondamentaux. Le contenu des articles de la constitution française est *assez peu fourni*[944] alors que, comme le souligne Placide MOUDOUDOU, les constitutions africaines issues du renouveau démocratique *« se signalent toutes par l'inscription dans leurs préambules et/ou dans leur corps même d'une liste impressionnante de droits de l'Homme »*[945]. Les droits qui y sont énoncés concernent des domaines variés.[946] En effet, les préambules proclament, d'abord, le respect des principes inhérents à la dignité de la personne humaine (1) ensuite procèdent à l'énumération des droits (2).

---

[942]A propos de cette notion, voir par exemple H. RUIZ FABRI, « Les contaminations disciplinaires », in : J. du Bois de GAUDUSSON et F. FERRAND (dir.), La concurrence des systèmes juridiques, Aix-en-Provence, P.U.A.M, 2008, p. 127 ; H. RUIZ FABRI et C. GREWE, « La constitutionnalisation à l'épreuve du droit international et du droit européen », in Les dynamiques du droit européen en ce début de siècle, Mélanges Jean Claude GAUTRON, Paris, Pedone, 2004, p. 190. Lire également, en ce qui concerne particulièrement le droit international, Jean Claude SZUREK, « La Charte des Nations Unies. Constitution mondiale ? », in J.P. COT, A. PELLET et M. FORTEAU (dir.). *La Charte des Nations Unies*, Paris, Economica, 2005, p. 32.
[943] V. BARBE, F. X. MILLET, « Contribution à l'étude de l'effectivité de la constitutionnalisation en droit de l'environnement », R.T.D.H. n° 78, avril 2009, p. 469.
[944] P. WASCHMANN, « Libertés publiques », op. cit. p. 95.
[945] P. MOUDOUDOU, « La constitution en Afrique », op. cit. p. 66.
[946] A. CABANIS et M. L. MARTIN, *Les constitutions d'Afrique francophone, évolutions récentes*, Paris, KARTHALA, 1999, p. 46.

1- La proclamation du respect de la dignité humaine

Les nouvelles constitutions des États d'Afrique noire francophone accordent une place importante à la préservation de la dignité de la personne. Cette affirmation est reprise, de façon systématique, par toutes les constitutions de l'ère du renouveau démocratique qui reconnaissent le caractère sacré de la personne humaine et l'obligation pour l'État de la respecter et la protéger[947].
Le préambule de la constitution béninoise du 11 décembre 1990 affirme la détermination du peuple béninois à constituer un État de droit et de démocratie pluraliste dans lequel les droits fondamentaux de l'Homme, les libertés publiques, la dignité de la personne humaine et la justice sont garantis, protégés et promus...
La constitution congolaise du 15 mars 1992 évoque le souci de créer un ordre politique nouveau où règnent la morale, le droit, la liberté, la démocratie pluraliste, l'égalité, la justice sociale, la fraternité et le bien-être général; de préserver le caractère sacré de la personne humaine, d'assurer à l'individu et à la famille les conditions nécessaires à leur développement harmonieux, de garantir la participation de chacun à la vie de la nation... La constitution congolaise du 20 janvier 2002, quant à elle, affirme dans son préambule l'adhésion du peuple congolais *« aux valeurs universelles de paix, de liberté, d'égalité, de justice, de tolérance, de probité et réaffirme le caractère sacré de la vie humaine, le droit de propriété et le droit à la différence »*. Le préambule de la constitution du 25 octobre 2015 affirme la nécessité *« de bâtir une République fondée sur les principes d'égalité, de fraternité, de partage et de solidarité d'une part, et d'assurer l'épanouissement de chacun et de tous dans le cadre d'une République respectueuse des droits intangibles de la personne humaine d'autre part »*.
Le préambule de la constitution sénégalaise du 7 mars 1963 proclame le respect des libertés fondamentales et des droits du citoyen, alors que celui de la constitution du 22 janvier 2001 proclame le respect et la garantie intangible des libertés politiques, syndicales, les droits et libertés de la personne humaine, de la famille et des collectivités locales, les libertés philosophiques et religieuses, le droit de propriété, les droits économiques et sociaux.
Cette option pour la valorisation de la dignité humaine exprime en réalité l'engagement des États à placer l'homme au centre des préoccupations du nouveau constitutionnalisme. Comme l'indique Bernard EDELMAN, *« la dignité, c'est ce qu'il y a d'humain dans l'homme. C'est pourquoi elle est*

[947] Articles 8 de la constitution béninoise du 11 décembre 1990, 7 de la constitution sénégalaise du 22 janvier 2001, 10 de la constitution congolaise du 15 mars 1992, 7 de la constitution congolaise du 20 janvier 2002 et 8 de la constitution congolaise du 25 octobre 2015.

inhérente à tous les membres de la famille humaine et tout ce qui tend à déshumaniser l'homme sera considéré comme une atteinte à cette dignité »[948]. Par cette reconnaissance, les constitutions des Etats d'Afrique noire francophone marquent leur intérêt à valoriser l'homme comme finalité de l'organisation sociale sans discrimination tenant à ses origines, sa race, sa culture, voire ses qualités intrinsèques. Elles s'inscrivent, de ce fait, dans la conception de la Déclaration universelle des droits de l'Homme qui indique: *« la reconnaissance de la dignité inhérente à tous les membres de la famille humaine et de leurs droits égaux et inaliénables constitue le fondement de la liberté, de la justice et de la paix dans le monde... ».* La dignité de la personne constitue, en effet, le cœur du noyau des droits de l'Homme car étant *« commun à tous les peuples, les droits qui en découlent directement, droits dits fondamentaux, sont universels et également valables pour tous »*[949].
Pour assurer une meilleure reconnaissance, indispensable à leur protection, les constitutions africaines procèdent à l'énumération des droits garantis.

2- L'énumération des droits garantis

Toutes les constitutions des États d'Afrique noire francophone comprennent un énoncé des droits reconnus aux citoyens. Il s'agit, notamment, des droits à la vie, à l'égalité, à la liberté, à l'inviolabilité du domicile, à la propriété, à la liberté de croyance, à la liberté d'aller et venir, à la liberté d'expression et d'accès aux sources d'information, au respect de la vie privée, à la culture et à l'éducation, à la liberté syndicale et d'association, à la santé et à un environnement sain, du droit d'asile, du droit à ne pas être soumis à la torture, du droit à une justice équitable, du droit à ne pas être soumis à des traitements inhumains et dégradants, du droit à la personnalité juridique, du droit à l'égalité devant la loi, du droit à ne pas être emprisonné pour des motifs contractuels, du principe de la non-rétroactivité des lois pénales. À ces droits, on peut ajouter l'égalité du suffrage, la libre formation des partis politiques et la liberté individuelle[950]. Les constitutions énumèrent, également, les principes *« nécessaires à notre temps »* : le droit de grève, le droit d'association, le droit de la défense, le droit à un environnement sain.
Par ailleurs, les constitutions procèdent à la promotion de certains droits et devoirs spécifiques comme ceux relatifs à la protection des groupes vulnérables (femmes, enfants, personnes handicapées), au mariage et à la famille. Elles fixent, en outre, les obligations de l'État et des citoyens.

---

948 B. EDELMAN, notes sous le jugement du TGI de Paris du 1er février 1995. Recueil Dalloz/Sirey, Paris, 1995, 39° cahier, p. 572.
949 R. ANDORNO, « La reconnaissance de l'autre comme sujet. A propos de l'universalité des droits de l'Homme », op. cit., p. 119.
950 Cette énumération n'est pas exhaustive. Voir les titres II des constitutions du Bénin, du Congo-Brazzaville et du Sénégal.

Comme on peut le constater, avec Gérard CONAC, *« les nouvelles constitutions africaines sont très prolixes en ce qui concerne l'énumération et la formulation des droits fondamentaux... visiblement leurs auteurs ont voulu s'inspirer des philosophies les plus exigeantes des droits de l'Homme... »*[951]
Enfin, les constitutions renvoient au domaine de la loi certaines matières relatives à l'exercice des droits de l'Homme.

B- La référence au législateur

En dépit de la constitutionnalisation des droits de l'Homme, entendue comme mécanisme susceptible d'assurer au mieux leur effectivité, les constitutions des États d'Afrique noire francophone se réfèrent au législateur dans certains domaines y afférents. Ainsi, la loi est une source complémentaire (1) qui favorise la prise des dispositions précises en vue de la promotion et de la protection de certains droits (2).

1- Une source complémentaire des droits fondamentaux

Les constitutions des États d'Afrique noire francophone offrent une diversité de sources des droits de l'Homme qui intègrent également les normes législatives. Ainsi, la constitution n'est pas dans ces États le seul cadre de référence qui fixe, de manière exhaustive, tous les droits reconnus et garantis. En effet, après l'énumération de certains droits, la plupart des constitutions renvoient au législateur la compétence de *« fixer les règles concernant les droits civiques et les garanties fondamentales accordées aux citoyens pour l'exercice des libertés publiques »*[952].
Toutes les trois constitutions adoptées au Congo-Brazzaville, depuis le début des années 1990, sont formelles sur cette disposition. En déterminant les matières qui relèvent du domaine de la loi, elles placent, en premier lieu, les règles concernant les droits civiques et les garanties fondamentales. Ainsi, la constitution congolaise du 15 mars 1992 renvoie au domaine de la loi *« la citoyenneté, les droits civiques et les garanties fondamentales accordées aux citoyens dans l'exercice des libertés publiques »*[953]. La constitution du 20 janvier2002 reprend la même formulation alors que celle du 25 octobre 2015 indique que *« sont du domaine de la loi : la citoyenneté, les droits civiques et les libertés publiques ... »*

---

[951] G. CONAC, « Le juge et la construction de l'Etat de droit en Afrique francophone », op. cit. p. 107.
[952] R. DEGNI SEGUI, « Etat de droit, droit de l'Homme : bilan de dix années », op. cit. p. 635.
[953] Article 104 de la constitution congolaise du 15 mars 1992 et 111 de la constitution congolaise du 20 janvier 2002.

Les constitutions sénégalaises du 7 mars 1963 et du 22 janvier 2001 inscrivent dans le domaine de la loi les droits civiques et les garanties fondamentales accordées aux citoyens pour l'exercice des libertés publiques[954].
Au Bénin, l'article 98 de la constitution du 11 décembre 1990 indique que la citoyenneté, les droits civiques et les garanties fondamentales accordées aux citoyens pour l'exercice des libertés publiques sont du domaine de la loi. Ainsi que cela apparaît, *« la loi constitue une source secondaire mais très précise des droits et libertés fondamentales »*[955].
En réalité, le renvoi au législateur est peu surprenant dans l'ensemble puisque, traditionnellement, la loi est, par nature, une source du droit qui a vocation à compléter et à préciser les dispositions de la constitution.
La référence au législateur dans le domaine des droits de l'Homme est, sans doute, essentielle puisque la loi permet, dans une large mesure, de préciser les dispositions constitutionnelles en la matière.

2- Une source précise des droits de l'Homme

La référence à la loi contribue inéluctablement à la précision des normes juridiques et, en pratique, à la prise des mesures concrètes pour leur applicabilité. En effet, les textes constitutionnels et internationaux énoncent, souvent, les droits dans des termes généraux et en assurent, le cas échéant, uniquement la proclamation.
Dans cette perspective, suivant la déclinaison logique de la hiérarchie des normes, les normes inférieures servent à prendre des mesures concrètes d'application des normes supérieures.
Ainsi, en ce qui concerne spécifiquement les droits de l'Homme, la fonction principale de la loi est désormais d'assurer, aussi, la concrétisation ou l'encadrement des droits et libertés fondamentaux proclamés par des normes supra législatives. De la sorte, on ne peut plus définir les droits de l'Homme comme étant le condensé des droits consacrés par la constitution ou les conventions internationales mais comme des principes appartenant à l'ordonnancement juridique d'un Etat et qui sont consacrés par des normes de nature interne et internationale.
En définitive, la tendance d'ensemble des constitutions africaines, issues du renouveau constitutionnel, est dominée par la constitutionnalisation des droits de l'Homme. L'originalité des constituants africains s'exprime, dans ce sens, par l'affiliation des instruments internationaux au corps même de la constitution, notamment dans les préambules, mais aussi par une déclinaison des droits reconnus dans le corps de la constitution et le renvoi au domaine

[954] Articles 56 de la constitution sénégalaise du 7 mars 1963 et 67 de la constitution sénégalaise du 22 janvier 2001.
[955] X. Dupré de BOULOIS, *Droits et libertés fondamentales*. Paris, PUF, 2010, p. 105.

de la loi pour l'élaboration des dispositions plus concrètes de mise en application des droits et devoirs proclamés par les dispositions internationales et constitutionnelles. Cette manifestation d'intérêt pour la protection et la promotion des droits de l'Homme, à partir de leur constitutionnalisation, participe de la confiance désormais placée dans la norme juridique, *au-delà de la charge symbolique de telle ou telle disposition constitutionnelle*[956]. Ce qui justifie, par ailleurs, la propension des États à adhérer aux instruments internationaux pertinents en la matière.

Section 2 : L'adhésion aux instruments internationaux et régionaux

L'adhésion à l'Organisation des Nations Unies, par la quasi-totalité des États d'Afrique noire francophone, a été suivie par la ratification de plusieurs instruments dont ceux qui assurent la protection et la promotion des droits fondamentaux. Depuis l'avènement du renouveau démocratique, au cours des années 1990, ce processus d'adhésion aux instruments internationaux s'est davantage amplifié. Désormais, les États accordent un intérêt particulier à la protection universelle (Paragraphe 1) et régionale (Paragraphe 2) des droits de l'Homme.

Paragraphe 1 : L'adhésion aux conventions internationales

Au stade actuel de l'évolution de la société internationale, les droits de l'Homme s'entendent comme *« des droits jouissant d'une protection internationale»*[957]. Aussi, l'Organisation des Nations Unies constitue le cadre, par excellence, de la reconnaissance et de la protection des droits de l'Homme[958]. De ce fait, l'affirmation de la promotion et la protection des droits de l'Homme par les États d'Afrique noire francophone s'est faite, également, par l'adhésion de ces États aux diverses conventions générales (A) et spécifiques (B) adoptées dans le cadre de l'Organisation des Nations Unies.

A- Les conventions générales des Nations Unies

L'engagement en faveur de la promotion et la protection des droits de l'Homme s'est exprimé, de manière générale, au sein de l'Organisation des Nations Unies à partir de la Charte des Nations Unies et de la Déclaration

---

[956] A. BOURGUI, « L'évolution du constitutionnalisme en Afrique », op. cit. p. 726.
[957] G. DOR, « Contribution à l'étude du problème de l'internationalisation des règles de droit public interne », in Mélanges en l'honneur d'Ernest MAHAIM. Tome II, Paris, Sirey, 1935, p. 131.
[958] H. QAZBIR, op. cit., p. 111.

universelle des droits de l'Homme (1). Il a été réaffirmé, de façon précise, par les deux pactes de 1966 relatifs aux droits civils et politiques et aux droits économiques, sociaux et culturels (2).

1- La Charte des Nations Unies et la Déclaration universelle des droits de l'Homme

La Charte des Nations Unies est le cadre fondamental d'où dérivent tous les instruments internationaux relatifs aux droits de l'Homme. Elle s'est construite sur le triptyque démocratisation des États, respect des droits de l'Homme et développement économique et social dans un but de paix durable[959]. Ses deux principales clauses relatives aux droits de l'Homme sont consignées dans les articles 55 et 56. L'article 55 dispose que *« les Nations Unies favoriseront le respect universel et effectif des droits de l'Homme et des libertés fondamentales pour tous, sans distinction de race, de sexe, de langue ou de religion. »* L'article 56, dans le même esprit, prévoit *que « les [États] membres s'engagent, en vue d'atteindre les buts énoncés à l'article 55, à agir, tant conjointement que séparément, en coopération avec l'Organisation ».*

S'agissant de la Déclaration universelle des droits de l'Homme, comme le souligne Hanan QAZBIR, elle découle des horreurs commises lors de la seconde guerre mondiale et témoigne d'une volonté nouvelle de protéger l'individu au niveau international, indépendamment des frontières étatiques[960]. Elle exprime la foi commune des États dans la destinée de l'humanité et n'est inféodée à aucune doctrine particulière, politique, religieuse ou philosophique[961]. Suivant la classification faite par René CASSIN[962], les droits qui sont proclamés par la Déclaration universelle des droits de l'Homme peuvent être répartis en quatre catégories : libertés physiques, droits civils, libertés intellectuelles et droits politiques, droits économiques et sociaux. Suivant cette catégorisation, les libertés physiques comprennent le droit à la vie, le droit à la liberté, le droit à la sûreté intégrant l'interdiction de l'esclavage, de la torture et de toute détention arbitraire, le droit à un procès équitable et public, le respect de la présomption d'innocence et de la non-rétroactivité des lois pénales, le droit à la vie privée, l'inviolabilité du domicile, le secret des correspondances et le droit d'asile. Les droits civils concernent le droit à une nationalité, le droit de se marier et le droit de propriété. Les libertés intellectuelles et les droits politiques englobent les libertés de religion, d'opinion, d'expression, de

---

[959] idem.

[960] H. QAZBIR, ibidem.

[961] G.COHEN, « Universalité et singularité des droits de l'Homme », RTDH 53/2003, p. 3.

[962] Cité par Gilles LEBRETON, in Libertés publiques et droits de l'Homme, 7ème édition, Paris, Armand, 2005 p. 127.

réunion et d'association, les droits de vote et d'égal accès aux emplois publics et le droit de prendre part à la direction des affaires de son pays. Enfin, les droits économiques et sociaux sont constitués des droits à la sécurité sociale, au travail, au repos, à un niveau de vie suffisant, à l'éducation et à la culture.
Le Bénin, le Sénégal et le Congo-Brazzaville sont parties à ces conventions ainsi que bon nombre d'États d'Afrique noire francophone. Par le fait de leur adhésion à ces instruments, ces États intègrent à leur ordonnancement juridique les principes qui fondent la politique des Nations Unies en faveur de l'effectivité de ces instruments. Ils sont d'ailleurs tenus de prendre les mesures concrètes d'intégration des normes qui y sont édictées dans l'ordre interne, de les respecter scrupuleusement et de garantir leur mise en œuvre. Il en va de même des deux pactes de 1966.

2- Les deux pactes de 1966

Dans le cadre des objectifs convenus à partir de la Charte des Nations Unies et de la Déclaration universelle des droits de l'Homme, l'Assemblée générale des Nations Unies a adopté, le 16 décembre 1966, ses deux pactes consacrés, le premier, aux droits civils et politiques et, le second, aux droits économiques, sociaux et culturels.
Le Pacte international relatif aux droits civils et politiques consacre plusieurs droits qui protègent les particuliers contre les ingérences des États. Il s'agit notamment du droit des peuples à disposer d'eux-mêmes et à disposer de leurs richesses ainsi que de leurs ressources naturelles, du droit à la vie, l'interdiction de la torture et des peines ou traitements cruels, inhumains et dégradants, de l'interdiction de l'esclavage et des travaux forcés, du droit à la liberté et à la sécurité, du droit à la protection de la vie privée, de la liberté d'aller et de venir, du droit à la liberté d'expression, d'association, du droit de réunion, de la liberté de pensée, de conscience et de religion, du droit à un procès équitable, du droit de vote et d'éligibilité, du droit à la non-discrimination[963].
Le Pacte international relatif aux droits économiques, sociaux et culturels consacre les droits à caractère économique, social et culturel tels que l'égalité entre hommes et femmes concernant la jouissance des droits économiques, culturels et sociaux, le droit au travail, le droit à des conditions de travail justes et favorables, la liberté syndicale, le droit à la sécurité sociale, le droit à l'éducation, le droit à un niveau de vie suffisant[964].

[963] Sur les droits consacrés par le pacte relatif aux droits civils et politiques, voir les articles de 1 à 23.
[964] Sur les droits consacrés par le pacte relatif aux droits économiques, sociaux et culturels, voir les articles 1 à17.

Le Sénégal et le Congo-Brazzaville sont parties à ces deux pactes internationaux avant la consécration du renouveau démocratique. Ils y ont adhéré respectivement le 13 septembre 1978 et le 5 octobre 1983. Le Bénin, par contre, y a adhéré le 12 mars 1992. Ces trois États ont, également, adhéré aux conventions spécifiques dans le cadre de l'Organisation des Nations Unies.

B- Les conventions spécifiques des Nations Unies

Les conventions spécifiques sont, pour l'essentiel, destinées à prendre en compte des catégories plus sensibles des droits de l'Homme qui, pour mieux être protégés, recommandent des mesures spécifiques et concrètes. On distingue les conventions relatives à la protection des droits spécifiques (1) et les conventions relatives aux catégories spécifiques (2).

1- Les conventions relatives à la protection des droits humains spécifiques

La politique des Nations Unies dans le cadre de la prévention et de la répression de certains actes portant atteinte à l'humanité s'est affirmée par l'adoption des instruments divers qui contribuent à encadrer certaines susceptibilités des droits de l'Homme dont la prise en compte par des instruments généraux peut paraître inefficace. Au nombre des conventions y afférentes, on peut évoquer entre autres:

- **la Convention internationale pour la prévention et la répression du crime de génocide** du 9 décembre 1948 dont l'objectif est de condamner tout acte commis dans l'intention de parvenir au meurtre des membres d'un groupe, d'atteinte grave à l'intégrité physique ou mentale des membres d'un groupe, de soumission des membres d'un groupe à des conditions d'existence devant entraîner leur destruction physique totale ou partielle, voire des mesures de nature à entraver les naissances au sein d'un groupe, le transfert forcé des membres d'un groupe vers un autre groupe. Le Sénégal a adhéré à cette convention le 4 août 1983.

- **La Convention sur l'imprescriptibilité des crimes de guerre et des crimes contre l'humanité** du 26 novembre 1968. Elle considère comme imprescriptibles les crimes de guerre et les crimes contre l'humanité tels qu'ils sont définis par des instruments internationaux pertinents. La nature imprescriptible de ces crimes ne tient pas compte du moment où les faits ont été commis que ce soit en temps de paix ou de guerre. Elle s'applique aux autorités qui représentent un État et aux particuliers reconnus coupables d'un quelconque de ces crimes qui y ont participé en tant qu'acteurs ou en tant que complices, ou qui se sont rendus coupables d'incitation directe à l'accomplissement de l'un de ces crimes ou qui ont participé à une entente en vue de le commettre, quel que soit son degré d'implication ainsi qu'aux représentants de l'État qui ont toléré l'accomplissement du crime[965].

- **La Convention internationale sur l'élimination et la répression du crime d'apartheid** du 30 novembre 1973 qui condamne tout acte de meurtre, d'esclavage, de privation de liberté physique, de violence et persécution commis par un régime institutionnalisé dans le cadre d'une oppression ou domination d'un groupe racial sur un autre groupe racial. Le Sénégal, le Bénin et le Congo Brazzaville ont tous adhéré à cette convention respectivement le 18 février 1977, le 30 décembre 1974 et le 5 octobre 1983.

- **La Convention internationale contre l'apartheid dans les sports** du 10 décembre 1985. Par cette convention, les États parties s'engagent à mener une politique visant à éliminer la pratique de l'apartheid dans le sport, à ne pas permettre des contacts avec des pays pratiquant la politique d'apartheid en refusant, notamment toute aide financière devant permettre aux organisations et équipes sportives de ces pays de participer aux activités sportives et en refusant de recevoir sur leurs territoires les sportifs venant des pays pratiquant l'apartheid[966]. Cette Convention est pratiquement en désuétude, depuis la fin du règne de l'apartheid en Afrique du Sud.

2- Les conventions relatives à la protection des domaines spécifiques des droits de l'Homme

Au nombre des conventions élaborées dans ce cadre, et actuellement en vigueur, il y a notamment:

- **La convention internationale sur l'élimination de toutes les formes de discrimination à l'égard des femmes du 18 décembre 1979**. Cette Convention, à laquelle plusieurs États africains ont souscrit, proscrit toutes distinctions, limitations ou éliminations en raison du sexe, qui aurait pour finalité d'empêcher aux femmes la jouissance égale avec les hommes des droits de l'Homme et des libertés principales en matière politique, civique, sociale et

[965] Voir l'article premier de la convention.
[966] Voir les articles 2 à 5 de la convention.

culturelle. Elle impose aux pays d'appliquer le principe d'égalité des femmes et des hommes[967].

- **La convention relative aux droits de l'enfant** qui consacre la promotion des droits de l'enfant à travers la non-discrimination de celui-ci, la valorisation de son intérêt supérieur, son droit à la survie et la prise en compte de son opinion. Elle oblige les Etats-parties à prendre toutes les mesures législatives, administratives et autres nécessaires à la protection et la promotion des droits qui y sont proclamés.

- **La convention contre la torture et autres peines ou traitements cruels, inhumains ou dégradants** qui fait obligation aux Etats-parties de prendre toutes les mesures concrètes afin d'empêcher la torture à l'intérieur de leurs frontières et de renvoyer une personne dans un État dans lequel il y a une grande possibilité qu'elle y soit torturée.

- **La convention relative aux droits des handicapés** promeut la pleine jouissance des droits fondamentaux par les personnes handicapées et leur participation à la vie politique, économique et socioculturelle.

- **La convention internationale sur l'élimination de toutes les formes de discrimination raciale** condamne toute distinction, exclusion, restriction ou préférence fondée sur la race, la couleur, l'ascendance ou l'origine nationale ou ethnique, qui a pour but de détruire ou de compromettre la reconnaissance, la jouissance ou l'exercice, dans des conditions d'égalité, des droits de l'Homme et des libertés fondamentales dans les domaines politique, économique, social et culturel.

Toutes ces conventions expriment la nécessité de prendre en compte progressivement des domaines particuliers des droits de l'Homme. Cette formulation permet d'adapter des droits avec l'apparition des dangers qui n'étaient pas pris en compte jusque-là.
Comme on peut le constater, l'engagement des États d'Afrique noire francophone dans le cadre de la politique des Nations Unies en matière des droits de l'Homme est manifeste ainsi que l'atteste l'effectivité de la participation de ces États aux différents instruments y relatifs. Cette participation est aussi affirmée dans le cadre des Conventions régionales.

---

[967] Le Congo-Brazzaville a adhéré à cette convention le 26 juillet 1982, le Sénégal, le 5 février 1985 et le Bénin le 12 mars 1992.

Paragraphe 2 : Les Conventions africaines

Au niveau régional, l'Afrique n'est pas restée en marge de la dynamique mondiale qui consiste à favoriser l'émergence des mécanismes de protection et de promotion des droits de l'Homme sur des bases géographiques. Ainsi, à l'instar des États américains et européens[968], la région africaine dispose des instruments propres relatifs aux droits de l'Homme auxquels la quasi-totalité des Etats ont adhéré. Il s'agit, principalement, des chartes africaines (A) et d'autres conventions particulières (B).

A- Les Chartes africaines

Le continent africain dispose actuellement de deux principaux instruments qui constituent les piliers de l'affirmation des États en matière de défense des droits de l'Homme. Il s'agit de la Charte de L'Union africaine (1) et de la Charte africaine des droits de l'Homme et des peuples (2).

1- La Charte de l'Union africaine

Sur le plan régional, l'engagement des États d'Afrique noire francophone en faveur de la protection et de la promotion des droits de l'Homme a toujours été affirmé au sein de l'Organisation de l'unité africaine (OUA) puis de l'Union africaine (UA). Les Chartes portant création de ces organisations ont été adoptées par tous les États du continent. Dans le cadre de leurs missions respectives, elles placent la question de la promotion et de la protection des droits de l'Homme au centre des objectifs de l'organisation. La Charte de l'OUA confiait à cette structure, entre autres objectifs, la lutte pour la décolonisation et contre l'apartheid. Ce qui justifie que l'action de l'OUA soit essentiellement dirigée sur le droit des peuples à disposer d'eux-mêmes[969]. L'Union africaine qui lui a succédé n'a pas remis en cause ses missions. La charte de l'UA prescrit à cette structure d'encourager la coopération internationale en tenant compte de la Charte des Nations Unies et de la Déclaration universelle des droits de l'Homme, de promouvoir la paix, la sécurité et la stabilité du continent, de promouvoir et de protéger les droits des populations en accord avec la Charte africaine des droits de l'Homme et des peuples et de promouvoir la coopération dans tous les domaines d'activités humaines pour élever le niveau de vie des peuples africains.

---

[968] Les Etats américains, en dehors des USA, ont adopté la convention américaine des droits de l'Homme qui est entrée en vigueur en 1978.

[969] S. HENNETTE-VAUCHEZ et D. ROMAN, *Droits de l'Homme et libertés fondamentales. 1ère édition*, Paris, Dalloz, 2013, p. 117.

On peut déduire que l'activisme des États africains au sein de leur structure régionale en faveur des droits de l'Homme est évident, comme le témoigne la forte adhésion de ceux-ci aux instruments fondateurs et à la Charte africaine des droits de l'Homme et des peuples.

2- La Charte africaine des droits de l'Homme et des peuples

Dans le droit fil de leur engagement dans le cadre de la charte de l'UA, les États d'Afrique noire francophone ont adopté en 1981, la Charte africaine des droits de l'Homme et des peuples qui est, à ce jour, le principal instrument africain en la matière. Elle a reçu l'adhésion de tous les États du continent. La plupart des préambules des constitutions des Etats d'Afrique noire francophone déclarent qu'elle fait partie intégrante de la constitution.
Du point de vue de son contenu, la Charte africaine des droits de l'Homme et des peuples est un texte qui *« consacre autant les droits des peuples que les devoirs de l'individu »*[970]. Elle garantit les droits civils et politiques, les droits économiques et sociaux et d'autres droits comme le droit à un environnement satisfaisant. La Charte fixe les devoirs de l'individu envers les autres, la collectivité, l'État et la communauté internationale. Elle assure la promotion et la protection de la morale et des valeurs traditionnelles reconnues par la communauté internationale. Elle assure, également, la protection et la promotion des droits de la femme tels que le droit à l'éducation, à la participation à la vie publique, aux droits économiques et sociaux.
Dans le cadre de l'organisation panafricaine, les États africains ont par ailleurs, élaboré des conventions pertinentes dans des domaines spécifiques.

B- Les conventions africaines particulières

En dehors de la Charte de l'Union africaine et de la Charte africaine des droits de l'Homme et des peuples, les États africains ont adopté des conventions particulières sur le plan continental (1). De même, au niveau de chaque sous-région, des initiatives intéressantes sont adoptées en faveur des droits de l'Homme (2).

1- Les conventions régionales particulières

La promotion et la protection des droits de l'Homme en Afrique connaissent l'émergence d'un cadre conventionnel important pour la prise en compte de certaines questions spécifiques. Dans ce sens, les États africains ont fait montre d'unanimité dans la mise en place des mécanismes de garantie des

---

[970] S. HENNETTE-VAUCHEZ, D. ROMAN, « Droits de l'Homme et libertés fondamentales », op. cit. p. 118.

droits de l'Homme par la création de la Commission africaine des droits de l'Homme et des peuples et de la Cour africaine des droits de l'Homme et des peuples. Ces deux organes feront l'objet de nos développements dans la partie consacrée aux mécanismes de garantie de la démocratie et de l'État de droit.

On peut évoquer, notamment, dans le cadre des conventions africaines spécifiques, la Charte africaine des droits et du bien-être de l'enfant, la Charte africaine de la démocratie, des élections et de la gouvernance.

La Charte africaine des droits et du bien-être de l'enfant a été adoptée en juillet 1990 et est entrée en vigueur en 1999. Elle est l'émanation de plusieurs conventions dont la Convention des Nations Unies sur les droits de l'enfant, la Déclaration universelle des droits de l'Homme, la Déclaration sur le bien-être de l'enfant africain adoptée en juillet 1979, la Charte africaine des droits de l'Homme et des peuples. Elle s'applique, sans discrimination, à tous les enfants à qui elle reconnaît les droits à la vie, à l'éducation, aux loisirs, à la culture, à l'expression, à la liberté de pensée et à la vie privée. Aussi, elle proscrit l'exploitation et les mauvais traitements à l'égard des enfants africains. Cette Convention est ratifiée par la plupart des États africains, notamment par le Bénin, le 17 avril 1997, le Congo-Brazzaville, le 8 septembre 2006 et le Sénégal, le 29 septembre 1998.

La Charte africaine de la démocratie, des élections et de la bonne gouvernance a été adoptée en 2007 et est entrée en vigueur le 16 janvier 2012. Elle vise la promotion des valeurs universelles de la démocratie, le respect des droits de l'Homme, de la légalité constitutionnelle. Elle condamne les changements anticonstitutionnels de Gouvernements qui sont la principale cause des conflits internes en Afrique[971]. Elle assure la promotion de l'indépendance du pouvoir judiciaire, des bonnes pratiques en matière électorale, des droits de l'Homme, de la bonne gouvernance, des droits des femmes, des minorités ethniques, des personnes handicapées, des migrants et des personnes déplacées. Cette Convention a été signée par plusieurs États africains[972] mais n'a pas encore été ratifiée par la plupart d'entre eux[973].

D'autres mécanismes, non moins négligeables, ont été adoptés par les États d'Afrique noire francophone dans le cadre des organisations sous-régionales.

---

[971] A. T. LY, « Les changements anticonstitutionnels de Gouvernements en Afrique », op. cit. pp. 320-321.

[972] Le Congo, le Bénin et le Sénégal l'ont respectivement signée le 18 juin 2007, le 16 juillet 2007 et le 15 décembre 2008.

[973] Cette convention est ratifiée, entre autres, par l'Afrique du Sud, le Burkina Faso, l'Ethiopie, le Ghana, la Guinée, le Lesotho, la Mauritanie, le Rwanda, la Sierra Léone et la Zambie.

2- Les conventions sous-régionales particulières

Sur le plan sous-régional, les États d'Afrique noire francophone participent à l'émergence des dynamiques de promotion de diverses initiatives sectorielles en faveur des droits de l'Homme. Il en est ainsi des instruments adoptés dans le cadre de la Communauté économique des États de l'Afrique de l'Ouest (CEDEAO), de la Communauté des États de l'Afrique australe (SADC), de la Communauté économique et monétaire de l'Afrique centrale (CEMAC) et de l'Union économique et monétaire de l'Afrique de l'ouest (UEMOA). Ces différentes sous-régions ont adopté des Conventions spécifiques pour assurer la promotion de certains principes universels et africains. Il s'agit, notamment, du protocole sur la démocratie et la bonne gouvernance de la CEDEAO, de la communauté des États de l'Afrique australe (SADC), de la CEMAC et de l'UEMOA et les directives sous-régionales relatives aux finances publiques de la CEMAC et de l'UEMOA qui visent l'amélioration de la gestion des finances publiques et de la comptabilité des données financières de chaque État par la surveillance multilatérale des politiques budgétaires en vue d'assurer une meilleure gestion des ressources nationale. Ces directives ont été intégrées dans les législations nationales des différents États. Ainsi, les États africains savent désormais que *« leur honorabilité internationale et leur audience dans leur propre pays dépendent de leur aptitude à gérer les affaires du pays de manière transparente et efficace dans le respect des droits de l'Homme »*[974].

Il découle de l'observation que l'amélioration sensible et progressive de la situation des droits de l'Homme en Afrique noire francophone est le résultat de leur intégration au rang des préoccupations majeures du nouveau constitutionnalisme. La prise en compte de cette préoccupation est, aujourd'hui, effective à partir des normes juridiques qui ont permis, d'une part, l'émergence d'un cadre juridique propice à la promotion et à la protection des droits inhérents à chaque individu et, d'autre part, la préservation de ces droits contre les abus des gouvernants par l'internationalisation des mécanismes de protection y relatifs.

---

974 G. CONAC, « Quelques réflexions sur le nouveau constitutionnalisme africain », op. cit. p. 32.

Chapitre II : L'internationalisation des mécanismes de protection des droits de l'Homme

La plupart des États africains ont souscrit aux mécanismes régionaux et internationaux mis en place dans le cadre de l'Organisation des Nations Unies et de l'Union africaine[975] . Ces mécanismes contribuent à la protection et à la promotion de plusieurs principes constitutionnels qui fondent le nouveau constitutionnalisme africain, notamment la démocratie et l'État de droit[976]. Ce processus d'internationalisation des principes universels et régionaux n'est pas exclusif aux États d'Afrique noire francophone. Elle traduit une tendance à la *« mondialisation du droit international »*[977] dont l'évolution actuelle remet en question *« l'un des piliers de la souveraineté des États : le principe d'autonomie constitutionnelle et la liberté qu'a chaque État de choisir son système politique, économique, social et culturel »*[978]. Les Etats d'Afrique noire francophone participent à la cristallisation de cette mutation profonde du constitutionnalisme du fait de leur adhésion à ces mécanismes qui consacrent des organes de surveillance, des tribunaux, des commissions, des comités... qui rendent des décisions, donnent des avis, font des recommandations qui doivent impérativement être exécutés par des États souverains. Par ailleurs, ces États, comme bien d'autres, sont parvenus au point de reconnaître le droit à leurs citoyens d'être sujets du droit international par la capacité qui leur est dorénavant offerte de présenter des requêtes contre les États. Il s'agit d'une formidable évolution en faveur de la promotion et de la protection des droits de l'Homme. Cette évolution résulte de la volonté exprimée par les États de créer et/ou d'accepter le fonctionnement des mécanismes externes à leur ordonnancement mais complémentaires dans la réalisation des objectifs du

---

[975] Ces adhésions ont été faites, pour l'essentiel, en fonction des contextes différents. On peut ainsi distinguer une première vague qui a suivi la proclamation des indépendances et marquée par un enthousiasme en faveur des principes universels qui représentaient la marque des nations civilisées. La deuxième vague est celle qui marque la domination des théories socialistes sur le continent avec pour corollaires la réticence des Etats vis-à-vis de l'occident et du libéralisme. Au cours de cette période, peu d'instruments seront ratifiés par les Etats, ces derniers n'observeront presque pas les exigences des instruments antérieurement ratifiés et le bilan sur le respect des droits de l'Homme sera des plus mitigés. Enfin la dernière vague est celle du renouveau démocratique actuellement en vigueur. Voir André CABANIS et Michel Louis MARTIN, « Les constitutions d'Afrique francophone », op. cit. p. 31.

[976] L'Etat de droit, ainsi que l'affirme Babacar GUEYE, est devenu, une référence majeure du discours de légitimation politique et juridique, in « La démocratie en Afrique : succès et résistances », op. cit. p. 5.

[977] S. LAGHMANI, *Histoire du droit des gens, du jus gentium impérial au jus publicum europaeum*, Paris, A. Pedone, 2003, p. 1.

[978] Ibid.

nouveau constitutionnalisme. Ces mécanismes sont de nature régionale (Section I) et internationale (Section II).

Section I : Les mécanismes régionaux

L'évolution du constitutionnalisme africain des années 1990 laisse entrevoir un épanouissement, au niveau régional, des mécanismes de protection de la démocratie et de l'État de droit. C'est, en réalité, l'aboutissement de plusieurs initiatives africaines qui ont alimenté des réunions au sommet des États sous des concepts évocateurs et variés. Cette volonté de confier la réalisation de certains buts de portée universelle à la commune surveillance de l'ensemble des États africains, particulièrement notable, à partir de la dernière décennie du vingtième siècle, a permis à l'Afrique de s'arrimer aux modèles d'organisation mis en place dans les autres régions, à l'instar de l'Europe et de l'Amérique. Elle a permis que s'ouvre, en Afrique, *« une majestueuse avenue pour la protection des libertés fondamentales »*[979], et bien d'autres principes de l'État de droit, sous le paravent du renouveau démocratique. Ainsi, en dehors des efforts entrepris par les États pour le fonctionnement des mécanismes classiques hérités de l'Organisation de l'Unité africaine (OUA), l'ingéniosité africaine a favorisé l'entrée en scène d'autres mécanismes aussi bien juridictionnels (Paragraphe 2) que non juridictionnels (Paragraphe 1).

Paragraphe 1 : Les mécanismes non juridictionnels de protection de la démocratie et de l'État de droit au niveau régional

En Afrique, la préoccupation pour la protection de la démocratie et de l'État de droit remonte aux origines de l'organisation panafricaine. Ainsi, sous l'égide de l'Organisation de l'unité africaine et de l'Union africaine, plusieurs mécanismes ont été mis en place à travers, notamment, la Charte africaine des droits de l'Homme et des peuples et la Charte africaine de la démocratie, des élections et de la gouvernance.

A- Les mécanismes de la Charte africaine des droits de l'Homme et des peuples

Dans le cadre de la protection et de la promotion des droits de l'Homme, les États africains ont fait montre d'une volonté innovante par la mise en place de mécanismes qui traduisent, sans nul doute, *« une approche des droits de*

[979] T. HOLO, Préface à l'ouvrage de Horace ADJOLOHOUN, *Droits de l'Homme et justice constitutionnelle en Afrique : le modèle béninois*, L'Harmattan, 2013, p. 13.

l'Homme qui se veut spécifiquement africaine »[980]. Cette volonté s'est exprimée à partir de la Charte africaine des droits de l'Homme et des peuples qui a, notamment, mis en place la Commission africaine des droits de l'Homme et des peuples (1) et a prévu la création des Rapporteurs spéciaux (2).

1- La Commission africaine des droits de l'Homme et des peuples

Lorsque l'on observe l'organisation de la Commission africaine des droits de l'Homme et des peuples, ce qui est remarquable, à première vue, c'est que cet organe exerce une compétence générale sur les matières qui relèvent des droits de l'Homme et des peuples à l'égard des États parties. En effet, elle est chargée *« de promouvoir les droits de l'Homme et des peuples et d'assurer leur protection en Afrique »*. À ce titre, elle a pour missions, entre autres, de rassembler la documentation, faire des études et des recherches sur des problèmes africains dans le domaine des droits de l'Homme et des peuples et, le cas échéant, de donner des avis ou faire des recommandations aux Gouvernements ; de formuler et d'élaborer, en vue de servir de base à l'adoption de textes législatifs par les Gouvernements africains, des principes et règles qui permettent de résoudre les problèmes juridiques relatifs à la jouissance des droits de l'Homme et des peuples et des libertés fondamentales.
La compétence de la Commission s'étend aux violations commises sur le territoire des Etats-parties. La Commission est, également, compétente lorsque la violation, imputable à un Etat-partie, a lieu en dehors du territoire national des Etats-parties[981]. Il s'agit, en réalité, d'un mécanisme qui, d'une part, introduit dans le dispositif africain de sauvegarde de la démocratie et de l'État de droit, les principes adoptés par les États africains au niveau universel et, d'autre part, met en place un système de surveillance régional des États dans le domaine de la protection et la promotion des droits de l'Homme.
La Commission africaine des droits de l'Homme et des peuples se particularise, également, par sa composition qui lui assure une réelle indépendance vis-à-vis des Etats-parties. Ainsi, l'élection des membres de la commission tient compte de la représentativité géographique et du profil personnel des candidats.
Les membres de la Commission siègent à titre personnel. Ils ne sont pas les représentants des États et n'assument pas de mandats pour le compte des États. Les onze membres de la Commission africaine des droits de l'Homme

---

[980] M. KAMTO, « L'énoncé des droits dans les constitutions des Etats africains francophones », op. cit. p. 19.
[981] Jean-Nazaire TAMA, *Droit international et africain des droits de l'Homme*, Paris, L'Harmattan, 2012, p. 231.

et des peuples sont tenus de remplir des conditions subjectives et objectives. Les conditions subjectives se fondent sur les qualités intrinsèques de la personne et consistent, pour l'essentiel, à l'exigence d'avoir une bonne réputation dans son pays d'origine. Les conditions objectives concernent l'exigence d'une connaissance en droits de l'Homme et une expérience en droit[982]. Les membres de la commission doivent être présentés par les Etats-parties parmi leurs ressortissants. Le principe est que chaque État présente au moins deux candidats. Toutefois, aucun État ne doit avoir plus d'un membre élu au sein de la commission. Les membres de la commission sont élus pour un mandat de six ans. La commission se renouvelle par tiers. Les membres de la commission élisent, en leur sein, un président et un vice-président. La commission est assistée par un secrétariat dont le responsable est désigné par le président de la commission après l'avis du secrétaire général de l'Union africaine.

L'autre trait caractéristique de la commission africaine est sa saisine qui est ouverte aux Etats-parties, aux individus et aux Organisations non gouvernementales. Un État peut saisir la commission pour des violations des droits de l'Homme commises par un autre Etat-partie[983]. Lorsque la commission est saisie par un individu ou une ONG, le requérant est assujetti à certaines conditions : la requête, ainsi formulée, doit indiquer l'identité de l'auteur, même si ce dernier demande à la commission d'observer son anonymat, elle ne doit pas contenir des termes outrageants ou insultants à l'égard de l'État, elle doit indiquer la nature des violations des droits de l'Homme et des peuples, le requérant doit avoir épuisé les voies de recours internes et la requête ne doit pas concerner des affaires entièrement réglées.

[982] Aux termes de l'article 31, « la Commission se compose de onze membres qui doivent être choisis parmi les personnalités africaines jouissant de la plus haute considération, connues pour leur haute moralité, leur intégrité et leur impartialité, et possédant une compétence en matière de droits de l'Homme et des peuples, un intérêt particulier devant être donné à la participation de personnes ayant une expérience en matière de droit ».

[983] Conformément aux articles 47 et 48 de la Charte, lorsqu'un Etat-partie à la Charte africaine des droits de l'Homme et des peuples constate qu'autre Etat a violé certaines dispositions de la charte, il peut saisir, au moyen d'une communication écrite, l'autre Etat. Cette communication sera, dans le même temps, adressée au secrétaire général de l'Union africaine et au président de la commission. Après réception de cette communication et dans un délai de trois (3) mois, l'Etat destinataire est tenu en retour de fournir à l'Etat qui a adressé la communication des explications ou déclarations écrites suffisamment documentées en indiquant les mesures prises par lui pour résoudre la situation. Ces mesures doivent préciser les dispositions législatives ou réglementaires applicables (dans le cas où la résolution de la situation ne serait pas encore amorcée) ou appliquées (dans le cas où la situation serait réglée ou en voie de l'être), les moyens de recours soit utilisés, soit en instance, soit encore ouverts. Si dans un délai de trois mois, à compter de la date de réception de la communication par l'Etat destinataire, la question n'est pas réglée à la satisfaction des deux Etats par voie de négociation bilatérale ou par toute autre procédure pacifique, l'un des deux Etats peut soumettre la question à la commission par notification adressée à son président, à l'autre Etat et au secrétaire général de l'Union africaine.

La Commission africaine des droits de l'Homme et des peuples se caractérise enfin par la nature de la procédure devant elle qui est essentiellement confidentielle[984] et permanente. A tout moment, la commission peut être saisie d'une situation qui revêt un caractère urgent et grave. Dans ce cas, elle peut attirer l'attention de la Conférence des chefs d'État lorsqu'elle est en session.
En dehors des sessions, la commission, par l'entremise de son président, saisit le secrétaire général de l'Union africaine qui peut, à son tour, demander à la commission d'entreprendre des études et lui en faire rapport.

2- Les rapporteurs spéciaux

La Charte africaine des droits de l'Homme et des peuples dispose de l'office des rapporteurs spéciaux rattachés aux mécanismes de la Commission africaine des droits de l'Homme et des peuples. Ceux-ci sont investis de la mission de supervision et d'observation, dans les différents États membres, pour rendre compte de l'évolution de la mise en œuvre, par les Etats, de leurs obligations.
Au nombre de ceux-ci, on peut évoquer le rapporteur spécial sur les exécutions extrajudiciaires, sommaires ou arbitraires, le rapporteur spécial sur les prisons et les conditions de détention, le rapporteur spécial sur la liberté d'expression et l'accès à l'information, le rapporteur spécial sur les défenseurs des droits de l'homme et le rapporteur sur les droits de la femme.
Le rapporteur spécial sur les exécutions extrajudiciaires, sommaires ou arbitraires a pour mission d'élaborer un système d'information sur les cas d'exécutions extrajudiciaires, sommaires ou arbitraires dans les États africains, de mener des enquêtes avec l'aide des autorités étatiques ou les ONG nationales, africaines ou internationales, afin de parvenir à identifier et à situer la responsabilité des auteurs et des instigateurs desdites exécutions, de proposer des mécanismes susceptibles d'informer à temps la Commission de l'imminence ou l'éventualité d'exécutions extrajudiciaires, sommaires ou arbitraires en vue de saisir la Conférence des chefs d'État et de Gouvernement, d'œuvrer pour la poursuite des auteurs d'exécutions extrajudiciaires, sommaires ou arbitraires et d'aider à la réhabilitation des victimes ainsi qu'au dédommagement des familles des victimes.

---

[984] Lorsque la commission est saisie d'une communication, elle informe l'Etat poursuivi. Ce dernier est tenu de fournir à la commission toutes les informations utiles sur la violation invoquée. Le requérant est informé des observations faites par l'Etat poursuivi et est lui aussi tenu de faire ses observations et réponses à celles formulées par l'Etat poursuivi. A ce niveau de la procédure, la commission peut s'investir à trouver une solution à l'amiable. Lorsque la commission n'a pas pu parvenir à une solution à l'amiable ou tout autre compromis entre les différentes parties, la commission établit son rapport sur l'affaire en retraçant les faits et en faisant ressortir ses conclusions. Elle les transmet à la Conférence des chefs d'Etat et de Gouvernement de l'Union africaine avec les propositions y relatives.

Le rapporteur spécial sur les prisons et les conditions de détention a pour mission de rechercher et de recevoir des informations sur des cas ou des situations relatives aux prisons et aux conditions de détention. Dans ce sens, il collecte des informations auprès des États, des ONG ou d'autres sources dignes de foi. Il peut envisager la mise en place d'un système d'alerte rapide et d'action urgente pour éviter des drames ou catastrophes dans les lieux de détention. Il peut, également, à la demande de la commission, faire des recommandations concernant les communications introduites par les personnes ayant été privées de liberté, les représentants d'ONG, les familles ou d'autres personnes ou institutions concernées.
Le rapporteur spécial sur la liberté d'expression et l'accès à l'information a pour mandat d'analyser les législations, les politiques et les pratiques nationales sur les médias au sein des États membres, de contrôler leur conformité avec les normes en matière de liberté d'expression et d'accès à l'information, en général, et de donner aux États membres des avis sur la question, d'effectuer des missions d'établissement des faits dans les États membres d'où proviennent des informations faisant état des violations systématiques du droit à la liberté d'expression et de déni de l'accès à l'information, d'effectuer des missions de promotion et d'entreprendre toute autre activité susceptible de renforcer la pleine jouissance de la liberté d'expression et la promotion de l'accès à l'information, de faire les recommandations appropriées et de soumettre des rapports à chaque session de la Commission africaine.
Le rapporteur spécial sur les défenseurs des droits de l'Homme en Afrique a pour mission d'assurer le suivi de la situation des défenseurs des droits de l'Homme en raison des risques encourus par ces derniers ainsi que les violations dont ils sont victimes. Son mandat est de rechercher, recevoir, examiner et agir sur l'information concernant les défenseurs des droits de l'Homme, de soumettre, à chaque session de la Commission africaine, un rapport les concernant, de collaborer avec les différents acteurs tels que les États membres, les institutions nationales des droits humains, les organismes intergouvernementaux, les mécanismes internationaux et régionaux, les défenseurs et les autres partenaires, d'élaborer et de faire des recommandations visant à mieux protéger les défenseurs des droits humains.
Le rapporteur sur les droits de la femme est un mécanisme instauré suite à la nécessité de mettre un accent particulier sur les problèmes spécifiques que rencontrent les femmes dans certains États. Il est chargé, notamment, de servir de point focal pour la promotion et la protection des droits de la femme, d'assister les Gouvernements dans la formulation et la mise en œuvre de leurs politiques de promotion et de protection des droits de la femme et dans l'harmonisation des législations nationales, d'entreprendre des missions de promotion et d'établissement des faits dans les pays africains membres de l'UA et d'enquêter sur la situation des droits de la femme dans les pays visités, de suivre la mise en œuvre de la Charte

africaine des droits de l'Homme et des peuples et son protocole relatif aux droits de la femme, d'entreprendre une étude comparative sur la situation de la femme en Afrique, de collaborer avec les différents acteurs.
En dehors des mécanismes mis en place dans le cadre de la Charte africaine des droits de l'Homme et des peuples, le cadre juridique de protection de la démocratie et de l'État de droit présente une originalité indéniable avec l'adoption de la Charte africaine de la démocratie, des élections et de la gouvernance.

A- La charte africaine de la démocratie, des élections et de la gouvernance

La Charte africaine de la démocratie, des élections et de la gouvernance a été adoptée par la huitième session ordinaire de la Conférence des chefs d'État tenue le 30 juin 2007 à Addis-Abeba en Éthiopie. À ce jour, plusieurs États africains comme le Bénin, le Sénégal et le Congo-Brazzaville l'ont signée. Toutefois, le Sénégal et le Congo-Brazzaville ne l'ont pas encore ratifiée. En dépit de la réticence affichée par les États pour la ratification de cet instrument, il n'est pas moins vrai qu'il constitue une *« référence dans la pensée politique commune en Afrique »*[985]. D'ailleurs, la cour internationale de justice reconnaît que *« les accords signés mais non ratifiés peuvent constituer l'expression fidèle des vues communes des parties à l'époque de la signature »*[986]. Tant il est vrai, cette charte constitue une approche originale dans la protection de la démocratie et l'État de droit en Afrique (1) en même temps qu'elle constitue, de la part des États africains, un engagement porteur de stabilité politique et institutionnelle (2).

1- Une approche originale de protection de la démocratie et l'État de droit

La Charte africaine de la démocratie, des élections et de la gouvernance est l'aboutissement d'un *« mouvement que l'on voit se dessiner dès le début des années 1990 se traduisant par un infléchissement de l'autonomie constitutionnelle des États et par la montée du droit international dans les dispositions constitutionnelles des États »*[987]. Elle est adoptée après plusieurs initiatives ayant conduit l'organisation africaine à adopter, notamment la déclaration sur la situation politique et socio-économique en Afrique et les

---

985 B. TCHIKAYA, « La Charte africaine de la démocratie, des élections et de la gouvernance », *Annuaire français de droit international*, n°54, 2008, p. 516.
986 CIJ, délimitation maritime et questions territoriales entre le Qatar et le Bahreïn, 16 mars 2001, cité par TCHIKAYA, Blaise « La Charte africaine de la démocratie, des élections et de la gouvernance », op. cit. , p. 517.
987 B. TCHIKAYA, idem.

changements fondamentaux qui se produisent dans le monde, lors du 26ème sommet de l'OUA, à Addis-Abeba, du 9 au 11 juillet 1990, la déclaration d'Alger sur la nécessité d'une nouvelle Afrique politique du 14 juillet 1999, la déclaration sur les principes régissant les élections démocratiques en Afrique du 8 juillet 2002 à Durban (Afrique du Sud).

La Charte africaine de la démocratie, des élections et de la gouvernance propose des dispositions innovantes en vue d'instaurer et de préserver la démocratie et l'État de droit en Afrique.

S'agissant de la démocratie, son préambule reconnaît les contributions de l'Union africaine et des organisations sous régionales à la *« promotion, à la protection, au renforcement et à la consolidation de la démocratie ».* L'article 3 indique que la dévolution du pouvoir, ainsi que son exercice, ne peuvent se faire que *« conformément à la constitution de l'État et au principe de l'État de droit ».* Les principes de la séparation des pouvoirs, de la participation des citoyens à la désignation des gouvernants et à la gestion des affaires publiques, le rôle des partis politiques sont consacrés. Il en va de même du pluralisme politique, notamment, par la reconnaissance du rôle, des droits et obligations des partis politiques, légalement constitués, y compris les partis politiques de l'opposition qui doivent bénéficier d'un statut légal. La Charte invite les Etats à élaborer *« des programmes et à entreprendre des activités visant à promouvoir des principes et pratiques démocratiques ainsi qu'à consolider la culture de la démocratie et de la paix ».*

En ce qui concerne les élections, les États s'engagent *« à tenir régulièrement des élections transparentes, libres et justes »*[988]. Dans cette perspective, chaque Etat doit créer et renforcer les organes électoraux nationaux, indépendants et impartiaux, chargés de la gestion des élections et mettre en place des mécanismes nationaux pour régler, dans les meilleurs délais, le contentieux électoral. Ils doivent s'assurer que les partis et les candidats, qui participent aux élections, ont un accès équitable aux médias d'État. Les gouvernants doivent susciter l'adoption des codes de bonne conduite qui lieraient les parties avant, pendant et après les élections. Les Etats-parties peuvent solliciter, auprès de la commission, l'expertise nécessaire à la tenue régulière d'élections transparentes, libres et justes.

Sur la gouvernance, la Charte fixe les actes à réaliser par les États en vue de concourir à la gouvernance[989]. Il s'agit, notamment, de renforcer les capacités des parlementaires et des partis politiques, légalement reconnus, pour leur permettre d'assumer leurs fonctions principales, d'entreprendre des réformes régulières des systèmes juridique et judiciaire, d'améliorer l'efficience et l'efficacité de l'administration publique et de lutter contre la

---

988 Conformément à l'article 17 de la Charte africaine de la démocratie, des élections et de la gouvernance.

989 Voir les articles 27 à 43 de la Charte africaine de la démocratie, des élections et de la gouvernance

corruption. La Charte insiste sur le développement des secteurs clés comme celui des technologies de l'information et de la communication, la liberté d'expression, la lutte contre l'impact des pandémies comme le paludisme, la tuberculose, le VIH/SIDA, la fièvre Ebola et la grippe aviaire. La charte met en exergue certains principes comme l'utilisation judicieuse et durable des ressources naturelles, la transparence et l'obligation de rendre compte par l'administration, la création des conditions favorables à l'épanouissement des organisations de la société civile, la nécessité d'intégrer, dans les programmes scolaires, l'éducation civique sur la démocratie et la paix.
L'originalité de cet instrument tient aussi à la possibilité qu'offrent les principes qui y sont consacrés pour la stabilité politique et institutionnelle en Afrique.

2- Un engagement porteur de stabilité politique et institutionnelle en Afrique

L'Union africaine a réalisé une œuvre fondamentale dans la lutte contre la prolifération des Gouvernements antidémocratiques, en Afrique, avec la Charte africaine de la démocratie, des élections et de la gouvernance.
Elle définit ce qu'elle entend par changement anticonstitutionnel, notamment, tout putsch ou coup d'État contre un Gouvernement élu, toute intervention de mercenaires pour renverser un Gouvernement démocratiquement élu, toute intervention de groupes dissidents armés ou de mouvements rebelles pour renverser un Gouvernement démocratiquement élu, tout refus par un Gouvernement en place de remettre le pouvoir au candidat élu vainqueur à l'issue d'élections libres, justes et régulières, tout amendement ou toute révision des constitutions ou des instruments juridiques qui porte atteinte aux principes de l'alternance démocratique[990].
On peut constater que cette Charte est une réponse de l'organisation panafricaine au climat d'instabilité institutionnelle qui a régné sur le continent depuis son accession à l'indépendance jusqu'à nos jours. En effet, que ce soit sous le règne du monopartisme ou sous celui du renouveau constitutionnel, l'Afrique connaît une évolution institutionnelle particulière. Le monopartisme a été le théâtre des coups d'État perpétrés dans certains États en vue d'obtenir des changements de Gouvernements alors que la période du renouveau démocratique a fait émerger une tendance à la perpétuation de certains faits antidémocratiques comme l'imperfection des élections, les révisions opportunistes des constitutions... Tous ces phénomènes visent la conservation indéfinie du pouvoir. La Charte africaine de la démocratie, des élections et de la gouvernance se saisit de tous ces phénomènes réels aussi bien sous le monopartisme que sous la période du

[990] Article 23 de la Charte africaine de la démocratie, des élections et de la gouvernance.

renouveau démocratique pour asseoir des mécanismes destinés à lutter contre les changements anticonstitutionnels de Gouvernements.
Dans cette perspective, lorsque l'un des cas énumérés par la charte se produit, l'Union africaine choisit, avant tout, la voie de la négociation diplomatique avec les auteurs. Si ces derniers s'obstinent à restaurer la légalité constitutionnelle, elle procède à l'application des sanctions.
Elle procède, d'abord, par l'exclusion de l'État concerné des activités de l'organisation avec effet immédiat[991]. Ce fut le cas de la Guinée, après le coup d'État de Moussa Dadis CAMARA, le 23 décembre 2008.
Les auteurs du changement anticonstitutionnel sont, à leur tour, privés de certains droits comme la participation aux élections, l'occupation des postes de responsabilité[992]. Ils peuvent être transférés devant les instances de l'Union pour l'application des peines[993]. Les autres États membres sont fondés à les juger dans le cas où ils trouvent asile sur leur territoire.
Sur le plan économique, la Conférence des chefs d'État et de Gouvernement peut prononcer des sanctions contre l'État concerné[994].
Sur le plan diplomatique, les États sont tenus de ne pas recevoir ni d'accorder asile aux auteurs des changements anticonstitutionnels.
Il est prévu, également, des sanctions contre l'Etat qui a soutenu ou fomenté les changements anticonstitutionnels.
Les mécanismes mis en place par la Charte africaine des droits de l'Homme et des peuples n'ont aucun pouvoir de décision ni de sanction. L'organe de décision est la Conférence des chefs d'État et de Gouvernement. Cette situation a été suffisamment décriée eu égard au contraste entre les insuffisances du mécanisme prévu par la charte et l'importance des violations des droits de l'Homme sur le continent. Toutefois, l'organisation africaine dispose d'un mécanisme juridictionnel de protection des droits de l'Homme et des peuples.

Paragraphe 2 : Le mécanisme juridictionnel : la Cour africaine des droits de l'Homme et des peuples

La Cour africaine des droits de l'Homme a été créée par le protocole additionnel adopté le 9 juin 1998. Ce protocole est entré en vigueur en 2004. La création de cette Cour constitue une innovation importante dans le système africain de défense des droits de l'Homme (A) car, en toute

[991] Article 25.1 de la Charte africaine de la démocratie, des élections et de la gouvernance.
[992] Article 25.4 de la Charte africaine de la démocratie, des élections et de la gouvernance.
[993]Article 25.5 de la Charte africaine de la démocratie, des élections et de la gouvernance.
[994] Article 25 de la Charte africaine de la démocratie, des élections et de la gouvernance.

évidence, la garantie juridictionnelle est réputée être la procédure de protection la plus rigoureuse[995] (B).

A- Une innovation dans le système africain de protection de la démocratie et de l'État de droit

La création de cette juridiction constitue un pas important pour la protection des droits de l'Homme,[996] en ce qui concerne aussi bien l'organisation de la Cour (1) que l'aménagement des garanties juridictionnelles y afférentes (2).

1- L'organisation de la Cour

À première vue, l'organisation de la Cour africaine des droits de l'Homme et des peuples est, comme la Commission africaine des droits de l'Homme et des peuples, remarquable par sa composition. Les deux organes comprennent chacun onze membres. Les membres de la Cour africaine des droits de l'Homme et des peuples sont élus au scrutin secret par la Conférence des chefs d'État et de Gouvernement à titre personnel, pour un mandat de six ans, renouvelable une fois. Ils doivent être tous ressortissants des États membres. Les candidatures sont présentées par les États et, conformément à l'article 12 du protocole, chaque État peut proposer jusqu'à trois candidats dont deux nationaux. Toutefois, aucun État ne doit compter plus d'un membre élu au sein de l'institution.

L'autre fait marquant la composition de la Cour est l'intérêt accordé à la question du genre. La représentativité des femmes est prise en compte aussi bien lors de la présentation des candidatures par les Etats que lors de l'élection des membres de la Cour par la Conférence des chefs d'État et de Gouvernement.

Enfin, un accent particulier est mis sur l'observation de l'équilibre au sein de la Cour en termes de représentativité géographique et des systèmes juridiques du continent. L'objectif étant de faire en sorte que les différents courants juridiques se retrouvent au sein de cette juridiction et que cette diversité serve à la prise en compte des spécificités sociologiques et culturelles propres aux différents États membres.

Conformément au protocole, la Cour exerce des compétences consultatives et contentieuses.

Au titre des compétences consultatives, la juridiction panafricaine peut donner des avis, à la demande d'un État ou d'une organisation, sur toute

[995] I. SZABO, « Fondements historiques et développement des droits de l'Homme »,in *Les dimensions internationales des droits de l'Homme*, UNESCO, 1978, p.39.

[996] L. MUBIALA, « La Cour africaine des droits de l'Homme et des peuples, mimétisme institutionnel ou avancée judiciaire ? »,in *RGDIP*, juillet, septembre 1998, n°3 Pedone, Paris, p. 765 et suiv.

question juridique concernant la Charte ou tout instrument applicable relatif aux droits de l'Homme[997]. Ces avis ne sont pas obligatoires et ont vocation essentiellement à interpréter la Charte et les autres instruments relatifs aux droits de l'Homme.

Les compétences contentieuses concernent la possibilité pour la Cour de connaître des affaires liées à l'interprétation et à l'application de la Charte africaine des droits de l'Homme et des peuples, du protocole relatif à cette charte et de tout autre instrument relatif aux droits de l'Homme[998]. Décidément, il s'agit d'une compétence générale sur l'ensemble des questions touchant le domaine des droits de l'Homme ; ce qui coïncide bien avec l'existence des garanties juridictionnelles en vue d'assurer l'efficacité de la Cour.

2-L'aménagement des garanties juridictionnelles

Le protocole annonce certaines garanties qui ont pour but d'assurer l'indépendance des juges. Il s'agit, avant tout, de leur mode de désignation. Ils sont élus parmi les juristes jouissant d'une remarquable probité morale, assortis d'une compétence et une expérience juridiques, judiciaires ou académiques reconnues en matière de droits de l'Homme. Ensuite, ils sont assujettis à l'obligation de prêter serment. Ils s'engagent, par ce serment, à exercer leurs fonctions en toute impartialité et loyauté[999]. Enfin, dans l'exercice de leurs fonctions, ils disposent des privilèges et immunités diplomatiques.

En vue de garantir leur indépendance vis-à-vis de leurs États respectifs, il leur est interdit de siéger dans une affaire dans laquelle ils sont antérieurement intervenus à quelque titre que ce soit, et doivent, par conséquent, récuser toutes les affaires intéressant l'Etat dont ils ont la nationalité. De même, ils sont interdits d'exercer des activités incompatibles à leurs fonctions.

Sur le plan disciplinaire, ils dépendent de l'autorité exclusive de la Cour et non d'une autre instance.

S'agissant de son fonctionnement, les audiences de la Cour sont publiques. Le huis clos peut, toutefois, être requis. Ses arrêts sont obligatoirement motivés et rendus en séance publique.

Les garanties sont également offertes aux parties en procès devant la Cour. Celles-ci peuvent se faire assister ou représenter par un conseil juridique de leur choix. Toutefois, une assistance judiciaire gratuite peut être assurée dans l'intérêt de la justice. Une protection et des facilités peuvent être accordées aux personnes, témoins ou représentants des parties appelées à comparaître

[997] Voir l'article 4 du protocole relatif à la charte.
[998] Voir l'article 3 du protocole relatif à la charte.
[999] Conformément à l'article 16 du protocole.

devant la Cour. Celle-ci peut procéder à l'audition des témoins et peut, par ailleurs, diligenter une enquête en cas de nécessité. Dans des cas d'extrême gravité ou d'urgence, elle peut ordonner des mesures provisoires pour éviter des dommages irréparables.
La consécration de toutes ces dispositions innovantes participe de la volonté d'assurer une meilleure prise en charge juridictionnelle des questions liées aux droits de l'Homme en Afrique. Elles sont sous-tendues par des mécanismes de fonctionnement efficients destinés à garantir une meilleure protection des individus au-delà de la sphère des États.

B- Une protection plus efficace par l'efficience des mécanismes

Le mécanisme africain de justice pénale annonce son efficience par l'ouverture de la saisine de la Cour aux organes de l'Union africaine, aux États et aux particuliers (1) et par la portée de ses décisions (2).

1- Une saisine largement ouverte

La Cour africaine des droits de l'Homme et des peuples peut recevoir deux types de recours : ceux émanant directement des organes de l'Union africaine et des Etats-parties, d'une part et, d'autre part, ceux provenant des individus et des Organisations non gouvernementales.
En ce qui concerne les organes de l'Union africaine, la Cour peut être saisie par la Commission africaine des droits de l'Homme et des peuples, les Etats-parties et les organisations intergouvernementales africaines pour les questions procédant de leurs attributions et compétences[1000].
La Cour est, également, compétente pour recevoir des recommandations émanant des individus et des Organisations non gouvernementales. Cependant, cette saisine est conditionnée par la reconnaissance préalable, par l'État poursuivi, de la compétence de la Cour en la matière[1001].
On aurait pu dire que par la volonté d'ouvrir la saisine de l'organe juridictionnel aux individus, les États africains ont franchi une étape importante dans la défense des droits de l'Homme et se rapprochent du système européen[1002]. Cependant, avec l'exigence d'une reconnaissance préalable de l'État poursuivi, il ressort que, en réalité, *« l'individu ne bénéficie donc pas en Afrique du droit de se faire entendre devant cette Cour africaine puisque son droit est tributaire du bon vouloir des États à*

1000 Article 5 p.1 du protocole.
1001 Article 34 p. 6 du protocole.
1002 Sur le droit de recours individuel dans le système européen de protection des droits de l'Homme, voir, par exemple, J E.FLAUSS, « Le droit de recours individuel devant la Cour européenne des droits de l'Homme, le protocole à la convention européenne des droits de l'Homme », *AFDI* 1990, Vol 36, p. 509 et suiv.

reconnaître la compétence de la Cour à examiner les requêtes des particuliers »[1003]. Ce qui n'est pas aussi évident, eu égard à la réticence des États vis-à-vis de l'office de la Cour africaine des droits de l'Homme et des peuples. Il s'agit, comme on peut le remarquer, d'une insuffisance importante que l'évolution de la juridiction continentale permettra de combler pour s'arrimer aux mécanismes régionaux développés par d'autres régions, notamment le système européen. En effet, depuis l'entrée en vigueur du protocole n°11 de la Convention européenne des droits de l'Homme, le système européen a connu une profonde mutation qui a favorisé l'entrée en jeu d'autres types de recours émanant des individus. Ainsi, il est dorénavant reconnu une compétence obligatoire à la Cour européenne des droits de l'Homme pour examiner des requêtes en provenance des individus victimes des violations des droits de l'Homme.
Quoi qu'il en soit, les décisions rendues par la Cour sont d'office exécutoires à l'égard des États.

2- Des décisions d'office exécutoires pour les Etas-parties

Aux termes de l'article 30 du protocole, les Etats-parties s'engagent à se conformer aux décisions rendues par la Cour dans tout litige où ils sont en cause et à en assurer l'exécution dans les délais fixés par la Cour. Cette disposition est le fondement du principe d'acceptation d'office des décisions de la Cour par les Etats-parties d'une part et, d'autre part, d'un engagement à assurer l'exécution desdites décisions.
À l'évidence, l'effectivité des décisions rendues par la juridiction panafricaine des droits de l'Homme peut se lire dans une perspective du respect, par les Etats-parties, des règles qu'ils ont eux-mêmes acceptées, *« ce qui renvoie au principe d'autolimitation de l'État par ses propres engagements »*[1004] qui sous-entend l'acceptation de toute condamnation prononcée par la Cour africaine des droits de l'Homme et des peuples. Cette réalité correspond, exactement, au principe du droit international public qui prescrit qu'un État ne peut être engagé que dans les limites de son consentement. Le consentement est, ici, manifesté par l'adhésion de l'Etat à l'instrument international et, partant, à l'ensemble des dispositions énoncées par cet instrument.
Dans le cadre de la Cour africaine des droits de l'Homme et des peuples, l'ensemble des Etats-parties reconnaissent implicitement l'autorité des décisions rendues par l'organe panafricain.
D'ailleurs, les décisions de la cour sont rendues, à titre définitif, et ne sont susceptibles d'aucun recours devant une autre juridiction.

[1003] J. N. TAMA, « Droit international et africain des droits de l'Homme », op. cit. p. 240.
[1004] A. CABANIS et M. L. MARTIN, « Les constitutions d'Afrique francophone », op. cit. p. 65.

Lorsque la Cour constate qu'il y a eu effectivement violation des droits de l'Homme, elle ordonne toutes les mesures nécessaires à la résolution de la situation et peut même recommander le paiement d'une compensation ou d'une rémunération.
Toutefois, dans le cadre du suivi de l'exécution de ses décisions, par les Etats-parties, la Cour ne dispose pas d'un moyen de pression sur ceux-ci. Le suivi de l'exécution des décisions est confié au Conseil des ministres[1005]. Cependant, la Cour africaine des droits de l'Homme et des peuples soumet à chaque session ordinaire de la Conférence des chefs d'État et de Gouvernement un rapport annuel sur ses activités. Par l'entremise de ce rapport, elle peut faire ressortir des cas où un État n'a pas exécuté l'une de ses décisions.
Avec la Cour africaine des droits de l'Homme et des peuples, *« l'Afrique a franchi un pas décisif dans le renforcement de son système de protection des droits humains »*[1006]. Ce qui contribue à assurer, sur le continent africain, le rayonnement des droits de l'Homme dont l'essentiel des mécanismes étaient jusque-là l'apanage de l'ordre juridique international.

Section 2 : Les mécanismes internationaux

La communauté internationale manifeste, depuis la fin de la première moitié du XXème siècle, un activisme sans précédent en faveur de la protection et la promotion des droits de l'Homme. Tous les secteurs qui touchent la vie des États et des individus sont saisis par les instruments pertinents dans leur diversité et leur complémentarité. Cette réalité augure une prise de conscience universelle des États à préserver les citoyens des abus quelles qu'en soient la nature et l'origine. L'action des Nations Unies se focalise sur ces fondements[1007] au point où le cadre juridique international fait montre d'une *« richesse et d'une densité considérables »*[1008]qui induisent une profonde mutation de l'ordonnancement juridique des États. On distingue, dans ce sens, les mécanismes juridictionnels (paragraphe 2) et les mécanismes non juridictionnels (paragraphe 1).

[1005] Article 29 du protocole.
[1006] J. N. TAMA, « Droit international et africain des droits de l'Homme », op. cit. p. 245.
[1007] L'article 1er §3 de la Charte des Nations Unies énonce que les buts de l'organisation sont entre autres de : « réaliser la coopération internationale en résolvant les problèmes internationaux d'ordres économique, social, intellectuel ou humanitaire et en encourageant le respect des droits de l'Homme et des libertés fondamentales pour tous, sans distinctions de race, de sexe, de langue ou de religion ». KEBA MBAYE relève, à ce titre, que « l'instrument essentiel qui a posé les fondements du droit international dans le domaine des droits de l'Homme est la Charte des Nations Unies », in *Les droits de l'Homme en Afrique*, Paris, éd. Pedone, 1992, p. 78.
[1008] S.HENNETTE VAUCHEZ et D. ROMAN,« Droit de l'Homme et libertés fondamentales », op. cit. p. 108.

Paragraphe 1 : Les mécanismes non juridictionnels

Les mécanismes internationaux, non juridictionnels, trouvent leur fondement soit dans des conventions universelles (A) soit dans les conventions spécifiques (B) qui constituent « *la Charte internationale des droits de l'homme* »[1009].

A- Les mécanismes issus des conventions universelles

Sous l'égide des Nations Unies, plusieurs mécanismes ont été mis en place pour favoriser le respect des droits de l'Homme par les États membres. Sur le plan universel, il s'agit, principalement, de l'examen périodique universel devant le Conseil des droits de l'Homme (1) et des comités issus des deux pactes de 1966 (2).

1- L'examen périodique universel devant le Conseil des droits de l'Homme

Depuis 2006, l'ONU dispose d'un Conseil des droits de l'Homme créé en remplacement de la commission des droits de l'Homme, instituée par la Charte des Nations Unies. La création du Conseil des droits de l'Homme a permis la mise en place du processus de l'examen périodique universel. Ce mécanisme consiste à passer en revue, tous les quatre ans, les réalisations des différents États membres de l'ONU en matière de droits de l'Homme.

Composé d'experts, le Conseil examine notamment, si ces derniers adoptent la législation interne nécessaire, et assurent la promotion des droits concernés.

L'adoption des législations nationales qui tiennent compte de l'évolution du cadre juridique au plan universel est, en toute évidence, l'un des moyens les plus efficaces pour contraindre les États à s'obliger eux-mêmes en faveur du respect des droits de l'Homme. Cet objectif a été, d'ailleurs, décrit par le Secrétaire général des Nations Unies dans son allocution lors de l'ouverture de la conférence mondiale sur les droits de l'Homme à Viennes en 1993, quand il déclarait : *«A l'heure actuelle, l'urgence me semble moins de définir de nouveaux droits que d'amener les États à adopter les textes existants et à les appliquer effectivement »*[1010].

Quant à la promotion des droits de l'Homme, la Commission apprécie l'évolution de la situation des droits de l'Homme au sein de chaque Etat de

[1009] D. BREILLAT, « Les libertés publiques et droits de la personne humaine », op. cit. p. 224.

[1010] Cité par R.CABRILLAC, A.FRISON-ROCHE M. et T.REVET, in « Libertés et droits fondamentaux », op. cit. p.132.

façon souveraine en se fondant sur les communications des Etats-parties, des autres États et, éventuellement, d'autres sources d'informations fiables.
Le mécanisme de l'examen périodique universel est complémentaire des comités mis en place par les deux pactes adoptés en 1966.

2- Les mécanismes issus des comités mis en place par les deux pactes de 1966

Les Comités prévus par les deux pactes de 1966 sont, en réalité, des organes institués pour assurer le respect des dispositions convenues d'accord partie[1011]. De manière générale, *« ces deux véritables traités, non seulement garantissent divers droits et libertés, mais instaurent également un système de garantie, sous forme de rapport au Comité des droits de l'Homme des Nations Unies (droits économiques, sociaux et culturels) et de recours individuels au même Comité (droits civils et politiques) »*[1012]. Le Sénégal a adhéré à ces deux pactes et aux protocoles y relatifs le 13 septembre 1978, le Congo-Brazzaville, le 5 octobre 1983 et le Bénin, le 12 mars 1992. Les mécanismes prévus par les deux comités sont, ainsi, d'application dans les trois États et dans bien d'autres États africains.
Le pacte international relatif aux droits civils et politiques a été suivi par la signature d'un protocole facultatif qui est entré en vigueur en 1976. Ce protocole crée le Comité des droits de l'Homme qui a pour mission de suivre la mise en œuvre du pacte par l'examen des rapports des États parties, l'émission des observations générales à l'encontre des Etats, la réception et le traitement des plaintes émanant des particuliers et des États.
Un an après l'entrée en vigueur du pacte, les parties étaient tenues de présenter des rapports initiaux sur la situation des droits de l'Homme dans leurs États respectifs. Ils sont tenus, depuis lors, de faire des rapports tous les cinq ans. Le comité peut, également, solliciter des rapports complémentaires dans des situations d'urgence et dans un bref délai, s'il le juge nécessaire. Les Etats-parties s'engagent, conformément au pacte, à présenter des rapports sur les mesures qu'ils auront arrêtées et qui donnent effet aux droits reconnus par le Pacte et sur les progrès réalisés dans la jouissance de ces droits[1013]. La procédure, devant le Comité des droits de l'Homme, peut être engagée par un État lorsqu'il constate une violation de droits de l'Homme. Dans un premier temps, une procédure de conciliation peut être engagée devant le Comité qui procède à la mise en place d'un comité ad hoc pour rapprocher les parties. La Commission procède, ensuite, à la rédaction d'un

[1011] A propos de ces différents mécanismes voir, Xavier Dupré BOULOIS cité par R.CABRILLAC, M. A. FRISON-ROCHE et T. REVET, in « Libertés et droits fondamentaux », op. cit. p. 132.
[1012] L. FAVOREU et autres,« Droit des libertés fondamentales », op. cit. p. 43.
[1013] Voir l'article 40 du pacte.

rapport et des recommandations qui ne s'imposent pas aux parties sauf si l'Etat-partie au Pacte reconnaît par une déclaration formelle la compétence du Comité pour recevoir et examiner des communications dans lesquelles un Etat-partie prétend qu'un autre État ne s'acquitte pas de ses obligations, conformément au pacte[1014].

Enfin, pour les États qui ont adhéré au protocole facultatif, le comité des droits de l'Homme peut recevoir des communications individuelles concernant la violation des droits de l'Homme tels que reconnus par le Pacte.

Le Pacte relatif aux droits économiques, sociaux et culturels a, pour sa part, été suivi par la mise en place du Comité des droits économiques, sociaux et culturels. Ce comité fonctionne sur la base des rapports des Etats-parties et peut émettre, à leur égard, des observations générales. Il peut recevoir des réclamations individuelles depuis 2013, date d'entrée en vigueur de son protocole facultatif. En effet, lorsque la violation de droits est signalée par un particulier, le Comité fait ses constatations. Toutefois, la procédure est soumise à certaines conditions: l'État poursuivi doit avoir, au préalable, signé le protocole facultatif, la communication ne doit pas être anonyme, l'auteur doit être originaire d'un Etat-partie au protocole, les voies de recours internes doivent être épuisées et l'affaire ne doit pas être en examen devant une autre instance internationale. Le comité est fondé à demander à l'État des explications sur les faits qui lui sont reprochés et celui-ci est tenu de les lui fournir. Le Comité peut demander à l'État concerné de prendre des mesures provisoires allant dans le sens de faire cesser les violations.

B- Les mécanismes issus des conventions spécifiques

À côté des conventions universelles, la plupart des conventions sectorielles ont institué des comités en charge de la surveillance de leur application[1015] et, plus précisément, du suivi de la mise en œuvre des engagements, pris dans le cadre des conventions, par les Etats-parties[1016]. Ce qui est remarquable avec les mécanismes mis en place par les instruments spécifiques c'est, avant tout, la diversité des aspects des droits de l'Homme qui y sont abordés (1) ensuite, l'analogie des dispositions édictées pour la mise en œuvre des mécanismes (2).

[1014] Voir article 41 du pacte.

[1015] S. HENNETTE VAUCHEZ et D. ROMAN,« Droit de l'Homme et libertés fondamentales », op. cit. p. 113.

[1016] R.CABRILLAC, M. A. RISON-ROCHE et T. REVET, in « Libertés et droits fondamentaux », op. cit. p. 133.

1- La diversification des comités spécifiques

Les différentes conventions, élaborées pour prendre en compte certaines questions sensibles ou certains groupes d'individus vulnérables, ont la particularité d'être accompagnées non seulement des protocoles facultatifs, qui introduisent des dispositions particulières, mais également des comités chargés du suivi de la mise en œuvre des dispositions arrêtées d'accord partie.
Ces comités représentent de véritables réseaux de surveillance des États en matière de droits de l'Homme. En dépit d'une forte affirmation du caractère indivisible des droits de l'Homme, la communauté internationale a tenu, en créant corrélativement à chaque convention, un comité, à assurer un meilleur suivi des Etats dans la mise en œuvre des dispositions de certaines conventions particulières. Les comités deviennent, par la spécialisation qu'ils traduisent, des systèmes d'alerte sur certaines questions sensibles qui touchent les droits de l'Homme dans leur diversité.
Au nombre de ces comités, on peut évoquer le Comité pour l'élimination de toutes les formes de discrimination à l'égard des femmes, institué par la Convention sur l'élimination de la discrimination à l'égard des femmes, adoptée le 18 décembre 1979. Cette Convention, à laquelle plusieurs États africains ont souscrit, proscrit toutes distinctions, limitations ou éliminations en raison du sexe, qui auraient pour finalité d'empêcher aux femmes la jouissance égale avec les hommes des droits de l'Homme et des libertés principales en matière de la vie politique, civique, sociale et culturelle. Elle impose aux pays d'appliquer le principe d'égalité entre les femmes et les hommes[1017].
Le Comité des droits de l'enfant a été mis en place par la Convention relative aux droits de l'enfant. Il est chargé de surveiller la bonne application de cette Convention à travers la non-discrimination de l'enfant, la valorisation de son intérêt supérieur, son droit à la survie et la prise en compte de son opinion.
La Convention contre la torture et autres peines ou traitements cruels, inhumains ou dégradants, adoptée le 10 décembre 1984 et entrée en vigueur le 26 juin 1987, a mis en place le Comité contre la torture en vue d'inciter les États à prendre les mesures nécessaires pour *« protéger l'être humain de ces sévices et de lui permettre, quel que soit le grief qui lui est reproché, de conserver sa dignité »*[1018].
Le Comité sur l'élimination de toutes les formes de discrimination raciale est l'émanation de la Convention internationale sur l'élimination de toutes les formes de discrimination raciale qui condamne toute distinction, exclusion,

---

[1017] Le Congo-Brazzaville a adhéré à cette convention le 26 juillet 1982, le Sénégal, le 5 février 1985 et le Bénin le 12 mars 1992.
[1018] D. E. ADOUKI, *Le Congo et les traités multilatéraux*, Paris, L'Harmattan, 2008, p. 41.

restriction ou préférence fondée sur la race, la couleur, l'ascendance ou l'origine nationale ou ethnique.
La plupart des États africains ont ratifié ces conventions et les protocoles facultatifs qui les accompagnent. Les comités ainsi créés exercent leurs offices sur ces États qui, du reste, sont soumis au respect des mécanismes qui y sont prévus. Dans l'ensemble, ces mécanismes se singularisent par leur similarité.

2- La similarité des moyens d'action

Le mode opératoire des différents comités mis en place tant par les conventions universelles que par les traités spécifiques est presque le même. Il comprend, pour l'essentiel, l'évaluation de l'état de la question abordée dans chaque État, l'élaboration des rapports sur les mesures prises par les États pour rendre effectives les clauses des traités, la périodicité des rapports, la possibilité des rapports d'un État contre un autre, l'introduction des rapports individuels, la réalisation des missions de terrain ou d'enquêtes.
Presque toutes les conventions spécifiques ont prévu l'obligation pour tous les Etats-parties de faire des rapports initiaux dans un délai allant de un à deux ans. Ce délai était d'un an, dès l'entrée en vigueur des conventions, pour le Comité pour l'élimination de la discrimination raciale, le Comité pour l'élimination de la discrimination à l'égard des femmes, le Comité contre la torture. Il était de deux ans pour le Comité des droits de l'enfant.
Les Etats-parties sont astreints à l'obligation de présenter des rapports dont la périodicité varie de deux à cinq ans. La périodicité des rapports est de deux ans avec une possibilité d'établir un rapport détaillé après quatre ans pour le Comité pour l'élimination de la discrimination raciale. Cette périodicité est de quatre ans pour le Comité pour l'élimination de la discrimination à l'égard des femmes et le Comité contre la torture. Elle est de cinq ans pour le Comité des droits de l'enfant. Il est convenu par les différentes conventions que les comités peuvent demander aux Etats-parties des rapports complémentaires lorsque les circonstances le recommandent, particulièrement, en cas d'urgence. De même, les comités peuvent commettre des rapporteurs spéciaux auprès des Etats-parties. C'est notamment le cas du Comité pour l'élimination de la discrimination raciale qui *« au cours d'une intervention d'urgence peut désigner un rapporteur spécial qui consultera le président du Comité pour mettre en place une procédure d'intervention d'urgence et assurer les opérations de suivi une fois les décisions prises »*[1019].
Les comités sont investis par la plupart des conventions à effectuer des missions de terrain et d'enquête sur certaines situations en raison de leur gravité.

[1019] J. N. TAMA, « Droit international et africain des droits de l'Homme », op. cit. p. 206.

Enfin, les différents comités peuvent recevoir des communications individuelles lorsque l'État concerné par la communication a accepté une telle compétence de la commission. Il en est de même des communications d'un État contre un autre qui aurait violé les droits de l'Homme tels que proclamés par les différents instruments. À ce jour, aucun État n'a accepté cette dernière possibilité.
Toute somme faite, depuis plus de cinquante ans, les efforts de la communauté internationale dans la recherche d'une protection plus efficace des individus sont suffisamment remarquables. Cette démarche a suscité le perfectionnement des mécanismes des instruments classiques comme la Déclaration universelle des droits de l'Homme qui, de simple *« texte à portée philosophico-morale »*[1020], est devenue un véritable levier de protection des droits de l'Homme. Les droits de l'Homme sont davantage opposables aux États qui sont tenus de rendre compte à des organes non juridictionnels. Ainsi, peut-on observer que « *la logique de la transparence et du contrôle est si forte s'agissant des droits de l'Homme, que ces mécanismes non juridictionnels ou classiques ont progressivement développé des procédures plus rigoureuses vis-à-vis des Etats, qu'il s'agisse de la nomination par la commission des droits de l'Homme de l'ONU de rapporteurs spéciaux sur la situation des droits de l'Homme dans certains États, ou encore de l'adoption de protocoles additionnels aux différents traités ouvrant un droit de pétition aux individus »*[1021]. Cette amélioration qualitative de la protection des droits de l'Homme au plan international s'accompagne d'une évolution irréversible vers leur pénalisation.

Paragraphe 2 : La pénalisation du droit international comme facteur de protection des droits de l'Homme

La quête permanente de l'efficacité dans la protection de l'humanité a été l'épicentre de l'action de la communauté internationale au cours du XXème siècle. Cette recherche permanente de la sécurité collective, sous-tendue par des initiatives heureuses, a favorisé l'appréhension de l'individu par le droit international[1022] toutes les fois qu'un État ne lui offrait pas de garantie juridictionnelle suffisante pour revendiquer le respect de ses droits. Ainsi que l'affirme Hanan QAZBIR, *« la protection internationale est [dorénavant] l'assurance de la prise en compte de l'individu indépendamment de l'État auquel il est rattaché. L'individu est ici envisagé*

[1020] C. LECLERCQ, *Libertés publiques*, 5ème édition, Paris, Litec, 2003, p. 63.
[1021] R. CABRILLAC, M. A FRISON-ROCHE et T. REVET, in « Libertés et droits fondamentaux », op. cit. p. 133.
[1022] Voir dans ce sens R. CASSIN, « L'homme sujet de droit international et la protection des droits de l'Homme dans la société universelle », cité par G. COHEN-JONATHAN, « Universalité et singularité des droits de l'Homme », *RTDH* 53/2003, p. 9.

en tant que sujet de droit international »[1023]. Cette évolution, qui consacre *« l'intrusion de l'individu sur la scène internationale, pour réclamer le respect de ses droits, [a bousculé] les schémas classiques du contrôle juridictionnel interne »*[1024] et a fait apparaître, auprès des États, la nécessité de la création d'une juridiction pénale internationale (B) après l'expérience des tribunaux internationaux ad hoc (A).

A- Les prémices d'un droit pénal international

La volonté de ne pas laisser impunies les menaces les plus graves contre l'humanité a constitué, depuis longtemps, une préoccupation de la communauté internationale. Certains principes y relatifs ont d'ailleurs acquis la nature de droit coutumier international notamment ceux qui condamnent les violations massives et systématiques des droits de l'Homme[1025]. Ils appartiennent à la catégorie des droits intangibles auxquels aucune dérogation n'est autorisée, en temps de paix ou en temps de guerre[1026]. La détermination de la communauté internationale dans leur protection a été, particulièrement, matérialisée par la création, d'une part, des tribunaux de Nuremberg et de Tokyo après la deuxième guerre mondiale (1) et, d'autre part, des tribunaux ad hoc pour l'ex-Yougoslavie et le Rwanda, suite à la gravité des atrocités commises dans ces Etats (2). Ces tribunaux constituent les fondements de la pénalisation du droit international et introduisent une jurisprudence applicable à l'ensemble des États membres des Nations Unies.

1- Les tribunaux militaires de Tokyo et de Nuremberg

Les prémices d'une volonté universelle de ne pas laisser sans sanction des atrocités relevant d'une atteinte manifeste aux droits de l'Homme ont toujours existé. C'est cette volonté qui, au lendemain de la deuxième guerre mondiale, a animé les vainqueurs de la guerre et a finalement permis l'organisation du procès de Nuremberg du 20 novembre 1945 au 1er octobre 1946.Ce procès est le fait d'un accord signé le 8 août 1945 par la France, l'URSS, les USA, et le Royaume-Uni. Cet accord a mis en place un tribunal militaire qui a jugé les vingt-quatre (24) responsables allemands poursuivis pour divers crimes contre l'humanité. Les sanctions furent importantes jusqu'à la peine de mort.

[1023] H. QAZBIR, op. cit., p.118.

[1024] R. CABRILLAC, M. A FRISON-ROCHE et T. REVET, in « Libertés et droits fondamentaux », op. cit. p.133.

[1025] G. COHEN-JONATHAN, « Universalité et singularité des droits de l'Homme », op. cit. p.7.

[1026] Il s'agit, entre autres, du droit à la vie, de l'interdiction de la torture et des traitements ou peines inhumains ou dégradants et de l'interdiction de l'esclavage.

Dans le droit fil de cette justice militaire internationale, la Commission des Nations Unies relative aux crimes a recommandé, également, qu'un tribunal militaire international soit institué pour juger les crimes et atrocités commis par le Japon en Asie du Sud-Est. Ainsi, s'est tenu le tribunal militaire international pour l'extrême orient en 1946, pour juger les criminels de guerre japonais.

Ces procès ont visé trois catégories de crimes : les crimes contre la paix, les crimes de guerre et les crimes contre l'humanité[1027].

Le crime contre la paix vise la direction, la préparation, le déclenchement ou la poursuite d'une guerre d'agression, ou d'une guerre en violation des traités, assurances ou accords internationaux, ou la participation à un plan concerté ou à un complot pour l'accomplissement de l'un quelconque des actes qui précèdent. C'est la première fois que le déclenchement d'une guerre d'agression a été incriminé.

Les crimes de guerre concernent les violations des lois et coutumes de la guerre, notamment, l'assassinat, les mauvais traitements et les déportations pour des travaux forcés, ou pour tout autre but, des populations civiles dans les territoires occupés, l'assassinat ou le mauvais traitement des prisonniers de guerre ou des personnes en mer, l'exécution des otages, le pillage des biens publics ou privés, la destruction sans motif des villes et des villages ou la dévastation que ne justifient pas les exigences militaires.

Les crimes contre l'humanité ont été définis comme l'assassinat, l'extermination, la réduction en esclavage, la déportation, et tout autre acte inhumain commis contre toutes populations civiles, avant ou pendant la guerre, ou bien les persécutions pour des motifs politiques, raciaux ou religieux, lorsque ces actes ou persécutions qu'ils aient constitué ou non une violation du droit interne du pays où ils ont été perpétrés, ont été commis à la suite de tout crime rentrant dans la compétence du tribunal, ou en liaison avec ce crime .

Ces procès ont permis de constater l'adhésion des États à l'idée d'une répression pénale internationale. L'objectif a été de mettre en pratique un jugement pédagogique. Ils ont constitué, de ce fait, une véritable impulsion.

On peut constater, en effet, que *« les juridictions pénales contemporaines s'inscrivent dans un courant de pensée ancien et marchent sur la voie tracée par les tribunaux de Nuremberg et de Tokyo »*[1028].

Malgré toutes les limites que l'on a pu reprocher à ces procès, ils ont permis de révéler à l'ensemble de la communauté internationale les atrocités commises par le Japon et l'Allemagne au cours de la deuxième guerre mondiale. Ils ont, par ailleurs, permis de voir comment des responsables de

---

[1027] Articles 5 de la charte du tribunal de Tokyo et 6 du statut du tribunal de Nuremberg.

[1028] A. BA, « L'effet et l'exécution des décisions internationales», http://www.ahjucaf.org/l-effet-et-l-execution-des.html.

haut niveau de ces deux États ont pu être jugés pour des crimes internationaux en dépit de leurs statuts officiels.
On peut retenir, par la nature des décisions prises, que les procès de Nuremberg et de Tokyo ont jeté les bases d'un régime de responsabilité pénale individuelle dans le droit international et ouvert la voie à une légalité pénale internationale. Il en va de même des tribunaux civils de l'ex-Yougoslavie et du Rwanda.

2- Les tribunaux civils de l'ex-Yougoslavie et du Rwanda

En dépit du succès enregistré par la communauté internationale à l'issue des procès de Nuremberg et de Tokyo, la détermination des Nations Unies à assurer une répression pénale des actes criminels les plus graves contre l'humanité n'a pas pu être circonscrite définitivement. Comme le reconnaît le statut du tribunal international sur le Rwanda, *« la reconnaissance conventionnelle de crimes internationaux [contrastait] avec l'immobilisme en matière de répression »*[1029].
Cependant, la volonté constante des Nations Unies ne s'est pas fait attendre lorsque des crimes contre l'humanité ont été perpétrés en ex-Yougoslavie et au Rwanda.
En effet, le 25 mai 1993, le Conseil de sécurité des Nations Unies instituait, par sa résolution 827 un tribunal international chargé de juger les personnes suspectées d'avoir commis de graves violations du droit international humanitaire sur le territoire de l'ex-Yougoslavie durant les guerres de Croatie, Bosnie-Herzégovine et du Kosovo, à partir du 1er janvier 1991. Au total, 161 personnes furent mises en accusation.
Dans la même optique, une juridiction analogue fut créée par la résolution 955 du 8 novembre 1994 pour *« juger les personnes présumées responsables d'actes de génocide contre les Tutsis au Rwanda ou d'autres violations du droit international humanitaire commis sur le territoire du Rwanda et les citoyens rwandais présumés responsables de tels actes ou violations sur le territoire d'États voisins entre le 1er janvier et le 31 décembre 1994 »*[1030].
Ces deux tribunaux sont les premières instances judiciaires internationales chargées de juger des criminels après ceux de Nuremberg et de Tokyo.
Les responsabilités jugées par les deux tribunaux sont identiques et concernent quiconque a planifié, incité à commettre, ordonné, commis ou, de toute autre manière, aidé et encouragé à planifier, préparer ou exécuter un crime. S'agissant des accusés, la qualité officielle, soit comme chef d'Etat ou de Gouvernement, haut fonctionnaire, n'exonère pas quiconque de sa responsabilité pénale et ne peut être un motif de diminution de sa peine.

[1029] R. CABRILLAC, M. A FRISON-ROCHE et T. REVET, in « Libertés et droits fondamentaux », op. cit. p.137.
[1030] Extrait du statut du tribunal international pour le Rwanda, S/RES/955, 1994, p.3.

De même, le fait que l'un des actes visés a été commis par un subordonné ne dégage pas son supérieur de sa responsabilité pénale s'il savait ou avait des raisons de savoir que le subordonné s'apprêtait à commettre cet acte ou l'avait fait et que le supérieur n'a pas pris les mesures nécessaires et raisonnables pour empêcher que ledit acte soit commis ou encore punir les auteurs. Enfin, le fait qu'un accusé ait agi en exécution d'un ordre d'un Gouvernement ou d'un supérieur ne l'exonère pas de sa responsabilité pénale mais peut être considéré comme un motif de diminution de la peine si le tribunal l'estime conforme à la justice.

La justice internationale menée dans les deux cas fait référence aux personnes présumées responsables et non aux États. L'objectif poursuivi par la communauté internationale est de punir des individualités.

Comme on peut le constater, ces tribunaux ont constitué de vrais précédents jurisprudentiels. Ils témoignent de la détermination de l'Organisation des Nations Unies de ne pas laisser impunis des actes d'une atrocité remarquable commis par les Etats ou les individus.

Les États d'Afrique noire francophone ont, du fait de leur adhésion aux Nations unies, souscrit à cette conception de la protection des droits de l'Homme et savent qu'au-delà des dispositions prévues par les instruments internationaux, régionaux, voire par leurs législations respectives, les actes les plus cruels commis sur leurs territoires par les gouvernants ou par des individus sont imprescriptibles et peuvent être sanctionnés de la même manière que l'ont été les crimes de guerre sanctionnés par les tribunaux de Tokyo et de Nuremberg ou les crimes contre l'humanité commis sur les territoires de l'ex-Yougoslavie et du Rwanda. Ces tribunaux ont été les prémices d'une justice pénale internationale.

B- La Cour pénale internationale : une institution pour prévenir et gérer la violence à grande échelle

La création de la Cour pénale internationale (CPI) participe de la volonté de donner plus d'efficacité à la protection des droits de l'Homme au niveau international[1031]. Le traité portant statut de la CPI a été adopté le 18 juillet 1998. Il est entré en vigueur le 1er juillet 2002. Il compte, actuellement, plus de 120 États signataires dont 34 Etats africains parmi lesquels le Sénégal, le Bénin et le Congo-Brazzaville. En adhérant au statut de Rome instituant la cour pénale internationale, ces États offrent la possibilité que les actes répréhensibles en matière de droits de l'Homme commis sur leurs territoires

[1031] Voir dans ce sens, F. GIOIA, « La Cour pénale internationale et le principe de complémentarité », in MAZERON (dir), « Les premiers pas de la Cour pénale internationale, colloque de Clermont-Ferrand », *RJA*, 2005/2, p.14.

respectifs ou par leurs ressortissants ne puissent demeurer impunis[1032]. L'on sait, en effet, que « *la garantie juridictionnelle des droits de l'Homme est réputée la meilleure de toutes en ce qu'elle constitue la procédure la plus rigoureuse* »[1033]. Dans le même temps, du fait de leur adhésion, les États membres se signalent dans le concert des nations où la jurisprudence de la Cour produit dorénavant un effet dissuasif. L'action de la Cour pénale internationale, en faveur de la protection des droits et libertés fondamentaux, peut s'apprécier en fonction de ses compétences (1) et des garanties qu'offrent les procédures qui peuvent être engagées devant elle (2).

1- Une institution pour prévenir et gérer la violence à grande échelle

L'activisme pour l'établissement d'une juridiction pénale internationale laisse transparaître la nécessité d'une protection plus efficace de l'individu par la communauté internationale.[1034] Il traduit l'exigence de la répression des crimes les plus graves commis contre l'humanité[1035]. L'objectif poursuivi par les États consiste, en réalité, à « *remédier aux carences des États, en exerçant la justice pénale au nom de la communauté internationale* »[1036].

La Cour ne peut exercer ses compétences à l'égard des personnes pour les crimes définis à son statut que si l'État sur le territoire duquel le comportement en cause s'est produit, ou l'État dont la personne accusée est originaire est partie au statut[1037]. Toutefois, un État non-partie au statut de la Cour peut accepter que cette juridiction exerce sa compétence pour réprimer un crime commis sur son territoire ou à l'encontre d'un de ses ressortissants, conformément à l'article 12 (3). La Cour peut aussi être saisie directement par le Conseil de sécurité de l'ONU dans le cadre de l'article 13 (b).

[1032] Ainsi que le relevait l'hebdomadaire international indépendant « Jeune Afrique », il s'agit pour la Cour de « juger sereinement et équitablement, loin de toute pression, des responsables politiques », in *n°2771 du 16 au 22 février 2014*, p. 28.

[1033] I. SZABO, « Fondements historiques et développement des droits de l'Homme », op. cit. p. 39.

[1034] M. BENOUNA, « La cour pénale internationale », in H. ASCENSIO, E. DECAUX, A. PELLET (dir), *Droit international*, Paris, Pedone, 2000, pp. 734-736.

[1035] Voir sur ces crimes, par exemple, M. KAMTO, *L'agression en droit international*, Paris Pedone, 2010 ; L. CONDORELLI, « La cour pénale internationale : un pas de géant (pourvu qu'il soit accompli…) », *RGDIP*, 1999/1, pp. 7-21.

[1036] R. CABRILLAC, M. A FRISON-ROCHE et T. REVET, in « Libertés et droits fondamentaux », op. cit. p. 137.

[1037] Toutefois, le Conseil de sécurité de l'ONU a déféré au procureur de la Cour pénale internationale la situation au Darfour par sa résolution 1593 du 31 mars 2005, alors que le Soudan n'est pas partie au statut de Rome de la cour pénale internationale.

« La CPI est une institution judiciaire créée pour prévenir et gérer la violence à grande échelle »[1038]. Son mécanisme est assez particulier : *« la Cour n'a pas pour compétence de juger les Etats, mais des individus soupçonnés d'avoir enfreint le « noyau dur » des droits de l'Homme »*[1039]. Il s'agit, en réalité, d'un mécanisme de *subsidiarité* ou mieux de *complémentarité.*[1040] Le principe, en règle générale, est que les États devraient châtier leurs criminels et ne pas laisser sans châtiment les actes les plus cruels commis contre le genre humain. À cette fin, *« c'est seulement s'ils ne peuvent le faire, s'ils ne veulent pas le faire ou, pis encore, s'ils essaient, par un simulacre de justice, de dérober les responsables à la sanction, que la Cour pénale interviendra ».* L'article 17 du traité instituant la Cour prévoit, dans ce sens, qu'une affaire est irrecevable devant la Cour si elle *« est pendante devant une juridiction interne ou si elle a déjà fait l'objet d'un jugement »*[1041].

Cependant, la Cour peut juger une affaire recevable si l'Etat exerçant sa compétence n'a pas la volonté ou est dans l'incapacité de mener à bien l'enquête ou les poursuites. Il en est de même si la décision de ne pas poursuivre a résulté de son manque de volonté, de l'incapacité à poursuivre. En effet, les Etats-parties au statut de Rome, reconnaissent deux principes essentiels que sont la complémentarité et la coopération. En vertu du premier principe, les États s'engagent à mener des enquêtes et à engager des poursuites à propos des crimes de masse relevant de leur compétence et de les prévenir. Ils ont accepté la compétence de la CPI à se substituer à eux s'ils ne parviennent pas à accomplir leurs obligations de façon satisfaisante. En vertu du second principe, les États ont accepté de coopérer avec la Cour, chaque fois qu'elle doit intervenir quel que soit le lieu de son intervention.

L'une des innovations apportées par la Cour pénale internationale réside dans les mécanismes de sa saisine et la portée de ses décisions.

2- Les moyens de saisines et la portée des sanctions

La Cour pénale internationale est une juridiction internationale permanente et indépendante reliée au système des Nations Unies. Elle est investie de l'autorité d'intervenir, chaque fois qu'un État refuse d'entamer de véritables poursuites contre *« les crimes les plus graves qui touchent l'ensemble de la communauté internationale »*[1042], notamment les crimes de génocide, les crimes contre l'humanité, les crimes de guerre et le crime d'agression et à poursuivre en justice les auteurs de ceux-ci. Conformément à son statut, le

[1038] A. BA, « L'effet et l'exécution des décisions internationales», op. cit.
[1039] R. CABRILLAC, M. A FRISON-ROCHE et T. REVET, op. cit. p. 137.
[1040] R. CABRILLAC, M. A FRISON-ROCHE et T. REVET, op. cit. p. 140.
[1041] Beate Rudolf, « Droit constitutionnel et justice pénale internationale », op. cit. p. 457.
[1042] Article 5 du statut de la Cour pénale internationale.

procureur de la Cour peut ouvrir une enquête de sa propre initiative sur la base d'informations provenant de toutes sources dignes de foi[1043].
Les juges de la CPI tranchent un différend en application du droit international et rendent des décisions revêtues du caractère obligatoire et définitif. La décision a, dès son prononcé, autorité de la chose jugée.
La décision ne peut, par contre, être remise en cause que dans le cas de la voie d'appel admise pour la CPI et le recours classique en révision[1044]. Mais, en aucun cas, il ne peut être question pour un État de recommencer le procès sur ce que la Cour a déjà jugé.
La création de la Cour pénale internationale *« confirme le caractère irréversible de la mondialisation de la protection judiciaire des droits fondamentaux, en perçant l'écran étatique entre l'individu et la justice internationale »*[1045]. Elle a, aussi, un effet dissuasif à l'égard des États et des individus dans l'optique du respect des droits de l'Homme.
L'adhésion des États d'Afrique noire francophone aux divers instruments internationaux et régionaux, particulièrement dans le domaine des droits de l'Homme, contribue à l'affirmation du caractère universel des droits de l'Homme. Ceux-ci ne sont plus seulement des droits garantis et protégés par les États dans le cadre interne, mais s'imposent désormais comme des principes auxquels la communauté internationale accorde une protection efficace par la soumission des Etats aux mécanismes institués. L'internationalisation de la protection des droits de l'Homme à laquelle les États d'Afrique noire francophone ont adhéré crée ainsi pour ces États des obligations réelles qui, sur le plan juridique, traduisent une évolution de la normativité constitutionnelle qui ne se limite plus à la constitution formelle. Elle intègre désormais les dispositions des conventions internationales, les décisions rendues dans le cadre de la justice internationale, la coutume internationale qui au-delà de leur aspect dissuasif deviennent de véritables sources du droit interne dans les Etats d'Afrique noire francophone.

[1043] Articles 13 c et 15 du statut de la Cour pénale internationale.
[1044]Voir, dans ce sens, chapitre VIII articles 81 à 85 du statut de la Cour pénale internationale.
[1045] R. CABRILLAC, M. A. FRISON-ROCHE et T. REVET, op. cit. p.132.

CONCLUSION

Après plus d'un quart de siècle d'expérimentation des constitutions issues du renouveau démocratique, la problématique de la stabilité de la norme constitutionnelle demeure au cœur de l'actualité sur la vie institutionnelle et politique des États d'Afrique noire francophone. Le droit constitutionnel, dont la vocation est l'encadrement juridique des phénomènes politiques[1046], ne peut manquer d'intérêt à aborder un tel questionnement.
En effet, la permanence des mutations constitutionnelles vient ajouter la complexité à l'appréciation de l'évolution constitutionnelle de ces États. Pourtant, en dépit de leur fréquence, elles conservent aux régimes politiques des Etats d'Afrique noire francophone leur place sinon dans le concert des nations démocratiques du moins parmi les nations qui réalisent progressivement l'ancrage des principes de la démocratie et de l'État de droit.
En pratique, les changements constitutionnels sont récurrents et expriment une tendance contrastée. D'une part, les mutations constitutionnelles participent au reflux de certains acquis du nouveau constitutionnalisme africain. Elles favorisent la remise en cause de la gouvernance démocratique par la désacralisation de la norme constitutionnelle suscitée, entre autres, par la dépréciation du pouvoir constituant originaire et l'usurpation du pouvoir constituant dérivé. Les intermittences constitutionnelles sont particulièrement notables dans certains États où elles induisent une discontinuité du cycle constitutionnel. La légitimité démocratique fait l'objet d'un discrédit qui affecte aussi bien les dirigeants que les institutions[1047]. Les contre-pouvoirs ne s'assument pas pleinement du fait de plusieurs facteurs dont l'insuffisance du cadre normatif. L'articulation institutionnelle fait ressortir une altération des régimes classiques et la consécration d'un néo-présidentialisme[1048] africain par l'importance des pouvoirs, traditionnels et régulièrement aménagés, du Président de la République.
Cependant, à contresens, la dynamique d'ensemble de ces États témoigne d'une progression irréversible vers la cristallisation des principes de la

[1046] I. M. FALL, « Le pouvoir exécutif dans le constitutionnalisme des Etats d'Afrique », op. cit. p.276.

[1047] Selon l'heureuse formule de P. F. GONIDEC, doit être considérée comme légitime toute autorité qui tient, directement ou indirectement, les pouvoirs du peuple (ou la nation), toute décision prise par le peuple ou au nom du peuple, in *Les systèmes politiques africains, 1ère partie*, Paris, LGDJ, 1971, p.145.

[1048] B. KANTE, « Le constitutionnalisme à l'épreuve de la transition démocratique en Afrique », op. cit. p.19. Sur la notion de présidentialisme africain voir aussi, J. GICQUEL, « Le présidentialisme négro-africain », in *Mélanges Georges BURDEAU*, Paris, LGDJ, 1977, p.701.

démocratie libérale. La démocratie et l'État de droit font l'objet d'une consécration effective par la constitutionnalisation des droits de l'Homme, l'aménagement de l'équilibre institutionnel et l'émergence de la décentralisation territoriale. L'option pour la démocratie pluraliste est définitive. L'on assiste, un peu partout, à la démocratisation des procédures de dévolution du pouvoir. Plus importante encore est l'amélioration de la situation des droits de l'Homme dont la prise en charge exprime désormais une imbrication entre le droit constitutionnel et le droit international public. En effet, dans les États d'Afrique noire francophone, la tendance à l'internationalisation du droit constitutionnel par l'institutionnalisation des mécanismes régionaux et internationaux de protection des droits de l'Homme est manifeste au cours de ces dernières décennies. Dans le même élan, le droit constitutionnel tend à intégrer dans le bloc de constitutionnalité les dispositions des mécanismes prévus par les instruments régionaux et internationaux dûment ratifiés par ces États. Cette tendance permet la standardisation des techniques du droit constitutionnel qui est dorénavant en phase de devenir un *« patrimoine commun de l'humanité »*[1049].

À l'évidence, les mutations constitutionnelles constituent un phénomène bien connu de l'histoire politique africaine, depuis le début des années 1990. Mais, si dans l'ensemble, on peut les concevoir comme des mécanismes favorables à l'évolution du constitutionnalisme, il va de soi que l'instrumentalisation de celles-ci est l'une des causes de la fragilisation de la normativité constitutionnelle[1050]. Aussi, les États d'Afrique noire francophone offrent un exemple de la complexité d'appréhension des mutations constitutionnelles. Il est tout à fait réel qu'*«entre droit et fait, entre simple adaptation et rupture, entre légitimité et usurpation, les mutations constitutionnelles sont susceptibles de creuser le fossé entre la représentation formelle de la constitution qui prétend saisir l'évolution de la matière constitutionnelle par la procédure de révision, et l'observation de cette matière qui semble se dérober du temps autorégulé de la constitution »*[1051].

Il est donc urgent de sortir de cette crise de la normativité constitutionnelle.[1052] Ainsi, il importe, avant tout, que soit observée la suprématie constitutionnelle et éviter la banalisation de sa modification[1053]

[1049] M. DELMAS-MARTY, *Pour un droit commun*, Paris, Seuil, 1994, p.254.

[1050] W.KÄGI, « Die Verfassung als rechtliche grundordnung des Staates », Zurich, Polygraphischer Verlag AG, 1945, p. 121. cité par Armel Le DIVELLEC, in « A la recherche du concept de mutation constitutionnelle ou le mystère de la notion de constitution », op. cit. p. 19.

[1051] M. ALTWEGG-BOUSSAC, « Le constitutionnalisme écrit face au changement : approches doctrinales », op. cit. p. 49.

[1052] F. J. AÏVO, « La crise de la normativité de la constitution en Afrique », op. cit. p. 146.

[1053] C'est notamment le cas du Sénégal, avec une moyenne d'une révision tous les six mois entre 2001 et 2009. Voir dans ce sens, B. GUEYE, « La démocratie en Afrique : Succès et résistances », op. cit. p. 18.

dans le but de remettre en cause les principes de base du système démocratique.[1054] Il est essentiel que les procédures indiquées en la matière soient respectées et que l'on observe une rationalisation des changements constitutionnels. Cela suppose, entre autres, l'efficacité d'une justice constitutionnelle protectrice de l'État de droit, détachée des pesanteurs politiques et, de plus en plus, audacieuse.

Il importe, aussi, d'assurer la pérennité des valeurs universelles de la démocratie libérale, en cours d'ancrage dans ces États. Il s'agit, notamment, du respect du suffrage universel, de la régularité du processus électoral, du respect des droits fondamentaux. Le non-respect de ces principes est l'une des causes du discrédit de la légitimité des gouvernants, génératrice de conflits internes et, partant, de la remise en cause perpétuelle de la dynamique constitutionnelle.

Il est indispensable, par ailleurs, de veiller à l'équilibre institutionnel, suivant l'esprit de la séparation des pouvoirs, par le respect de la spécialisation fonctionnelle des différentes institutions sans perdre de vue que l'encadrement juridique du pouvoir exécutif, et particulièrement de la fonction présidentielle[1055], est l'une des pierres angulaires du nouveau constitutionnalisme africain[1056]. Il y a, dans cette optique, un intérêt particulier à approfondir la décentralisation territoriale. Celle-ci est un levier de la démocratie à la base et un moyen d'associer le peuple à la répartition du revenu national par la prise en compte des problèmes spécifiques de chaque entité territoriale. De ce fait, elle doit être renforcée par la prise en compte effective du transfert de compétences et la mise à disposition des ressources appropriées. La doctrine ne résigne pas à reconnaître que la décentralisation ne peut être effective qu'avec un réel transfert des compétences du niveau central vers le niveau périphérique d'une part et, d'autre part, par le transfert concomitant des ressources matérielles, humaines et financières nécessaires.

Par ailleurs, il ne fait aucun doute que l'équilibre institutionnel, notamment dans l'articulation des rôles entre les pouvoirs exécutif et législatif, est un maillon indispensable au fonctionnement du système représentatif actuellement en expansion en Afrique noire francophone. Ainsi, le recueillement muet du parlement qui résulte de sa forte rationalisation, couplée avec sa dépendance fonctionnelle vis-à-vis du pouvoir exécutif, mérite d'être améliorée dans l'intérêt d'une expression raisonnable de la souveraineté qui ne doit pas être assujettie aux initiatives, presque exclusives, du pouvoir exécutif et le recours aux pouvoirs exceptionnels.

[1054] M. F. DJEDJRO, « La révision des constitutions dans les Etats africains francophones-esquisse de bilan », op. cit. pp. 111-134.

[1055] J. du Bois de GAUDUSSON, « Quel statut constitutionnel pour le chef de l'Etat en Afrique ? », op. cit., p. 332.

[1056] A. LOADA, « La limitation du nombre de mandats présidentiels en Afrique francophone », op. cit. p. 139.

Dans la même perspective, la reconnaissance de l'opposition politique, notamment celle dite parlementaire, gagnerait à être approfondie par son institutionnalisation et l'allocation des moyens financiers conséquents en vue de l'essor d'un vrai jeu de contrepoids attendu d'elle.
Certes, la situation des droits de l'Homme fait l'objet d'une prise en compte intéressante, dans les États d'Afrique noire francophone. Les efforts des États, appréciables aujourd'hui, méritent toutefois d'être confortée par l'adhésion à l'ensemble des instruments internationaux y relatifs et l'harmonisation des standards entre mécanismes internationaux et normes positives en droit interne. Il va de soi que la détermination des États à satisfaire aux exigences des instruments dûment ratifiés par eux participerait de cette volonté d'assurer l'effectivité des droits de l'Homme.
Il sied, en outre, de veiller à l'efficacité des contre-pouvoirs démocratiques et, enfin, d'améliorer la gouvernance économique.
En définitive, on peut constater que les mutations constitutionnelles incitent à repenser la notion de constitution voire celle de droit constitutionnel en général. L'appréhension des conséquences des mutations constitutionnelles sur le devenir du nouveau constitutionnalisme africain recommande la prise en compte de toutes les manifestations de la vie politique et institutionnelle qui contribuent à la circonscription du noyau constitutionnel fondamental[1057]: révision, coutume, convention, interprétation, pratique, abrogation… De ce point de vue, en tenant compte de l'importance du phénomène, on conviendrait avec Armel LE DIVELLEC qu'il est logique de dépasser l' « *approche trop simpliste de la constitution réduite à une loi constitutionnelle formalisée pour prendre la mesure de la complexité de l'ordre constitutionnel et réaliser l'impasse dans laquelle mène la propension des juristes à prétendre expliquer le droit écrit par lui-même »*[1058].

[1057] A. Le PILLOUER, « De la révision à l'abrogation de la constitution : les termes d'un débat », *Jus politicum*, n°3, autour de la notion de constitution, décembre 2009, disponible sur le site : http:// www.juspoliticum.com.
[1058] A. Le DIVELLEC, « A la recherche du concept de mutation constitutionnelle ou le mystère de la notion de constitution », op. cit. p.46.

BIBLIOGRAPHIE

OUVRAGES GÉNÉRAUX

ABOYA ENDONG (M.), *Partis administratifs, transitions démocratiques et patrimonialisme en Afrique noire francophone*, Paris, KARTHALA, 2008.

ADJOVI (E.V.), *Une élection libre en Afrique*, Paris, Karthala, 1998.

AIVO (F. J.), *Le juge constitutionnel et l'État de droit en Afrique*, Paris, l'Harmattan, 2008.

AKINDES (F.), *Les mirages de la démocratie en Afrique subsaharienne francophone*, Paris, Karthala, Série de livres du CODESRIA, 1996.

ALLAND (D.) et RIALS (S.) (dir), *Dictionnaire de la culture juridique*, Paris, PUF, 2007.

ARDANT (P.), *Institutions politiques et droit constitutionnel*, Paris, LGDJ, 17ème éd, 2005.

ARON (R.), *Les désillusions du progrès*, Paris, Calmann-Lévy, 1966.

AUTIN (J.L.)et RIBOT(C.), *Droit administratif général*, Paris, Litec, 5ème édition, 2008.

BADET (G.), *Les attributions originales de la Cour constitutionnelle du Bénin*, Cotonou, Bénin, éd. Friedrich-Ebert-Stiftung, 2013.

BANOCK (M.), *Le processus de démocratisation en Afrique le cas Camerounais*, Paris L'harmattan 1993.

BARTHELEMY (J.) et DUEZ (P.), *Traité de droit constitutionnel*, Paris, Les éditions Panthéon Assas, 2004.

BERNARD (F), *Démocratie ambigüe en Afrique centrale*, Paris, Karthala, 1996.

BIRNAUM (P.), HARON (F.), TROPPER (M.), *Réinventer le parlement*, Paris, Flammarion, 1977.

BOULOIS (X. Dupré de), *Droits et libertés fondamentales*, Paris, PUF, 2010.

BOWAO (C.Z.), *L'imposture ethnocentriste, plaidoyer pour une argumentation éthique du politique*, Paris, les éditions HEMAR, 2014.

BREILLAT (D.), *Libertés publiques et droits de la personne humaine*, Paris, Gualino éditeur, 2003.

BRETON (G. le), *Libertés publiques et droits de l'homme*, Paris, Dalloz, 2005.

BURDEAU (G.) :

- *Droit constitutionnel et institutions politiques*, Paris, LGDJ, 14ème éd., 1969.

- *Traité de science politique, le statut du pouvoir dans l'État*, Paris, LGDJ, Tome 4, 1985, 648 p.

CABANIS (A.) et MARTIN (M.L.), *Les constitutions d'Afrique francophone, évolutions récentes*, Paris, Karthala, 1999.

CABRILLAC (R.), FRISON-ROCHE (M.A.) et REVET (T.), *Libertés et droits fondamentaux*, Paris, Dalloz, 2007.

CERDA-GUZMAN (C.), *Droit constitutionnel et institutions de la Ve République*, Paris, Edition Gualino, 2013-2014.

CHAPUS (R.), *Droit administratif général*, Paris, Montchrestien, tome 1, 15e éd., 2001.

CHOLE (E.) et IBRAHIM (J.), *Processus de démocratisation en Afrique, problèmes et perspectives,* Dakar, CODESRIA, 1995.

CLAISSE (A.), *Le Premier ministre de la Vème République*, Paris, LGDJ, 1972.

COLLIARD (C.A.), *Libertés publiques*, Paris, Dalloz, 1989.

CONAC (G.) :

- *Dynamique et finalités des droits africains*, Paris, Economica, 1990.

- *L'Afrique en transition vers le pluralisme politique*, Paris, Economica, 1993.

- *Les institutions constitutionnelles et politiques des États d'Afrique francophone et de la République malgache*, Paris, Economica, 1979.

- *Vocabulaire juridique*, Paris, PUF, 2012.

DARBON (D.), GAUDUSSON (J. du BOIS de), (dir.) : *La création du droit en Afrique*, Paris, Karthala, 1997.

DEBBASCH (C.)et autres, *Droit constitutionnel et Institutions politiques*, Paris, éd. Economica, 2001.

DEBBASCH (J.)et autres, *Lexique de politique*, Paris, Dalloz, 7ème édition, 2001.

DEBBASCH (R.) :

- *Droit constitutionnel*, Paris, Lexisnexis, 8ème ed., 2012.

- *Les droits de l'homme en Afrique noire francophone : Théories et réalités*, CEDA, Abidjan, 2ème éd. avril 2001.

DELMAS-MARTY (M.), *Pour un droit commun*, Paris, Seuil, 1994.

DELVOLVE (P.), *Le Droit administratif*, Paris, Dalloz, 21e éd., 2006.

DEGNI-SEGUI (R.), *Les droits de l'Homme en Afrique francophone : théories et réalités*, Abidjan, Imprimob, 1997, p. 196.

DIARRA (A.), *Démocratie et droit constitutionnel dans les pays francophones d'Afrique noire. Le cas du Mali depuis 1960*, Paris, KARTHALA, 2012.

DIAW (A.), *Démocratie et logique identitaire en actes, l'invention de la politique en Afrique*, Dakar, CODESRIA, 1994.

DIOP (O.), *Partis politiques et processus de transition démocratique en Afrique noire : recherche sur les enjeux juridiques et sociologiques du multipartisme dans quelques pays de l'espace francophone*, éditions publibooks, janvier 2006.

DUGUIT (L), *L'État, les gouvernants et les agents*, Paris, Dalloz, 2007.

DUHAMEL (O.) et TUSSEAU (G.), *Droit constitutionnel et institutions politiques*, 3ème Edition, 2003.

DUPRAT (J.P.), *La crise des assemblées parlementaires françaises, Etudes offertes à Jean-Marie AUBRY*, Paris, Dalloz, 1992.

DUVERGER (M.) :

- *Droit constitutionnel et institutions politiques*, Paris, PUF, coll. Thémis, 1959, 4ème éd. Tome 1.

- *Institutions politiques et droit constitutionnel*, Paris, PUF, 17ème éd., 1988.

EBOUSSI BOULAGA (F), *Les conférences nationales en Afrique*, Paris, Karthala, 2012.

EISMEIN (A.), *Eléments de droit constitutionnel français et comparé*, Paris, Sirey, 4ème éd, 1906.

EWANGUI (C. G.), *Démocratie et élections en Afrique*, Paris, l'Harmattan, 2014.

FALL (I. M.) :

- *Evolution constitutionnelle du Sénégal de la veille de l'indépendance aux élections de 2007*, Paris, Credila-Karthala-CREPOS, Paris, 2012.

- *Le pouvoir exécutif dans le constitutionnalisme des États d'Afrique*, Paris l'Harmattan, 2008.

- *Les révisions constitutionnelles au Sénégal, Révisions consolidantes et révisions déconsolidantes de la démocratie sénégalaise*, Dakar, CREDILA, 2012.

FAURE (B.), *Les institutions administratives*, Paris, PUF, 2010.

FAVOREU (L.) et autres :

- *Droit constitutionnel*, Paris, Dalloz, 17ème édition, 2015.

- *Droit des libertés fondamentales*, Paris, Dalloz, 4ème édition, 2007.
- *Les cours constitutionnelles*, Paris, Dalloz, 2011.

- *Les grandes décisions du Conseil constitutionnel*, Paris, Dalloz, 13ème édition, 2005.

FAVOREU (L.) :

- *Droit constitutionnel*, Paris, Dalloz, 1999.

- *La constitution et son juge*, Paris, Economica, 2014.

FAVOREU (L.), MASTOR (W.), *Les Cours constitutionnelles*, Paris, Dalloz, 2011.

FRERE (M.S.), *Presse et démocratie en Afrique francophone*, Paris, Karthala, 2000.

GAUDEMET (P. M.) :

- *Le pouvoir exécutif dans les pays occidentaux*, Paris, Montchrestien, 1966.

- *La séparation des pouvoirs, mythes et réalités, chronique XXIII*, Paris, Dalloz, 1961.

GAUDEMET (Y.), *Droit administratif*, Paris, LGDJ, 18e éd., 2005.

GAUDUSSON (J. du BOIS de), CONAC (G.), DESOUCHES (C.), *Les constitutions africaines*, Paris, La documentation française, Tome 2, 1997.

GICQUEL (J.), GICQUEL (J.E.), *Droit constitutionnel et institutions politiques*, Paris, Montchrestien, 23ème édition, 2009.

GONIDEC (P. F.) :

- *Les systèmes politiques africains*, Paris, LGDJ, 1ère partie, 1971.

- *Les systèmes politiques africains*, LGDJ, 2ème partie, 1974.

GUEDON (M.J.), *Les autorités administratives indépendantes*, Paris, LGDJ, 1991.

HAMON (F.) et TROPER(M.), *Droit constitutionnel*, Paris, LGDJ, 28ème 2dition, 2003.

HAURIOU (A.), *Droit constitutionnel et institutions politiques*, Paris, Montchrestien, 5ème édition, 1972.

HAURIOU (M.) :

- *Droit constitutionnel*, Paris, Dalloz, 17ème édition, 2015.

- *Précis de droit constitutionnel,* Paris, Dalloz, reproduction de la 2ème édition parue en 1929, 2015.

HENNETTE VAUCHEZ (S.) et ROMAN (D.), *Droit de l'homme et libertés fondamentales*, Paris, Dalloz, 1re édition, 2013.

JACQUE (J. P.), *Droit constitutionnel et institutions politiques*, Paris, Dalloz, 2010.

JELLINEK (G.), *L'État moderne et son droit,* Préface de O. JOUANJAN, Paris, Ed. Panthéon-Assas coll. « Les introuvables », LGDJ, 2005.

KADA (N.), *Lexique de droit constitutionnel*, Poitiers, Ellipses, mars 2004.

KAMTO (M.) :

- *Pouvoir et droit en Afrique ; Essai sur les fondements du constitutionnalisme dans les États d'Afrique noire francophone*, Paris, LGDJ, 1987.

KLEIN (C.), *Théorie et pratique du pouvoir constituant*, Paris, PUF, 1996.

KUENGIENDA (M.), *Quelle démocratie pour l'Afrique*, Paris, l'Harmattan, 2007.

LA FERRIERE (E.), *Traité de la juridiction administrative et des recours contentieux*, Bergel-Levrault, 2ème édition, tome 2, 1896.

LABOULAYE (E.), *Questions constitutionnelles*, Paris, éd. Charpentier, 1872.

LAUVAUX (P.),*Les grandes démocraties contemporaines*, Paris, PUF,1990.

- *Les systèmes constitutionnels en Afrique noire, Les États francophones*, Paris, Pedone, 1976.

- *Dynamiques et finalités des droits africains*, Paris, Economica, 1980.

LECLERCQ (C.), *Libertés publiques*, Paris, Litec, 5ème édition, 2003.

LINDA (A.M.), *Les droits de l'homme dans le droit international,* Paris, Ed. Nouveaux horizons, 2004.

MABILEAU (A) et MEYRIAT (J), (dir), *Décolonisation et régimes politiques en Afrique noire*, Paris, Armand Colin, 1967.

MALBERG (C. de), *Contribution à la théorie générale de l'Etat*, Paris, Sirey, Tome 2, 1922.

MANGENEST (D) et POUGOUE (P.G.), (dir), *Droits de l'Homme en Afrique centrale*, Paris, UCAC-Karthala, 1996.

MATHIEU (B.) et VERPEAUX (M.), *Contentieux constitutionnel des droits fondamentaux*, Paris, LGDJ, 2002.

MBOKOLO (E.), *Les médiations africaines, Omar BONGO et les défis diplomatiques d'un continent*, L'Archipel, 2009.

MELIN-SOUCRAMANIEN (F.), P. PACTET, *Droit constitutionnel*, Paris, Sirey, 33ème éd., 2014.

MENY (Y.)et SUREL (Y.), *Politique comparée, les démocraties Allemagne, États-Unis, France, Grande-Bretagne, Italie*, Paris, Montchrestien, 8ème édition, 2009.

MENY (Y.), *Les régimes politiques occidentaux*, Paris, Seuil, 2006.

MICHEL (R), *Les partis politiques*, Ed. de l'Université de Bruxelles, 2009.

MIRKINE-GUETZEVITCH (B.), *Les constitutions de l'Europe nouvelle*, Paris, Librairie Delagrave, 1928.

MOUDOUDOU (P.), *La constitution en Afrique*, Brazzaville, les éditions HEMAR, 2014.

MOUELE KOMBI (N.), *La démocratie dans la réalité camerounaise*, Paris, Dianoïa, 2014.

NGAKOUTOU (T.), *Les limites de la démocratie subsaharienne*, Paris l'harmattan, 2005.

NKOTI BOHOLE (M), *L'Afrique... Quelles institutions pour demain ?,* Paris, l'Harmattan, 2009.

PACTE (P.) :

- *Institutions politiques et droit constitutionnel,* Paris, Armand, 19ème édition, 2000.

PACTET (P.), MELIN-SOUCRAMANIEN (F.), *Institutions politiques et droit constitutionnel*, Paris, Armand, 27ème éd., 2009.

PETIT (S.), *L'administration devant le juge judiciaire*, Paris, PUF, 1997.

QAZBIR (H.), *L'internationalisation du droit constitutionnel*, Paris, Dalloz, 2015.

QUENTIN (P.) (dir), *Voter en Afrique : comparaisons et différenciations*, Paris, l'Harmattan, 2004.

QUERMONE (J.-L.), *Les régimes politiques occidentaux*, Paris, Seuil, 5ème édition, 2006.

ROSSI (P.), *Cours de droit constitutionnel*, Guillaumin, Tome IV, 1867.

SALAMI (I. D.) et GANDOUNOU (D. O. M.), *Droit constitutionnel et institutions du Bénin*, Cotonou, CeDAT, 2014.

SANCHEZ-SALGADO (R.), *Comment l'Europe construit la société civile*, Paris, Dalloz, 2OO7.

SASSOU NGUESSO (D.), *Le manguier, le fleuve et la souris*, Paris, JC Lattès, 1997.

SIHEM NAJAR (dir), *Les réseaux sociaux sur internet à l'heure des transitions démocratiques*, Paris, Karthala, 2013.

SINDJOUN (L.) :

- *La formation du patrimoine constitutionnel commun des sociétés politiques, Eléments pour une théorie de la civilisation politique internationale*, Série monographies 2/97, Dakar, CODESRIA, 1997.
- *Les grandes décisions de la justice constitutionnelles africaines, Droit constitutionnel jurisprudentiel et politiques constitutionnelles au prisme des systèmes politiques africaines*, Bruxelles, Bruylant, 2009.
- *Science politique réflexible et savoir sur les pratiques politiques en Afrique*, Dakar, CODESRIA, 1999.

SOUNGALO OUATTARA, *Gouvernance et libertés locales, pour une renaissance de l'Afrique*, Paris, Khartala, 2007.

SY (S.M.), *Les régimes politiques sénégalais de l'indépendance à l'alternance politique 1960-2008*, Paris, IROKO-KARTHALA-CREPOS, 2011.

TAMA (J.-N.), *Droit international et africain des droits de l'homme*, Paris, l'Harmattan, 2012.

THOREAU (H. D.), *La désobéissance civile (1848)* Québec, trad. Typo, coll. Essai, 1994.

TOUVET (L.) et DOUBLET (Y.M.), *Droit des élections*, Paris, Economica, 2007.

VEDEL (G.), et P. DELVOLVE, *Droit administratif*, Paris, PUF, 1990.

VEDEL (G.), *Manuel élémentaire de droit constitutionnel*, réédition présentée par Guy CARCASSONNE et Olivier DUHAMEL, Paris, Dalloz, 2002.

WALZER (M.), *Pluralisme et Démocratie*, Editions Esprit, 1997.

WASCHMANN (P.), *Libertés publiques*, Paris, Dalloz, 5ème édition, 2005.

WING (S), *Démocratie malienne et dialogue constitutionnel (1991-2007), la quête d'un État de droit,* Paris, Karthala, 2013.

YENGO (P.), *La guerre civile du Congo-Brazzaville 1993-2002,chacun aura sa part*, Paris, Karthala, 2006.

ZARKA (J. C.), *Introduction au droit constitutionnel*, Paris, ellipses, 4ème édition, 2011.

Articles

ABA'A OYONO (J.C.) :

- « L'insécurité juridique en matière constitutionnelle, questionnement sélectif sur l'articulation et la pratique constitutionnelles au Cameroun », *Revue africaine de sciences juridiques*, n°10-2013, p.74.

- « Les mutations de la justice à la lumière du développement constitutionnel de 1996 », *Afrilex*, n°1, 2000, pp. 9-50.

ADOUKI (D. E.), « L'autorité des décisions du juge constitutionnel en Afrique », *RFDC*, 2013/5, n°95, pp. 611-638.

AHADZI (K.), « Les nouvelles tendances du constitutionnalisme africain : le cas des États d'Afrique noire francophone», *Afrique juridique et politique*, vol. 1, n° 2, 2002, pp. 35-85.

AÏVO (F. J.) :

- « La crise de la normativité de la constitution en Afrique », *REVUE DE DROIT PUBLIC*, n°1-2012, pp.141-180.

- « La responsabilité pénale des gouvernants dans les régimes politiques africains d'influence française », *Revue juridique et politique*, Janvier-Mars 2010, vol. 64, no 1, p. 3-42. .

AKA LAMARCHE (A.), « L'évolution du régime représentatif dans les États d'Afrique noire francophone », *Jurisdoctoria*, n° 9, 2013, pp.119-153.

AKINDES (F.) et TOPANOU (V.), « Démocratie, gouvernance et droit de l'homme », *Document du programme des Nations Unies pour le développement social* (UNRISD), n°18, octobre 2005.

ALTWEGG-BOUSSAC (M.), « Le constitutionnalisme écrit face au changement : approches doctrinales », in *les mutations constitutionnelles*, Collection colloques, volume 20, 2013.

ANDORNO (A.), « La reconnaissance de l'autre comme sujet. A propos de l'universalité des droits de l'homme », in B. MELKEVIK, L. VIGNEAULT (dir), *Droits démocratiques et identités*, Les presses de l'université de Laval, Québec, 2006.

ARDANT (P) :

- « La révision constitutionnelle en France : problématique générale », in *la révision de la constitution*, journées d'études des 20 mars et 16 décembre 1992, Association française des constitutionnalistes, Paris, Economica, 1993, p.80.

- « Les constitutions et libertés », in Pouvoirs n° 84, 1998, pp. 61-74.

ATANGANA AMOUGOU (J. L.) :

- « Les accords de paix dans l'ordre juridique interne en Afrique », *Droit prospectif : Revue de la recherche juridique*, Vol. 33, N°123, 2008, pp.1723-1746

- « Les révisions constitutionnelles dans le nouveau constitutionnalisme africain », www.droitconstitutionnel.org/congresmtp/texte7/atagana.pdf

- « Réflexions sur les tendances récentes de la démocratie constitutionnelle en Afrique noire », *Afrique 2000*, 1996.

- « Révisions constitutionnelles et nouveau constitutionnalisme africain », *Politeia* n°7, printemps 2005, p. 585.

- « Rigidité et instabilité constitutionnelles dans le nouveau constitutionnalisme africain », *Afrique juridique et politique*, juillet-décembre 2006, vol.2, n°2, pp.42-87.

AUTEXIER (C.), « Mille neuf cent quatre-vingt-dix, la réunification de l'Allemagne sous la loi fondamentale », *RFDC*, 1991, pp.589-596.

BADINTER (R.) et GENEVOIS (B.), « Normes de valeur constitutionnelle et degré de protection des droits fondamentaux », *Revue universelle des droits de l'Homme*, 1996, p. 331.

BADJI (M.), « Le chef d'État dans les régimes politiques africains : miroir des modes traditionnels d'exercice du pouvoir politique », *Droit sénégalais* n°9/ 2010, p.38.

BALDE (S.), « La convergence des modèles constitutionnels, études de cas en Afrique subsaharienne », *édition publibook*, 2011.

BANKOUNDA-MPELE (F.), « Repenser le Président africain », présentation au *VIIème congrès français de droit constitutionnel*, septembre 2008.

BARBE (V.), (F. X.) MILLET, « Contribution à l'étude de l'effectivité de la constitutionnalisation en droit de l'environnement », *R.T.D.H.* n° 78, avril 2009, p. 469.

BEAUD (O.), « Les mutations de la Vème République ou comment se modifie une constitution écrite », *Pouvoirs* n°2001, p.21.

BIPOUM WOUM (J.M.), « Recherches sur les aspects actuels de la réception du Droit administratif dans les États d'Afrique noire d'expression française : le cas du Cameroun », *Revue Juridique et*

Politique Indépendance et. Coopération (R.J.P.I.C.), Paris, 1972, n° 3, p. 359 et s.

BITJOCA (L. G.), « L'élection comme mode de (ré) fondation du pouvoir d'Etat en Afrique », *Droit sénégalais* n°9, pp.145-146.

BOCKEL (A.) :
- « Le contrôle juridictionnel de l'administration », in *Les Institutions administratives des États francophones d'Afrique noire,* Centre d'Etudes juridiques comparatives de l'Université de Paris I, Economica, 1979, pp. 197 et suiv.

- «Recherche d'un droit administratif en Afrique francophone », *Revue Ethiopiques*, octobre 1978, n° 16, pp. 66 et s.

BOUMAKANI (B.), « La protection des droits et libertés au Congo, in Droits de l'homme en Afrique centrale » MAUGENEST (D.) et POUGOUE (P.-G.), Colloque de Yaoundé 9-11 décembre 1994, Paris, UCAC-KARTHALA, 1996.

BOURGUI (A.), « L'évolution du constitutionnalisme en Afrique : du formalisme à l'effectivité », *RFDC*, n°52, 2002, pp. 721-748.

BOURMAND (D.) et QUANTIN(P.), Le modèle et ses doubles : les conférences nationales en Afrique noire (1990-1991), in *Les politiques du mimétisme institutionnel, la greffe et le rejet*, MENY (Y.) (dir), Paris, l'Harmattan, 1993.

BOURMAUD (D.), «Les V^{S} Républiques : Monarchie, Dyarchie, Polyarchie. Variations autour du pouvoir sous la Ve République », *Pouvoirs*, 2001, n°99, p. pp. 7-17.

CABANIS (A. G.) et MARTIN (M.L) :
- « La pérennisation du chef d l'État : l'enjeu actuel pour les constitutions d'Afrique francophone », in *Démocratie et liberté : tension, dialogue, confrontations, mélanges en l'honneur de Slobodan Milacic*, Bruxelles Bruylant, 2008, pp. 348-380.

- « Le nouveau cycle constitutionnel ultra-méditerranéen francophone et la constitution d'octobre 1958 », in *Les politiques du mimétisme institutionnel, la greffe et le rejet*, Y. MENY (dir), Paris, l'Harmattan, 1993, pp. 139-164.

CARBONNE (G. M.) et LAROUCHE ST-SAUVEUR (A.), « Comprendre les partis et les systèmes de partis africains », *Politique africaine* 4/2006, n°104, p. 18-37.

CARTIER (E.), « Les petites constitutions : contribution à l'analyse du droit constitutionnel transitoire », *RFDC*, 71, 2007, pp. 513-534.

CHEVALLIER (J.), « L'État de droit », *REVUE DE DROIT PUBLIC*, 1988, n°2, pp. 320-355.

CHEVALLIER (J.), « La mondialisation de l'État de droit », Mélanges Philippe ARDANT, *Droit et politiques à la croisée des cultures*, LGDJ, 1999, pp.325-337.

CONAC (G.) :

- « Le processus de démocratisation en Afrique », in *Parlements et Francophonie* n°83-84, 4ème trimestre 1991.
- « Portrait d'un chef d'État », *Pouvoirs*, 1983, n° 25, pp.121-130.
- « Succès et échecs des transitions démocratiques en Afrique subsaharienne », *Mélanges Jean WALINE*, Paris, Dalloz, 2002, pp. 29-47.

COULIBALEY(B.D.), « Le juge administratif, rempart de protection des citoyens contre l'administration en Afrique noire francophone ? », *Afrilex,* u-bordeaux.fr.

COULIBALY (A. A.), « La rénovation de la justice constitutionnelle en Afrique : le rôle du juge dans la construction de l'État de droit », *RJPIC*, n° 1, 1999, p.50-66.

COULON (C.), La démocratie sénégalaise : bilan d'une expérience, in *Politique africaine*, n°45, pp. 3-8.

DARBON (D.), « A qui profite la mime ? », in *Les politiques du mimétisme institutionnel, la greffe et le rejet*, Paris, l'Harmattan, 1993,p. 113-137.

DEGNI-SEGUI (R.), « État de droit, droits de l'Homme, bilan des années », *rapport n°5, symposium international de Bamako*, p.634.

DELPEREE (F.), « Le renouveau du droit constitutionnel », *RFDC*, n°74, avril 2008, p. 227-237.

DIAGNE (M.), « La mutation de la justice constitutionnelle en Afrique : l'exemple du Conseil constitutionnel sénégalais », *Annuaire international de justice constitutionnelle*, XII, 1996, p. 99 et s.

DIALLO (I.), in « Pour un examen minutieux de la question des révisions de la constitution dans les États africains francophones », disponible sur le site : http://www.afrilex.u-bordeaux4.fr

DIARRA (A.), « Les autorités administratives indépendantes dans les États francophones d'Afrique noire-cas du Mali, du Sénégal et du Bénin », *Afrilex*, 2000/00.

DIBAS (E. F.), « L'Acte fondamental du Congo-Brazzaville du 24 octobre 1997 », *RJPIC*, 1998, n°3, pp.300-308.

DIVELLEC (A. Le), « A la recherche du concept de mutation constitutionnelle ou le mystère de la notion de constitution », *Les mutations constitutionnelles*, Collection colloques, volume 20, 2013.

DJEDJRO (F.M.) :

- « La révision des constitutions dans les États africains francophones- esquisse de bilan », *REVUE DE DROIT PUBLIC*, n°1, 1992, pp.111-134.

- « Principe majoritaire et démocratie en Afrique », *RID*, n°9, 2008.
- « Le système politique ivoirien dans la géopolitique ouest-africaine », *REVUE DE DROIT PUBLIC*, 2006, 701-714.

DODZI KOKOROKO, « Les élections disputées : réussites et échecs », *Pouvoirs* n°129-2009, pp. 115-125.

DONFACK (E. L.), « La révision des constitutions en Afrique », *RJPIC*, n°1, janvier-mars 1989.

DONFACK SOKENG (L.), « L'État de droit en Afrique », *Afrique juridique et politique*, Juillet-Décembre 2002, p.87-125.

DORD (O.), « Droits fondamentaux (Notion et théories des) », in J. ANDRIANTSIMBAZOVINA, H. GAUDIN, J.P. MARGUENAUD, S. RIALS et F. SUDRE (dir.), *Dictionnaire des droits de l'homme*, PUF, Coll. « quadrige », 2008.

DOSSO (K.),« Les pratiques constitutionnelles dans les pays d'Afrique noire francophone »,*RFDC*, n°90, 2012/2.

DOSSOU (R. S. M.), « La Cour Constitutionnelle du Bénin : L'Influence de sa Jurisprudence sur le Constitutionnalisme et les Droits de l'Homme », *Conférence Mondiale sur la Justice Constitutionnelle*, Cap Town en Afrique du Sud, 23 au 24 janvier 2009.

DRAGO (G.), « Les mutations constitutionnelles : notion, types, causes, essai de classification », in *Les mutations constitutionnelles*, Collection colloques, volume 20, 2013.

DUPUIS (R.J.), « Les Droits de l'Homme : Valeur européenne ou valeur universelle ? », *Rev.sc. morales et politiques*, 1989, n°4.

EMERSON (R.), « Parties and national integration in africa », in J. la Palombara, M. Weimmer (éd), *Political parties and political development*, Princeton, New Jersey, Princeton university press, 1966, pp. 296-297.

FALL (I. M.) :

- « Constitution de 1963 et constitution de 2001 : continuité ou rupture », *Nouvelles Annales Africaines*, n°1-2007, p.312.

- « La construction des régimes politiques en Afrique : insuccès et succès », *Revue Afrilex*, 2014.

- « Constitution de 1963 et constitution de 2001 : continuité ou rupture », *Nouvelles Annales Africaines*, n°1-2007.

- « Sénégal, une démocratie ancienne en mal de réforme », une étude d'*AfriMAP* et de l'Open society initiative for west Africa (OSIWA), juin 2012, www.osiwa.org

FELDMAN (J.P.), « Un régime parlementaire pour les pays, d'Afrique », http://www.audace-afrique.net

FLAUSS (J. E.), « Le droit de recours individuel devant la Cour européenne des droits de l'Homme, le protocole à la convention européenne des droits de l'homme », *AFDI*, Vol 36, 1990, p.509 et suiv.

GALOY (M.R.) et GRUENAIS M.E., « Errements des démocraties balbutiantes. Des dictateurs sortis des urnes », *Le monde diplomatique*, novembre 1997.

GALY (M.), « Qui gouverne la Côte d'Ivoire ? Internationalisation d'une crise politico-militaire », *Politique étrangère*, n°4, 2005.

GAUDUSSON (J. du Bois de) :

- « A quoi servent les constitutions en Afrique ? », Réflexions sur le constitutionnalisme africain », *RJPIC*, n°4, octobre-décembre 1988.

- « Constitutionnalismes africains », *RJPIC*, 1996, n° 1, p. 23-50.

- « Défense et illustration du constitutionnalisme en Afrique après quinze ans de pratique du pouvoir », in *renouveau du droit constitutionnel, Mélanges à l'honneur de Louis FAVOREU*, Paris, Dalloz, 2007.

- « L'accord de Marcoussis, entre droit et politique », *Afrique contemporaine*, 2003.

- « Les nouvelles constitutions africaines et le mimétisme », in *La création du droit en Afrique*, Paris, Karthala, 1997 pp. 309-316.

- « Les solutions constitutionnelles des conflits politiques », in *Afrique contemporaine*, n° spécial, 4ème trimestre, 1997.

- « Les tabous du constitutionnalisme en Afrique. Introduction thématique », *Afrique contemporaine*, 2012/2 n°242, p.55.

- « Quel statut constitutionnel pour le chef d'État en Afrique?», in *Mélanges en l'honneur de Gérard CONAC, Le nouveau constitutionnalisme*, Paris, Economica, 1996.

- « Trente ans d'institutions constitutionnelles : points de repère et interrogations », in *Afrique contemporaine*, n°164.

GLELE (M.A.), « La constitution ou loi fondamentale », in *Encyclopédie juridique de l'Afrique*, Tome 1, Abidjan, Dakar, Lomé, Nouvelles éditions Africaines, 1982, pp. 31-108.

GICQUEL (J.), « Le présidentialisme négro-africain », in *Mélanges Georges BURDEAU*, Paris, LGDJ, 1977, pp. 701-725.

GILLES (W.), « L'opposition parlementaire : étude de droit comparé », in *Revue de droit public* n°5.

GIOIA (F.), « La cour pénale internationale et le principe de complémentarité », in MAZERON (dir), *Les premiers pas de la cour pénale internationale*, colloque de Clermont-Ferrand, RJA, 2005/2.

GONIDEC (P. F.),
- « L'État de droit en Afrique. Le sens des mots », *RJPIC*, n°1, janvier-avril 1998.
- « Introduction générale sur l'étude comparative des systèmes juridiques », *Encyclopédie juridique de l'Afrique*, tome 1, 1993.

GUEYE (B) :
- « Crise de légitimité du pouvoir politique en Afrique subsaharienne », *Civet Europa*, n°6, mars 2001.

- « La démocratie en Afrique, succès et résistances », *Pouvoirs* n°129, 2009.

- « La légitimé et la légitimation de la transition constitutionnelle par les élections en Afrique », Colloque sur les transitions constitutionnelles et constitutions ''transitionnelles'' : quelles solutions pour une meilleure gestion des fins de conflits, Colloque international d'Aix-en-Provence, juin 2012.

- « Les coups d'État en Afrique entre légalité et légitimité », *Droit sénégalais* n°9.

GUEYE (B.) et NDIAYE (S.), « L'instabilité institutionnelle en Afrique », *Droit sénégalais* n°10, 2011-2012

HOLO (T.) :
- « Démocratie revitalisée ou démocratie émasculée ? Les constitutions du renouveau démocratique dans les États de l'espace francophone africain : régimes juridiques et systèmes politiques », *Rev. Béninoise des sciences juridiques et administratives*, 2006, n° 16.

- « Emergence de la justice constitutionnelle », *Pouvoirs* 2009/2, n°129, p.102et s.

- « Les constitutions du renouveau démocratique dans les Etats de l'espace francophone africain : régimes juridiques et systèmes politiques », *Revue des sciences juridiques et administratives*, n°16, 2006.

HOURQUEBIE (F.), « Quel statut constitutionnel pour le chef de l'État africain ? Entre principes théoriques et pratique du pouvoir », *Afrique contemporaine*, 2012, n° 242.

JAN (P.), « Les oppositions », *pouvoirs* n°106, janvier 2004, pp.23-24.

JEZE (G.), « De la force de vérité légale attachée par la loi à l'acte juridictionnel », *REVUE DE DROIT PUBLIC*, 1913.

KAMTO (M.) :

- « Le dauphin constitutionnel dans les régimes politiques africains : le cas du Cameroun et du Sénégal », *Penant*, 1983 p.257 et suiv.

- « L'énoncé des droits dans les constitutions des États francophones », *Revue juridique africaine*, 1991, n° 2 et 3, pp. 23 et suivantes.

- « Les Conférences nationales ou la création révolutionnaire des Constitutions », *La création du droit en Afrique*, Paris, Karthala, 1997.

- « Les nouvelles institutions constitutionnelles et politiques de la République centrafricaine », *recueil Penant*, 1989, p. 14.

- « Révision constitutionnelle ou écriture d'une nouvelle constitution », *Lex Lata*, février mars 1996, n°023-024.

KANTE (B.) :

- « L'Afrique à l'épreuve de la transition démocratique », in C. M. ZOETHOUT et als., *Constitutionnalism in Africa, A quest for autochtonous principles*, Sanders Institut, Gouda Quint-Deventer, Rotterdam, 1996.

- « Le Sénégal, un exemple de continuité politique et d'instabilité constitutionnelle », in *RJEPM*, n°22, 1989.
- « Les juridictions constitutionnelles et la régulation des systèmes politiques en Afrique », *Mélanges Jean GICQUEL*, Paris, Montchrestien, 2008,pp. 265-276.

KEUTCHA TCHAPNGA (C.), « Le juge constitutionnel, juge administratif au Bénin et au Gabon ? », *RFDC*, 2008, n° 3.

KHOUMA (O.), « L'enjeu de l'élection Présidentielle en Afrique », *Droit sénégalais* n°10/ 2011-2012.

KOKOROKO (D.) :

- « La portée de l'observation internationale des élections », in *Démocratie et élections dans l'espace francophone, Droit sénégalais* n°10/2011-2012, p.755 et suiv.

- « Les élections disputées : réussites et échecs », *Pouvoirs*, 2009/2, n°129.

KPODAR (A) :

- « Bilan sur un demi-siècle de constitutionnalisme en Afrique noire francophone », *Afrilex*, 2013.

- « Réflexions sur la justice constitutionnelle à travers le contrôle de la constitutionnalité de la loi dans le nouveau constitutionnalisme : les cas du Bénin, du mali, du Sénégal et du Togo », *Revue béninoise des sciences juridiques et administratives*, 2006, n° 16.

LAVROFF (D. G.) :

- « Le droit saisi par la politique : l'instabilité de la norme constitutionnelle sous la Vème République », *Politeia* n°25, 2014, p.34.

- « Aux urnes l'Afrique : élections et pouvoirs en Afrique noire», CEAN, Bordeaux, Paris, Pedone.

- LAVROFF (D. G.), « La constitution et le temps », in *Droit et politique à la croisée des cultures*, Mélanges Philippe ARDANT, Paris, LGDJ, 1999, pp.207-227.

- « Les régimes militaires et développements politiques en Afrique noire », *R.F.S.P*, Vol. XXII, n°5, 1972, pp. 973-991.

LIET-VEAUX (G.), « La fraude à la constitution », Essai d'une analyse juridique des révolutions communautaires récentes : Italie, Allemagne, France », *REVUE DE DROIT PUBLIC*, 1943, pp. 142-147.

LOADA (A.) :

- «L'audace du juge constitutionnel en question », contribution au colloque de Cotonou des 8, 9 et 10 août 2012 sur « La Constitution béninoise du 11 décembre 1990 : Un modèle pour l'Afrique ? », en hommage au Professeur Maurice AHANHANZO GLELE.

- « La limitation du nombre de mandats Présidentiels en Afrique francophone », *Revue électronique Afrilex*, 2003, n°3, p.139-174.

- « Réflexions sur la société civile en Afrique: le Burkina d'après ZONGO », *Politique africaine* n°76, décembre 1999.

LOUIS MARTIN (M.), « Constitutionnalisme et pouvoir militaire en Afrique francophone aujourd'hui », *Droit sénégalais* n°9-2010, p.343.

LUCIANI (M.), « L'anti-souverain : mutations de la société internationale et décision économique nationale », in Droit constitutionnel et mutations de la société internationale, *R.C.A.I.D.C.*, vol. XI, pp. 133-134.

MAMBO (P.), « Les rapports entre la constitution et les accords politiques dans les Etats africains : réflexions sur la légalité constitutionnelle en période de crise », http:// id.erudit.org/1013034ar

MANGIN (G.), « Quelques points de repère dans l'histoire de la justice en Afrique francophone », in Jean du Bois de GAUDUSSON et CONAC G. (dir.), *La justice en Afrique*, Paris, la Documentation française, 1990, respectivement.

MANKOTAN (J.P.), « une nouvelle voie d'accès au pluralisme : la Conférence nationale souveraine », in *Afrique 2007*, octobre-décembre 1991.

MARIE (J.) et IDELMAN (E.), « La décentralisation en Afrique de l'Ouest : une évolution dans les gouvernances locales ? *»,EchoGéo* [en ligne], 13/2010.

MARTIN(M.) et CABANIS (A.), « Le modèle du Bénin : un Présidentialisme à l'africaine », *Les nouvelles constitutions africaines, la transition démocratique*, Toulouse, presse de l'IEP, 1993.

MAZIAU (N.), « L'internationalisation du pouvoir constituant : essai de typologie, le point de vue hétérodoxe du constitutionnalisme », *RGDIP*, n°3, 2002.

MBAYE (A.), « Les alternatives constitutionnelles et institutionnelles en Afrique de l'Ouest », conclusions présentées à l'atelier de Lomé du

28 au 30 mai 2008 pour le compte de l'Alliance pour refonder la gouvernance en Afrique. http:// www.base.afrique-gouvernace.net

MBEMBE (A.), « Entre coups d'État, élections reportées et mouvements sociaux: esquisse d'une démocratie à l'africaine », *Le monde diplomatique*, octobre 2000.

MBILAMPINDO (W.), « Un nouvel Acte fondamental pour une nouvelle transition démocratique au Congo », *RJPIC*, mai-août 1998, p.149-165.

MBODJ (E. H.) :

- « La constitution de transition et la résolution des conflits en Afrique. L'exemple de la République démocratique du Congo », *REVUE DE DROIT PUBLIC* n°2-2010.

- « Les garanties et éventuels statuts de l'opposition en Afrique », in Actes de la 4ème réunion préparatoire au symposium de Bamako sur la vie politique http://www.elhadjmbodj.com/index.php?2005/11/20-les-garantis-et-eventuels-statuts

MEL (A. P.), « La réalité du bicéphalisme du pouvoir exécutif ivoirien », *RFDC*, n°75, 2008, pp. 513 à 549.

MELEDJE (D. F.) :

- « Les révisions des constitutions dans les États africains francophones, esquisse de bilan », *REVUE DE DROIT PUBLIC*, n°1, 1992, pp.111-133.

- « Le contentieux électoral en Afrique », *Pouvoirs*, 2009, n°129, pp. 139-155.

- « Le système politique ivoirien dans la géopolitique ouest-africaine », *REVUE DE DROIT PUBLIC*, vol 3, 2006, pp.701-713.

MORIN (J. Y.), « L'État de droit : l'émergence d'un principe de droit international », in *Recueil des. Cours de l'Académie de droit international*, Tome 254, La Haye, Martinus Nijhoff, 1995, pp. 9-462.

MOUANGUE KOBILA (J.), « Peut-on parler d'un reflux du constitutionnalisme au Cameroun ? », *Recht in Afrika*, 2010, pp.33-82.

MOYEN (G.), « Les accords de sortie de crises politiques et constitutionnelles en Afrique : les cas de la République du Congo et de la Côte d'Ivoire », *EDJA* n°89 janvier-février-mars 2011, pp.2-23.

NGUELE ABADA (M.), « Démocratie sans État : Contribution à l'étude des processus démocratiques en Afrique », in *Revue de la commission africaine des droits de l'homme et des peuples*, Tome 7, n°1, 1998, pp. 1-37.

NLEP (R. G.), *Le juge de l'administration et les normes internes, constitutionnelles ou infra constitutionnelles en matière de droits fondamentaux,* SOLON, Vol. I, n°1, 1999, pp. 137-146.

NTUMBA (L.- L.), « Renouveau constitutionnaliste, État de droit et communauté de droit en Afrique », *Revue africaine des droits de l'homme*, 1998, p.123.

OLINGA (A. D.), « L'aménagement des droits et libertés dans la Constitution camerounaise révisée », *Revue universelle des droits de l'homme*, 1996, pp. 116-126.

ONDO (T.), « Splendeurs et misères du parlementarisme en Afrique noire francophone », http :www.parlement.org/publications.CIHAE-2006-telesphore-ondo.pdf

OUINSOU (D.), «Le contrôle de constitutionnalité au Bénin », in *Actes de la 2ème réunion préparatoire au symposium de Bamako : les institutions de la démocratie et de l'État de droit*, mars 2000.

OWONA (J.), « L'essor du constitutionnalisme rédhibitoire en Afrique noire, Etude de quelques constitutions Janus »,in *mélanges en l'honneur de P.F. GONIDEC, horizon2000*, Paris, LGDJ, 1985.

PACTET (P.), « La désacralisation progressive de la constitution de 1958 », in *Mélanges en l'honneur de Pierre AVRIL*, Paris, Montchrestien, 2001, pp389-399.

PILLOUER (A. Le), « De la révision à l'abrogation de la constitution : les termes d'un débat », *Jus politicum*, n°3, autour de la notion de constitution, décembre 2009, disponible sur le site : http:// www.juspoliticum.com.

RAYNAL (J. J.), « Conférence nationale, État de droit et démocratie, Quelques réflexions à propos d'une occasion manquée », *La création du droit en Afrique*, Paris, Karthala, 1997, pp. 177-195.

RIVERO (J.), « Déclarations parallèles et nouveaux droits de l'homme », *Revue trimestrielle des droits de l'homme*, n° 2, 1990.

ROUSSEAU (D.), « Une résurrection : la notion de constitution », *REVUE DE DROIT PUBLIC*, 1990, n°1, p.5-22.

RUDOLF (B.), « Droit constitutionnel et justice pénale internationale », *RFDC* n°39, 1999, p.457.

SARR (M.), « L'effectivité de l'État de droit au Sénégal », *Librairie d'études juridiques africaines*, Vol. 12.

SAUVE (J. M.), « Introduction à la journée d'études du 5 avril » in *Les mutations constitutionnelles*, Collection colloques, volume 20, 2013, p.8.

SEURIN (J. L.), « Les régimes militaires », *Revue française d'études constitutionnelles et politiques, les pouvoirs africains*, n°25, PUF, 1983, p.89-105.

SINDJOUN (L.) :

- « Le Gouvernement de transition : éléments pour une théorie politico-constitutionnelle de l'État en crise ou en reconstruction », *Démocratie et liberté : tension, dialogue, confrontation, Mélanges en l'honneur de Slobodan MILACIC*, Paris, Bruylant, 2008, pp. 967-1011.

- « Les nouvelles constitutions africaines et la politique internationale : contribution à une économie internationale des biens politico-constitutionnels », *Afrique 2000*, 21, avril-juin 1995, pp.329-345.

SOMA (A.), « Modélisation d'un système de justice constitutionnelle pour une meilleure protection des droits de l'homme : trans-constitutionnalisme et droit comparé », *RTDH*, 2009, n°78, pp. 437-466.

SPERDUTTI (G.), « Le principe de souveraineté et le problème des rapports entre le droit international et le droit interne », *RCADI*, 1976/5, vol 153, pp. 319-410.

SY (D.), « L'élaboration de la constitution du 22 janvier 2001 », *Annales africaines*, 2007, pp. p. 5. 78.

SY (P.D.), «Le rôle et les droits de la minorité parlementaire au sein des assemblées nationales africaines », in Actes du séminaire parlementaire régional sur : « rôle, droits et responsabilité de l'opposition dans les parlements africains », Ouagadougou (Burkina Faso), 15-16 novembre 1996, *Afrilex*, n°00.

TAMBA (M.), « Mutations politiques au Sénégal : bilan de cinquante ans d'indépendance »,1960-2010.http://www.kas.de/sénégal-Mali/fr/publications

TCHIKAYA (B.), « La charte africaine de la démocratie, des élections et de la gouvernance », *Annuaire français de droit international*, n°54, 2008, pp. 515-528.

TIDIANE LY (A.), « Les changements anticonstitutionnels de Gouvernements en Afrique », *Droit sénégalais* n°9, 2010, pp. 293-339.

TIXIER (G.), « La personnalisation du pouvoir dans l'Ouest africain », *REVUE DE DROIT PUBLIC*, 1965, pp. 1129-1150.

VANDENDRIESSCHE (X.), « Le parlement entre déclin et modernité », *Pouvoirs*-99, 2001, pp. 59-70.

VIGNON (Y.B.), « La protection des droits fondamentaux dans les nouvelles constitutions africaines », *Revue nigérienne de droit*, n°3, déc. 2000, pp. 99 et s.

WALINE (J.), « Les révisions de la constitution de 1958, in droit et politique à la croisée des cultures », *Mélanges Philippe Ardant*, Paris, LGDJ, 1999, pp. 243-254.

WODIE (F.) :

- « L'esprit et la lettre de l'accord de Linas Marcoussis, contribution au colloque international accord de Linas Marcoussis : paix et stabilité en Côte d'Ivoire ».

- « Problématique de la transition démocratique en Afrique », Document présenté à la VIIème Assemblée générale du CODESRIA à Dakar (Sénégal), février 1992.

- « Régimes militaires et constitutionnalisme en Afrique », *Penant*, n°803, juin-septembre 1990, pp. 203. 272.

OUVRAGES SPÉCIFIQUES AUX ÉTATS DE L'ECHANTILLONDE LA RECHERCHE

BÉNIN

ADJOLOHOUN (H), *Droits de l'homme et justice constitutionnelle en Afrique : le modèle béninois,* l'Harmattan, 2013.

AIVO (F.J.), *Le juge constitutionnel et l'État de droit en Afrique, l'exemple du modèle béninois*, Paris, l'Harmattan, 2008.

BANEGAS (R), *La démocratie à pas de caméléon, transition et imaginaires politiques au Bénin*, Paris, l'Harmattan, 2003.

GLELE AHANHANZO (M.), *Le renouveau constitutionnel du Bénin : une énigme*, in Mélanges Michel Alliot, Paris, PUF, 2000.

HADO (P) et ALFRED (E.O.), Boni YAYI, *Société civile et dynamique du changement au Bénin,* Paris, l'Harmattan, 2007.

MEDE (N.), *Les partis politiques au Bénin, Essai d'application fonctionnaliste*, African journal of political science, volume 9 (2) décembre 2004, Johannesburg.

MENSAH (I.), Isidore de SOUZA, *Figure fondatrice d'une démocratie en Afrique*, KARTHALA, Paris, 2011.

SALAMI (I.D.)et GANDOUNOU (D.O. M.), *Droit constitutionnel et institutions du Bénin*, Cotonou, Edition CeDAT, 2014.

SÉNÉGAL

DIOP (A.A.), *Une succession en démocratie*, Paris, l'Harmattan, 2009.

DIOP (E.H.O.*), Partis politiques, démocratie et réalités sociales au Sénégal*, CREDILA, Paris, 2011.

DIOP (M.), *le système politique sénégalais*, Edition Clairafrique, Dakar, 2011.

FALL (I.M.), *Evolution constitutionnelle du Sénégal de la veille de l'indépendance aux élections de 2007*, CREDILA-KARTHALA-CREPOS, Paris, 2012.

KANTE (B.), *Le Sénégal, un exemple de continuité politique et d'instabilité constitutionnelle*, in RJEPM, n°22, 1989.

MBAYE (S.), *Histoire des institutions contemporaines du Sénégal*, 1956-2000, Dakar, 2012.

SECK (A.), *Sénégal, émergence d'une démocratie moderne 1945-2005*, Paris, Karthala, 2005.

SY (M.M.), *La protection constitutionnelle des droits fondamentaux en Afrique, l'exemple du Sénégal,* Paris, l'Harmattan, 2007.

SY (S. M.), *Les régimes politiques sénégalais de l'indépendance à l'alternance politique 1960-2008*, CREPOS IROKO KARTHALA, Paris, 2011.

CONGO-BRAZZAVILLE

BANIAFOUNA (C.), *Congo démocratie, les références*, volume 2, l'Harmattan 1995.

DIBAS (E.F.), *L'Acte fondamental du Congo-Brazzaville du 24 octobre 1997*, RJPIC, n°3, 1998.

EMMANUELLE ADOUKI (D. E.), *Le Congo et les traités multilatéraux*, Paris, l'Harmattan, 2008.

GAMANDZORI) (J.), (dir), *Congo-Brazzaville : État et société civile en situation post-conflit,* Paris, l'Harmattan, 2009.

GOMES OLAMBA (P. N.), *Décentralisation et développement local au Congo-Brazzaville*, Paris, l'Harmattan, 2014.

KOUMBA (J), *La résolution des conflits au Congo-Brazzaville : l'expérience du Conseil national de transition (1998-2002),* Paris, l'Harmattan, 2009.

MBILAMPINDO (W.), *Un nouvel acte fondamental pour une nouvelle transition démocratique au Congo*, RJPIC, mai-août 1998.

MOUDOUDOU(P.) et MARKUS (J.-P.), *Droit des institutions administratives congolaises*, Paris, L'Harmattan, 2013.

OLLANDET (J.), *L'expérience congolaise du socialisme de MASSAMBA-DEBAT à Marien NGOUABI*, Paris, l'Harmattan, 2014.

THESES

AFO SABI (K.), *La transparence des élections en droit public africain, à partir des cas béninois, sénégalais et togolais*, Thèse de doctorat en droit, Université Montesquieu Bordeaux IV, mars 2013.

ANDZOKA ATSIMOU (S), *L'ingénierie constitutionnelle, solution de sortie de crise en Afrique : les exemples de l'Afrique du Sud, de la République démocratique du Congo, du Burundi et du Congo*, Thèse de doctorat en Droit, UCAD, 2013.

BOLLE (S.), *Le nouveau régime constitutionnel du Bénin, Essai sur la construction d'une démocratie africaine par la constitution*, Thèse de doctorat en Droit, Université de Montpellier, 1997.

DIAKHATE (M.), *L'émergence du droit électoral dans les États de l'Afrique subsaharienne francophone, les cas du Bénin, du Mali et du Sénégal*, thèse UCAD, 2012.

GUILLAUME (J.), *Du titre XI de la constitution de 1946 dans ses rapports avec la théorie générale de la révision des constitutions*, Thèse en Droit, Paris, 1948.

HOLO (T.), *La responsabilité introuvable du Chef de l'État africain : analyse comparée de la contestation du pouvoir Présidentiel en Afrique noire francophone (les exemples camerounais, gabonais, tchadien et togolais)*, Thèse de doctorat en droit public, Université de Reims Champagne-Ardenne, 2005.

MAHIOU (A.), *L'avènement du parti unique en Afrique noire, l'expérience des États d'expression française,* thèse de doctorat en droit public, Université de Nancy, 1967.

MBODJ (E.H.), *La succession du chef d'État en droit constitutionnel africain (analyse juridique et impact politique),* Thèse de doctorat en droit, Université de Dakar, 1991.

THIOUNE (M. M.), *La régulation des partis politiques ; Etude comparative entre le Bénin, le Ghana et le Sénégal*, thèse de doctorat, UCAD, 2012.

RIDARD (B.), « L'opposition parlementaire en France et au Royaume – uni »,mémoire de master 2 droit public comparé européen, université Paris I Panthéon-Sorbonne, 2008/2009.

SIDI SADY, *La résolution des conflits en Afrique*, Thèse de doctorat d'Etat en sciences politiques, université Cheikh Anta Diop de Dakar, 2003.

SOMALI (K.), *Le parlement dans le nouveau constitutionnalisme en Afrique. Essai d'analyse comparée à partir des exemples du Bénin, du Burkina Faso et du Togo*, Thèse de doctorat en Droit public, Université de Lille 2, 2008.

SY (P.M.), *Le développement de la justice constitutionnelle en Afrique noire francophone : les exemples du Bénin, du Gabon et du Sénégal*, Thèse de doctorat en droit, 1998.

TABLE DES MATIÈRES

SCIENCES POLITIQUES
AUX ÉDITIONS L'HARMATTAN

Dernières parutions

L'ESPOIR EUROPÉEN

Des unions précédentes à l'Union européenne

Aloïs Zorvën

Malgré les débats, l'Union européenne incarne l'espoir de ne plus sombrer dans la guerre. Les regards croisés sur d'autres modèles d'unions sont sans doute le meilleur moyen de relativiser la complexité de sa construction. Les unions fédérales comme nationales d'antan plaident toutes en sa faveur. Plus encore, lorsque ces unions se disloquent, les résultats plaident aussi pour l'union : la chute de l'URSS a potentiellement occasionné plus de morts que la Révolution de 1917, l'implosion de la Yougoslavie a mené à des guerres et génocides, etc. De l'utopie à la dystopie d'une Europe faisant front dans la mondialisation, il n'y a qu'un pas. L'unification progressive paraît nécessaire.

(Coll. Questionner l'Europe, 218 p., 23,5 euros)

ISBN : 978-2-343-17233-0, EAN EBOOK : 9782140122422

LE PEUPLE ET LA DÉMOCRATIE EN AFRIQUE

Adrien Mulumbati Ngasha

Comme pour répondre à cette question, le président américain Abraham Lincoln a défini la démocratie comme le pouvoir du peuple par le peuple et pour le peuple. Dans leur expérience de démocratie, les pays africains sont passés, certains de la démocratie marxiste à la démocratie libérale, d'autres de la démocratie libérale à la démocratie marxiste.

Academia (180 p., 19 euros)

ISBN : 978-2-8061-0433-5, EAN EBOOK : 9782806110145

LE PRIX DE LA PAIX EN AFRIQUE

Des clés pour apaiser et stabiliser le continent

Michel Innocent Peya

Dans cet ouvrage, l'auteur s'attelle à la problématique du prix de la paix à travers le monde, et particulièrement en Afrique. Il se focalise sur le secret du prix que les États africains doivent accepter de payer, les efforts qu'ils doivent consentir pour créer les conditions de l'émergence de la paix, qui est un facteur essentiel sans lequel il ne peut y avoir de développement. L'auteur se concentre sur les grands chantiers que les États africains doivent entreprendre pour imposer la paix. Des politiques publiques à ancrages sociaux aux politiques internationales de développement, tout est passé au crible de l'analyse scientifique.

(232 p., 22 euros)

ISBN : 978-2-343-17793-9, EAN EBOOK : 9782140122088

LE TERRORISME, UNE ÉPÉE DE DAMOCLÈS SUR LES ETATS

Entre vengeance et revendications

Michel Innocent Peya

La notion de terrorisme se définit par toute tactique d'emploi de la violence à des fins politiques, en vue de déstabiliser et de frapper massivement l'opinion publique et les États concernés, tactique devenue une gangrène sociétale contemporaine. Pour l'éradiquer, l'auteur expose ses préconisations, permettant de conduire les tendances mondiales à lutter contre ce fléau. Pour y arriver, il convient de canaliser les efforts afin de prendre en considération les revendications des minorités. Avant d'évoquer les conséquences, il relève d'abord les origines et les causes du terrorisme avant de proposer des pistes des solutions idoines.

(230 p., 22 euros)

ISBN : 978-2-343-17791-5, EAN EBOOK : 9782140122118

CÔTE D'IVOIRE : BROUTAGE POLITIQUE

Gala Kolebi

Préface de Michel Galy

Le broutage dans le langage ivoirien signifie toute manière mesquine et malhonnête de gérer les relations interpersonnelles. Le broutage politique, en particulier, traite des comportements non recommandés en politique et dans la société en général. L'essai politique de Gala Kolebi s'immisce dans tous les camps politiques, passant par les réseaux sociaux, et en ressort avec des faits abracadabrantesques, à couper le souffle. Le sexe, l'argent, la mendicité, le mensonge, la malhonnêteté et la mauvaise foi... Tous ces éléments brillent par leur présence dans le champ lexical du broutage.

(Coll. Etats, pouvoirs et sociétés, 144 p., 15,5 euros)

ISBN : 978-2-343-16195-2, EAN EBOOK : 9782140121968

LES INITIATIVES DE SÉCURITÉ AU MAGHREB ET AU SAHEL

Le G5 Sahel mis à l'épreuve

Abdennour Benantar

L'espace sahélo-maghrébin constitue un condensé d'instabilités et d'insécurités dans le continent africain. Cet ouvrage propose une perspective analytique et critique des dynamiques de sécurité dans la région, en se focalisant sur la multiplication des initiatives de sécurité notamment la dernière en date, le G5 Sahel. Au lieu de générer de la stabilité, ces processus, plus concurrents que complémentaires, génèrent plutôt des tensions et alimentent des rivalités dont ils découlent. Souffrant d'un déficit de légitimité, le G5 Sahel fait face à un écueil majeur : son insertion dans un paysage régional saturé. Son devenir dépend plus des engagements extérieurs et du soutien régional que de l'implication de ses propres États membres.

(Coll. Perspectives stratégiques, 280 p., 28 euros)

ISBN : 978-2-343-17181-4, EAN EBOOK : 9782140121890

L'ILLUSION MYTHOMANIAQUE DU GÉNOCIDE DES LARIS AU CONGO

Clotaire Ouelo Louangou

Ce livre est à visée essentiellement argumentative et contre-argumentative pour décrypter les incongruités de l'ouvrage qu'il évoque, écrit par Dominique Kounkou. Tout en cherchant à prévenir les Congolais de la dangerosité des thèses de l'auteur du livre incriminé, Clotaire Ouelo Louangou pense avec lucidité que de telles allégations mettent à mal le pacte républicain et sont susceptibles de freiner le processus actuel de pacification du département du Pool, d'une part, et d'intégration psycho-sociopolitique des différentes composantes de la trame nationale, d'autre part.

Les Impliqués (108 p., 13 euros)

ISBN : 978-2-343-17359-7, EAN EBOOK : 9782140121814

LE PRESTIGE DU POUVOIR POLITIQUE EN AMÉRIQUE LATINE

Fernando Monroy-Avella, Jerome Roudier

Régulièrement associé à des personnalités marquantes, chefs d'Etat ou grands intellectuels, le prestige est une caractéristique importante souvent mobilisée dans les analyses des politiques latino-américaines. Cet ouvrage regroupe des contributions qui s'emploient à étudier ce phénomène dans la diversité de ses occurences. Proche du charisme personnel, le prestige politique s'en distingue car il peut s'appliquer également à des institutions, des groupes religieux, des idéologies, des types d'action, et des symboles.

(Coll. Horizons Amérique Latine, 194 p., 21 euros)

ISBN : 978-2-343-17513-3, EAN EBOOK : 9782140121753

EXERCICE ET MÉDIATION DE LA PAROLE POLITIQUE

Entre "Non-dire" et "Trop-dire" la Présidentielle 2019 au Sénégal

Birahim Thioune

Journaliste invité : Ababacar Sadikh Top - Postface du Pr Fallou Mbow de l'Ucad

Après les violences et les discours qu'elles ont suscités, fleurit un discours de dédramatisation (...) Macky Sall file la métaphore de la punition exemplaire avec son « xasan door » (démangeaisons corporelles dues à l'envie d'être battus » et ses « lapp » (coups donnés sans retenue) parlant du corps de ses adversaires. Le discours religieux n'a pas connu de fortune particulière. Il s'est limité à rappeler la nécessité de cultiver l'esprit de paix, à exhorter au calme et à la modération.

(Coll. Harmattan Sénégal, 108 p., 14 euros)

ISBN : 978-2-343-17447-1, EAN EBOOK : 9782140121395

ENRAGEZ-VOUS. ENGAGEZ-VOUS ET PUIS VOTONS

Participation citoyenne en Brabant wallon?

Centre culturel du Brabant wallon

La campagne « Enragez-vous, engagez-vous et puis votons », initiative d'éducation permanente d'envergure, a été menée pendant le premier semestre 2018 dans les 27 communes du Brabant wallon. Celle-ci visait le ré-enchantement de la démocratie par la participation du citoyen dans la perspective des élections communales du 14 octobre 2018. Des politologues, juristes, experts,... et intervenants de terrain croisent leur regard sur cette expérience, sous l'angle du rapport entre la participation citoyenne et le monde politique.

Academia (43 p., 8 euros)

ISBN : 978-2-8061-0455-7, EAN EBOOK : 9782806110121

CONSTRUIRE LA DÉMOCRATIE CITOYENNE

MAURICE RICHAUD

La « démocratie » représentative est en crise comme le système capitaliste dont elle est le miroir. La société a le devoir de répondre à cette exigence humaine et légitime d'égalité et de liberté. Le libéralisme sauvage dans lequel nous vivons empêche une éducation citoyenne de la population, son seul but étant d'imposer la dictature de l'argent au service d'une infime minorité. Cet ouvrage se fixe donc comme objectif de faire triompher le respect du sens des mots pour assurer la victoire de la vérité politique, sociale, économique, et par ricochet que les citoyen.ne.s prennent confiance en eux-mêmes et s'engagent en politique. C'est leur seul moyen de décider de l'organisation quotidienne de leur vie dans le respect de l'intérêt général.

(Coll. Rue des écoles, 188 p., 20 euros)

ISBN : 978-2-343-17489-1, EAN EBOOK : 9782140121104

EN FINIR AVEC LES EUROCYNIQUES

Virginie Rozière

Députée européenne

Le progrès social, les libertés individuelles, le droit à un environnement sain, sont des combats permanents. Mais mener cette lutte à l'échelle nationale ne suffit pas. Virginie Rozière est co-présidente des Radicaux de Gauche (LRDG), parti qu'elle a fondé avec Stéphane Saint-André pour faire vivre les valeurs radicales lorsque son ancien parti partait se rallier à la majorité présidentielle d'Emmanuel Macron. Elle refuse que les questions européennes se résument à un débat binaire. Il ne faut laisser l'Europe ni aux Eurosceptiques ni aux « Eurocyniques » : ceux qui, comme Emmanuel Macron, s'en servent pour imposer un modèle ultralibéral destructeur. C'est sur le contenu des politiques qu'il faut débattre : quel degré de protection de nos droits sociaux, de notre vie privée, de notre santé et de notre environnement voulons-nous ?

(96 p., 10 euros)

ISBN : 978-2-343-17650-5, EAN EBOOK : 9782140120923

JEUNES LES MAL-AIMÉS DE LA RÉPUBLIQUE ? (LES)

Dominique Thierry

Préface de Hervé Serieyx

Dominique Thierry s'est intéressé à toutes les formes d'inclusion sociale, par le travail, l'emploi, le bénévolat et l'engagement citoyen. Dans cet ouvrage, il a essayé de trouver un équilibre entre l'histoire des politiques publiques et les contextes dans lesquels elles ont été élaborées. Il s'appuie sur des opinions personnelles, et des exemples de réussite pour montrer que « c'est possible » pour autant que tous les acteurs « s'y collent en changeant leur logiciel ». C'est donc un ouvrage de témoin/acteur, avec un mélange de faits, parfois d'anecdotes, d'analyses et d'opinions discutables.

(Coll. Questions contemporaines, 160 p., 17,5 euros)

ISBN : 978-2-343-17579-9, EAN EBOOK : 9782140120558

LES OPÉRATIONS DE MAINTIEN DE LA PAIX EN AFRIQUE

L'AMISOM et la MINUSMA

Rémy Mbida Mbida

Préface de Marcellin Nguele Abada

Le maintien de la paix est un champ de recherche déterminant dans les études internationales. Cet ouvrage offre une lecture des opérations de paix dans les contextes terroristes à travers la MINUSMA et l'AMISOM et une réflexion originale sur la place de la lutte antiterroriste dans les opérations de paix et l'influence du terrorisme sur l'évolution, l'histoire du maintien de la paix onusien en particulier. On y trouvera une comparaison de l'approche de l'ONU et de l'UA dans les théâtres terroristes et l'influence tant de la MINUSMA que de l'AMISOM dans la construction théorique des opérations de paix d'une part et la pratique de celles-ci d'autre part.

(Coll. Emergences africaines, 150 p., 16,5 euros)

ISBN : 978-2-343-15695-8, EAN EBOOK : 9782140120572

UNE VIE EUROPÉENNE

Témoignages et perspectives

Nouvelle édition revue et augmentée

Gérard Nafilyan

L'auteur s'intéresse aux différentes étapes de la construction européenne, tout en centrant ses réflexions sur l'apport de certaines personnalités. Dans les années 1950 à 1990, ce fut une époque ponctuée d'enthousiasme et de rêves, aux difficultés ponctuelles surmontées avec la volonté de poursuivre vers l'unité du continent. A partir des années 1990, s'est installée une période d'instabilité, d'inquiétude, d'interrogations sur l'avenir de l'Union européenne dans un contexte de mondialisation non maîtrisée. Comment refonder l'Union européenne et préserver ses valeurs démocratiques ?

(142 p., 15,5 euros)

ISBN : 978-2-343-17540-9, EAN EBOOK : 9782140120671

ELÉMENTS D'ÉDUCATION CIVIQUE ÉLECTORALE

Pour une participation démocratique responsable

Jules Maps Bagalwa Mapatano

Cet ouvrage propose des éléments pour conscientiser les citoyens, dans le contexte particulier des pays en démocratisation, sur la nécessité et les enjeux d'un vote responsable lors des élections. Partant de quelques thèmes choisis sur la relation entre l'État et les citoyen-ne-s, il a pour ambition d'outiller le lecteur sur les meilleurs comportements et attitudes civiques à adopter, les raisons de les adopter et en décrit les bénéfices pour la démocratie à bâtir. Il est nécessaire lors des périodes électorales, mais aussi avant et après pour tous citoyen-ne-s et acteurs civiques cherchant à s'inscrire dans la vie politique de leur pays.

(124 p., 14 euros)

ISBN : 978-2-343-17422-8, EAN EBOOK : 9782140120640

HAÏTI

La drôle de guerre électorale

1987 - 2017

Sauveur Pierre Etienne

Préface de Laënnec Hurbon

L'auteur expose dans cet ouvrage les différents épisodes de cette drôle de guerre électorale - entre 1987 et 2017 - et rend intelligible le comportement des acteurs nationaux et internationaux. Il analyse leurs modes de gestion médiocres de la crise de l'État sur fond de crise sociétale, la faiblesse des institutions haïtiennes, l'absence de couches porteuses et le processus politique, notamment dans sa dimension électorale.

(406 p., 39 euros)

ISBN : 978-2-343-17206-4, EAN EBOOK : 9782140118227

Structures éditoriales du groupe L'Harmattan

L'Harmattan Italie
Via degli Artisti, 15
10124 Torino
harmattan.italia@gmail.com

L'Harmattan Hongrie
Kossuth l. u. 14-16.
1053 Budapest
harmattan@harmattan.hu

L'Harmattan Sénégal
10 VDN en face Mermoz
BP 45034 Dakar-Fann
senharmattan@gmail.com

L'Harmattan Cameroun
TSINGA/FECAFOOT
BP 11486 Yaoundé
inkoukam@gmail.com

L'Harmattan Burkina Faso
Achille Somé – tengnule@hotmail.fr

L'Harmattan Guinée
Almamya, rue KA 028 OKB Agency
BP 3470 Conakry
harmattanguinee@yahoo.fr

L'Harmattan RDC
185, avenue Nyangwe
Commune de Lingwala – Kinshasa
matangilamusadila@yahoo.fr

L'Harmattan Congo
67, boulevard Denis-Sassou-N'Guesso
BP 2874 Brazzaville
harmattan.congo@yahoo.fr

L'Harmattan Mali
Sirakoro-Meguetana V31
Bamako
syllaka@yahoo.fr

L'Harmattan Togo
Djidjole – Lomé
Maison Amela
face EPP BATOME
ddamela@aol.com

L'Harmattan Côte d'Ivoire
Résidence Karl – Cité des Arts
Abidjan-Cocody
03 BP 1588 Abidjan
espace_harmattan.ci@hotmail.fr

L'Harmattan Algérie
22, rue Moulay-Mohamed
31000 Oran
info2@harmattan-algerie.com

L'Harmattan Maroc
5, rue Ferrane-Kouicha, Talaâ-Elkbira
Chrableyine, Fès-Médine
30000 Fès
harmattan.maroc@gmail.com

Nos librairies en France

Librairie internationale
16, rue des Écoles – 75005 Paris
librairie.internationale@harmattan.fr
01 40 46 79 11
www.librairieharmattan.com

Librairie l'Espace Harmattan
21 bis, rue des Écoles – 75005 Paris
librairie.espace@harmattan.fr
01 43 29 49 42

Lib. sciences humaines & histoire
21, rue des Écoles – 75005 Paris
librairie.sh@harmattan.fr
01 46 34 13 71
www.librairieharmattansh.com

Lib. Méditerranée & Moyen-Orient
7, rue des Carmes – 75005 Paris
librairie.mediterranee@harmattan.fr
01 43 29 71 15

Librairie Le Lucernaire
53, rue Notre-Dame-des-Champs – 75006 Paris
librairie@lucernaire.fr
01 42 22 67 13

www.ingramcontent.com/pod-product-compliance
Lightning Source LLC
LaVergne TN
LVHW011156061026
849535LV00003B/749
* 9 7 8 2 3 4 3 1 8 4 1 0 4 *